Siciliano
ASSUNTO

CB142403

DA VIDA NERVOSA
nas Classes Trabalhadoras Urbanas

ANTROPOLOGIA SOCIAL

Diretor: Gilberto Velho

LUIZ FERNANDO D. DUARTE

DA VIDA NERVOSA

nas classes trabalhadoras urbanas

Jorge Zahar Editor

Em co-edição com o

CNPq

CONSELHO NACIONAL DE DESENVOLVIMENTO CIENTÍFICO E TECNOLÓGICO

Copyright © 1986, Luiz Fernando Dias Duarte

Todos os direitos reservados.
A reprodução não-autorizada desta publicação, no todo ou em parte, constitui violação do copyright. (Lei 5.988)

1986
Direitos para esta edição contratados com
Jorge Zahar Editor Ltda.
rua México 31 sobreloja
20031 Rio de Janeiro, RJ

Produção editorial *Revisão:* Renato Carvalho, Lúcia Mousinho, Cláudio Estrella; *Diagramação:* Jussara Bivar; *Arte-final:* José Geraldo de Lacerda; *Capa:* Valéria Naslausky; *Composição:* ALcomp ltda.; *Impressão:* Editora Vozes Ltda.

CIP – Brasil. Catalogação-na-fonte.
Sindicato Nacional dos Editores de Livros, RJ

Duarte, Luiz Fernando Dias.
D872d Da vida nervosa nas classes trabalhadoras urbanas / Luiz Fernando Dias Duarte. – Rio de Janeiro : Jorge Zahar Ed. ; Brasília : CNPq – Conselho Nacional de Desenvolvimento Científico e Tecnológico, 1986.
(Coleção Antropologia Social)

Bibliografia.
ISBN 85-85061-49-9

1. Antropologia social 2. Trabalho e trabalhadores – Aspectos psicológicos I. Título II. Série

86-0172 CDD – 306

SUMÁRIO

"Toda sociedade diferente da nossa é objeto; todo grupo de nossa própria sociedade, desde que não seja o de que saímos, é objeto; todo costume desse mesmo grupo, ao qual não aderimos, é objeto. Mas esta série ilimitada de objetos, que constitui o Objeto da etnografia e que o sujeito deveria dolorosamente arrancar de si mesmo se a diversidade dos mores e dos costumes não o colocasse em presença de um desmembramento operado de antemão, a cicatrização histórica ou geográfica jamais seria capaz de, sob o risco de aniquilar o resultado de seus esforços, fazê-lo esquecer que procedem dele, e que sua análise a mais objetivamente conduzida não pode deixar de os reintegrar na subjetividade."

Lévi-Strauss, 1973, xxix

INTRODUÇÃO

Quand tu partiras pour Ithaque, souhaite que le chemin soit long, riche en péripeties et en expériences. . .

Constantino Kaváfis (versão M. Yourcenar)

Ao tempo em que realizava pesquisa de campo num bairro de classe trabalhadora em Niterói, interessado em conhecer os processos de construção das identidades sociais face à diferenciação acentuada das experiências no trabalho por que passava aquele grupo social, tive a atenção despertada pelos sinais, ora densos, ora espaçados, de um campo semântico tão cheio de significação quanto — na impressão inicial — vago em seus contornos e "invisível" em sua manifestação; já que vazado através de algumas categorias "comuns" de nosso vocabulário sobre a pessoa, tais como *nervos*, *nervoso* e *nervosismo*.

É evidente que a atenção prestada a tais categorias obedecia a um processo mais íntimo, de deslocamento de certas questões sobre o social, e que me tornavam mais sensível às demarcações diferenciais do modelo de pessoa nos diversos segmentos de uma sociedade como a brasileira, tão longamente exposta aos ditos processos da "urbanização" e da "modernização", ainda que — e justamente — de forma tão complexa e especificante.

A primeira pista etnográfica então seguida foi a de um segmento localizado daquele campo semântico, que fazia muito claramente ponte entre as dimensões analíticas mais amplas exercitáveis sobre o material e a questão das estratégias imediatas de reprodução social das classes trabalhadoras, sobre as quais escrevia na ocasião outro texto. Tratava-se do *encosto* no INPS por *doença dos nervos*, ou seja, a obtenção do "auxílio-saúde" daquele órgão, atribuído em função do que seus agentes qualificariam como "distúrbios psíquicos". Embora constituísse indubitavelmente um referente de análise bastante rico e significativo para a compreensão de diversas questões atinentes às "condições de vida" dos trabalhadores e às suas representações sobre "trabalho" e "responsabilidade", o tema do *encosto* no *Instituto* passou a representar apenas uma das facetas de um universo de questões mais vasto e articulado, só a partir do qual parecia poder revelar seu sentido mais profundo.

A própria *doença dos nervos* revelou ser o fio inicial de um emaranhado novelo de categorias que, circulando dos homens às mulheres, dos jovens aos adultos, do contexto do trabalho ao contexto da vida doméstica, da auto-avaliação à avaliação alheia (no tocante ao desempenho dos papéis sociais), vinha recobrir quase toda a trama da vida de meus observados.

Os *nervos* e sua corte de derivados, com suas respectivas esferas semânticas e sentidos diferenciais, atravessavam todos esses infinitos recortes analíticos em que nos habituamos a conduzir o exercício de compreensão do social. Estavam em jogo as relações de trabalho assim como a sociabilidade vicinal, as representações da saúde assim como as religiosas, o jogo dos papéis familiares assim como a relação com as instituições e códigos dominantes; enfim, o quotidiano e o ritual, a norma e o desvio, a regra e o desempenho.

Além do mais, o conhecimento da literatura vinha aportar o testemunho de uma vasta área de ocorrência e importância dessas mesmas categorias para segmentos de classe trabalhadora em todo o país, e mesmo possivelmente para boa parte do espaço social permeado pela difusão da cultura européia e dos temas centrais de sua cosmovisão.

Ante um material tão ubíquo e multiforme, muitos caminhos de análise se apresentaram, igualmente instigantes, igualmente ameaçadores dessa "totalidade" misteriosa com que se veio cada vez mais impondo à minha percepção.

"Totalidade" compreensível evidentemente dentro de insuperáveis limites: por um lado, a dimensão da etnografia realizada e da bibliografia disponível (ela mesma, por sua vez, dependente de outros limites etnográficos); por outro, a dimensão do acervo de problemas a que é possível aceder no estado atual da reflexão antropológica (ela mesma, também, por sua vez, dependente das questões que se pode colocar a sociedade dentro da qual surgiu e se desenvolveu).

O primeiro limite consolidou a circunscrição, já inicialmente proposta, às classes trabalhadoras; assim entendidos os grupos de nossas sociedades modernas que não só dependem exclusivamente de seu próprio trabalho para a reprodução social como expressam nessa condição (a de *trabalhadores*) sua marca precípua de auto-identificação positiva.

O qualificativo "urbano" – que é de outro nível analítico – procura formular uma indicação diferencial, pertinente apenas para o tipo de questão maior que se propõe aqui desenvolver, a da relação da visão de mundo dos grupos de classe trabalhadora com a "Grande Tradição" cultural do Ocidente. Como o "meio urbano" apresenta condições fortemente específicas de articulação entre essa Grande Tradição – de que é lócus privilegiado – e quaisquer outros códigos culturais alternativos, e, por outro lado, o material etnográfico disponível é quase totalmente oriundo de condições urbanas, parece razoável restringir sob esse ângulo a amplitude de movimento da interpretação aqui exercitada.

O segundo limite do universo de análise é o que se procura invocar com a referência a Pessoa e Modernidade. Duas categorias grandiloqüentes: para uns possivelmente obscuras, para outros pretensiosas. Mas certamente categorias seminais, presentes de forma muito viva nos momentos instauradores de nossas ciências sociais, quando as condições de sua emergência se apresentavam, por assim dizer, mais cruas, no embate, texto a texto, com a tradição filosófica e as fórmulas ideológicas dominantes. A sua reinvocação hoje procura avivar a percepção de sua continuada pertinência sob a elaborada arquitetura do pensamento sociológico, ao questionar alguns pressupostos básicos do ufanismo interpretativo com que nos lançamos ao longo do século sobre as demais culturas e sobre os múltiplos segmentos culturais de nossas próprias sociedades.

São limites porém, tanto o primeiro quanto o segundo, que em sua interseção impõem uma necessidade. Este trabalho se desenvolve em torno do material do *nervoso* nas classes trabalhadoras porque esse parece ser um nódulo ideológico estratégico para a compreensão das formas culturais específicas em que se constituem esses grupos sociais; e esses grupos sociais, por sua vez, parecem oferecer-se à interpretação sociológica num lugar de marcante ambigüidade — e portanto também estratégico — face às demarcações e formatos de nossa cultura dominante. A sua posição diferencial face ao modelo da Pessoa individualizada moderna, hipótese axial da pesquisa, poderia estar assim na raiz de muitos dos embaraços recorrentes com que se vêem às voltas tanto a interpretação quanto a intervenção sobre esse enigmático sujeito.

A aproximação a essas questões seguiu certamente o mesmo penoso caminho entre empatia e estranhamento que qualifica toda trajetória antropológica. Minha experiência etnográfica transcorreu toda ela em grupos de classe trabalhadora. A pesquisa que inicialmente conduzi no bairro de Jurujuba (Niterói — RJ) já se encontrava marcada por uma atenção especial à "mudança social" — para o que pareciam convergir tanto as inquietações vivenciais do grupo estudado quanto as minhas próprias e então menos claras motivações de indagação e labor sobre a condição social.

Iniciava-se assim essa longa mescla de experiências "subjetivas" e investimento objetivante em que Lévi-Strauss via a dimensão mais plena do "fato social total" maussiano, e cuja percepção só muito lentamente se desvenda ao pesquisador, ainda que nunca de forma plena.

A "mudança social" continuou um tema. Continuou um motivo, uma deixa para tanta viagem. Continuou, porém, tão diversa. Sob ela perfilou-se mais claro o tema da "identidade social", daquilo que permite aos sujeitos falarem ou sentirem "mudanças" e "permanências", ou então falarem e sentirem "estações" e "idades", momentos de uma roda móvel ou imóvel. Em "identidade social" se enfatiza valores que instauram e fazem perseverar e que também, eventualmente, fazem desistir, conformar-se, rebelar-se ou mudar. Sempre porém a partir dali, de um lugar que, por mais complexo e contraditório que seja, fornece significação e, portanto, "universo" aos sujeitos. Com o que se deslocava a "mudança social", para sua plena condição de *valor.*

Mas também a "identidade social" exige vigilância. Para nossos olhos individualizantes é uma categoria muito vinculada à "identidade pessoal" — só a partir da qual parece poder se conceber e retraçar. Tudo o que conseguimos fazer ao tentar captar inicialmente a realidade das construções sociais identificatórias distintas e maiores que os "indivíduos" é imaginá-los sob o modo do "coletivo", ou seja, como contraponto *a posteriori* da realidade individual. Isso que foi revolucionário em Durkheim é hoje porém insuficiente. A percepção de que as unidades ou sujeitos da significação são construídos levando em conta a realidade biopsicológica, apenas para subordiná-la aos mais elaborados caprichos das culturas, é fundamental para a elaboração desta pesquisa. A preeminência assim pressuposta do investimento simbólico, cultural, que faz do "real" *real* implica uma concepção de "identidade social" como fenômeno de classificação e valoração, substantivado ou reificado em formatos "sociológicos" ou "institucionais".

Retorna-se assim àquela interseção de questões e necessidade analítica. Supõe-se haver um modo de ordenação de valores, de construção das identidades sociais que é próprio da cultura que corporifica a Modernidade. Essa ordenação de valores e construção de identidades se centra numa concepção particular de Pessoa que se vem chamando "o Indivíduo" e que sintetiza uma série de peculiaridades ou singularidades da cultura em que se assenta o discurso antropológico.

Essa cultura está montada — e essa é uma daquelas peculiaridades — sobre uma concepção de Tempo linear, progressivo, em que, justamente, "mudança social" se instaura como tema e valor. Essa "mudança social" continuamente desejada e ensejada subjaz ao próprio modo hegemônico da reprodução sócio-econômica das sociedades "modernas" e sustenta a representação de uma Evolução, de um Progresso, cujas chaves já teriam sido encontradas e cujo acme viria assim logo a ser atingido. Entre os inúmeros problemas enfrentados por esse etnocentrismo imperial está o do estatuto dos grupos sociais cuja reprodução subordinada é ao mesmo tempo exigida e inquirida: as classes trabalhadoras.

Este trabalho supõe que, face à cultura dominante, sejam portadoras — essas "classes trabalhadoras" — de uma outra cultura, porque ordenada, axiada, sobre valores e princípios próprios.

Supõe ainda que essa diferença não seja um atributo universal, mas apenas relativo à cultura contra a qual se distingue, em dois níveis: enquanto subcultura de uma "cultura maior" (uma "Grande Tradição") em nome da qual fala aquela outra, e enquanto objeto da observação e análise de intelectuais oriundos exatamente daquela outra cultura.

Esta argumentação bastante elíptica — que merecerá um desenvolvimento apropriado, com a discussão dos conceitos, sobretudo nos Capítulos II e IV — supõe ainda que, na medida em que aquela outra (e nossa) cultura se singulariza pela preeminência do Valor concedido à idéia do Indivíduo, com os múltiplos corolários que aqui se apreciará, a diferença da "cultura das classes trabalhadoras urbanas" reside, comparativa e situacionalmente, na não-ênfase naquele Valor e no privilégio àqueles outros que se lhe têm oposto analiticamente: a Totalidade e a Hierarquia.

Afirmada de tal forma a especificidade dessa cultura ressalta em primeiro lugar o seu caráter "positivo": ela não é aquilo onde falta algo, mas onde se ordena um modo alternativo de construção do Mundo e da Pessoa.

Como essa cultura é, porém, a de grupos sociais que se encontram subordenados e subordinados a um formato social que é solidário em suas linhas principais com o ideário "individualista", dela fazem parte efeitos dessa relação, tanto ao nível "sociológico" quanto ao nível "simbólico".

O estudo do *nervoso* — que é o modo ou código em que se enuncia fundamentalmente as "perturbações físico-morais" sofridas pelos membros desses grupos sociais — permite-nos aceder a um nível analítico privilegiado para a compreensão não só das características fundamentais dessa cultura (porque se refere necessariamente à sua concepção de Pessoa), como do modo pelo qual se refrata e articula a referida relação com os mecanismos sociológicos e culturais dominantes nas sociedades permeadas pelo "individualismo", de que fazem parte.

Esse privilégio decorre do fato de que o discurso ou os saberes do *nervoso* hoje reinantes nas classes trabalhadoras urbanas podem ter muito nitidamente retraçadas suas origens na configuração dos saberes eruditos sobre o *nervoso* desenvolvida entre os séculos XVIII e XX, em torno de representações da Pessoa comprometidas com a ideologia individualista. Assim como podem ser retraçadas essas origens e reconhecidas as vias de sua difusão para o interior da cultura das classes trabalhadoras, pode ser igualmente demonstrada a reordenação radical sofrida por aqueles saberes, que — se, pelos *nervos,* falavam originalmente do *Indivíduo* — vieram aqui, nesta outra cultura, a falar dos *nervos,* orientados pela *Pessoa.*

Devo esclarecer desde já — embora vá retornar sobre isso ao longo do texto — que a locução "perturbações físico-morais", em que venho subsumindo, como uma de suas possíveis atualizações, os fenômenos *nervosos,* procura designar da maneira a mais abrangente possível todas as alterações do estado "normal" da pessoa, que se supõe ser culturalmente definido. Dessas alterações digo serem "físico-morais" para transmitir a impressão de totalidade, de multipresença, de que elas freqüentemente se revestem, abrangendo ou atravessando dimensões diferentes da vida dos sujeitos. Embora a oposição entre "físico" e "não-físico" possa não ser universal, ela é bastante recorrente no quadro comparativo das culturas e está certamente presente por sob os diferentes sistemas de representações ligados à "cultura ocidental". É claro, porém, que o que aqui analiticamente incluo nas "perturbações físico-morais" pode ser eventualmente considerado ou classificado culturalmente como apenas "físico" ou apenas "moral" (no sentido amplo deste termo).

A construção de uma "história" das representações sobre essas perturbações físico-morais na cultura moderna foi uma tarefa tão estimulante quanto penosa, por uma confluência de fatores: o absoluto desconhecimento das informações e dos recursos básicos de informação que caracterizaram meus primeiros esforços; a dispersão e qualidade muito díspar das fontes disponíveis (apesar da existência de alguns guias luminosos); a complexidade e abrangência das questões que aí se enovelavam e — *last but not least* — o fato de que essa construção era apenas instrumental para o fulcro analítico da tese: a representação contemporânea do *nervoso* nas classes trabalhadoras urbanas. Creio que o resultado — que não espelha o volume de trabalho que lhe subjaz – apresentará ao leitor um modelo analítico bastante expressivo do que parecem ser as linhas mestras dos deslocamentos dos saberes físico-morais modernos. A tripartição proposta das "configurações" (a da *melancolia,* a do *nervoso* e a do *psicológico*) e sua consecutividade histórica – ainda que com as superposições estudadas – não deverá, para quem acompanhe a argumentação, suscitar qualquer idéia de "evolução". Há entre elas uma sucessão de modalidades, de *epistemes,* solidárias de racionalidades e "historicidades" diferenciais. Foucault – como se pode ver – terá sido aí, tanto para o mais genérico quanto para o mais específico, de um brilho particular entre os guias luminosos.

A pesquisa específica sobre o *nervoso* moderno exige observações introdutórias de múltipla ordem. Creio que muito do que disser e fizer estará balizado por alguns limiares de sensações que gostaria de invocar desde já.

Maria Manuela Carneiro da Cunha dizia, a respeito de sua pesquisa sobre a noção de pessoa entre os Krahó, que esse tema "só pode ser indiretamente buscado nas entrelinhas do primeiro [a morte], e requer, por assim dizer, táticas sub-reptícias, emboscadas que de repente surpreendam essa fugidia noção de pessoa" (Carneiro da Cunha, 1978, p. 1). Sensação semelhante me acompanhou ao longo de toda a pesquisa, buscando o que é por si fugidio nas entrelinhas do mais fugidio: o *nervoso.*

Peter Fry comentava na apresentação de seu livro recente, a propósito da redação do capítulo sobre a construção histórica da homossexualidade no Brasil, que teve "a maior dificuldade em terminá-lo, pois ficou cada vez mais evidente que discutir a sexualidade nesses termos levaria, necessariamente, a uma discussão cada vez mais filosófica sobre os rumos das transformações da cultura brasileira como um todo" (Fry, 1982, p. 16). Esta frase ressoou várias vezes em minha cabeça ao longo da pesquisa, como expressiva de uma inquietação que também me acompanhava, no trato de meu objeto, real, necessária, mas ao mesmo tempo difícil de conciliar – como sentia Peter Fry – com o dia-a-dia da interpretação antropológica.

Pierre Bourdieu observava, a respeito da pesquisa sociológica, que

> o segredo, que é uma forma de propriedade privada, juridicamente protegida enquanto tal, e também uma das espécies do sagrado, proibido do desvendamento sacrílego, é indissociável do poder, o que faz com que o pesquisador, quer ele queira ou não, quer ele o saiba ou não, se encontre sempre comprometido em uma relação de força com seu objeto; sem outra escolha, o mais freqüentemente, que a de enganar ou a de ser enganado (Bourdieu, 1981, p. 4).

Também essa observação parece se aproximar de algumas das preocupadas sensações de que sempre se cercou meu trabalho de campo sobre o *nervoso,* engatado na fronteira ou ameaça da intimidade, da privacidade, do segredo ou da suspeita do segredo.

Essas três evocações aportam alguma coisa das contingências em que se desenrolou meu trabalho: problemas próprios do fenômeno sobre o qual eu me voltava; problemas próprios da ressonância grave das questões em que implicava seu estudo; problemas, também, da minha relação pessoal com o mundo, com a "subjetividade", com as pessoas — tão numerosas — que tentei, às vezes em vão, transmudar em "informantes".

Minha pesquisa começou, como disse, umbilicalmente presa ao "campo" da pesquisa anterior: o bairro de Jurujuba, Niterói (Rio de Janeiro). Minha identidade local (passível de muitas nuanças que não posso explicitar ou que, em boa parte, me hão de ter escapado) era a de um *professor* interessado na vida dos trabalhadores, nas condições específicas do trabalho na pesca, nas implicações econômicas ou políticas da ação dos múltiplos órgãos e instituições que afetam sua reprodução social. Nessas condições tornou-se logo claro para mim que não seria possível construir uma outra imagem dos meus interesses, mais voltada — assim tão genericamente como o poderia colocar — para a sua percepção de si mesmos, seus sentimentos e mal-estares, suas doenças e perturbações, suas crenças e temores. É claro que isso sempre seria mais difícil de legitimar como o interesse "público" de um *professor* (como haveria de verificar no campo seguinte), mas tenho certeza de que — neste caso — a dificuldade se acrescia das expectativas anteriormente construídas sobre o meu "querer saber". Alguns informantes mais íntimos ouviram minhas explicações sobre esse deslocamento, procuraram ser amáveis ou auxiliar nessas novas tarefas. Tenho certeza porém de que nunca se convenceram muito bem ou da minha determinação a esse respeito ou do acerto de minha decisão. Nos casos de maior colaboração, associava-se minha preocupação a um interesse, por assim dizer, "sanitarista" ou "epidemiológico" por condições de saúde em geral (sob o que pulsava o interesse em denunciar, com toda justiça, as precaríssimas condições que cercam sob tal aspecto a sua vida no bairro e no trabalho pesqueiro). Tenho certeza, porém, de que, em todo esse processo, aquele citado terceiro problema (o do meu mal-estar em forcejar seus "segredos") há de ter sido vital, transmitido como é inevitável, sub-repticiamente, sob o menor de meus gestos, palavras ou silêncios.[1]

Durante um certo período tateei em busca de um outro "campo" de pesquisa e acabei por me fixar no Meio da Serra (Petrópolis, Rio de Janeiro), por se tratar de um bairro de classe trabalhadora de acesso não muito difícil, com limites sócio-geográficos bastante precisos e com uma história social diversa da do "campo" anterior. As dificuldades enfrentadas aqui foram de outra ordem. Tive de iniciar o contato sem qualquer mediador (em Jurujuba já trabalhava há cinco ou seis anos) e — não tendo então muita clareza sobre como encaminhar a observação e a conversa sobre os assuntos que me interessavam — fiz incidir meu interesse sobre o bairro como "documento histórico" (o que era para eles uma questão altamente legítima), a relação de seus moradores com o "passado" onipresente da fábrica têxtil em torno da qual outrora florescera o bairro. Essa estratégia garantiu-me uma rápida aceitação e legitimação, embora também eviden-

---

1 Sobre Jurujuba pode-se consultar uma série de trabalhos meus (Duarte, 1978; 1981a; 1980; 1981b; 1983a).

temente me associasse a um interesse de conhecimento oblíquo ao que eu efetivamente perseguia.[2]

A essa altura porém eu tinha muita certeza — e ela me acompanha até agora — a respeito das estratégias etnográficas que eu *não* queria seguir. Em relação às perturbações físico-morais, a referência às ciências, instituições e agentes médico-psiquiátricos ou psicológicos é inevitável (até mesmo, de certo modo, para as classes trabalhadoras), mas eu sabia, da experiência com a literatura, quão restrito ficaria o meu acesso ao material desejado, filtrado por uma instância ou referência muito específica. Descartei portanto a possibilidade — mais fácil em um certo sentido — de proceder à pesquisa, total ou parcialmente, a partir das instituições de atendimento público médico-psiquiátrico, que regurgitam de pacientes oriundos das classes trabalhadoras disponíveis nesse caso, para falar exatamente daquilo que em tal situação lhes sustenta a identidade. Mas não me interessava conhecer apenas a face elaborada para a interação com o mundo médico-psiquiátrico desse universo social. Na verdade, até mesmo na pesquisa conduzida na vida quotidiana de meus observados sempre evitei a própria nomenclatura médico-psiquiátrica — que representa para eles como que um comutador para um plano de discurso que se poderia qualificar até um certo ponto como "para inglês ver".

Também descartei desde o início a possibilidade de proceder pela via das instituições religiosas, já aí não tanto porque houvesse um "vício" intrínseco à relação desse plano de vida com meus escolhidos informantes, mas porque eu teria de optar por alguma específica via religiosa, dentre as muitas que recortam a sua disponibilidade, e já havia trabalhos a esse respeito — e mesmo tantos — e eu acreditava que, por trás das tão aparentemente díspares mensagens religiosas desse mercado, algo de mais encompassador e generalizado pudesse dar conta até mesmo dessa perturbadora multiplicidade.

As pesquisas conduzidas em Jurujuba e no Meio da Serra transcorreram portanto sob a égide de uma opção: a de auscultar o quotidiano, a de acompanhar longamente a prática de muitos desses sujeitos, perdendo certamente dimensões cruciais de sua vivência, mas ganhando, estou certo, em abrangência e acedendo a um plano de *habitus* que poderia ser obscurecido pela excessiva sistematização sempre depreensível de todo e cada um dos códigos religiosos ou — sobretudo — dos códigos médico-psiquiátricos. Ocorre-me, aliás, a esse respeito uma observação muito clara de Lia Machado: "a escolha do domínio privado se deve ao fato de que, na nossa sociedade complexa, é aí que se realizam por excelência as práticas elaboradas da organização significativa das 'identidades globais', articulando os vários referenciais de identificação, inclusive os da esfera pública" (Machado, 1982, p. 1). Era essa também minha idéia.

---

2 A respeito do Meio da Serra, sobre que não se dispõe de uma monografia abrangente como a que pude elaborar sobre Jurujuba, há informação em Duarte, 1983b.

A um procedimento de pesquisa assim dirigido autorizava-me ademais aquilo que já sabia a esse respeito, a dada altura: que a área das "perturbações" da *vida* não era exclusivamente "médica", nem era exclusivamente "religiosa", embora não fosse isenta dessas dimensões e pudesse abarcar a referência e recurso às mais diversas vias simples ou combinadas daqueles planos. Era justamente isso o que me interessava acompanhar e compreender.

Ocorre porém com o quotidiano que ele seja o mais difícil de ser pesquisado. Em primeiro lugar porque o rompeu a presença do pesquisador, que fez vir à sala a dona da casa, que fez interromper a sesta ao marido, que fez com que se trouxesse o café na bandeja de plástico e que se calassem as crianças. O que se multiplica, é claro, ante gravadores ou cadernos de notas. Mas há algo mais grave e insuperável — pois a longa convivência obvia, creio eu, alguns daqueles físicos distúrbios. Há a verbalização necessária suscitada ou incitada pelo pesquisador, mesmo quando ele pergunta do mais genérico, quando, com mais delicadeza, sugere o interesse em tal ou qual assunto. Também aí há nuanças, é claro. Essas pessoas falam, falam entre si, falam sozinhas, sistematizam freqüentemente com intensa perspicácia áreas enormes e densas de suas vidas, atualizam discursos diversos segundo suas próprias e diferenciadas relevâncias e planos. Podem até mesmo — como sei ter ocorrido, apesar daquele meu generalizado temor — falar de coisas tais como não seria próprio que falassem com a maior parte dos seus, fazer confidências, explorar com um "estranho" dimensões também um tanto "estranhas" de suas vidas.

Não se fala porém justamente — mesmo nesses momentos de expansão — a pesquisadores de outra cultura como se fala habitualmente. Até a emissão da voz pode ser alterada, o tom cerimonial que antropólogos e lingüistas tão bem conhecem arma caminhos fugidios ao quotidiano. Mais uma vez esse é, porém, um limite inarredável e quantos pequenos recursos não se apresentam para controlar efeitos que nos são conhecidos, e sobejamente.

Essa divisa do trabalho antropológico que poderia ser o "fazer das tripas, coração" é particularmente aplicável no caso do *nervoso.* Como voltarei a observar, esse discurso é tão importante quanto inexplícito em sua sistematicidade. É necessário compreendê-lo como uma "linguagem": ele serve ao pensamento, à comunicação, à expressão; não é deles um objeto regular.

Reduplicava-se assim a conveniência de uma estratégia etnográfica de ausculta e observação, a paciente espreita da emergência da referência explícita, da deixa ao pastoreio discreto da conversa. Esse procedimento foi frutífero. A linguagem do *nervoso* é em si rica e recorrente. Sua incidência porém, nas auto-atribuições, depende em boa parte da intimidade da relação. A longo prazo, a paciência frutifica assim tanto em termos absolutos quanto relativos; além de se obter um material nuançado por condições de emissão, contextos semânticos e situações estruturais sobre cuja riqueza se monta a análise do Capítulo V.

Esse foi assim o modo como se processou fundamentalmente minha pesquisa direta de campo em Jurujuba e no Meio da Serra. É claro que, dadas as condições de mais longa convivência e de mais sistemático conhecimento das áreas ditas "objetivas" da vida de seus moradores, a densidade do material oriundo do primeiro campo é muito superior à do segundo. Este foi, porém, fundamental para garantir um certo revigoramento da comparatividade, da capacidade de surpresa e dúvida, do controle de sensações, estratégias e informações, de que a prolongada convivência com um mesmo grupo começa a exigir duvidar. É pena que não possa neste momento — por irrelevante para os objetivos presentes — evocar também a intensidade da diferença de sensações e de apercepção sociológica que me propiciaram esses dois pequenos mundos de gente das classes trabalhadoras. Eu os aproximei analiticamente em um outro texto a que farei referência. Será necessário um dia vir a explorar o que os fez, e continua fazendo, tão díspares em "estilo" ante meus olhos.

A partir de um certo momento fui convidado a prestar orientação antropológica a uma pesquisa que um grupo de psicólogos, que vinham tendo seu trabalho profissional supervisionado por uma psicanalista, pretendia desenvolver num grande bairro de classe trabalhadora da periferia do Rio de Janeiro: Acari.

Essas pessoas — a que se fará normalmente referência coletiva como o Grupo ou a equipe de Acari — haviam enfrentado uma série de situações difíceis, pessoais e profissionais, em sua tentativa de trabalhar no local, que lhes sugerira a conveniência de melhor compreender as diferenças culturais que se impunham nessa relação e — particularmente — as diferenças de concepção e construção da noção da Pessoa e de suas perturbações. Pelo interesse, dedicação e carinho com que sempre se empenharam em suas tarefas e se dispuseram, penosamente, a enfrentar o exercício do olhar antropológico, habilitaram nossas regulares reuniões semanais (durante cerca de dois anos) a uma intensidade analítica certamente rara em grupos de estudo e pesquisa interdisciplinares. O volume e qualidade da informação etnográfica obtida cresceram com a adoção das técnicas de observação participante, de registros em caderno de campo e de concentração do contato visando ao estabelecimento de relações continuadas com alguns informantes e suas famílias. Por se tratar de várias pesquisadoras, por terem umas ou outras mais acentuados certos detalhes de sua identidade no campo (trabalharam, por exemplo, em um centro de atendimento médico-psicológico e em uma creche, no local, durante algum período) e por não terem estabelecido seus contatos necessariamente de forma coletiva, construíram uma rede diferenciada e intensa de trabalho, propícia à obtenção de um material rico, estimulante e complexo. Embora cada pesquisadora tenha inflexionado ligeiramente, ao sabor das características próprias de identidade e interesse, a sua experiência de campo, o foco coletivo permaneceu sendo o da noção de Pessoa e o das representações sobre o que, a uma certa altura, se chamava no Grupo de "sofrimento psíquico". O discurso do *nervoso,* de cuja importância já se haviam apercebido antes do início de minha colaboração, mereceu sempre uma atenção etnográfica e analítica especial. Nossas reiteradas discussões e trocas de informações subjazem a boa parte de minha análise. Pode-se dizer, de uma maneira geral, que o material sobre a configuração do *nervoso* também foi aí obtido de uma maneira não-diretiva, com a possível exceção da série de entrevistas realizadas com as mães e pais-de-santo dos centros de umbanda locais, a quem se dirigiram bem no começo de seu trabalho, com um roteiro que incluía perguntas sobre a diferença entre doenças *de cabeça, de nervos* ou "espirituais".

A freqüência múltipla e continuada a um bairro tão populoso permitiu que fossem acompanhados alguns casos fascinantes de perturbação físico-moral, com o registro das múltiplas avaliações e comportamento das pessoas envolvidas ou de algum modo circunstantes. A própria experiência de tentativa de atendimento psicológico no referido Centro de serviços — ocorrida antes de iniciada a pesquisa — pôde ser eventualmente levada em conta.[3]

O programa de leituras e discussões incluiu desde o início algumas pesquisas disponíveis sobre as perturbações físico-morais entre as classes trabalhadoras no Brasil. Foi no contexto dessas discussões triangulares entre a minha experiência própria, a do Grupo de Acari e a da literatura, que se tornou clara para mim a conveniência de não restringir este livro à reflexão sobre o meu exclusivo material, mas a de ampliá-la tanto quanto possível sobre o conjunto da informação disponível na etnografia.

Dada essa intenção generalizante explícita de que passou a se revestir meu trabalho, acoplada a graves restrições de tempo e espaço, e mesmo à necessidade de uma maior agilidade no estabelecimento da multiplicidade de conexões necessárias, impôs-se uma grande economia de transcrições de discursos dos informantes. A existência hoje de um material etnográfico publicado bastante vasto, pertinente para a discussão das perturbações físico-morais das classes trabalhadoras urbanas (de que lançarei mão ao longo de toda a análise), também a tal procedimento pareceu autorizar-me.

Há, portanto, neste trabalho a assunção explícita de um caráter genérico ou generalizante — que o projeta para além das experiências etnográficas que o autorizam, mas não o constrangem. Creio que ele seja neste momento — com formato tão temerário — mais útil do que poderia ser a edição de mais um estudo de caso ou monografia sobre "trabalhadores" e "doença mental". Por um lado isso se justifica — como disse — pelo volume considerável, ainda que bastante caótico, de informações sobre esse universo já disponível em nossa literatura científica. Por outro lado, essa justificativa tende a se reforçar pela percepção de que esses temas estão sendo e virão a ser felizmente cada vez mais estudados, tanto por antropólogos, quanto por psiquiatras, psicólogos e psicanalistas atraídos e treina-

---

3 Alguma informação etnográfica sobre Acari se encontra em trabalho que publiquei em colaboração com Ropa *et al.*, 1984. Pode-se consultar também Castro, 1981.

dos pela metodologia antropológica. Suponho que em tal contexto uma proposta analítica abrangente, por mais imprecisões ou *bias* que possa ter – ou talvez até mesmo em função deles –, permita um adensamento das discussões e uma concentração dos esforços analíticos.

A história de uma pesquisa não pode prescindir da menção aos meandros paralelos em que não vingou e das perspectivas e dúvidas que projeta adiante de si. De uma maneira geral creio que minhas decisões e iniciativas etnográficas foram adequadas e bem-sucedidas. Antes, porém, de decidir descartar a possibilidade de manter um foco etnográfico a partir de um recorte religioso, iniciei uma exploração em torno do culto católico a Nossa Senhora da Cabeça, que me sugerira Lucy Manso. As visitas à capela, que em torno dessa imagem concentra o culto na antiga Catedral Metropolitana, e também à Igreja da Penha, onde ele se ramifica, não me instigou ao prosseguimento da pesquisa por essa via, sobretudo pelo fato da clientela ser composta, a meu ver, por fiéis oriundos das mais diversas classes e segmentos sociais que – em torno daquele culto – faziam se atualizar representações e crenças da mais múltipla ordem. É certo, porém, que poderia ser um investimento comparativo precioso no tocante às perturbações físico-morais, que em torno da idéia de *cabeça* aí se tematizam.

A instâncias de um precioso informante e amigo de Jurujuba, fui de certo modo conduzido a investigar as possibilidades de proceder a um estudo de caso paralelo, centrado sobre os *ex-combatentes* e suas perturbações físico-morais ("neuróticos de guerra" etc.). Uma série de circunstâncias formais, decorrentes em parte – vejo agora – de uma manipulação instrumental muito hábil mas infelizmente falhada de meu amigo; a par dos problemas políticos que envolvem a "Associação dos Ex-Combatentes" e dos problemas políticos e burocráticos em que se enovela a LBA (que está ligada à Associação no tocante aos aspectos assistenciais); fizeram com que desistisse de insistir nessa via. Alguma informação pertinente transpareceu desses poucos pequenos contatos – e será incorporada oportunamente à discussão. Também haveria de ser, porém, um foco extremamente interessante de pesquisa comparativa – rica e urgente.

A menção a esses dois pequenos desvios paralelos possíveis poderia servir de epígrafe a uma longa demonstração da necessidade e dos modos possíveis de organização de um programa comparativo bastante ambicioso: nacional, entre o modelo aqui estudado para as classes trabalhadoras urbanas e os das demais classes e grupos sociais; internacional, entre o caso aqui estudado e o dos grupos de classe trabalhadora ligados a outras subculturas nacionais. Isso se fará depreender, porém, espero, da própria análise aqui desenvolvida em torno de tal ou qual possível pequeno ponto comparativo.

Nesse sentido, o Capítulo III apresenta certamente uma proposta analítica abrangente, que poderia servir de guia a um plano de esforços mais sistemáticos sobre núcleos presentes e passados das representações da Pessoa nos diferentes segmentos e domínios das sociedades modernas.

Foram acrescentadas ao texto algumas Ilustrações. Redigi para estas últimas legendas encaminhadoras de um sentido que só pode porém plenamente evolar da atenção ao conjunto da análise.

A consecução da pesquisa dependeu — como sói acontecer — de um concurso único de circunstâncias, instituições e pessoas.

A primeira menção, nesse sentido, deve recair como um todo sobre o Programa de Pós-Graduação em Antropologia Social do Museu Nacional/ UFRJ; sobre seus professores, alunos, funcionários, biblioteca; estado de espírito, enfim, ao qual se há de atribuir o que de melhor possa haver neste pequeno fragmento de suas atividades.

Dentro dele, Gilberto Velho, meu orientador, teve evidentemente um papel especial, cuja importância extravasa de muito aquela sua função e esta minha prestação. Nosso convívio intelectual e pessoal neste último período foi uma das melhores *trips* de minha vida.

Para com Otávio Velho, Luiz de Castro Faria e Luis Tarlei de Aragão tenho débitos diferentes mas igualmente intensos no que toca à condução do meu pensamento e à articulação de um certo desempenho subjacente a este trabalho.

A amizade e o trabalho intelectual conjunto com Ovídio de Abreu Filho foram uma cara experiência e preciosa ajuda. Creio que idênticas palavras poderia aplicar ao que representou o contato — no entanto recente — com Peter Fry.

José Sérgio Leite Lopes e Maria Rosilene Barbosa Alvim, meus bons vizinhos de "cela" e de tema, sempre foram estimulantes e prestimosos.

O Grupo de Trabalho sobre "Cultura Popular e Ideologia Política" da Associação Nacional dos Programas de Pós-Graduação e Pesquisa em Ciências Sociais (ANPOCS), coordenado inicialmente por Ruth Cardoso e Gilberto Velho e, no último ano, por Eunice Durham, representou um foro de estimulante e continuada discussão dos problemas com que me vi às voltas nesse período, desde que, no seu III Encontro, aí apresentei meu primeiro pequeno texto sobre o *nervoso* (cf. Duarte, 1982).

Ainda no espaço acadêmico, cabe registrar conversas ou informações pessoais que foram úteis diretamente para este trabalho. Devo-as a Gigi de Abreu, Síglia Dória, Ilana Strozemberg, Parry Scott, Mauricio Lougon, Lucy Manso, Maria Noemi Castilhos Brito, Roberto Kant de Lima, Renato Seidl e Sérgio Carrara.

Já me referi à importância da experiência no Grupo de Acari. Não me referi à gratidão e carinho que devo a Elizabeth Paim Santos, Maria Rebello Terra, Rosângela de Castro Gonçalves, Maria de Fátima Lago Garcia e Daniela Ropa. Foram companheiras admiráveis de trabalho.

Pude me beneficiar, ao longo de parte deste período de trabalho, do convívio com Marguerite Labrunie, profissional responsável por uma "démarche en interiorité" que me foi certamente de grande valia.

O apoio financeiro do CNPq, da FINEP e da Fundação Ford garantiu a realização deste trabalho ao longo de suas múltiplas fases.

Marisa Colnago Coelho, com sua eficiência e bom humor, sempre me deu a tranqüilidade de que tantas massas sucessivas de manuscritos pudessem se transformar afinal em um texto legível.[4]

"Garde sans cesse Ithaque présente à ton esprit. (. . .)"

Constantino Kaváfis

[4] Este trabalho é uma versão reduzida de uma Tese de Doutorado apresentada ao Programa de Pós-Graduação em Antropologia Social do Museu Nacional, UFRJ. Aos agradecimentos originais deve-se acrescentar o que é agora devido à Banca Examinadora, composta por Ruth Cardoso, Sérvulo Figueira, Peter Fry e Otávio Velho, sob a presidência de Gilberto Velho. O trabalho de redução da Tese para este formato levou parcialmente em consideração sugestões da Banca.

I

O ESPAÇO CULTURAL DOS *NERVOS* E *NERVOSOS*

É preciso ter nervos de aço, / ter sangue nas veias, / não ter coração. . .

Lupicínio Rodrigues

D. Laura — preciosa informante ao longo de oito anos de conversa e observação mútua — mostrou-me uma vez como se preparava uma *simpatia* para os *nervos.* Em um copo ao lado de sua cama isolada de velha doente estava mergulhada de cabeça para baixo uma rosa branca. Depois de um dia e uma noite a rosa, já despetalada, devia ser jogada fora, sobre um vaso de plantas, e a água, assim tratada, bebida com devoção para alívio de um de seus muitos males: o *nervoso.* Não dispunha de uma interpretação direta e explícita sobre a relação que essa terapia guardava com o mal impertinente. Na verdade, obtivera a receita em um programa de rádio escutado atentamente a cada dia, como uma fonte inesgotável de companhia, consolo e explicação de mundo.

Seu filho, Roberto — o dono da casa —, reclamava porém freqüentemente da audição do programa, que tornava D. Laura, segundo ele, sempre mais *nervosa.* Sua mulher e as muitas filhas, que a essa época ainda compartilhavam com eles do espaço exíguo da casa em Jurujuba, eram da mesma opinião: não só o programa deixava-a mais *nervosa,* como lhe ensinava mais receitas para essas *sujeiras,* que a muito custo toleravam na alcova ao lado da cozinha.

Como me explicava D. Laura, custara a obter a rosa, trazida por um dos netos cuja dedicação lhe era cara. "Afinal de contas" — dizia ela — "tenho uma veia do coração atravessada sobre um dos rins. Quando fico *nervosa* ou tenho *aborrecimentos,* isso provoca muitos problemas". Seu primeiro bisneto, segundo ela, também era muito *nervoso* (o menino a esse momento relutava em almoçar no colo da tia, pouco mais velha que ele, na cozinha ao lado) e ela havia visto isso logo que nasceu, porque o pai tinha o *gênio* muito *atravessado* e fazia sofrer a mulher com suas exigências e seus ciúmes. Tinha sido o primeiro parto de sua neta, após uma gravidez cheia dessas *amofinações.*

No caderno de campo, próximo às anotações desse dia, reencontro a palavra *amofinações,* também na boca de D. Laura. Referia-se a sua irmã mais nova, vizinha da casa em frente, uma velhinha ágil com quem pude conversar. Diz que ela tem o *fígado opilado* pelo que sofreu com o marido, homem muito *ruim,* e depois com os filhos. Alguém da casa, ouvindo-a desfiar tantas histórias atrozes de espancamentos e bebida, afirma que não sabe como D. Quetinha pôde conservar o *equilíbrio mental,* sofrendo tanto. Lembro-me que, ao ouvir gritos uma vez, disseram-me que era uma de suas filhas, que era *maluca* e estava tendo uma de suas *crises.* No entanto, neste dia agora, não se faz referência à loucura da filha, mas à sua ruindade e à de todos os irmãos. E acrescenta-se que, *nervosa* como é, D. Quetinha não pode parar de trabalhar: por isso não conversa quase com ninguém.

No entanto, encontro o registro em outra época, da informação de que Joana de Deraldo, a mulher do outro filho de D. Laura, que mora no alto do morro, não trabalha mais na fábrica porque está encostada por *nervoso* devido ao barulho excessivo que lá havia suportado. Ela não é bem-vista pela família com que mora D. Laura e Roberto diz que seu irmão Deraldo é *maluco,* quando comento com ele algum detalhe de sua vida acidentada e difícil. Roberto muitas vezes me falou de seu próprio *nervoso,* das muitas lutas e sofrimentos, da experiência de participação na *guerra* (serviu na Marinha, nos patrulhamentos costeiros) que produziu tantos *neuróticos de guerra* com quem convive regularmente na Associação dos Ex-Combatentes. Discorre com sistemática reprovação sobre os *hospícios,* de cuja violência teria sido vítima no *Hospital do Exército.* Certa vez perguntou-me de sopetão se eu também tinha "problemas de. . . de. . . *nervos*" e como eu respondesse que sim, disse que também ele, acrescentando: "acho que é uma *psicose*". Recomenda-me expressamente que não tome *drogas;* que ele próprio quando se sente com uma *alteração,* "assim de vez em quando. . .", trabalha intensamente, para cair na cama de cansado. Em muitos momentos lamentou que suas intenções de mobilizar em torno de reivindicações trabalhistas seus colegas de pesca esbarrassem em parte na representação comum de que ele era *maluco* — e eu mesmo pude perceber em diversos momentos que este estigma muito forte convivia amplamente com sua legitimidade de homem que tinha *leitura,* que sabia falar e que detinha uma posição eminente no bairro em diversas situações "rituais" (por exemplo, como *leiloeiro* da Festa de São Pedro).

Pude perceber recentemente, ao reler parte de minhas notas sobre essa família, que o período tão obscuro e angustiado em que Roberto estava sendo *aposentado* nos Correios e Telégrafos (onde trabalhara longamente) correspondia à expressão de parte de um drama muito complexo que me foi explicitado sob apenas um de seus ângulos — talvez o mais consentâneo com a identidade que me conferiam e contra a qual sempre ciosamente se recortavam. Roberto afirmava-se vítima de uma perseguição de caráter político — tanto político-institucional quanto político-ideológico — na qual se via impotentemente arrastado. Sua família calava-se sobre o curso dos eventos e não era fácil conduzir a conversa sobre o tema, carregado de conotações dolorosas. Anos depois, essa *aposentadoria* era vista como um benefício importante, que garantira a Roberto o tempo e o gosto de retornar à pesca num pequeno barco mal e mal caracterizador da identidade legítima de *dono de pescaria.* A rememoração dos períodos de *encosto* e *internação* por *nervoso* que antecederam a esse evento fazem-me hoje supor, por analogia com tantos outros casos depois conhecidos, que Roberto estivesse finalmente obtendo essa *aposentadoria* por *doença dos nervos* por que "almejam" sempre os manipuladores do *encosto*. Apenas, contrariamente aos que observaram o fenômeno do ponto de vista da passagem pela instituição psiquiátrica (de que é exemplo a experiência de Simone Soares [1980] oportunamente analisada), eu estava assistindo à versão doméstica de uma crise cheia de ambigüidade.

Do próprio cunhado de Roberto se dizia estar *encostado* no INPS por *doença mental* desde a falência da firma em que trabalhara durante vinte anos e que se esperava pudesse logo obter sua *aposentadoria* para poder dedicar-se plenamente ao seu pequeno comércio. A irmã deste, Aurélia de Roberto, com sua imensa pachorra, era poupada de muitos esforços domésticos por causa dos seus *nervos,* embora Laura, sua sogra, me dissesse entre dentes que ela era muito *ruim* mesmo; que não era *maluca* não, e que a perseguia *de propósito.* Uma vez encontrei D. Aurélia com a quarta filha (na alta adolescência) parada no ponto de ônibus do bairro. Em casa, um dos rapazes disse um pouco a contragosto que tinham ido ao médico porque a irmã estava muito *nervosa.* Embora houvesse uma nítida intenção de não me pôr a par do que se passava, vim a saber na vizinhança que a moça estava muito *triste,* sem *disposição* para nada, e que isso certamente tinha a ver com algum caso amoroso mal conduzido — talvez até mesmo alguma coisa grave (o que era dito com esse arquear cúmplice das sobrancelhas que parece sugerir a possibilidade da perda da virgindade).

Desde que a conhecera, D. Laura tinha na boca um único dente, bem à frente, que lhe fazia sibilar a voz aguda nos relatos emocionados de uma longa e cálida experiência de vida. Uma vez, encontrei-a deitada, recuperando-se da extração do dente que, segundo ela, lhe teria estado atacando o *nervoso.* Mais adiante, pouco antes de pedir desculpas por interromper a entrevista, reclamava do médico do posto de saúde local, que, ante suas queixas de dores no peito, dizia ser o seu problema "apenas" de *nervoso.* Durante essa conversa, comentara ainda que Maria Odete, uma vizinha que considerava de algum modo como "herdeira" de suas antigas e muito íntimas e prezadas relações com a umbanda (estes assuntos nunca se tornaram muito claros para mim, porque D. Laura os comentava em voz desesperantemente imperceptível, de modo a não ser ouvida pelas netas), estava *maluca,* meio *alucinada* e "não sabia o que fazia"; o que parecia temer atribuir a alguma infração ritual. Isso também a deixava *nervosa,* mas não pude precisar se devido a uma simples solidariedade vicinal, à sua responsabilidade como "mentora" de Maria Odete ou à participação num íntimo parentesco espiritual que as afetava.

Nesse mesmo dia visitei Otelo, casado com uma sobrinha de Laura, e que também se encontrava acamado, abatido pela tuberculose que lhe tiraria a vida duas semanas depois. Era voz corrente que estava há muito tempo *encostado* por *nervoso,* motivo pelo qual sua mulher era das poucas locais a trabalhar na fábrica vizinha de enlatamento de sardinha — a mesma onde Otelo perdera a saúde, segundo seu relato, ao enfrentar a alternância brusca de frio e calor e ao suportar longamente o ruído e o cheiro excessivos. Falamos sobre muitas coisas e certamente sobre as lembranças do período em que fui seu vizinho contíguo. Como uma voz na subida do morro reclamasse do peso das latas d'água com que duas vezes ao dia se tem de abastecer os barracos, veio à baila o retorno de Deraldo ao topo do morro, para mais longe de onde saíra meses atrás à cata de outro pouso. Otelo comenta que Joana de Deraldo, assim como ele próprio, eram *abobados* — o que tanto complicava a vida de suas famílias.

Um relato como este, que fosse encaminhando meu material etnográfico pelo fio das categorias físico-morais em torno do *nervoso,* acabaria arrebanhando, como o mapa de Borges, a rede completa dos informantes e, a partir deles, a rede total de relações registradas, e toda a prática observada e valores ressaltados. A família de D. Laura, que usei como foco de um exemplo impressionista, não é nenhum antro de desatino ou desvio. É uma família forte, com sinais de uma reprodução altamente legítima para os padrões locais, admirada e invejada por diversos motivos. Face a tantas casas ensombrecidas pela ruína econômica e moral, ela se erige como exemplo de vitória na *luta* permanente em nome dos valores do *trabalho,* da *obrigação* e do *respeito,* autorizando a seus membros uma dignidade quase aristocrática.

Ela compartilha, porém, com todos seus vizinhos — e com um amplo segmento da sociedade nacional — de um código específico para falar dos infinitos embaraços de sua prática de vida, do embate quotidiano entre valores e situações, valores e valores, situações e situações. Esse código é muito complexo, o que lhe permite ser eficaz, é muito embutido nas representações gerais, o que lhe permite ser intenso; é muito flexível, o que lhe permite ser abrangente. E é assim como o é toda linguagem: abrangente, intensa e eficaz; ao mesmo tempo instaurando e conduzindo a significação e sustentando os sujeitos em sua prática social. Como toda linguagem também, guarda solidariedade com uma cultura específica e tem fronteiras de permanência e sentido que lhe são homólogas.

Nosso foco analítico se centra na linguagem do *nervoso* e em sua relação com uma "cultura das classes trabalhadoras urbanas". Outros capítulos se ocuparão de discutir os inúmeros problemas mais teóricos que envolve um tal recorte. Aqui exponho o campo etnográfico em que me pude mover, não só para suscitar o interesse do leitor — o que já seria um bom motivo — mas para permitir perceber a linha viva dos cortes, o traço das intervenções diferenciantes na massa multiforme de informações oriundas de um garimpo eivado de intuição e dúvida.

De uma maneira introdutoriamente imprecisa, poderia dizer que me voltei sobre tudo o que expressava nesses espaços culturais a área das "perturbações" — de todas as categorias com que se designava os sinais do que "não vai bem" com as pessoas; e para onde tais sinais apontavam, de onde pareciam fluir e como se entrelaçavam e se interdefiniam.

É evidente que isso não incluía, em princípio, os males alocáveis univocamente ao mundo das causalidades físicas, assim como todos os outros alocáveis, também univocamente, à ação genérica de grandes princípios religiosos, cosmológicos ou sócio-econômicos. A "perturbação" procura designar um ponto de permeação ou passagem entre esses pólos da visão de mundo dos sujeitos, por mais que, ao final de contas, ele possa avançar sobre eles, interligá-los e — possivelmente para nossos olhos — embaralhá-los e investi-los de uma significação bem outra. No sentido tentativo em que nos aproximamos dessas questões é que pude chamá-lo espaço "físico-moral".[1]

Como expliquei na Introdução, o material derivou de focos de pesquisa direta e indireta, assim como de um amplo espectro de informações culturais, etnográficas ou não. O exemplo da família de D. Laura extrai-se da mais intensa dessas fontes, aquela que, em boa medida, pelo vigor intrínseco da experiência longa e intensa pôde, em tantos sentidos, propiciar as chaves de aproximada compreensão que aqui se fará expor e discutir.

Nesse breve relato apareceram, grifadas, inúmeras dessas categorias de "perturbação" a que me referia. Passada a bateia entre todas aquelas fontes de material relevante e abstraindo neste momento todos os recortes de origem, plano de relevância e contextualidade, encontra-se um quadro muito amplo de referências desse tipo que apresento em seguida de maneira propositadamente formal, para só em seguida ir procedendo, pouco a pouco, às primeiras especificações que lhe fornecem sentido. Este quadro procura agrupar as expressões imediatas das "perturbações", sem se ocupar portanto não apenas da contextualização, mas também das supostas "causalidades" — dimensão das mais delicadas a que se aterá oportunamente a discussão.[2]

Evidentemente — e como poderá ser facilmente percebido — a descontextualização e agrupamento formal implicam uma recontextualização operada de acordo com alguns de nossos princípios comuns de classificação formal. Tratar-se-ia de um recurso inconveniente em qualquer caso em que a apresentação do universo de pesquisa não exigisse uma aproximação tão delicada e tateante.

O primeiro sinal desse quadro formal é o de que a expressão das "perturbações" lança mão de uma série de metáforas mecânicas e orgânicas específicas no grupo em que prevalece a explícita menção aos *nervos* e ao *nervoso.* Podemos assim organizar um quadro tentativo em que da coluna da esquerda à da direita passamos do mais estático ao mais dinâmico e do mais dinâmico ao "disfuncional":

---

[1] Creio que seja conveniente ressaltar, no tocante ao uso da palavra "perturbação", que, a par da acepção genérica em que a estou utilizando, na forma definida, ela também aparece como uma categoria dos informantes, entre as muitas outras que compõem justamente os quadros semânticos recenseados neste capítulo. A *perturbação* é, nesse sentido, uma das formas locais de referência à "perturbação" físico-moral. Há exemplos desse uso, por exemplo, nos discursos umbandistas transcritos em Guedes, 1974.

[2] As fontes paralelas de etnografia do *nervoso* são muito numerosas e de qualidade e pertinência muito díspares. As referências mais importantes são as de Soares, 1980; Alves, 1982 e Loyola *et al.,* 1977. Utilizei ainda, no tocante ao Brasil, Montero, 1983; Queiroz, 1978; Brandão, 1976 e 1981; Figueiredo, 1979; Beltrão, 1979; Iba-

sistema nervoso	*tensão* nervosa	*desequilíbrio* nervoso
energia nervosa	*pressão* nervosa	*distúrbio* nervoso
força nervosa	*excitação* nervosa	*esgotamento* nervoso
estado nervoso	*perturbação* nervosa	*fraqueza* nervosa

Ao lado desse grupo mais abstrato de categorias, parece poder erigir-se um grupo mais explicitamente remetido à tradição do discurso médico, uma vez que, embora as categorias acima agrupadas também dele se originem, não parecem guardar hoje conotações propriamente médicas nas representações de seus portadores. O primeiro segmento é o das categorias em que também se encontra explicitamente a referência ao *nervoso:*

doença dos nervos
[nervosa]
remédio de nervos
hospital de nervos

Segue-se o segmento das categorias concomitantes, agrupadas mais ou menos de acordo com as "demarcações" internas ao campo psicológico-psiquiátrico, indo das mais genéricas e "tradicionais" às mais específicas e "modernas":

maluco	*doente mental*	*histerismo*	*disritmia*	*neurose*	*trauma psicológico*
louco	*mental*		*epilepsia*	*psicose*	*complexo*
doido					
pinel					

A esse grupo pode-se antepor o das categorias explicitamente referidas a um campo convencionalmente chamado de "religioso":

encostado	[tomado por]	[sob o efeito de]
obsedado	*demônio*	*quebranto*
desenfluído	*espírito*	*feitiçaria*
		mau-olhado

As "perturbações" físico-morais compreendem um núcleo mais ou menos constante de sintomas "físicos", embora possam eventualmente, e

ñez-Novión, 1974 e 1976; Caldeira, 1982; Ribeiro, 1981, Salem, 1981; Haguette, 1982; Seiblitz, 1979; Oliveira, 1980; Pereira, 1981; Teixeira, 1979; Monteiro, 1979; Motta & Scott, 1983; Sorj, 1981; Ramalho, 1979; Bosi, 1977 e Manso, 1980. Informação etnográfica no exterior foi encontrada em Herzlich, 1969; Boltanski, 1979; Loudon, 1969; Hoggart, 1973; Fremontier, 1980; Ellerkamp & Jungmann, 1983 e Cribier, 1983. Alguns textos de profissionais da psicologia e da psiquiatria também contribuíram com material etnográfico esparso: Holanda & Sampaio, 1979; Almeida, 1983; Bassitt & Bento, 1980; Delgado, 1983 e Brody, 1973. Informação estatística (sobretudo em torno do *encosto*), ora mais crítica, ora mais literal, foi encontrada em Vaissman, 1983; Singer *et al.*, 1978 e Cordeiro, 1978 e 1981. Obras tão diversas quanto o *Quarto de Despejo* (Jesus, 1983) ou o livro de divulgação religiosa do Pastor Macedo (Macedo, 1982) puderam ser apropriadas como fontes de informação. Muraro, 1983 e IBGE, 1978 não deixaram de ser úteis, apesar dos enormes problemas metodológicos que cercam a produção e apresentação de seus dados.

num sentido que se espera vir a explicitar, abarcar quase toda a gama de problemas, dores ou doenças que acomete o organismo humano. Esses sintomas nucleares seriam os seguintes:

tremura	*zoada*	*tonteira*	*dores de cabeça*	*aflição*	*fastio*	*insônia*	*desmaio*
tremelique	*zoeira*	*zonzeira*		*opressão*			*perda de consciência*
friagem	*zumbido*			*pressão*			

Paralelamente à sintomatologia "física", observa-se uma rica expressão de sintomas "morais", que acionam evidentemente, em muitos casos, as metáforas mecânicas e orgânicas que aparecem no primeiro quadro associadas de maneira "dinâmica" e "disfuncional" ao *nervoso.* Também aqui se atravessa uma ampla gama de "perturbações" que se apresentam dispostas da *tristeza* à *fúria* – numa amplitude de "comportamentos" que se pretende justamente ressaltar:

triste	*exausto*	*aborrecido*	*agitado*	*desesperado*
desorientado	*indisposto*	*amofinado*	*irritado*	*furioso*
abobado	*inquieto*	[*com problemas*]	*atacado*	
deprimido	*abalado*	*aperreado*	*esquentado*	
leso	*preocupado*		*atravessado*	
[*sofrendo*]	*perturbado*		*alvoroçado*	
caído	*esgotado*		*alterado*	

O espaço semântico físico-moral de que se procura assim desenhar o perfil encontra-se marcado por três categorias importantes que designam um modo central de manifestação do *nervoso;* ora como uma espécie de vértice, de divisor de águas entre planos diferenciados de relevância vital das "perturbações", ora como uma manifestação "dramática" altamente significativa:

crise de nervos
ataque de nervos
acesso de nervos

A extensão semântica do grupo *nervos/nervoso* pode ser formalmente reduzida nesta aproximação a um quadro de referências "físicas" cuja complexidade servirá justamente à amarração de múltiplas qualificações morais. Esse quadro permite, inclusive, que se delineie a necessidade da "inquirição histórica" a que se procederá no Capítulo III; uma vez que "reproduz" de modo instigante certos temas e nódulos de articulação das teorias "científicas" sobre os *nervos* no vasto espaço de saberes constituído a esse respeito a partir do século XVIII na Europa.

É assim que o *nervo* pode ser compreendido sob a acepção de "tendão", de ligamento presente nos tecidos animais, sendo certamente incorporado nesse sentido à idéia dos *nervos* presentes nas carnes de animais consumidas em nossa sociedade. Uma segunda acepção é a do *nervo* "motor", perceptível na idéia de que um determinado membro do corpo humano pode perder sua mobilidade por seccionamento do *nervo.* A experiência recorrente dos resultados paralisantes de acidentes de trabalho – aí tão comuns – reforça a preeminência dessa acepção. O terceiro modo de representação enfatiza o aspecto da "sensibilidade". A avaliação da intensidade da dor resultante de diversos ferimentos será freqüentemente expressa em locuções do tipo "pegou o *nervo*" ou "atingiu o *nervo*". Certas experiências relativas aos dentes, corroboradas pela própria linguagem dos dentistas, acentuariam essa representação do *nervo* como "sensibilidade" dolorosa e algo profunda sob a carne humana.

Ligeiramente variante dessa terceira acepção é a que associa os *nervos* à "sensibilidade periférica", não no sentido da *dor,* mas no de uma espécie de afloramento ao nível da pele, que a torna justamente "sensível" a qualquer estímulo externo. No contexto de uma pergunta direta e genérica sobre o que são os *nervos,* uma recorrente reação é a do tocar nos braços ligeiramente, aflorando à pele, ao mesmo tempo em que se procura uma expressão indizível para acompanhar o movimento. Algumas menções ao *arrepio* parecem significativas desse plano representacional.

Ainda mais "abstrata" do que essa última acepção é a que se poderia aproximar da idéia de um *sistema nervoso* (embora seja na verdade muito diversa do conceito anatômico oficial; tanto que essa expressão parece significativamente rara em seu discurso). Expressões como "atacou meus *nervos*" ou "são os meus *nervos*" parecem designar uma entidade difusa por todo o corpo, ainda que tenha uma associação mais estreita com a *cabeça.* Sua própria "materialidade" é aí de um caráter tão ambíguo para nossos olhos quanto parecerá significativa no contexto da condição "físico-moral" que procuramos compreender.

No tocante ao *nervoso* cabe especificar também aqui, desde já, que ele se expressa sob dois modos diferenciados. Procuro resumi-los na oposição "estar *nervoso*" e "ser *nervoso*". A primeira locução, que pode na verdade ser expressa de diversas outras maneiras, expressa um estado de "perturbação" mais leve ou mais passageiro atribuível prioritariamente a uma causalidade externa. A segunda locução, que faz um corpo móvel com as categorias *doente dos nervos* e *temperamento nervoso,* qualificaria um estado mais intenso e permanente, em que a ênfase recai não no acicate exterior, mas no modo e qualidade "interior" da "perturbação". Trata-se porém de uma fórmula polar algo rígida que se nuançará ao longo da análise.

Apenas como breve indicação propícia ao encerramento do quadro formal, caberia acrescentar que esse espaço das "perturbações físico-morais" pode em certos casos abarcar manifestações das síndromes clássicas do "quente/frio" e do "susto" e envolve quase sempre representações fortemente valorativas do *sangue,* do *fígado,* da *cabeça* e do cérebro. Nesse sentido, é notável a quase absoluta ausência das categorias oriundas do espaço da teoria humoral (*colérico, melancólico, fleugmático, bilioso* etc.), assim como daquelas oriundas das representações concomitantes sobre os centros vitais (*cordial, hipocondríaco, frenético* etc.). A única exceção é uma ocorrência isolada da categoria *atrabiliário,* que, pelo seu contexto "literário" muito particular (Jesus, 1983) merecerá uma localização diferencial na análise. A noção de *temperamento,* oriunda desse espaço, também se encontra presente, sob a forma do *temperamento nervoso,* mas mediada por um profundo deslocamento semântico.

Face a essa floração profusa das "perturbações" físico-morais e de seu vocabulário, ressalta a econômica expressividade dos estados de "normalidade" e "bem-estar" ou então do que poderíamos chamar de perturbações "positivas". Não me deterei aqui sobre as condições de confiabilidade desta constatação, ou sobre seus possíveis significados sociais e simbólicos. Assim como em relação às perturbações "negativas", trata-se aqui ainda apenas de pistas, de apresentação de fios encaminhadores de nossa percepção. É necessário de qualquer forma ressaltar que este recorte também obedece a uma classificação externa à que pareceria embutida na visão de mundo estudada e que a dicotomia entre "normalidade" e "anormalidade" e "positivo" e "negativo" tem um valor puramente formal e instrumental.

A seqüência semântica assim formulável distende-se sobre quatro eixos. O primeiro é o que envolve a categoria *calma,* abstratamente oponível a *nervoso* e a todos seus corolários e sintomas. *Calmante* é categoria derivada extremamente freqüente para designar certos recursos terapêuticos e os seus efeitos e os de inúmeras práticas e condições de vida mais amplas. *Tranqüilo, tranqüilidade* e *tranqüilizante* ocorrem com idêntico sentido, porém com menor freqüência.

Saúde é a categoria central de outro grupo semântico, logicamente oponível à seqüência marcada por *doença,* embora se distribua segundo uma lógica não exclusivamente "médica".

À rica sintomatologia "moral" das perturbações "negativas" opõe-se um quadro bem simples de manifestações "positivas" que apresentam de um lado as categorias:

bem
alegre
feliz
contente
satisfeito,

e de outro um grupo articulado em torno da *disposição,* como nas locuções *bem disposto* e *com disposição,* aproximável em um certo sentido do grupo *saúde.*

A categoria *disposição,* juntamente com as de *gosto* e *ânimo,* faz a passagem para o que se poderia chamar mais precisamente de "perturbações positivas"; que se distinguem porém por um emprego mais acentuado de locuções relativas a uma situação específica e localizada do que propriamente pela designação de estados morais. Embora, por exemplo, a categoria *farrista* possa ocorrer, é mais usual que se indique que a pessoa "está na farra" ou "vive na farra". *Baile, festa* e *carnaval* seguem padrão semelhante ao de *farra.* Embora a distinção entre universos masculino e feminino seja fundamental para todo o espaço físico-moral, este grupo de expressão é provavelmente aquele em que essa diferenciação se processa de modo mais acentuado, como teremos ocasião de discutir. Nesse sentido, as categorias *influência* e *influído,* por se apresentarem em meu material como remetidas basicamente ao mundo do trabalho, têm uma circulação exclusivamente masculina (cf. Duarte, 1978, p. 86).

Uma categoria recorrente e muito importante nesse contraponto semântico às "perturbações" é a da *paz.* Sua ocorrência tanto pode estar associada à expressão de um aspecto da visão de mundo totalizante (e assim freqüentemente vazada em termos "religiosos"), quanto pode expressar muito localizadamente a oposição desejada aos estados de "perturbação". O par *saúde/paz* concretizaria o pólo positivo, tão expressiva quanto impropriamente, do par abstrato "físico/moral" com que qualificamos todo este espaço de recorte etnográfico. Expressivamente, por dar conta de uma polarização bem nítida da visão de mundo desses grupos sociais entre o "material" e o "espiritual"; impropriamente, por sugerir uma demarcação estanque e rígida, distante da pluriconexão que procede desses pólos na demarcação dos sentidos vitais. Como exemplo da complexa imbricação desse campo chamarei aqui a atenção apenas muito brevemente para o fato de que a categoria *paz,* representando embora um sinal de alteridade desejável face às condições negativas e localizadas da *vida,* tem uma associação fundamental com a *morte.*

No seu sentido mais quotidiano, a *paz* está relacionada à representação fortemente valorada sobre o *sono.* Todo o campo do *nervoso* remete aliás à significação do *sono,* mais até do que à da *calma.* Embora a idéia utilitária do "repouso" esteja subjacente ao valor do *sono,* ela não o esgota, acentuando apenas um de seus ângulos de significação. Podemos adiantar de qualquer forma que a melhor ou pior consecução do ciclo do *sono (pegar no sono, dormir, acordar)* serve como um dos códigos fundamentais para a avaliação do desempenho físico-moral da pessoa.

Encerra-se este quadro formal com a referência ao plano das qualidades morais vistas como mais intrínsecas à pessoa e que se imbricam também eventualmente — e da forma como se especificará — com o campo das perturbações físico-morais. A oposição *bom/mau (ruim)* reina inconteste nesse plano, aplicada a uma condição que pode ser chamada de *gênio* (que se comparará oportunamente com a do *temperamento*). Mais uma vez, a condição negativa apresenta maiores alternativas semânticas, sendo comuns as categorias *brabo* e *atravessado.*

Além das categorias genéricas, há evidentemente todo um universo de qualificativos de múltipla sorte, e sem pertinência imediata para nossos fins, excetuados os que se referem aos valores do *trabalho* e da *honra* e que gravitam em torno das oposições *trabalhador/malandro* (que corresponde, sob outro prisma, à oposição *otário/esperto*) e *de bem/sem vergonha.* A área desses dois focos de valores é porém tão central para a visão de mundo estudada e, portanto, ao mesmo tempo tão específica e abrangente que em nada acresceria incorporá-la a este inventário e apresentação geral. Enfatizo apenas que todo este último grupo guarda uma forte relação com o tema do *sangue* como vetor físico-moral e com uma qualidade diferencial dos sujeitos que é às vezes chamada de *civilização,* e que designa a maior ou menor incorporação a um código de "urbanidade", justamente oposto ao que é *brabo,* ao *do interior,* ao *do mato,* ao *índio.*

Há diversos planos de deslocamento da significação de todos esses grupos formais com que se procura introduzir a percepção dos limites de uma vasta e diferenciada configuração de valores. O primeiro e mais relevante é o de que as categorias arroladas não são todas oriundas do campo das representações das classes trabalhadoras. Algumas advêm de textos que procuram designar a ocorrência dessas perturbações, mas utilizam para tanto as categorias próprias do mesmo campo nas classes médias e nos grupos associados aos discursos médicos modernos.

Esse é um dos traços mais interessantes da quase total desatenção com que diversos tipos de observadores, inclusive os cientistas sociais, encaram os fenômenos ligados ao *nervoso*, inadvertidos de que possa constituir um campo próprio de significação e não apenas uma assistemática referência a *problemas* ou *distúrbios* considerados comuns aos dois grupos (e mais do que isso, até mesmo como universais). Esse foi também o modo como me aproximei desse material e as chaves de demarcação social e simbólica diferenciais não se deram senão após um lento processo de abstração e análise.

Creio porém que em função desse efeito de aparente continuidade entre os dois códigos é conveniente apresentá-los assim inicialmente. Nesse sentido, pode-se desde logo ressaltar que o primeiro grupo, o das "metáforas mecânicas e orgânicas" se encontra raramente presente no campo do *nervoso* tal como se expressa entre as classes trabalhadoras, embora nos pareça tão óbvio e inevitável. Os demais grupos são todos compostos exclusivamente com categorias da linguagem dessas classes, à exceção do que se refere às categorias mais remetidas aos discursos "psicológico-psiquiátricos", onde se apresentam algumas categorias ocorrentes em contextos muito particulares e, portanto, de pertencimento diferenciado dentro do campo. Essas ocorrências particulares serão porém extremamente úteis para a construção do modelo aqui discutido. O tipo de categorias incluído nesse grupo está remetido a diferentes momentos e modos de articulação dos discursos médicos, armados em uma trama hoje muito complexa que serve prioritariamente à expressão das "perturbações" nas subculturas dos grupos de classe média e superior. A relação entre esses campos e o discurso do *nervoso*, e os problemas de sua permeação diferencial entre essas subculturas serão explorados sobretudo no Capítulo V.

Herculinium

Tonico homœopatha para os nervos e tecidos

Poderoso toniço de acção directa sobre os nervos e tecidos, capaz de dar a vitalidade aos velhos e moços estafados, por trabalhos phisicos ou mentaes, tornando-os fortes e robustos.

O HERCULINUM é usado sempre com resultados admiraveis nas irreoluções, falta de animo polluções nocturnas ou ao alliviar-se o ventre ou a bexiga, impotencia, insomnias perdas de vigor geral, palpitações do coração. O HERCULINIUM e o ideal dos tonicos para o coração, cerebro e systema nervoso em geral.

A' venda na Pharmacia Homœopathica Hahnemann

Av. 15 de Novembro, 888

O nervoso *em um anúncio de tônico homeopático, publicado em um jornal operário de Petrópolis (*A Ordem*), em 1918. Sob a égide de Hércules, é sobretudo a* força *que se promete, explicitamente física e moral. Chamo atenção para a* insônia, *cujo sentido nesse campo semântico se pôde explorar neste trabalho.*

II

A CONSTRUÇÃO SOCIAL DA PESSOA MODERNA

Quem sabe mesmo se esta categoria [*a de pessoa*] *que todos nós, aqui, julgamos fundamentada, há de ser sempre reconhecida como tal? Ela foi formada por nós, entre nós. Mesmo sua força moral – o caráter sagrado da pessoa humana – está colocada em questão, não só generalizadamente em um Oriente que não chegou até as nossas ciências, mas também nos países em que esse princípio foi encontrado.*

Mauss, 1973, p. 362

Um estudo localizado sobre "pessoa" e "perturbação" hoje, em tal ou qual segmento social, é devedor – com maior ou menor consciência – de uma tradição complexa e fascinante, ainda que muito recente.

Embora o artigo de Mauss sobre a noção de Pessoa – fundador da linhagem a que eu próprio me filio – só tenha sido escrito e apresentado em 1938, a percepção/demonstração do caráter social dessa mais entranhada das "categorias do espírito humano" já estava embutida no projeto crítico inicial de Durkheim e sua escola.

Parece ter sido porém estratégico – sobretudo para Durkheim – reter uma certa qualidade irredutível do Sujeito por detrás da elaboração social da Pessoa. Isso é muito claro num artigo tão hábil e pioneiro quanto o das "Representações Individuais e Representações Coletivas" [1898] em que o dualismo indivíduo/sociedade se fazia análogo ao dualismo célula/cérebro, para a demonstração final da preeminência da totalidade sobre a parte (cf. Durkheim, 1970d). Esse dualismo mereceu de Durkheim uma explicitação didática em seu "Le Dualisme de la Nature Humaine et ses Conditions Sociales" [1914] em que, após recusar as soluções "monistas" do empiricismo e do racionalismo idealista[1] (cf. Durkheim, 1970a, p. 323), filiava-se claramente à polaridade kantiana entre sentimento e razão. O *Homo Duplex* é aqui – como nas *Formas Elementares da Vida Religiosa* –

[1] A referência negativa conjugada ao empiricismo (o "mundo sensível" e o "juízo sintético") e ao racionalismo (à "nossa consciência" e o "juízo analítico") é recorrente na argumentação instauradora da sociologia francesa. Encontramo-la nas *Formas Primitivas de Classificação* (cf. Durkheim & Mauss, 1968, p. 18), mas sobretudo – de maneira habilíssima – no *Ensaio sobre a Magia,* para fundamentar a proposta do pensamento mágico como "juízo sintético *a priori*" (cf. Mauss & Hubert, 1973, p. 115 a 118).

uma reiteração da oposição instauradora entre o "profano" e o "sagrado"; de tal modo que se possam ir opondo homóloga e sucessivamente o "corpo" e a "alma", lugares do "aquém" e do "além" (no sentido weberiano do *diesweltlich X jenweltlich*); a "sensibilidade empírica" (sensações e tendências sensíveis) e o "imperativo categórico" (pensamento conceitual e atividade moral); o "pessoal" e o "impessoal"; aquilo que se vê "do próprio ponto de vista" e o que se vê *"sub specie aeternitatis"*; e, enfim, a "nossa individualidade" e "tudo aquilo que em nós exprime algo além de nós mesmos". Nesse último sentido, Durkheim substancializa fortemente o primeiro pólo, ancorando-o ao mesmo tempo no "nosso organismo e nos objetos com os quais entra mais diretamente em relação" (*ibid.* p. 330) e no "nosso temperamento", "nosso caráter", "nossos hábitos" (*ibid.* p. 329). Já o segundo se transfigura como sede dos "ideais coletivos", da "consciência comum", do *"unisson"*, do "se dépasser soi-même". Enfim, de algum modo retomada, a oposição entre "corpo" e "alma".[2]

Tanto Durkheim quanto Mauss expressam, por outro lado, a percepção muito viva da especificidade radical do modelo "moderno" de Pessoa. O texto de Mauss, de que se extraiu a epígrafe adjunta, é bastante conhecido em sua preciosa análise comparativa e sua demonstração do "cheminement" da categoria dentro da tradição ocidental. Apesar de algumas valorações significativas e inevitáveis, Mauss fundava aí uma via de relativização mais profunda e radical da nossa noção de Pessoa: "Ela só se formou para nós, entre nós". Também apresentava uma das primeiras "genealogias" sistemáticas dessa noção, aproximando questões históricas, religiosas, filosóficas e políticas bastante conhecidas, mas dificilmente entrelligadas em uma espécie de "história das idéias", luminosa e instigante.

Durkheim abordou sempre esta questão sob outro prisma, sendo certamente paradigmático seu artigo sobre "L'Individualisme et les Intellectuels" [1898], de que é inevitável fazer pelo menos uma longa transcrição:

> Essa pessoa humana, cuja definição é como a pedra de toque segundo a qual o bem deve se distinguir do mal, é considerada como sagrada, no sentido ritual da palavra, por assim dizer. Ela tem qualquer coisa dessa majestade transcendente que as igrejas de todos os tempos atribuem a seus deuses. Ela é concebida como investida dessa propriedade misteriosa que produz o vácuo em torno das coisas santas, que as subtrai aos contatos vulgares e as retira da circulação comum. E é precisamente daí que provém o respeito de que é objeto. Quem quer que atente contra a vida de um homem, contra a liberdade de um homem, nos inspira um sentimento de horror em tudo análogo àquele que sente o crente que vê profanado seu ídolo. Uma moral desse tipo não é simplesmente uma disciplina higiênica ou uma sábia economia da existência: é uma religião de que o homem é, ao mesmo tempo, o fiel e o Deus (Durkheim, 1970b, p. 264).

---

[2] Em artigo recente a propósito das bases da reflexão sobre "identidade social" na Escola Sociológica Francesa, analisei a expressão desse dualismo nas *Formas Primitivas de Classificação* e nas *Formas Elementares da Vida Religiosa* (cf. Duarte, 1984c).

No mesmo texto reponta porém a maneira como Durkheim conciliava esta relativização da crença "individualista" com o postulado de um Sujeito individual universal, núcleo de uma realidade "emocional" ou "psicológica":

Uma semelhança verbal pôde fazer crer que o individualismo derivava necessariamente de sentimentos individuais, e assim egoístas. Na realidade, a religião do indivíduo é de instituição social, como todas as religiões conhecidas (*ibid.*, p. 275).

Creio que essa dinâmica dupla entre universalização e relativização especificante a respeito da Pessoa pode ser iluminada ainda por um terceiro ângulo: o de Lévy-Bruhl. Neste caso, sobretudo nas fórmulas tardias de sua obra, a inquietação exacerbada com a diferença de pensamento (que só se podia desencadear a partir de uma visão irrelativizada do real ocidental; aí incluída sua noção de Pessoa) produziu também uma crescente percepção do caráter singular do ponto de partida disponível para a comparação. Comentando algum material etnográfico, diz Lévy-Bruhl: "Aqui, mais do que no ocidental, cuja individualização mascara freqüentemente a participação profunda na vida comum, sente-se o quanto a vida Zande é eminentemente social" (Lévy-Bruhl, 1963, p. 72). Nesse sentido, a "participação" via dissolvida sua bruma exótica, penetrando sob a modernidade e invertendo assim, até mesmo, o jogo de preeminências entre os dois modelos: seria entre nós que algo se "mascararia" pela "individualização".

A tradição do dualismo durkheimiano tem tido uma longa vida, seja através da linhagem inglesa, seja da propriamente francesa. Roger Bastide, por exemplo, escreveu um artigo sobre "Le Principe d'Individuation" que — entre outros motivos de interesse — apresenta uma sofisticada reelaboração daquele tema. Vejamos como, nos dois trechos seguintes, a "individuação" pela "matéria" e a individuação pela "forma" acompanham diretamente os dois pólos do *Homo Duplex:*

A individuação pela matéria. É a reflexão que tanto espantou Leenhardt, que acreditava ter ensinado a realidade da Alma aos Canaques quando ouviu de um deles: "O que você nos ensinou é que nós temos um corpo." E, com efeito, o Melanésio não se concebia senão como um nó de participações; ele se encontrava mais fora do que dentro de si mesmo, no seu totem, na sua linhagem, na natureza e no social; o que o cristão lhe ensina é que deve cortar essas alteridades para descobrir sua identidade — e essa identidade é marcada pelas fronteiras do seu corpo, que o isolam dos outros corpos. De novo a solução tomista, e além dela aristotélica, da individualização pela matéria, na medida em que a matéria é quantidade, ou seja, adição de unidades autônomas recortadas em uma mesma extensão (Bastide, 1973, p. 33).

Ou então:

A individualização pela forma. O movimento carismático *Jamaa* que se desenvolveu a partir dos centros industriais de Katanga do Sul no decorrer dos últimos anos para a maior parte das regiões do Sudeste do Congo afirma que, antes de sua criação, o homem já estava presente no *Mawazo* (plural de *Wazo*, idéia, pensamento) de Deus e não era nem homem nem mulher, nem jovem, nem velho, nem branco, nem negro; ele era pura forma, poder-se-ia dizer, da inteligência divina. Eis porque o *mawazo* se torna uma espécie de vínculo espiritual que une a humanidade, para além do tribalismo, em uma só família — platônica — que funda a individualização do homem no pensamento divino, enquanto Idéia (com I maiúsculo) (*ibid.*, p. 34).

É interessante que não deixa de haver um certo "lévy-bruhlismo" (no sentido mais grosseiro da referência) por trás da maneira como Bastide apresenta as duas possibilidades de "individualização", que correspondem, como se pode perceber, sucessivamente, a uma situação tribal clássica e a uma situação de "modernização" rápida e violenta. O primeiro caso é, por assim dizer, imerso em uma "participação" mais profunda e concreta, enquanto o segundo parece conter o germe da "espiritualidade ideal" de que se cerca o sagrado Valor-Indivíduo. Um terceiro trecho completa o quadro, na referência ao modelo moderno:

> A concepção ocidental define o indivíduo ao mesmo tempo pela sua unidade intrínseca; ele é *indivisum in se;* e pela sua autonomia; ele se dá por oposição; ele é *ab alio distinctum.* Ora, faltam essas duas características à concepção de Pessoa dos Africanos, que é divisível e não é distinta (*ibid.*, p. 39).

A unidade e autonomia distintiva aparecem assim não como valores que singularizam a concepção moderna de Pessoa, mas cuja "falta" — isto sim — especifica aquelas outras concepções.

A par da linhagem durkheimiana, pode-se detectar uma outra, mais maussiana, de estudos da Pessoa, em que a análise tende a se afastar do dualismo, na direção de um monismo pelo "simbólico" ou pela "significação", de que é a mais aproximada expressão a obra de Lévi-Strauss. Encontramos nesse caminho autores tão importantes quanto Meyerson (cf., por exemplo, 1956) e J.-P. Vernant (cf. sobretudo, 1965). Embora não tenha sido um objeto explícito da reflexão lévi-straussiana, a noção de Pessoa aparece relativizada até suas últimas conseqüências em diversos momentos de sua obra, mercê inclusive do esforço teórico de "de-subjetificação" que exigia a afirmação da lógica estrutural.[3]

Ela aparece, por exemplo (essa relativização), no bojo da crítica à explicação pelas "emoções" ou "sentimentos" na análise sociológica, no *Totemismo Hoje:*

> Os homens não agem, enquanto membros de um grupo, de acordo com aquilo que cada um sente como indivíduo: cada homem sente em função da maneira pela qual lhe é permitido ou prescrito comportar-se (Lévi-Strauss, 1969, p. 101).

Aparece como um efeito cultural específico a propósito da comparação entre a terapêutica xamanística e a psicanalítica (na medida em que

---

[3] "O inconsciente deixa de ser o inefável refúgio das particularidades individuais, o depositário de uma história única, que faz de cada um de nós um ser insubstituível. Ele se reduz a um termo pelo qual nós designamos uma função: a função simbólica, especificamente humana, sem dúvida, mas que, em todos os homens, se exerce segundo as mesmas leis; que se reduz, de fato, ao conjunto destas leis" (Lévi-Strauss, 1970c, pp. 222-3).

esta última representa um mecanismo e valor paradigmaticamente moderno):

Esta forma moderna da técnica xamanística, que é a psicanálise, tira, pois, seus caracteres particulares do fato de que, na civilização mecânica, não há mais lugar para o tempo mítico — senão no próprio homem (Lévi-Strauss, 1970c, p. 224).

Uma imagem passageira e semelhante reponta também em *O pensamento selvagem,* a propósito da função classificatória e do "indivíduo como espécie": "Tudo se passa como se na nossa civilização, cada indivíduo tivesse sua própria personalidade por totem: ela é o significante de seu ser significado" (Lévi-Strauss, 1970b, p. 247). Um resumo um tanto irado (dadas certamente as condições do colóquio em que se pronunciava), percorrido pelos temas centrais de sua visão de mundo, aparece finalmente em sua alocução sobre a "identidade":

Ela [a identidade] apareceria como um índice enternecedor e pueril de que as nossas pequenas pessoas se aproximam do ponto em que cada um deve renunciar a se tomar como o essencial: função instável, não realidade substancial; lugar e momento, igualmente efêmeros, de concursos, trocas e conflitos de que participam apenas — e cada vez em uma medida infinitesimal — as forças da natureza e da história, supremamente indiferentes ao nosso autismo (Lévi-Strauss, 1977, p. 11).

A riqueza de toda essa tradição francesa de estudos comparados da Pessoa pode ser exemplificada pelas duas magníficas coletâneas organizadas sucessivamente por Meyerson (*Problèmes de la Personne* [1973]) e por Dieterlen (*La Notion de Personne en Afrique Noire* [1973]), onde figura justamente o artigo há pouco citado de Bastide. A mesma tradição, transfigurada em um plano analítico mais abstrato, subjaz a toda a coletânea *L'Identité,* coordenada por J. M. Benoist e de onde consta este último texto referido de Lévi-Strauss (1977).

Um trabalho semelhante, também resultado de um simpósio, foi publicado entre nós sob o título de *A construção da pessoa nas sociedades indígenas* (Leite, 1979). O trabalho de abertura faz uma resenha da evolução do estudo comparado da Pessoa, detendo-se inclusive sobre as características e embaraços da linhagem inglesa, que não poderá aqui merecer minha atenção (cf. Seeger *et al.,* 1979).[4] É lamentável, aliás, que, tanto quanto a inglesa, não possa comentar a tradição americana a esse respeito. Tratar-se-ia, em ambos os casos, de um cotejo paralelo, que tornaria mais clara a opção analítica aqui assumida, mas transbordaria de muito os limites em que se obriga a manter-se uma espécie de prólogo teórico, como é este.[5]

---

4 Sobre o pensamento inglês, em torno desta mesma questão, pode-se consultar também Viveiros de Castro & Araújo, 1977.

5 Para uma percepção generalizada das marcas dessa tradição, pode-se consultar, entre nós, a obra de Gilberto Velho; e particularmente seu artigo em torno de Schutz, publicado como o Capítulo V em Velho, 1981. Lamento particularmente não poder

A relativização da noção moderna de Pessoa, que perpassou a maior parte dos autores citados, encontra, a meu ver, sua mais radical e articulada expressão na obra de Louis Dumont, graças a sua definição teórica estrita da "hierarquia" ou "pensamento hierárquico" e conseqüente especificação da ideologia do "individualismo", de seus corolários e implicações (decorrente justamente de um estudo comparado radical de Pessoa).

Pois, realmente, se observarmos a distribuição semântica de "indivíduo" e "individualismo" (cuja associação com a noção moderna de Pessoa já se delineava sob os textos antes citados), defrontamo-nos com uma proliferação notável de sentidos, contextos, conotações, que — acumulados há mais de um século — povoam de imprecisão sua referência. O verbete de Lukes sobre os "Tipos de Individualismo" no *Dictionary of the History of Ideas* (cf. Lukes, 1973) dá uma ampla e erudita visão desse campo, mas — como é inevitável e correto num verbete — também fragmentária e multívoca.

O pensamento de Louis Dumont pode ser situado dentro da linhagem maussiana da tradição francesa, embora se distinga fortemente da maior parte de seus companheiros nessa casa de classificação um tanto vaga. Creio, particularmente, que sua necessidade de interlocução (por motivos completamente diversos) com os campos intelectuais alemão e inglês (sobretudo este último, hegemônico nos estudos da Índia a que Dumont se consagrou) lhe tenham exigido uma direção de foco pouco habitual no campo francês.

Já se encontra disponível entre nós uma bibliografia considerável de interpretação, aplicação e crítica da maior parte de suas contribuições teóricas. É em boa parte em função disso que me permitirei inverter a ordem de invocação dos postulados básicos do pensamento desse autor, enfatizando antes os que me parecem mais abstratos e mais importantes para o desenvolvimento do meu próprio pensamento neste trabalho do que os mais evidentes e "empíricos" (que, além de conterem maior dose de imprecisão, têm merecido utilizações e referências explícitas muito pouco unívocas). Nesse sentido, procurarei mencionar estrategicamente o primeiro grupo como o da "teoria da hierarquia" e o segundo como o da "análise do holismo/individualismo". Esse procedimento — e a demarcação subjacente citada — não se encontra explícito em Dumont, embora eu me autorize a tal interpretação em nome de algumas de suas próprias idéias (e talvez contra outras; na forma discutida).

A "teoria da hierarquia" começa por uma relativização da lógica distintiva linear, da tradição aristotélica, colocando no lugar das relações dualistas simples (enquanto instrumento analítico) ou sobrepondo àquelas (enquanto análise e interpretação concreta) uma "lógica hierárquica":

> Essa relação hierárquica é muito geralmente a que se dá entre um todo (ou um conjunto) e um elemento desse todo (ou desse conjunto): o elemento faz parte do con-

---

proceder a uma comparação crítica de minha posição com a de Geertz, sobretudo por referência ao seu "Pessoa, Tempo e Conduta em Bali", publicado em Geertz, 1978.

junto, é-lhe nesse sentido consubstancial ou idêntico, e, ao mesmo tempo, se distingue ou se opõe a ele. É o que designo pela expressão "englobamento do contrário" (Dumont, 1978a, p. 397).

A diferença dessa relação face à oposição distintiva é explicitamente reiterada pelo autor:

A oposição hierárquica (. . .), enquanto relação englobante-englobado ou relação entre conjunto e elemento, é a meu ver indispensável para um pensamento estrutural, tanto quanto a oposição distintiva ou relação de complementaridade, que aí se firmou anteriormente (*ibid.*, p. 401).

O segundo ponto fundamental da teoria é o da bidimensionalidade mínima do modelo, ou seja, o de que "a hierarquia supõe a distinção de [dois] níveis" (*ibid.*, p. 402). Isso significa que a oposição ou relação hierárquica implica a concomitante presença lógica de um nível superior, onde há unidade, e de um nível inferior, onde há distinção (complementaridade ou reciprocidade): "A hierarquia consiste na combinação dessas duas proposições de nível diferente" (*ibid.*, p. 400). Uma tal proposta, que costuma ser exemplificada por Dumont com o núcleo mítico da relação entre Adão e Eva[6], fere de maneira frontal os princípios aristotélicos da identidade e da não-contradição, ao afirmar algo que possa ao mesmo tempo ser e não ser.

Creio que seja necessário reenfatizar a esta altura o cerne do primeiro ponto, que é a idéia de totalidade. Com efeito — como se dizia — o "englobamento do contrário" e a especificação lógica dos "níveis" só têm sentido no postulado de que isso se dá no interior de uma "totalidade" — ou, talvez, melhor dizendo, instaurando uma unidade mínima de totalidade lógica ou significativa. Se ela não se desse no seio de uma totalidade, não haveria nenhum "escândalo lógico" na convivência da identidade e da contradição:

O todo se funda na coexistência hierárquica e necessária dos dois opostos (Dumont, 1972, p. 81).

É preciso atentar porém para o fato de que essa "totalidade" não se confunde imediatamente com o real ou a experiência social. Cada totali-

---

[6] "Deus criou inicialmente Adão, ou seja o homem indiferenciado, protótipo da espécie humana. Depois, num segundo tempo, extraiu de alguma maneira desse primeiro Adão um ser diferente. Eis face a face Adão e Eva, protótipos dos dois sexos. Nessa curiosa operação, por um lado Adão mudou de identidade, uma vez que de indiferenciado passou a masculino; por outro, apareceu um ser que é ao mesmo tempo membro da espécie humana e diferente do representante maior dessa espécie. Em suma, Adão, ou na nossa língua o homem, é duas coisas ao mesmo tempo: o representante da espécie humana e o protótipo dos indivíduos masculinos dessa espécie. Num primeiro nível, o homem e a mulher são idênticos, num segundo nível, a mulher é o oposto ou o contrário do homem. Essas duas relações tomadas em conjunto caracterizam a relação hierárquica, que não pode ser melhor simbolizada que pelo englobamento material da futura Eva no corpo do primeiro Adão" (Dumont, 1978a, p. 397).

dade de significação (nesse sentido lógico e estrito) encontra o seu próprio e específico "nível" dentro da vida social, devendo, portanto, estar por sua vez situada em uma outra totalidade, de nível e sentido diferente:

> Postulada uma relação entre superior e inferior, é preciso nos habituar a especificar em que nível se situa essa própria relação hierárquica. Ela não pode ser verdadeira de uma ponta à outra da experiência (só as hierarquias artificiais têm essa pretensão), pois isso seria negar a própria dimensão hierárquica, que supõe que as situações se distingam pelo valor (*ibid.*, p. 402).

Um corolário deste terceiro postulado é o de que podem ocorrer "inversões hierárquicas", ou seja, o que num nível superior é o superior pode ser o inferior em um nível inferior (*ibid.*, p. 402). Este ponto demonstra bem a diferença da relação hierárquica face à oposição distintiva:

> Por definição, uma oposição simétrica pode ser invertida à vontade: essa inversão não produz nada. Ao contrário, a inversão de uma oposição assimétrica é significativa, a oposição invertida *não é a mesma* oposição inicial. Se a oposição invertida se encontra no mesmo todo em que a oposição direta estava presente, isso faz prova de uma *mudança de nível* (Dumont, 1978c, p. 106).[7]

De um ponto de vista sociológico, torna-se necessário, além do mais, reconhecer que os diferentes níveis operativos não entretêm relações igualitárias entre si, distribuindo-se elas próprias em relação ao todo social por um critério hierárquico: "a hierarquia dos níveis é portanto hipoteticamente um desses traços universais que procurávamos no começo. Mas é fora de dúvida que ela varia muito de uma ideologia para outra no seu grau de complexidade" (*ibid.*, p. 108).

Essa hierarquia dos níveis nos remete a uma frase há pouco referida: "a própria dimensão hierárquica (. . .) supõe que as situações se distingam pelo valor". Aparecem aí as duas categorias que completam o quadro do que eu estou chamando, em sentido estrito, de "teoria da hierarquia": "situação" e "valor".

A noção de *valor* em Dumont, a que ele dedica explicitamente todo um dos ensaios que compõem seu último livro (cf. Dumont, 1983e) é, num sentido mais abstrato, justamente o que faz a diferença numa relação hierárquica, aquilo em nome de que um elemento ao mesmo tempo engloba e se opõe a seu contrário (+ Valor) > (+ Valor X – Valor).[8] Em situações concretas, esse Valor deve ser reconhecível como um "valor" no sentido generalizado e banal da palavra ou no sentido em que *value* perpas-

---

[7] Um exemplo brilhante de "oposição hierárquica" com "inversão" na passagem de níveis é o da análise da casa cabila de Bourdieu (cf. Bourdieu, 1972, sobretudo p. 59). Há um exercício de análise inspirada nessa proposta em meu Capítulo V (a), a respeito da oposição *cabeça / corpo, nervos / sangue.*

[8] Em um artigo recente procurei retraçar a genealogia dessa idéia – cheia de significativas ambigüidades – na tradição sociológica francesa, desde o *sagrado* e o *mana* (cf. Duarte, 1984c).

sa a antropologia anglo-americana. Poderá evidentemente também, dependendo do nível de complexidade empírica da totalidade em jogo, ser toda uma "configuração de valores" (que é uma outra categoria instrumental importante para Dumont). O exemplo da preeminência da mão direita (nos termos de Hertz) é freqüentemente invocado por Dumont como esclarecedor do Valor que se distribui dentro de um "todo" (o corpo humano), instaurando partes que se diferenciam e opõem de modo hierárquico (relacional, complementar e recíproco). No mesmo contexto, ele procura enfatizar a unidade primordial entre Fato e Valor, lembrando que não existem, "em primeiro lugar", duas mãos iguais e indistintas, sobre as quais se impõe o Valor diferenciante, mas que o Valor (expresso na preeminência de uma sobre a outra) nasce junto com a "mão" humana, com a "mão" do sujeito simbolizante: "concretamente, na realidade, a direita e a esquerda *não se encontram na mesma relação com a totalidade do corpo.* Elas se distinguem assim ao mesmo tempo pelo valor e pela natureza" (Dumont, 1978c, p. 105; v., também, 1978a, p. 401). É esse sentido de Valor que estará presente em alguns pontos analíticos deste meu trabalho, sob as referências, por exemplo ao Valor-Indivíduo, Valor-Trabalho ou Valor-Família.

Intimamente ligado ao tema do "valor" se encontra o da "situação".[9] Em princípio, "situação" se opõe a "substância" ou "substancialidade", à possibilidade de demarcação universal e irrelativizável das identidades sociais. A teoria da hierarquia pressupõe uma lógica de "situação" no mesmo sentido em que pressupõe uma dinâmica de "níveis". Qualquer identidade só *é* em função do "nível" em que se encontra no interior de uma "totalidade" (qualificada diferencialmente por um "valor") e em função da "situação" em que se faz operar (no caso da interpretação antropológica a "situação" do observador é parte intrínseca do objeto de análise). A idéia de "segmentariedade", oriunda — assim como "situação" — da obra de Evans-Pritchard, expressa a dimensão mais sociológica da idéia anterior, veiculando porém a mesma oposição fundamental a uma substancialidade unívoca.[10]

Expostos os fios básicos do que me parece ser a teoria da hierarquia (em seu sentido estrito) em Dumont, pode-se proceder em seguida ao exame de alguns de seus corolários fundamentais. O primeiro me parece ser o da propriedade de "situação" que cerca o próprio discurso antropológico. Não há uma relação "igualitária" entre observador e observado, seja em que circunstância for, uma vez que uma "diferença" tem que estar im-

---

[9] Eu o utilizo freqüentemente neste livro, no sentido aqui explicitado; ora sozinho, ora conjugado a "segmentariedade", procurando evocar sua origem comum em Evans-Pritchard (1978).

[10] "Para Evans-Pritchard, a questão é a da não-substancialidade, a relatividade das diversas ordens de agrupamentos ou distinções, no que toca à *situação* em que são vistos em ação (. . .) a *segmentação* é um aspecto da estrutura que se opõe à substância (. . .)" (Dumont, 1972, p. 79 — grifos meus).

plícita sob o projeto analítico e que a própria presença do projeto analítico no primeiro sujeito o faz acrescer em diferença face ao segundo[11].

Decorre inclusive da conjugação entre essa "diferença" e a "totalidade" anteriormente invocada como pré-requisito da significação, que a especificidade (um pouco no sentido da "modalidade" maussiana) cultural, ideológica, da sociedade do observador está toda ela em jogo no confronto com a especificidade correspondente da sociedade do observado, também toda ela fundamentalmente presente naquela fração de discurso ou ação que se atualiza:

> Entre as diferenças, há uma que domina todas as outras. É a que separa o observador, enquanto portador das idéias e valores da sociedade moderna, daqueles que ele observa (Dumont, 1983a, p. 12).

Já nesta última frase, a propriedade abstrata de "situação" que conforma a observação antropológica se colore dos tons fortes do "valor" que qualifica a sociedade dos observadores por excelência, a "sociedade moderna". Este é o segundo corolário que cabe depreender da teoria antes exposta — e ele já nos introduz àquela outra e mais concreta dimensão do pensamento dumontiano, a que me referi como "análise do holismo/individualismo". Pois o "valor" que conferiria singularidade a essa sociedade moderna seria justamente o "individualismo", na forma cuidadosamente especificada ao longo da última fase da obra de Dumont. Seria um de seus derivados ideológicos, inclusive, o "universalismo", que sustentaria o próprio projeto de conhecimento e interpretação — singular no concerto de todas as culturas — empreendido entre nós e a partir de nós.

Este valor tão importante do "universalismo" que especifica o ponto irredutível e singular "from where I sit" (para usar uma locução cara a Margaret Mead) esbarra porém, no tocante aos fenômenos do humano, naquela outra qualidade antes enfatizada da "totalidade", em que se conforma e ordena cada unidade societária e cultural, cada unidade global de significação; de tal modo que se pudesse supor ou a digestão linear de toda diferença por um "universalismo" triunfante e cego, ou o encapsulamento solipsista de cada unidade de significação em seus próprios limites e valores, inviabilizando aquele ambicioso projeto. Dumont supõe que, na verdade, a Antropologia se sustente e se nutra da "tensão" inarredável entre esses dois limites, numa conjugação inquieta e frutífera entre esses dois constrangimentos:

> No fundo de todas essas fórmulas se aninha nossa oposição e lhes dá o seu sentido pleno: de um lado, o individualismo-universalismo moderno que sustenta em si mesmo a ambição antropológica — peço que se leve bem em conta esse fato; do outro, a sociedade ou cultura fechada sobre si mesma, identificando a humanidade com a sua

[11] Neste ponto Dumont invoca sobretudo a herança de Mauss e por aí se aproxima de Lévi-Strauss, numa interpretação comum do "fato social total" como ênfase na "diferença", na "totalidade" e na inarredável presença do observador no "fato" observado; cf. Dumont, 1983a, p. 12 e Lévi-Strauss, 1973, p. XXVII.

forma concreta particular (e subordinando o homem à totalidade social; o que justifica falar de "holismo"). A antropologia começa aqui. Desse encontro ela faz uma combinação ao modificar os dois termos — é indispensável assinalá-lo (Dumont. 1978c, p. 87).[12]

O "universalismo" não é porém — como se dizia — senão uma faceta de uma configuração de valores mais ampla, nomeada como o "individualismo". Essa configuração é singular sob muitos aspectos, mas sobretudo nesse, mais abstrato, de que se investe sobre a idéia do "indivíduo" autônomo e independente e não sobre uma representação imediatamente totalizante, holista. Do mesmo modo, tem um compromisso genético com valores como os da "liberdade" (oposto a todos os determinismos universalmente definidos pela cultura) e da "igualdade" (oposta a todas as demarcações diferenciais de "valor" intrínsecas à "hierarquia"). Esta é a parte mais conhecida do pensamento de Dumont, a respeito da qual já se dispõe entre nós de um número razoável de referências e revisões, das mais episódicas às mais articuladas e complexas.[13]

Abusei um pouco das transcrições no tocante aos pontos anteriores não só porque me parecem ser os mais fundamentais, como porque eles se apresentam de maneira excessivamente pálida — tanto no próprio Dumont como em seus comentadores — face à fascinante e incômoda relativização a que procede Dumont do valor moderno do individualismo e de suas repercussões negativas sobre o conhecimento antropológico (cf. sobretudo Dumont, 1970). O argumento básico dessa relativização é o do duplo sentido da categoria "indivíduo", que atravessa nossos discursos, e que serve justamente para a legitimação ideológica do segundo. O primeiro sentido é o de "sujeito" empírico, membro e condição fundamental de qualquer sociedade e cultura. O segundo é o do Indivíduo, como valor moral, cultural, central e básico para a configuração ideológica moderna.[14]

---

[12] É interessante comparar esta "solução" com a que formulou Lévi-Strauss, em torno da noção de "inconsciente" (cf. Lévi-Strauss, 1973, p. XXX). De uma certa forma, é como se Lévi-Strauss tomasse o partido do "universalismo" e Dumont o da "diferença", num nível gnoseológico mais alto do que aquele em que se conjugam no reconhecimento de uma questão comum.

[13] Além das notórias contribuições de Roberto da Matta e Gilberto Velho, devo mencionar Viveiros de Castro & Araújo, 1977; Seeger *et al.*, 1979; Figueira, 1981; Franchetto *et al.*, 1981; Goldman, 1980; Bezerra Jr., 1982; Duarte, 1981b, 1983a, 1984a e 1984c, e Araújo, 1980. Trabalhos mais exclusivamente críticos — embora diversos dos outros citados também incluam críticas ao pensamento de Dumont — são os de Fry, 1983a e Machado, 1983.

[14] Acho interessante transcrever as duas fórmulas "sintéticas" cunhadas por Dumont para expressar essa distinção, que é crucial, mas nada singela; como se pode depreender das próprias circunvoluções aí presentes:

"(1) *o agente empírico, presente em toda sociedade;* o que faz dele a principal matéria-prima para qualquer sociologia;

Essa configuração de valores tem algumas implicações fundamentais não só para a efetiva ordenação da sociedade em que é englobante como para a constituição de interpretações sobre os outros modos (hierárquicos) em que se fundam as demais sociedades ou culturas.

A primeira implicação é a da "fragmentação dos domínios". Essa ideologia, ao privilegiar uma racionalidade formal (que separa ou procura separar os fatos dos valores), o que lhe permite ser "universalista" e não "holista" (ou melhor mesmo anti-holista), é a que sustenta uma visão de mundo laicizada (no sentido weberiano do *Entzauberung*), desmembrada em domínios ou esferas autônomas de prática e saber (no sentido da *disembeddedness* de Polanyi), que subjazem à própria idéia dos discursos científicos (e, sobretudo, da própria possibilidade do que se chama de "ciências humanas", particularmente da "antropologia" e das "psicologias" — de que se estará aqui sucessivamente lançando mão e tratando).

A segunda implicação é a do "achatamento do mundo". Com efeito, dada sua ênfase metódica na "igualdade", a ideologia individualista promove um generalizado achatamento das diversas dimensões da vida social. Esse "achatamento" pode ser, por exemplo, a "linearização" absoluta de que passa a se revestir a representação do tempo (cf. meu segundo ensaio, em Duarte, 1983a). Pode ser a idéia da representação política mais ou menos imediata; implicada em nossos valores "democráticos". A própria recusa de qualquer transcendência promove um achatamento da visão de mundo, com a perda da polimorfia do "natural", "preternatural", "sobrenatural". Ocorre enfim um achatamento da percepção da vida social e do próprio discurso sobre o social, em que se esforça por reduzir a um único nível ou dimensão aquela espessura simbólica a que se referia a teoria da hierarquia.

É claro que, a par dessas implicações mais abstratas, há todo um infindável rol de características, especificações e concomitâncias mais imediatamente sociológicas, com repercussão sobre todas as dimensões e planos da vida moderna. E é justamente quando nos aproximamos assim, mais de perto, da análise de tal ou qual atualização da configuração individualista ou de tal ou qual aspecto concreto de sua dinâmica, que começam a aparecer as áreas de dúvida a respeito do modelo dumontiano do holismo/individualismo, seja no sentido de dúvidas quanto à clareza ou coerência interna desse modelo, seja no sentido de dúvidas quanto à sua capacidade heurística, explicativa. O que poderei discutir a esse respeito não aflorará

---

(2) o ser racional e *sujeito normativo* das instituições; uma peculiaridade nossa, como se vê pelos valores da igualdade e da liberdade: é uma idéia que nós temos, a idéia de um ideal" (Dumont, 1972, p. 43).

"(1) o sujeito *empírico* da palavra, do pensamento, da vontade, amostra indivisível da espécie humana, tal como se encontra em todas as sociedades;

(2) o ser *moral,* independente, autônomo e assim (essencialmente) não-social, tal como se o encontra sobretudo na nossa ideologia moderna do homem e da sociedade" (Dumont, 1977, p. 17).

senão muito de leve essas questões. Não cabe aqui uma discussão do pensamento de Dumont em si mesmo, mas sim na medida em que informa ou não o modelo que estou aplicando neste trabalho, os recortes teóricos que — certamente dele oriundos, mas também não linearmente transpostos — sustentam os objetos da análise aqui desenvolvida. É, portanto, apenas nesse sentido instrumental que evoco o que me parece ser o grande núcleo polêmico dessa dimensão mais concreta das propostas dumontianas: o do estatuto da oposição holismo (hierarquia)/individualismo.

Para Dumont a "hierarquia" é um fenômeno universal. Isso é depreensível em um nível mais abstrato da teoria aqui inicialmente exposta, na medida em que a "oposição hierárquica" é uma condição universal do pensamento, da significação social. Também o é, mais concretamente, no sentido, por exemplo, da "hierarquização dos níveis", a que se fez referência em outro momento (cf. Dumont, 1978c, p. 108). Essa universalidade é tão explícita que o autor considera necessário enfatizar sua presença sob o reino do próprio individualismo (que a nega): "a hierarquia é uma necessidade universal e (. . .) se tornará manifesta de algum modo sob formas encobertas, ignominiosas ou patológicas em relação aos ideais opostos vigentes" (Dumont, 1972, p. 285).

No mesmo sentido, Dumont é muito claro quanto à não-universalidade do Indivíduo, ou melhor, do Valor-Indivíduo:

> O Indivíduo, ou melhor, o indivíduo humano enquanto valor, só aparece na ideologia das sociedades modernas. Essa é a razão de sua exclusão [como instrumento de comparação sociológica] e da de seus numerosos concomitantes (Dumont, 1978c, p. 94).

Há, nesse sentido, toda uma importante parte de sua obra dedicada à exploração da gênese histórica dessa configuração de valores no Ocidente (cf. sobretudo Dumont, 1965 e 1977) e das condições de implantação do que chama de "revolução moderna dos valores" (cf. Dumont, 1977, p. 15).

Uma vez, porém, dado o princípio de universalidade da hierarquia, este florescimento de uma ideologia que a nega acaba por se apresentar como "artificial", "paradoxal" ou "anti-sociológico"; idéia que reponta com freqüência na obra de Dumont e que sustenta, evidentemente, a recusa metodológica da possibilidade de comparação sociológica a partir do "tipo moderno de sociedade" ou de "ideologia" (cf., por exemplo, Dumont, 1972, p. 44; 1983d e 1977, p. 16).

Por outro lado, emerge dessa própria e fascinante análise empreendida por Dumont da sociedade indiana a figura de um "indivíduo" sob que parece surdir o Valor-Indivíduo; só que em condições evidentemente não-modernas. A análise desse "renunciante" indiano, de sua relação quase complementar com o sistema hierárquico dominante, a sua reabsorção num "sistema" sociológico com a formação das "seitas" e a subseqüente reconstituição de uma oposição entre hierarquia e renunciante no interior da própria seita é sem dúvida uma das análises mais instigantes produzidas por Dumont (cf. Dumont, 1972, p. 230 e seg.). É também certamente uma das mais desconcertantes, se se levar em conta os postulados aqui anteriormente descritos. Há uma infinidade de questões que se enovelam entre detalhes etnográficos, sociológicos e possibilidades analíticas sobre que não poderei me deter. Ressalto apenas a idéia de "indivíduo-fora-do-mundo" com que Dumont qualifica o fenômeno da "renúncia" indiana e que ele utilizará em outro momento para analisar a própria emergência do individualismo moderno no Ocidente cristão medieval (cf. Dumont, 1983b).[15] Essa emergência e relevância sociológica de um Valor-Indivíduo no interior de uma sociedade que, por outro lado, apresenta o tipo mais puro de hierarquia (no sentido de estar desvinculada da questão do "poder" – o que tem um efeito relativizador fundamental contra a nossa visão de senso comum da hierarquia – cf. Dumont, 1977, p. 13), encontra companhia muito acanhada no reconhecimento da possibilidade de emergência e relevância de ideologias "igualitárias" em sociedades basicamente holistas/hierárquicas, como é o caso da *polis* grega (cf. Dumont, 1977, p. 13), da ideologia islâmica (cf. Dumont, 1977, p. 237) ou da própria ideologia cristã na sociedade medieval ocidental. Creio que este segundo ponto é, porém, mais facilmente contornável, face à argumentação que me parece depreensível da referência à igualdade na *polis,* ou seja, a de que uma ideologia "igualitária" não implica necessariamente "individualismo" e que ela pode representar simplesmente um efeito secundário de um determinado modo de agenciamento da hierarquia no plano sociológico (um "entre parênteses" em determinados níveis).

Face a esses desenvolvimentos, surge uma questão geral da "ênfase" ou "combinação" que se pode encontrar em cada sociedade entre diferentes aspectos do individualismo (como a "igualdade" ou a "liberdade", por exemplo) e da hierarquia (como a sua associação ou não com o "poder", por exemplo), ou ainda – e sobretudo – entre o individualismo e a hierarquia. Isso se torna particularmente complicado nas sociedades modernas, dado o caráter ao mesmo tempo "fundamental" e "subordinado" da hierarquia e "dominante" e "artificial" do individualismo. Acresce às dificuldades analíticas o modelo ou arquitetura do social com que trabalha Dumont, que apresenta um considerável desafio, seja à compreensão imediata, seja à comparação sociológica.

A "sociedade" é uma categoria axial do pensamento de Dumont que a considera como o "universal concreto" por excelência, o mediador mais adequado para aquela genética tensão entre Universalismo e Diferença antes citada. "Sociedade", neste sentido, designa as unidades/totalidades sociais, não se confundindo, portanto, com a "morfologia" ou "estrutura social" (em que se oporia às instâncias das "representações" ou da "cultura", por exemplo). Os problemas surgem justamente na especificação dessa arquitetura interior das sociedades. Dumont utiliza quase sempre em suas

15 Essa passagem de um "indivíduo-fora-do-mundo" para um "indivíduo-no-mundo" é, aliás, absolutamente homóloga a um aspecto da análise weberiana da emergência da Modernidade na *Ética protestante e o espírito do capitalismo* (1967): o da passagem do ethos monacal cristão de fora para dentro da sociedade (do convento para a cidade).

análises a categoria "ideologia", num sentido bastante peculiar, que não tem nada em comum com o sentido "negativo" da tradição marxista e que tem uma vocação totalizante ainda maior do que o sentido antropológico habitual de "cultura" — como ele ressalta explicitamente (cf. Dumont, 1972, p. 232-3 e 311-2; e 1977, p. 16).[16] Uma definição das mais claras é a que se encontra no início do *Homo aequalis:*

> A definição de ideologia que adoto repousa assim sobre uma distinção não de conteúdo mas de ponto de vista. Não considero a ideologia como aquilo que sobra do recorte de tudo o que se supõe verdadeiro, racional e científico, mas pelo contrário como tudo aquilo que é socialmente pensado, acreditado, agido, a partir da hipótese de que isso tudo constitui uma unidade viva, escondida sob nossas distinções habituais. A ideologia não é aqui um resíduo, é a unidade da representação, uma unidade que não exclui, aliás, a contradição e o conflito (Dumont, 1977, p. 31).

Nunca fica tão claro porém, face a uma tal definição, o que não é ideologia; problema que é suscitado pela própria ambigüidade das referências do autor. Aliás, na verdade, essa questão poderia não ter tanta importância se não se imbricasse intimamente com o problema anterior das "ênfases" e "combinações" entre hierarquia e individualismo. De uma maneira muito geral pode-se dizer que prolifera nessa área uma série de oposições binárias cujo encadeamento não parece poder ser linear (o que implicaria notáveis contradições), mas tampouco deixa transparecer o possível sentido "situacional" em que se organiza. É assim que, no tocante às "sociedades modernas" a "ideologia" pode ser associada ao "individualismo" enquanto ideologia "básica", "principal", "predominante" (cf. Dumont, 1972, pp. 84, 311, 321), ou então como "consciente" (por oposição a "não-consciente" e não a "inconsciente"; como lembra o autor; cf. Dumont, 1977, p. 28 e Dumont, 1972, pp. 311, 321, 329). Nesse sentido, a "hierarquia" se apresenta como um "réseau idéologique sousjacent" (cf. Dumont, 1977, p. 31), como um "resíduo" (cf. *ibid.,* p. 21) ou provavelmente como o lado "não-consciente" da ideologia. Por outro lado, aparece a idéia de que os "elementos básicos da ideologia", as "categorias básicas", os princípios operatórios da grade da consciência" ou as "coordenadas implícitas do pensamento comum" (*ibid.,* pp. 28-9) são justamente, tal como aparece nesta última locução, "implícitos", *inexprimés,* talvez "não-conscientes". Esse seria portanto o caso do Valor-Indivíduo em sua condição articuladora mais abstrata.

A contradição que aí se detecta passa, através da fórmula do "resíduo", para o plano da arquitetura formal da "sociedade", uma vez que o "não-ideológico" é referido justamente como *residual component* (e como

[16] Há ocorrências isoladas não muito raras de referência à "cultura" (como, por exemplo, em Dumont, 1977, pp. 28 e 31; ou 1983a, pp. 17, 18, 19, 22 e 29), mas que parecem ser substitutivas não do sentido em que ele utiliza "ideologia" mas daquele em que utiliza "sociedade"; embora as ocorrências nas obras mais antigas talvez se distingam das mais recentes.

raw material) no *Homo hierarchicus.* (cf. Dumont, 1972, pp. 74-5). Isso faria com que se pudesse supor, contrariamente ao modo concreto como Dumont apresenta esse *raw material* embutido na análise da ideologia indiana, que a hierarquia é entre nós o "não-ideológico", quando se acabou de ver que, naquele outro sentido, ela está no "ideológico" de maneira "subjacente".

Estes problemas – que podem ser aliás bem acompanhados na crítica minuciosa que lhes dedicou Sérvulo Figueira (1981, p. 64 e seg., e 87 a 89) – tanto podem se dever a uma imprecisão de leitura de um pensamento que é só aparentemente muito claro (uma vez que procura fugir a certos vícios intrínsecos da racionalidade dominante nas "ciências sociais" através de mecanismos como os que descrevi quanto à "teoria da hierarquia"), quanto às condições específicas da produção dumontiana e sua explícita impressão de que ainda operamos em nossa ciência com um grau baixíssimo de abstração e eficiência heurística. Creio que – seja como for – reina aí uma imprecisão que tem permitido por um lado a rejeição *in totum* de um pensamento muito instigante ou, por outro, uma proliferação de apropriações parciais e contraditórias entre si (a que se vem acrescentando a minha própria).

Minha apropriação passa por uma utilização explícita da oposição hierarquia/individualismo, tal como referi na Introdução e se tornará patente ao longo do trabalho. Procuro, porém, utilizá-la de uma maneira que me parece própria, em obediência à preeminência dos princípios gerais da "teoria da hierarquia", que invoquei e descrevi como contribuição efetivamente mais profunda e instituinte do pensamento de Dumont. Isso significa que considero válidos aqueles primeiros postulados e que esta própria obra poderia, num certo sentido, ser encarada como uma espécie de teste de sua conveniência ou adequação analítica.

Se forem tomados em sua plena acepção os postulados da universalidade da "oposição hierárquica", das propriedades de "nível", de "situação" e de "valor", e esse magno corolário da inarredabilidade do "valor" e da "situação" que qualificam o discurso do antropólogo (o mediador por excelência entre o "universalismo" e a "diferença"), decorre de "oposição hierárquica" que dê conta da supostamente (apenas) contrastiva oposição entre holismo e individualismo:

		[17]	
Nível I	holismo / hierarquia		
Nível II	holismo / hierarquia	X	individualismo / igualdade

[17] Um quadro semelhante, e que se ordena em outro nível, imediatamente superior, poderia ser desenhado para dar conta das observações de Dumont – quase incompreensíveis de outra forma face à universalidade da hierarquia – sobre os limites heu-

Deste modo, pode-se dizer que o "individualismo" se opõe ao holismo em um certo nível, mas é em outro nível, parte dele, ou seja, *como ele*. Isto é extremamente importante para dar conta da paradoxal capacidade dessa ideologia "anti-sociológica" funcionar como uma ideologia efetiva, isto é, sustentando a visão de mundo de uma sociedade. Não era outro o sentido das observações de Durkheim sobre a "religião individualista" (cf. Durkheim, 1970b) e o próprio Dumont me inspirou há algum tempo[18] um artigo sobre "O culto do Eu no templo da Razão" que tentava explorar exatamente esse insólito fenômeno (cf. Duarte, 1983a). Do mesmo modo, através de tal modelo, pode-se dar melhor conta da citada presença englobada da "igualdade" em sociedades holistas (cf. Dumont, 1977, pp. 13 e 237).

Decorre desse mesmo modelo proposto a percepção de que não há um estatuto igualitário entre o holismo e o individualismo, mas sim um estatuto hierárquico, diferenciado em Valor e em que o primeiro termo é o englobante. Isso é outra maneira de formular o preceito metodológico citado de Dumont de que as categorias sociológicas expressivas da ideologia individualista não podem dar conta da diferença cultural: como o menor não pode dar conta do maior.

Por outro lado — e para os efeitos da análise específica que estou aqui empreendendo — pode-se postular uma "inversão hierárquica" para o nível da mera descrição ideológica ou cultural das sociedades modernas:

---

rísticos da oposição holismo/individualismo: cabível no caso das sociedades complexas, duvidosa no caso das sociedades tribais (cf. Dumont, 1978c, p. 94):

Nível I	holismo / hierarquia		
Nível II	sociedades tribais (holismo / hierarquia)	X	sociedades complexas (holismo / hierarquia x individualismo / igualdade)

18 "A comparação nos leva neste caso a perguntar o que aconteceu com a função pan-englobante. A resposta começa a se dar por si mesma: a atomização dos valores é um corolário do individualismo. A religião, enquanto princípio pan-englobante, foi substituída pelo individualismo, enquanto princípio comum ou universal, e não é mera retórica afirmar que o individualismo é portanto — ainda que inadvertidamente — pan-englobante. Essa afirmação se aproxima do paradoxo, uma vez que o individualismo — o atomismo — é precisamente o oposto de uma visão englobante, mas esse próprio fato testemunha da mudança da configuração e o paradoxo está sempre presente quando o homem moderno se dispõe à comparação" (Dumont, 1971b, p. 33). Uma interpretação homóloga pode ser encontrada em Dumont, 1972, p. 44.

Nível I	individualismo / igualdade		
Nível II	individualismo / igualdade	X	holismo / hierarquia

Na medida em que este modelo dá conta de um nível mais descritivo ou "concreto" da sociedade moderna, ele se encontra hierarquicamente englobado pelo anterior, que é mais abstrato e analítico. É necessário porém levá-lo fundamentalmente em consideração pois é nele que se instaura a nossa "situação" de sujeitos analíticos observadores, é ele que espelha o nosso senso-comum a respeito do mundo e da nossa identidade fundamentalmente.[19]

É sobretudo no caso de se fazer incidir a análise sobre outros segmentos culturais que não os dominantes dentro das sociedades modernas que a percepção da realidade e diferença hierárquica dos dois modelos se faz fundamental. Pois, no caso de sociedades não-ocidentais, a alteridade mais óbvia e externa obriga à passagem para o nível superior de comparação, mantendo-se uma vigilância puramente epistemológica em relação ao outro. Já no caso de grupos sociais embutidos dentro da totalidade moderna, é preciso manter-se igualmente atento aos dois níveis, na medida em que o inferior não promove apenas o nosso tipo particular de etnocentrismo, mas conforma ou engloba diretamente, sociologicamente, a identidade do "grupo" observado. Esta é uma dimensão da questão do "individualismo" sobre a qual não se exercitou o pensamento de Dumont: suas análises mais concretas das sociedades modernas descem até o nível das "culturas nacionais", sob a égide da questão das "ênfases" e "combinações", ou até o nível dos domínios eruditos segregados. Esta será, porém, minha questão por excelência: a da distribuição ou presença diferencial da ideologia individualista no interior das sociedades modernas. Esta pretensão exige, porém, várias especificações, face aos desenvolvimentos analíticos aqui apresentados.

A primeira é a de que estarei utilizando o conceito de "cultura" num sentido basicamente próximo ao do que me parece ser o de "ideologia", usado por Dumont (pelo menos no que se resume no seu trecho transcrito

---

19 Relendo a apreciação que faz Otávio Velho do pensamento de Dumont, acabo de reconhecer uma proposta basicamente semelhante à minha, embora fundada numa instigação epistemológica bastante diversa. Do meu ponto de vista, a questão dos "níveis" é que permitiria articular plenamente a questão que assim formula aquele autor: "A percepção do holismo, por mero jogo lógico, apenas como imagem invertida do individualismo (privilegiado como referência) nos manteria, também, ainda no terreno do etnocentrismo. O individualismo separaria aquilo que é igual e o holismo juntaria aquilo que é diferente (Da Matta, 1983c, p. 12). Consistentemente, pode-se dizer que o holismo *junta ou encompassa o próprio individualismo,* conciliando como monismo a dualidade mesma (e tornando-a não-contraditória)" (Otávio Velho, 1984, p. 15). Todo o restante desse parágrafo é ainda precioso.

do *Homo aequalis,* cf. 1977, p. 31), manipulado porém de uma forma bastante diversa. De uma maneira geral, explicitarei essa forma e posição no Capítulo IV, tentando articular uma definição globalizante e abstrata da "cultura" como "sistema simbólico", com uma definição "situacional", não-substancialista, do recorte concreto das "culturas"; o que me pareceria obviar as grandes e certamente justificadas resistências que a utilização daquele conceito faz suscitar, graças às pesadas lembranças do "culturalismo" norte-americano. No sentido em que o utilizo, o conceito de "cultura" pode deslizar entre a referência à estrutura simbólica e à unidade "sociológica" referida ou analisada, uma vez que ele aspira por um certo monismo, encompassador do que se expressa normalmente pelas dicotomias entre cultura e sociedade, representações e morfologia social, superestrutura (sobretudo ideologia) e base, organização social e estrutura social, e tantas outras formas de expressar oposições mais clássicas e profundas como as de conteúdo e forma, movimento e estabilidade, idéia e fato ou aparência e essência. Creio que possa ser expressivo da idéia que tento aqui exercitar um modelo "hierárquico" ao modo dos que há pouco se desenhou, assim constituído:

Nível I	cultura
Nível II	cultura X sociedade

Proponho assim que, num nível mais englobante, abstrato, o conceito de "cultura" abarcaria a totalidade da ordem do humano, enquanto sede da significação, do sentido que instaura e garante essa ordem. Num outro nível mais concreto, porém, opor-se-ia a "cultura", enquanto sentido barganhado, comunicado, expresso, transmitido, compartilhado, a uma estrutura "sociológica" que (não menos oriunda ou integrada àquela outra idéia superior de "cultura") cobriria os *efeitos de substantivação,* de institucionalização, decorrentes da continuada elaboração do sentido sobre o mundo e sobre si mesmo ao longo de cada história específica.[20] É evidente que essa instância interage com a que se lhe opõe, a esse nível, de forma mais ou menos complexa ou contraditória; mas sempre supostamente subordenada ao enquadramento depreensível do nível superior. É de se supor, nesse sentido, que o próprio peso e nitidez da oposição do segundo nível possa variar segundo modos definidos ou articulados no outro, primeiro e englobante.[21]

---

[20] Esta questão, que será — como disse — retomada no Cap. IV, é bastante delicada, dado o "idealismo" radical de que se parece revestir. O esforço de reflexão que tenho feito em torno da categoria "identidade" e da questão do "valor" (muito parcialmente expresso em Duarte, 1984c) justifica-me hoje essa incômoda posição.

[21] Creio que a recente tese de Eduardo Viveiros de Castro sobre a cosmologia Tupi a partir da "cultura" Araweté poderia ter assim compreendida sua demonstração da fraca "sociologicidade" dessa "sociedade" (cf. Viveiros de Castro, 1984).

A segunda especificação é a da distinção que procuro estabelecer entre uma possível "cultura individualista" e a "ideologia do individualismo". Mais uma vez me parece ser necessário operar com níveis de reflexão distintos e concomitantes. É assim que, se de um ponto de vista comparativo mais genérico se pode qualificar a cultura ocidental moderna como "individualista" (por oposição à indiana, por exemplo), por outro, mais específico, tal qualificação não dá conta — por exemplo — da oposição entre a variante norte-americana daquela cultura (mais efetivamente individualista) e a variante alemã (que se tem proposto manter um forte componente hierárquico; cf. Dumont, 1983c). Tampouco daria conta da oposição entre as bases doutrinárias do protestantismo (mais individualista) e as do catolicismo (mais hierárquico); e assim por diante. Se se levar em conta, além do mais, aquela preeminência abstrata do holismo/hierarquia (enquanto condição da significação) e se se estiver procedendo — como pretendo — à determinação de uma modalidade cultural divergente da dominante ou englobante, articulada com um recorte "sociológico" (ou de identidade) de "classe" ou "grupo de *status*"; torna-se absolutamente inconveniente falar de uma cultura individualista; e isto em dois sentidos. No primeiro, relativo à sociedade abrangente, porque se está justamente demonstrando que toda uma parte dela não compartilha dessa qualidade, desse valor, desse sistema de idéias. No segundo, relativo aos próprios segmentos sociais supostamente portadores daquela cultura, porque a proximidade do foco analítico e contrastivo faz surgir a percepção de que tampouco é aí tão generalizado e tão univocamente permeante o Valor central do individualismo.

É nesse sentido e nesse nível que considero mais adequado chamar ao individualismo "ideologia", dando a esta categoria o sentido de uma tendência, corrente, fluxo localizado de idéias e valores sem um colamento imediato e unívoco, substantivado ou institucionalizado ao nível sociológico ("economia de mercado", aparelhamentos jurídicos e políticos "democráticos", "liberdade religiosa", preeminência do formato societário "nação" etc.). Como a demarcação de grupos mais aproximada que se pode dela fazer é com os segmentos letrados, intelectualizados, das classes médias das sociedades modernas, é que se fará referência algumas vezes neste trabalho à ideologia do individualismo como a "versão letrada e ideal da cultura moderna".

A terceira e última especificação é a de que a qualificação aqui reiterada da cultura das "classes trabalhadoras urbanas" como "hierárquica", "holista", "não-individualista", não é uma afirmação universal, mas se prende intrinsecamente às propriedades de situação do meu discurso e da minha comparação. Do meu discurso e da minha comparação porque neste caso — e não em outros — essas "situações" se superpõem na designação do "individualismo" como critério e fronteira.

Se é da obra de Dumont que me parecem provir — na forma especificada — as pistas mais estimulantes para o estudo específico da Pessoa na sociedade moderna (provenientes de um exercício de comparação intercultural de modos de construção do mundo e da Pessoa), várias outras contribuições teóricas importantes podem ser incorporadas àquela linha de definição e contextualização histórica e sociológica do "individualismo" ou do "Valor-Indivíduo" – forma ideal e particular da Pessoa que aqui se difunde. Pode-se dividi-las neste contexto em dois grupos: o das que não se referem ou levam em conta a concepção dumontiana do "individualismo" e o das que o fazem de maneira mais ou menos sistemática. Há também uma série de trabalhos que – embora dedicados a questões muito específicas – afloram também o problema do estudo da Pessoa no sentido que vem sendo aqui perseguido, podendo, como os anteriores, estar ou não referidos à análise dumontiana.

A principal contribuição teórica do primeiro grupo é a que se pode abstrair da obra de Foucault. Uma contribuição complexa e passível de considerável discussão, dadas as características muito especiais do modo de produção de conhecimento utilizado por Foucault, certamente muito diverso do da tradição antropológica em geral e particularmente do de Dumont.[22]

Nesse sentido, a invocação aqui feita não fará jus ao potencial heurístico dessa aproximação, devendo ser considerada antes como uma rápida resenha de um fio analítico promissor. Como uma das características fundamentais do pensamento de Foucault é justamente a sua extrema mobilidade de enquadramentos e a resistência expressa à consolidação em uma "teoria", seguirei aproximadamente a ordem cronológica crescente de surgimento das propostas invocadas. Devo adiantar, por outro lado, que o pensamento de Foucault – e muita instigante informação haurida de sua obra – estará presente no Capítulo III, em parte justamente no tocante ao "individualismo" e sua ligação com as versões eruditas da configuração do *nervoso* e da configuração do *psicológico.*

Embora já se possa reconhecer em seu *Doença mental e psicologia* uma relativização histórica do sujeito moderno, através da constituição do *Homo psychologicus* (cf. Foucault, 1975a), é com a *História da loucura* que se inicia uma complexa série de contribuições sistemáticas e decisivas naquele sentido. Uma das idéias centrais desse livro é a de que todo o aparato de práticas e saberes que cerca a instauração da concepção moderna da loucura tem um efeito de positividade fundamental na afirmação da nova concepção do Sujeito, da Pessoa. A categoria "verdade", cujo pro-

---

22 As aproximações entre Foucault e Dumont podem se dar pelo menos de duas maneiras. A primeira é a que – como a deste trabalho – aproxima determinadas idéias ou propostas analíticas de Foucault do quadro geral proposto por Dumont. Eu mesmo, em um trabalho redigido em colaboração com Daniela Ropa *et al.*, já havia avançado algumas propostas nesse sentido (cf. Ropa *et al.*, 1983); podendo ser encontrado o mesmo procedimento em Franchetto *et al.*, 1981. A segunda maneira é a de cotejar ou criticar o pensamento de Dumont a partir de certos postulados ou modelos analíticos de Foucault, o que foi empreendido de forma breve mas estimulante por Márcio Goldman (1980).

cesso de internalização, individualização, começa a ser aí demonstrado por Foucault, é uma forma de nomear o Valor, que se desloca da externalidade englobante do sistema tradicional para a internalidade singular do sistema moderno:

E por isso entendemos um fato cultural próprio do mundo ocidental desde o século XIX: esse postulado maciço definido pelo homem no ermo, mas que o demonstra bem: o ser humano não se caracteriza por um certo relacionamento com a verdade, mas detém, como pertencente a ele de fato, simultaneamente ofertada e ocultada, uma verdade (Foucalt, 1978, p. 522).

Vigiar e Punir é a grande etapa seguinte desse trajeto. Como na *História da loucura,* tem-se aqui uma volumosa documentação e demonstração dos mecanismos de penetração do individualismo, de sua substantivação nas estruturas institucionais, de sua avassaladora permeação do tecido social moderno. É o que se encontra, por exemplo, explicitamente mencionado como a "individualização do castigo" (penal) (cf. Foucault, 1975b, p. 16); a "individualização da morte" (pela igualdade postulada) (*ibid.,* p. 18); a "individualização do criminoso" (*ibid.,* p. 22 e seg.); a "individualização da pena" (*ibid.,* p. 101 e seg.); a "individualização do espaço" (*ibid.,* p. 143 e seg.); a "individualização pelo corpo" (através da representação do "organismo") (*ibid.,* p. 158 e seg.) e a "individualização do tempo" (linear, evolutivo) (*ibid.,* p. 162 e seg.). Para além dessas referências, por assim dizer, etnográficas, paira, porém, mais alta a sua análise global da passagem de um regime de "poder soberano" para um regime de "poder disciplinar", extremamente útil para a compreensão de parte dos mecanismos sutis e localizados de implantação da hegemonia cultural do individualismo:

O Indivíduo é sem dúvida o átomo fictício de uma representação "ideológica" da sociedade; mas ele é também uma realidade fabricada por essa tecnologia específica de poder que se chama de "disciplina" (*ibid.,* p. 196).

Essa idéia será reiterada em um dos artigos incluídos na *Microfísica do poder,* podendo ser resumida na frase segundo a qual "o indivíduo não é o outro do poder, é um dos seus efeitos" (Foucault, 1979, p. 183).

Em *História da sexualidade I* reaparece de maneira central o tema da "verdade" interiorizada, articulado agora em torno de outro eixo, o de uma nova e singular e segmentada concepção do "sexo" e da "sexualidade". Homóloga capacidade heurística à que oferecia a oposição entre "poder soberano" e "poder disciplinar" vem aqui apresentar a nova proposta da passagem da hegemonia de um "dispositivo de aliança" para a de um "dispositivo da sexualidade":

O indivíduo, durante muito tempo, foi autenticado pela referência dos outros e pela manifestação de seu vínculo com outrem (família, lealdade, proteção); posteriormente passou a ser autenticado pelo discurso de verdade que era capaz de (ou obrigado a) ter sobre si mesmo. A confissão da verdade se inscreveu no cerne dos procedimentos de individualização pelo poder (Foucault, 1977, p. 58).

Essa linha de pesquisa e indagação foi continuada em suas obras seguintes, cujo trajeto se encontra praticamente resumido no artigo que escreveu juntamente com Richard Sennett sobre "A Sexualidade e a Solidão" (cf. Foucault & Sennett, 1981).

O tema do "psicologismo" ou da "psicologização" tem sido uma das vias mais bem exploradas de conhecimento da nova concepção de Pessoa, pelo motivo óbvio de se constituir ao mesmo tempo no seu mais acabado corolário e na sua mais abstrata ordem de legitimação. Ressalto aqui, entre muitos, o trabalho de Marcel Gauchet e Gladys Swain sobre o alienismo francês, cuja clareza a respeito das repercussões maiores do processo examinado só se compara à minúcia e excelência da análise específica empreendida.[23]

Outras contribuições, como as de Ariès a respeito da concepção moderna da criança e da família (cf. Ariès, 1978), as de Lasch ou Sennett a respeito do "narcisismo" moderno (cf. Lasch, 1978 e Sennett, 1978) somam-se à releitura de um clássico tão importante para estas questões como Simmel, cujas propostas vêm sendo objeto de explícita aproximação com o pensamento de Dumont (cf. Figueira, 1981 e Velho, 1981a).

Entre nós, as contribuições concentram-se no grupo dos trabalhos influenciados explicitamente pelo pensamento de Dumont.[24] Encontram-se aí, entre outros, os já citados de Viveiros de Castro e Araújo sobre um mito de origem concomitante das representações modernas do amor e do Estado (1977); de Franchetto *et al.* sobre o "feminismo" (1981); de Araújo sobre carreira e projeto no futebol profissional brasileiro (1980), e de Figueira e Bezerra Jr., sobre o "psicologismo" e a "psicanálise" (respectivamente, 1981 e 1982). Uma resenha sobre a literatura disponível àquela época e uma proposta bem explícita sobre os problemas da distribuição diferencial da ideologia do "individualismo" nas sociedades modernas, e particularmente na brasileira, foram apresentadas por mim mesmo, Daniela

---

23 "Nossa impressão, com efeito, é a de que o movimento neste caso vem de longe e que a ruptura antropológica tão incontestável quanto fugidia sobre a qual vivemos constitui o resultado visível de uma grande transformação empreendida há muito tempo e intimamente inseparável da grande transformação sofrida ao mesmo tempo pela sociedade ocidental. O rosto desconhecido que veio a apresentar para nós o sujeito se encontra em relação direta com a absoluta especificidade — na escala de toda a história — para que sua derivação moderna conduziu nossa sociedade. Retomar e compreender o que há de mais profundamente inédito na nossa representação implícita ou difusa do homem só pode consistir — a nosso ver — na reflexão sobre a luz nunca vista projetada sobre o fato pessoal pela ordem sem precedentes do nosso universo democrático-individualista-estatal-histórico-capitalista (outras tantas faces, na verdade, de uma mesma e única coisa)" (Gauchet & Swain, 1980, pp. 16-17).

24 As duas principais contribuições são evidentemente as de Gilberto Velho e Roberto da Matta. São as mais abrangentes e sistemáticas — e também as mais conhecidas. Na versão original deste trabalho fiz uma revisão da posição desses dois autores a respeito da questão do individualismo, procurando ressaltar a diferença entre nossas perspectivas.

Ropa e as pesquisadoras do Grupo de Acari em texto já citado (cf. Ropa *et al.*, 1983).

Este último aspecto da questão – que é tão vital para o meu projeto analítico – será sobretudo examinado no Capítulo IV, a propósito de "cultura", "identidade", "classes trabalhadoras urbanas" e, enfim, "cultura das classes trabalhadoras urbanas". Do ponto de vista da construção social da Pessoa, trata-se de reconhecer e descrever modos diferenciais copresentes e coetâneos dentro das próprias sociedades "modernas", onde a hegemonia da representação individualista faz crer, pelo menos ao nível do senso comum letrado, em uma legitimidade e permeação universais daquele Valor. Creio que o ponto central a ser ressaltado a esse respeito é o de que – respeitadas as propriedades de "situação" e "nível" da emissão dessa proposta – o recorte presente se diferencia dos que em Dumont se apresentavam sob o modo das "ênfases" e "combinações": nesse sentido é que estarei afirmando que a cultura das classes trabalhadoras urbanas é "hierárquica" ou "holista" por oposição ao "individualismo" reinante como versão ideal e letrada nos segmentos médios e superiores da sociedade.

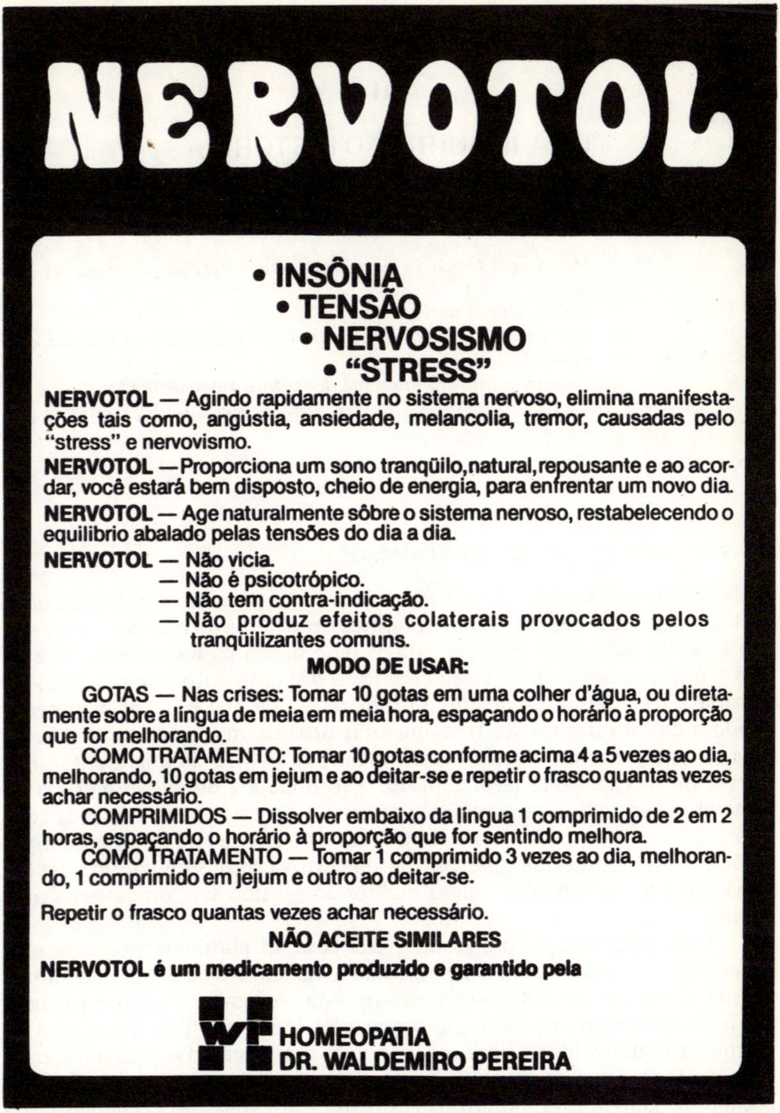

O nervoso *em um folheto de divulgação de medicina homeopática recente. Já não aparece o tema da* força. *A* insônia *continua preeminente. Surgem categorias mais recentes da configuração, como o* stress. *Demarca-se a distinção com as* drogas *("não vicia"). Prevalece a imagem da* tensão X equilíbrio *(que não se encontra no modelo das classes trabalhadoras).*

III

UMA INQUIRIÇÃO HISTÓRICA SOBRE A PERTURBAÇÃO MODERNA

— *Muito agradecida (. . .) sou um pouco nervosa; a cerveja faz-me mal.*
— *Ah! V. Exa. é nervosa?*
— *Um pouco. E quem neste mundo não sofre mais ou menos dos nervos?*
E riu de todo, mostrando a sua dentadura provocadora.

Aloísio de Azevedo, s/d [1884], p. 96.

a) AS PISTAS "LETRADAS" DO *NERVOSO*

Embora o grupo categorial do *nervoso* seja neste trabalho o objeto de uma análise localizada que o encara em termos do sistema de representações em que se arma hoje, há duas boas ordens de motivos para que se explore as suas fronteiras semânticas, o seu complexo deslocamento sobre os eixos da história e da interculturalidade: a primeira é a de que estamos compreendendo a cultura das classes trabalhadoras urbanas modernas como uma figura de um grupo de transformação maior, só dentro do qual e ante cujas marcas de relação pode fazer sentido; a segunda é a de que esse grupo de transformação tem uma genealogia própria e complexa, em que cada configuração se encontra constrangida por certas outras e não lineares configurações; de tal modo que a percepção de certos campos de continuidade e linhas de fratura habilitam talvez melhor ao sentido sincronicamente procurado.

Essa generalização prende-se, neste caso, às considerações avançadas no capítulo anterior sobre a especificidade da cultura ocidental moderna e de sua ideologia individualista e racionalista. A inquirição sobre a gênese do Indivíduo moderno tem que passar pela inquirição das genealogias de inúmeros nódulos ideológicos que serviram à armação das formas diferenciais de Pessoa sucessivas, concomitantes ou concorrentes nas sociedades modernas. Donde esta inquirição em torno das categorias do *nervoso* e de sua constituição em um "sistema físico-moral".

Como acentuei anteriormente, as dificuldades de cobertura desse campo são imensas. E se já o são para a pesquisa etnográfica, tanto mais para a histórica, reduzidos como nos vemos à utilização de fragmentos de precário controle. Esses fragmentos restringem-se ademais à área elaborada dos discursos eruditos ("artísticos", "científicos" ou "para-científicos"), sendo quase impossível aceder aos sinais das representações "populares" sobre suas perturbações. Podemos, é claro, especular sobre certas qualidades dessas representações em função das características gerais do modelo com que viemos trabalhando e que, por razões sincronicamente controláveis, nos habilitam a hipóteses razoáveis. É claro, também, que do próprio traço dessas questões impresso nos discursos eruditos se pode decalcar copiosas pistas e estimulantes veios analíticos.

Seja qual for o modo de articulação interna do discurso do *nervoso* hoje na cultura das classes trabalhadoras, não é possível deixar de reconhecer que o grupo categorial sobre que se funda está presente também na cultura contemporânea das classes médias, e que está presente hoje de um modo diferente de como esteve presente em outros momentos de sua história. Efetivamente, como toda representação, também a dos *nervos* e do *nervoso* tem uma história, que a oferece à sistematicidade atual embutida naquele "pré-constrangimento" de que nos fala Lévi-Strauss em sua qualificação do *bricolage,* como modo fundamental do pensamento (cf. Lévi-Strauss, 1970b, p. 40).

As informações antes apresentadas já faziam com que entrevíssemos algumas qualidades desse campo semântico. Duas delas instigam sobretudo às presentes indagações: a sua qualidade, ambígua a nossos olhos, de uma demarcação de fenômenos "físico-morais" e a sua relação complexa e inarredável com os saberes médico-psicológicos.

Se levarmos em conta as consideráveis fontes de informação disponíveis sobre as representações das perturbações físico-morais em nossa sociedade, veremos que o sistema do *nervoso* não é o único disponível nas classes trabalhadoras ou, mais genericamente, nas "camadas populares" e nem tampouco nas classes médias e superiores. De maneira algo esquemática podemos lembrar que, no primeiro espaço, esse sistema é alternativo ou concomitante a diversos outros sistemas marcados pela referência religiosa, como os do *candomblé,* da *umbanda* ou do *pentecostalismo,* ou mesmo a outros, menos explicitamente "religiosos", a que se costumou chamar de sistemas de "medicina tradicional" ou de "medicina popular". Do mesmo modo, nas camadas médias e superiores, o sistema do *nervoso* compartilha de um espaço de representações em que estão presentes modelos "religiosos" como os do *espiritismo* kardecista ou dos "espiritualismos orientais", assim como modelos auto-referidos ao espaço das ciências médico-psicológicas, tais como os das diferentes "psicoterapias". A referência é esquemática não só pelo seu caráter não-exaustivo, como por fazer parecer que, seja do lado "popular", seja do lado "letrado", se trate de sistemas estanques e nitidamente contraponíveis. Na verdade, as mais inesperadas combinações podem ocorrer nesses espaços, assim como também certas incompatibilidades notáveis. É por isso mesmo, na verdade, que pensamos poder englobar discursos tão díspares sob a mesma categoria abrangente de "recursos físico-morais". Para todo esse campo, porém, oferece-se uma marca fundamental para as auto-representações e os recortes diferenciais de identidades: a referência aos saberes "médico-psicológicos", ou talvez, mais abstratamente, à idéia de "saberes científicos" que subjaz àquela outra. Por mais "tradicionais" ou "religiosos" que se vejam ou se declarem todos esses sistemas, nenhum deixa de se remeter ao "saber científico", seja para subordiná-lo localizadamente, seja para com ele compartilhar de modo transversal da intervenção sobre os problemas humanos.[1]

Como veremos, esses "saberes médico-psicológicos" têm uma história, localizam-se, aglutinam-se e deslocam-se de um modo já hoje bastante bem mapeado no quadro da formação geral de nossa cultura e constituem, na verdade, um repositório bastante diversificado de modelos, tipologias, visões de mundo e estratégias terapêuticas que se oferecem às articulações culturais. Não se trata evidentemente de um repositório indistinto. Há linhas de força, configurações dominantes, momentos privilegiados, lutas ideológicas que fazem com que aquelas articulações não sejam aleatórias, mas obedeçam a processos maiores que movimentam não só a subárea médico-psicológica como toda a cultura moderna.

Inúmeras questões daí decorrem. A primeira a ser ressaltada é a do recorrente e crescente poder de referência que assumem os saberes médico-psicológicos na sua condição de "saberes" ditos "científicos". Embora a questão da preeminência hierárquica dos saberes letrados seja etnograficamente muito mais ampla, ela se colore de tons muito especiais no contexto da sociedade moderna. Não se trata, neste caso, de um corpo de conhecimentos mais ou menos esotéricos e comprometidos com a boa condução do universo ou do corpo social, que, como apanágio de uma elite, garante a eficácia global de uma visão de mundo e reproduz por si mesma a divisão entre iniciados e leigos, mandarins e plebeus. O corpo dos saberes modernos nasce comprometido com uma visão de mundo específica, aquela que o ideário iluminista tão bem expressou. O homem tem em suas mãos as chaves de uma intervenção radical e subversiva: a "razão" privilegiadamente cultivada na "ciência" abre as portas de uma "liberdade" e de um "progresso" que, se bem conduzidos, iluminarão todos os homens e todo o Homem — e ainda com ele todo o Universo.

Embora essa ideologia não se tenha difundido uniformemente, seja ao nível geral da representação das elites, seja no da distribuição entre as "nações", seja no das classes e suas subculturas (e todo este trabalho está comprometido com a demonstração de tal fato), ela se erigiu como um pa-

[1] Esta questão será discutida com mais atenção no Cap. V, em função do material etnográfico. De um modo geral, é preciso adiantar que essa referência inarredável aos saberes "médico-psicológicos" se dá de modos radicalmente diversos entre as diversas instâncias e discursos religiosos. Os trabalhos de Simone Guedes e Paula Montero (respectivamente, 1974 e 1983) estudam especificamente a posição da umbanda a esse respeito. Durkheim e Foucault tecem breves considerações sobre a disposição histórica do cristianismo face à constituição de uma ciência dos fenômenos patológicos: o primeiro no tocante a um antigo princípio doutrinário ("tradidit mundum hominum disputationi"; cf. Durkheim, 1968, p. 613), o segundo no tocante à redução estratégica de certos fenômenos "religiosos" a uma interpretação "psicopatológica" no alvorecer da Modernidade (cf. Foucault, 1975a, pp. 75-6).

drão inevitável de referência, em boa parte devido ao dinamismo e intensidade com que, associada ao modo de produção capitalista e ao ideário político "liberal", interviu em todas as formações sociais pelo menos desde o fim do século XVIII.

É evidentemente possível retraçar localizadamente uma longa história de "resistências" ativas e passivas à difusão de uma visão de mundo "racionalista", mas ali mesmo onde essas resistências mais elaboradamente se constituíram percebe-se a necessidade indelével de levar em conta seus pressupostos e, freqüentemente, de absorvê-los em conjugação complexa com modos culturais holistas.

Os discursos médicos modernos se representam em continuidade com uma "tradição" que se quer muito antiga; em conformidade, aliás, com a auto-representação geral da cultura moderna. As culturas clássicas, grega e romana, fornecem-lhe marcos significativos desde Hipócrates, e essa representação é extremamente importante para o próprio reforço dos temas da Razão. Essa representação de continuidade comporta, porém, uma teleologia altamente valorativa em termos da qual as sucessivas configurações do saber médico serão escalonadas em um quadro de "evolução" e "progresso", avaliado pelos critérios de uma supostamente crescente racionalidade. Os séculos XVII e XVIII representariam, nesse quadro, um papel fundamental. Deslocamentos básicos se produzem nesse período, avultando a preeminência da "dúvida" e da "experimentação" entre os fundamentos das novas "ciências naturais". É nesse contexto que se constitui o sistema letrado do *nervoso,* entre tantos outros e fundamentais, que se apresentarão à representação moderna do homem.

Esse sistema do *nervoso* atravessa todo o século XIX, sofrendo deslocamentos e especificações de múltipla ordem, e se difunde de maneira ampla na cultura contemporânea.

O CERCO AO TEMA NO BRASIL

Tínhamos podido apreciar as características descritivas gerais do discurso do *nervoso,* tal como o encontramos hoje, sobretudo nas classes trabalhadoras. Uma característica notável do seu sentido hoje, face ao estado contemporâneo e dominante dos saberes médico-psicológicos, é o da representação de um certo anacronismo. E, mais do que isso, o de um anacronismo que seria justamente característico das camadas menos "cultas" de nossa sociedade. Como veremos oportunamente, a classe médica rejeita o discurso do *nervoso* enquanto sistema[2], e só faz uso dele enquanto categoria

---

2 Na verdade, trata-se aí de uma área intensamente dramática. Como veremos, há um saber sobre os *nervos* que tem uma história densa e atropelada. Dentro da própria classe médica há diferentes posições possíveis, hoje, em termos de modelos para as perturbações físico-morais, embora pareça crescente a hegemonia de versões da configuração *psicológica* (derivada das teorias freudianas). O modelo do *nervoso* das clas-

"vulgar", sempre que acredite estar lidando com sujeitos incapazes de aceder às marcas de sua própria representação sobre o homem, considerada "superior" porque amparada nas mais "recentes" configurações de seu saber "racional".[3]

Esse é porém um fenômeno muito recente. O exame da literatura comprometida com a vulgarização dos saberes médicos, tão vasta e influente desde o movimento higienista articulado no século passado, assim como o de outros documentos a seguir referidos, demonstram que o sistema do *nervoso* sustentou por longo período os discursos médicos intervenientes em nossa sociedade. Ele parece ter sido introduzido no Brasil em meados do século XIX, como atestam títulos de teses das faculdades de medicina brasileiras onde repercutiam a essa altura com razoável rapidez as questões emergentes no saber acadêmico europeu.[4]

A partir desse mesmo período, pode-se perceber a interveniência de categorias isoladas ou de núcleos sistemáticos do discurso do *nervoso* em nossa literatura, refletindo de maneira transversal a influência que já exercia sobre as literaturas metropolitanas. Em Machado de Assis, por exemplo, as referências são raras, alternando-se com a ocorrência talvez um pouco mais acentuada da categoria da *melancolia,* cuja relevância fronteiriça para a demarcação do *nervoso* iremos apreciar. É o caso do célebre conto "O Alienista" [1882], em que a tematização da questão da loucura se dá nos quadros do alienismo de Pinel e Esquirol, sem a interveniência dos discursos do *nervoso,* e com uma única ocorrência da categoria *melancolia,* já bastante deslocada de seu sentido sistemático tradicional. Em um conto de 1873, no entanto, aparecia a caracterização de um personagem feminino como sendo de *compleição nervosa* (cf. Machado de Assis, 1979, p. 515 ["A Causa Secreta"]).

---

ses trabalhadoras, embora possa ser considerado como uma versão da configuração erudita novecentista do *nervoso*, se sustenta sobre conteúdos diametralmente opostos aos que orientam a ordenação daquela configuração. Neste novelo de linguagens (a que se acrescentam outros planos de incompatibilidade) os mal-entendidos são inevitáveis e terrivelmente dolorosos (às vezes até para os agentes dos saberes eruditos; mesmo porque também pareceria haver uma certa margem de ambigüidade entre o seu suposto saber e as representações de senso comum do seu próprio grupo social).

3 Veja-se, por exemplo, o que comenta o agente de um saber que se considera como "para-médico" e que necessita, portanto, de uma certa marcação de identidade: "Se este livro fosse destinado a médicos, não usaria o termo *nervoso*, por ser cientificamente impreciso e quiçá desgastado" (*Yoga para nervosos* — Hermógenes, 1983 [18ª edição]).

4 Apenas entre os títulos arrolados na bibliografia de Machado *et al.* (1978), pode-se encontrar os seguintes: "Breves considerações sobre a força nervosa" (Francisco de M.D. da Cruz — Tese à Faculdade de Medicina do Rio de Janeiro — 1846); "Influência da Civilização sobre o desenvolvimento das afecções nervosas" (Cid E. de O. Cardoso — Tese à Faculdade de Medicina da Bahia — 1857); "Qual a influência da civilização sobre o desenvolvimento das moléstias nervosas?" (Jeronymo S. Pereira — Tese à Faculdade de Medicina da Bahia — 1861).

É com Aloísio de Azevedo que o discurso do *nervoso* intervém decisivamente na caracterização das perturbações físico-morais dos sujeitos de nossa ficção. O exame de *Casa de pensão* [1884], de onde se pinçou a epígrafe deste capítulo, apresenta reiteradas ocorrências de categorias tais como *sensibilidade nervosa, sofrer dos nervos, ataque de nervos, enfermidades nervosas, temperamento nervoso, tipo nervoso* e *excitação nervosa.* Aparecem do mesmo modo a associação entre o *nervoso* e a *mulher* (cf. Azevedo, s/d, p. 126, 142 e 161), e entre *nervos* e *cabeça* (*ibid.*, pp. 163 e 215); tudo no quadro dessa íntima imbricação entre a avaliação "moral" e o estado "físico" dos sujeitos que é a marca fundamental da configuração do *nervoso.*

O *Formulário e guia médico* de Chernoviz, cujas importância e penetração na sociedade brasileira têm sido amplamente ressaltadas[5], apresenta na edição consultada de 1883, ao lado das figuras clássicas da *demência,* da *loucura,* do *delírio* e da *coréia* ou *dança de São Vito,* as categorias *alienação mental, neurose, ataque de nervos* e *afecções* ou *moléstias nervosas,* incluindo, nesta última rubrica, a *asma,* a *eclâmpsia,* a *epilepsia,* as *enxaquecas* e o *histerismo.* O modo como aparece esta última categoria associada ao *ataque de nervos* é, aliás, extremamente expressivo das novas conotações morais que assume no século XIX.[6]

Outra obra de grande circulação no Brasil, embora editada em Portugal, o *Lunário perpétuo* (espécie de almanaque com informações e orientações práticas da mais diversa ordem) apresenta na edição consultada de 1927 sinais muito semelhantes de permeação do discurso do *nervoso.* A categoria geral ocorrente é a de *moléstias nervosas,* que se especifica em relação à *catalepsia,* à *epilepsia* e ao *hysterismo.* A apresentação desta última categoria guarda notável semelhança com os termos correspondentes da

[5] Só na literatura antropológica usada para este livro, há referências em Ibañez-Novión (1974) e Montero (1983). O verbete sobre "Chernoviz" na Enciclopédia Delta-Larousse é bastante elucidativo.

[6] "*Ataque de nervos* — dá-se este nome a certos espasmos, e outros fenômenos nervosos, observados particularmente nas senhoras e nos homens muito irritáveis. Estas pessoas experimentam, a princípio, um incômodo geral que não podem definir; depois sentem uma ansiedade pungente que aumenta até se manifestarem fenômenos convulsivos, e às vezes choro. Os ataques de nervos são produzidos nas senhoras sensíveis pelas palavras ásperas, pelas contradições, contrariedades, e, com mais forte razão, pelos pesares profundos. No mais alto grau constituem o *histerismo.*"

O *tratamento* dos ataques leves consiste; em primeiro lugar, em fazer cessar a contrariedade ou outra causa que produziu a moléstia; cumpre, depois, dirigir palavras consoladoras, e administrar chá de folhas de laranjeira (...)" (Chernoviz, 1883, pp. 870/871).

"*Histerismo* — nevrose própria às mulheres, que compreende os *ataques de nervos*; aparece por acessos e manifesta-se na sua maior intensidade, por gritos, convulsões, opressão, com ou sem a sensação de uma bola que sobe ao pescoço" (*ibid*, p. 1.032).

edição de 1883 do Chernoviz, parecendo portanto constituir uma fórmula de trânsito prolongado nos veículos de divulgação desse tipo.[7]

É extremamente interessante aliás que esse *Lunário perpétuo,* que vinha sendo editado presumivelmente desde fins do século XVII, tenha mantido seu arcabouço fundamental de obra pré-iluminista, comprometida com o quadro tradicional dos saberes zodiacais e humorais, sofrendo alterações profundas apenas — ao que tudo indica — na rubrica dos "Remédios e tratamento de algumas moléstias". Mesmo as informações estritamente referentes às práticas agrícolas — que parecem ter sido o objeto mais fundamental de seu interesse — têm um sabor evidentemente tradicional, com pequena interveniência localizada dos "progressos" da "ciência". Isso parece reforçar o que se afirmava há pouco sobre a pregnância e inarredável legitimidade dos saberes médicos, resultado em boa parte de um controle explícito por parte de seus agentes dos privilégios profissionais e do monopólio da prática terapêutica.[8]

Uma terceira obra de consulta e divulgação médica escolhida pelo seu propósito abrangente é o *Guia prático de saúde,* de Rossiter, editado em 1939.

É inicialmente notável como o propósito divulgador e sistemático sobreleva ao seu caráter de "guia" (em oposição, por exemplo, aos Chernoviz). Mais do que divulgador, deveríamos talvez dizer "formador", tal o intuito didático com que é organizada toda a obra. Uma boa parte do livro dedica-se ao *sistema nervoso* e a suas *moléstias* e é, sobretudo, no espaço das referências a tais fenômenos que se concentram as propostas higiênico-morais do autor. À parte as categorias mais estritamente técnicas, próprias do vocabulário da "anatomia" moderna, ocorrem as expressões *tensão nervosa* e *debilidade dos nervos* e todo esse espaço é caracterizado como o "campo de batalha do caráter". A "higiene do sistema ner-

---

[7] "*Hysterismo* — moléstia nervosa só própria das mulheres a que também chamam *ataque de nervos*. Manifesta-se, quando o ataque é muito forte, por gritos, convulsões, opressão no peito, e no maior número de casos sente a doente que lhe sobe ao pescoço uma bola que lhe impede a respiração. Se o ataque é mais brando, não há os gritos, mas a doente sente os sintomas descritos.

Para evitar os ataques de *hysterismo*, é bom o exercício muscular, ter ocupações sérias, vida tranqüila e evitar as emoções fortes e as contrariedades" (*Lunário perpétuo*, 1927, p. 406).

[8] Foucault tem notáveis contribuições à história da legitimação e consolidação desse sistema de saber/poder na Modernidade. No *Nascimento da clínica*, recomendo a demonstração da constituição do ideal de um "clero médico" — embutido na laicização revolucionária francesa (cf. Foucault, 1966, p. 57 e seg.). A *História da loucura* tem todo um capítulo extremamente útil a esse respeito (cf. Foucault, 1978, cap. 8), intitulado "Médicos e Doentes". De uma maneira geral, a literatura sobre a constituição do saber psiquiátrico se insere nessa mesma questão, mas padece um tanto freqüentemente de um furor acusatório que me parece descabido. Dentre trabalhos antropológicos recentes, o de Paula Montero sobre umbanda e doença comenta sistematicamente a questão do saber/poder médico (cf. Montero, 1983).

voso" abarca uma ampla gama de intervenções físico-morais, em que se passa da masturbação ao abuso do chá ou dos sapatos de salto alto. Parece-me significativo transcrever dois pequenos trechos relativos, respectivamente, ao *sistema nervoso* e ao *estar nervoso* em que poderemos reconhecer alguns dos temas tanto gerais quanto específicos da configuração do *nervoso* apresentada no Capítulo I:

Quando se tem presente que é somente por meio do sistema nervoso que nos achamos habilitados a ver, sentir, ouvir, provar, cheirar, falar, respirar, comer, digerir e assimilar o alimento; que é por ele que pensamos, raciocinamos, amamos, gozamos de ventura, experimentamos emoções e sensações, e que é no cérebro que se depositam as lembranças e reminiscências de toda a vida, sendo por ele somente que Deus comunica com o homem e torna possível a formação do caráter — essa parte do edifício humano se torna o objeto do mais elevado interesse (Rossiter, 1935, p. 41).

Ou ainda, quanto ao *estar nervoso:* "As células nervosas estão debilitadas e o homem se queixa de estar nervoso. Tremem-lhe as mãos; tem freqüentes cefaléias; o coração pulsa estranhamente; não consegue conciliar o sono" (*ibid.,* p. 238).

No interregno entre as citadas edições de Chernoviz e Rossiter ocorrem grandes modificações no panorama da medicina brasileira e, particularmente, no da psiquiatria e da psicologia clínica. Esse é um espaço hoje amplamente dissecado, sendo numerosas as análises que especificam as diversas tendências, lutas, processos de hegemonização, partilha de terrenos e deslocamento de problemáticas e campos epistemológicos. No que nos interessa mais imediatamente é notável porém a permanência do discurso do *nervoso,* servindo de veículo para a articulação de modelos significativamente discrepantes. Em 1916, o Dr. Henrique Roxo, figura proeminente da psiquiatria brasileira da primeira metade deste século, publica um opúsculo sobre o "Nervosismo", incluído numa miscelânea médica editada pelo Hospício Nacional de Alienados (cf. Roxo, 1916). O autor se ocupa da "alimentação" das "células nervosas" prescrevendo a ingestão de determinada substância química. Já A. Austregésilo, cuja obra é analisada por Daniela Ropa como significativa da vertente "psicologizante" da psiquiatria desse período (por oposição às vertentes "organicista" e "preventiva") publica em 1929 seus *Conselhos práticos aos nervosos,* em que a moralização higienista se entrelaça com conceitos deslocados da teoria freudiana: "um postulado deve ser gravado como princípio quase absoluto: quem tem e teve uma vida sexual normal não *sofre dos nervos*" (grifo meu; *apud* Ropa, 1982, p. 20).

A consulta às entradas da Biblioteca Nacional demonstra, aliás, que o discurso do *nervoso,* longe de se dissolver ante a ascensão do "psicologismo", tem mantido uma intensa capacidade de sobrevivência, embora já não ao nível da produção acadêmica e científica de vanguarda, mas de uma produção de nível intermediário, muito voltada para o consumo não-especializado e oriunda, aparentemente, de segmentos médico-psiquiátricos resistentes à psicologização e que reiteram as fórmulas do discurso do *ner-*

voso como veículo de moralização. O mero arrolamento de alguns títulos de edição razoavelmente recente pode dar uma idéia dessa permanência:

1966 – *Nervos fortes e sadios: libertação radical dos distúrbios nervosos* (Vander, A., S. Paulo: Mestre Jou).
1971 – *Viva em paz com seus nervos* (Alvarez, W., Rio: Record).
1974 – *Sistema nervoso, nutrição e educação* (Chaves, N., S. Paulo: Pioneira).
1975 – *É fácil dominar os nervos* (Bisch, E., S. Paulo: Cultrix).
1976 – *Nervos, tensão e fadiga em perguntas e respostas* (Steincrohn, P. J., Rio: Artenova).

Dentre estes, que são freqüentemente manuais de extrema banalidade, destacamos o do Dr. Adrianus Vander como expressivo de alguns dos nódulos fundamentais da configuração do *nervoso,* e que encontram contrapartidas significativas em sua expressão nas representações das classes trabalhadoras, como viremos a analisar.

O primeiro nódulo temático é o da "universal difusão". Ou seja, o de que não só é o *sistema nervoso* um elemento fundamental e centralizador da identidade humana – como aparecia na referência de Rossiter –, mas de que os "distúrbios" que o acometem são universalmente presentes e inarredáveis:

> Para consolo dos que a sofrem, podemos dizer que hoje em dia não há nenhuma pessoa que, em um momento ou em outro, não os sofra, devido às condições desfavoráveis que já citamos e que se acham tão espalhadas. É preciso ter muito boas defesas nervosas e mentais e uma forte vontade para escapar aos distúrbios nervosos e do caráter em meio a tantos fatores prejudiciais (Vander, 1966, p. 16).

Essa difusão universal é, como já se vê no trecho citado, associada a uma condição especial das sociedades modernas, a que se poderia chamar de "males da civilização" e que, repetindo uma questão tematizada por Pinel e Esquirol, encontra curiosas repercussões no pensamento de autores tão diversos quanto Freud ou Simmel:

> Comprovou-se que os povos que vivem em harmonia com a natureza sofrem em menor escala distúrbios nervosos e do caráter, assim como doenças mentais, gozando de saúde e alegria naturais que toda a humanidade deveria possuir. Não nos referimos aqui aos povos primitivos que degeneraram pelos vícios e costumes malsãos, nem aos que continuam em estado selvagem ou os que vivem em condições desfavoráveis.
>
> Em compensação, nas grandes cidades modernas, de vida tão agitada, abundam enormemente as pessoas nervosas e neuróticas que sofrem conflitos e angústias, e que só o médico vê, posto que somente a ele se revelam certos distúrbios que não transpiram exteriormente. Isto se deve à contínua tensão nervosa que a forma de vida, tão agitada e superficial, traz consigo. É um tipo de vida mecanizada, em que o homem não dispõe de um instante para relaxar seus nervos e deixá-los descansar do contínuo trabalho a que estão submetidos (Vander, 1966, p. 17).

Este nódulo da *tensão nervosa,* provocada e mantida pelo processo de estímulos da "vida moderna", tem uma expressão paralela no tema das "idéias acumuladas" ou "perturbadoras", que mais uma vez ecoa a medicina filosófica esquiroliana através da questão das "paixões" – núcleo temático sobre o qual nos voltaremos repetidas vezes nesta obra. A concepção de um espaço interior, desconhecido e poderoso, de onde emergem as "perturbações" do "caráter" e da vida mental — pela acumulação e fermentação de *idéias* ou de *paixões* — compete ao nível letrado com o espaço construído pelo conceito freudiano do "inconsciente", marca fundamental da configuração do *psicológico.* É interessante que no livro antes citado do Dr. Austregésilo já aparecia a designação de um "inconsciente", concebido, porém, sob a forma de um "valhacouto de paixões" (cf. Ropa, 1982, p. 32). A representação expressa no texto de Vander se vaza em moldes semelhantes:

> E qual é o combustível que causa os distúrbios nervosos? São, como você logo verá, umas idéias que se vão acumulando na mente durante muito tempo — às vezes desde a infância —, e que é preciso conhecer e eliminar para a libertação dos distúrbios e mesmo dos defeitos do caráter e, deste modo, viver melhor e mais feliz (Vander, 1966, p. 17).

O último nódulo que interessa aqui ressaltar é o do "fingimento" — pela sua ampla relevância na constituição das representações da Pessoa moderna. Basta lembrar o modo como deslocou as figuras tradicionais da *hipocondria* e da *histeria* de sua antiga positividade para um investimento semântico puramente negativo aproximável da concepção do "falso" ou "fingido". Como diz Vander, afastando-se dos divulgadores mais banais e programáticos, possivelmente para justificar — como faz ao final do texto citado — a plena legitimidade da intervenção médica sobre tais assuntos:

> Deve-se isso a que muitas pessoas encaram com certo menosprezo os que sofrem de distúrbios nervosos, por crerem que são uns simuladores, amantes de queixas sem motivos, e que com um esforço de vontade poderiam sobrepujar seus distúrbios. Não é, porém, assim (. . .) Mas, ao mesmo tempo, temos de reconhecer que hoje, graças ao melhor conhecimento de suas causas e aos modernos progressos da Ciência, podem evitar-se e curar-se perfeitamente, como se verá no decurso deste livro (*ibid.,* p. 16).

Como contraponto à obra de Vander, oferece-se à observação o livro do Dr. David H. Fink, publicado nos EUA sob o título de *Release from your Nervous Tension* e traduzido por um médico brasileiro como *Domine o seu sistema nervoso.* Esta obra encontrava-se na pequena biblioteca de uma moradora de Acari, como parte de uma coleção de divulgação "científica" e foi emprestada a uma das pesquisadoras do grupo. A proprietária do livro é um personagem central dos contatos do grupo de pesquisa com Acari, revelando-se sempre — e enfatizando face aos pesquisadores tal imagem — como uma "intelectual" local, mediadora inquieta e fascinante entre o que é para eles o "mundo de dentro" e o "mundo de fora". A obra guarda sinais de uma leitura completa e cuidadosa, tendo sido ressaltadas diversas passagens especiais.

O interessante desse livro — à parte a qualidade de "prova" da efetiva penetração dessa literatura no meio estudado — é que ele não se expressa por um "organicismo" genérico associado às intenções "higiênicas", mas oferece uma versão neuropsiquiátrica bem delineada em torno da reflexologia pavloviana e se considera explicitamente como "posterior" e "superador" da "mitologia freudiana" (sua expressão). Mais do que em qualquer outro dos textos consultados dessa literatura de divulgação encontra-se aqui um "cientificismo" explícito e radical, que procura demonstrar a plena redutibilidade do *nervosismo* a fenômenos físicos controláveis de forma linear e mecânica pela intervenção do profissional de saúde. Como diz Fink:

Cumpre, pois, dar ao leitor *um aviso importante*. Porque as afecções nervosas podem apresentar sintomas, dores e distúrbios semelhantes aos causados por outras doenças, nenhum paciente deverá consultar senão um médico especialista em diagnósticos. O paciente poderá pensar que ele está apenas nervoso e consultar um psiquiatra e estar no entanto sofrendo de um bócio tóxico ou de diabetes (Fink, s/d, p. 67).

Um outro trecho, marcado pela leitora, demonstra bem a articulação desta variante dos discursos "eruditos" sobre o *nervoso* em torno de alguns dos temas gerais da configuração:

A primeira e mais importante de todas as coisas a saber sobre o nervosismo é que ele sofre de um mal físico. Não é um mal de imaginação. Tanto é impossível nos imaginarmos mentalmente sãos como curarmos pela imaginação uma perna fraturada. Para nos curarmos de um mal nervoso, temos que tratar de coisas físicas, que são o centro do nosso cérebro intermediário (*ibid.*, p. 50).

Vemos aí tematizada negativamente a questão do "fingimento" e da "vontade", de modo a sustentar de maneira mais radical a versão neuropsiquiátrica. A *imaginação,* velha categoria da psicologia filosófica cuja "realidade" viria a ser reconstruída na configuração "psicológica", é aí descartada em nome do funcionamento mecânico do *cérebro* e do *sistema nervoso* que comanda:

Os nervos controlam todos os nossos órgãos. Esses nervos estão agrupados principalmente em certa parte do sistema nervoso, que é justamente o controle central do sistema e que devia normalmente manter nossos corações, estômagos e pulmões trabalhando em harmonia uns com os outros. Esse centro nervoso de nossa vida emocional é o que chamamos cérebro intermediário ou diencéfalo (Fink, s/d, p. 43).

A fisicalidade dos fenômenos *nervosos* subjaz portanto às perturbações morais, que se reduzem a uma relação de *estímulos* e *condicionamentos* impressos no "centro" do sistema nervoso:

quando somos incapazes de distinguir um estímulo de outro, tornamo-nos confusos. Dentro de nós estabelece-se um conflito, desenvolve-se um estado de guerra entre as células nervosas do cérebro. Sentimos que devemos fazer duas coisas contraditórias ao mesmo tempo. Esse conflito não ocorre num nível de atividade do cérebro que está sob nosso controle consciente. Ele envolve nossas glândulas, estômago e intestinos, e vasos sangüíneos. Tudo o que sabemos é que nos sentimos nervosos, temos dores abdominais, ou que os nossos pés ficam frios e úmidos (*ibid.*, p. 28).

Ou ainda, no corpo de uma digressão sobre o *cérebro intermediário:*

Deixai-me pois apresentar-lhes o vosso mestre de cerimônia: o cérebro intermediário. Eis aqui o trono de suas emoções. Ódio, amor, medo, raiva, ciúme, com suas várias modalidades de comportamento orgânico, todos eles partem desse ponto. Até o sexo está localizado nessa parte do nosso sistema nervoso (*ibid.*, p. 43).

O caráter totalizador do *sistema nervoso* é, dessa forma, amplamente reiterado, espalhando-se por toda a pessoa e mediando toda sua experiência física e moral:

A tensão nervosa não existe no vácuo. Não existe exclusivamente dentro do sistema nervoso. Existe em todos os órgãos do corpo. Quando há uma luta emocional no indivíduo, os órgãos como que entram em choque uns contra os outros. A tensão nervosa é física. Daí a razão de tantas doenças serem ocasionadas por conflitos emocionais (*ibid.*, p. 12).

A demonstração dessa fisicalidade imediata e absoluta das perturbações humanas comporta, evidentemente, uma complexa determinação de fluxos causais primordiais, que vão recobrindo, por justaposição, os temas básicos da configuração do *nervoso.* Além da relação imediata do que é chamado de "nossos hábitos emocionais" com o "comportamento anormal do cérebro intermediário", especifica-se o tema das *intoxicações* das *células cerebrais,* no caso de hábitos que impliquem a ingestão de substâncias consideradas como "envenenadoras", e que repetem o vasto elenco dos alvos das cruzadas higiênicas. Abre-se igualmente uma rubrica para causalidades mecânicas: "um choque físico pode abalar as células nervosas do cérebro intermediário" (Fink, s/d, p. 51). De qualquer modo, e como que para coroar essa variante da configuração do *nervoso* com a mais antiga pedra de toque de sua história, enfatiza-se que "a alteração não produz uma lesão permanente, como se evidencia pelo grande número de pessoas que dominaram seus nervos". A questão da "realidade" das "lesões funcionais" dominou longamente o campo do *nervoso* desde o século XVIII, consolidando-se desde que os progressos da anatomia permitiram comprovar a não-correspondência entre "distúrbios *nervosos*" e alterações permanentes das células cerebrais. A fórmula da lesão funcional não permanente permitiu que o discurso organicista mantivesse sua legitimidade (inicialmente ameaçada por tal fato), ao mesmo tempo em que sustentava a articulação com uma terapêutica cada vez mais explicitamente "moral".

No autor que examinamos, por exemplo, as terapias recomendadas e longamente explicitadas são o *relaxamento,* o *trabalho* e a *diversão.* Os pressupostos reflexológicos permitem que a conexão lógica entre "comportamentos" sociais e "condição física" do sistema nervoso seja sustentada de maneira sistemática e levada aos seus termos mais radicais.

Embora o tema da *vontade* seja relativizado pela ênfase no caráter não-consciente dos fenômenos nervosos e na sua determinação física final, o modelo é altamente centrado no indivíduo e em sua *disposição* de proceder ao bom condicionamento do seu *sistema nervoso* através do controle comportamental. Essa individualização racionalizante pressupõe para tanto a interveniência de um agente externo, especialista nessa mediação paradoxal, e que será o *médico psiquiatra.*

Há uma subárea dessa configuração do *nervoso* na literatura de divulgação médico-higienista que se aglutina em torno das categorias da *astenia* e da *neurastenia* e que é pertinente para a inquirição genealógica aqui empreendida por evocar um dos temas centrais do *nervosismo* nas classes trabalhadoras hoje: o da *fraqueza.*

Essa subárea parece ter encontrado seu apogeu no Brasil no início do século, tendo sido englobada posteriormente pela temática geral do *nervoso.* A própria categoria *neurastênico* não aparece nos discursos inventariados no Capítulo I e uma observação assistemática pareceria poder localizá-la nos atuais discursos físico-morais das classes médias já bastante deslocada de seu sentido original. Os trabalhos que pude consultar, como o *Neurasthenia,* de Aureliano Leite Barcelos (1900) ou *A Neurastenia sexual e seu tratamento,* de A. Austregésilo (1828 [2ª ed.]) não fogem na verdade aos marcos gerais da literatura do *nervoso* antes apontados, sendo provável que o mesmo ocorra com a literatura francesa de cujos títulos constam essas categorias e que não pude consultar com atenção.[9] Trata-se, antes, de uma questão de ênfase nas qualidades de resistência ou força do *sistema nervoso* do que de uma verdadeira variante da configuração. É esse por exemplo o ponto de vista de Arndt, o redator do verbete "neurasthenia" do *Dictionary of Psychological Medicine,* de Tuke em 1892, uma vez que essa categoria, cunhada por G. M. Beard [1868], é aí encarada apenas como uma formulação mais "moderna" e "precisa" do fenômeno das "doenças nervosas" (preferível, segundo ele, ao *nervosismus,* de Bouchut [1860] ou à *Nervosität,* de Kraepelin [1889]). A própria ênfase na maior ou menor força do *sistema nervoso,* segundo Arndt, já teria sido desenvolvida por Hasse, em sua *Krankheiten des Nervensystems* [1855], onde se encontrava a categoria de "fraqueza nervosa".

UMA ESTRATÉGIA ANALÍTICA

As referências até agora arroladas em torno de algumas pistas sobre a configuração do *nervoso* nos discursos "letrados" no Brasil permitem-me sistematizar já a esta altura um corpo temático em que se imbricam algumas linhas fundamentais do campo.

O primeiro deles é o que chamarei de tema da "totalização". Ele designa a qualidade de eixo ou centro articulador geral da pessoa humana desempenhado pelo *sistema nervoso.* Embora ele apareça, em uma obra geral como o citado *Guia prático da saúde* (Rossiter, 1935), como um capítulo das diferentes partes, aparelhos e sistemas do corpo humano e sua patologia seja também um segmento de um quadro muito mais amplo, ele repre-

---

9 Entre vários outros, encontramos na Biblioteca Nacional — e apenas à guisa de exemplo — os de Deschamps: *Les Maladies de l'Énergie; les asthénies générales, épuisements, insuffisances, inhibitions, clinique, thérapeutique* (Paris: Alcan, 1909) e *Les Maladies de l'Esprit et les Asthénies* (Paris: Alcan, 1919).

senta por assim dizer o coroamento e nexo fundamental desse organismo, concedendo-lhe uma plenitude funcional característica. Em expressões como "sede das funções superiores" ou "mamíferos superiores" expressa-se bem essa qualidade totalizadora básica que permite colocar o *cérebro* no ápice de uma hierarquia das funções internas dos organismos animais e o *homem* (com esse *cérebro* e esse *sistema nervoso*) no ápice de uma hierarquia evolutiva de organização e capacidade no quadro dos seres vivos. Esta idéia de uma "totalização" orgânica é apresentada como primeiro tema, não só por ser logicamente primeira em relação às demais, como por conter um princípio individualizador cheio de repercussões para o sentido geral da configuração que em torno dela enfeixa um sistema de valores específico.

O segundo tema é o da "fisicalidade". Os fenômenos da vida humana são adstritos a uma ordem de explicabilidade que é contrária a qualquer "espiritualidade" e que se sustenta sobre uma racionalização "cientificista". A anatomofisiologia do *sistema nervoso* dá lugar a uma "neurologia" de que vimos alguns sinais contemporâneos no livro de Fink. Os postulados novecentistas da identidade real entre os fenômenos normais e patológicos, bem estudados por Canguilhem (cf. sobretudo, Canguilhem, 1978), permitem que esse tema ganhe uma universalidade claramente expressa na filosofia de Comte.

O terceiro tema é o dos "males da civilização" e pudemos vê-lo no material apresentado sobretudo por Vander. Ele se constitui em torno da denúncia de certas qualidades ou condições do "meio social" em que se desenvolvem os "indivíduos", e, embora possa em alguns momentos pretender um certo universalismo rousseauniano, visa sobretudo à "sociedade moderna" ou à *civilização*. O *sistema nervoso* seria não só o comutador entre o organismo individual e esse meio prenhe de ameaças, como o lugar onde se fixariam, desenvolveriam e até mesmo se reproduziriam perversamente os "estímulos" antinaturais assim recebidos. A tradição das "causas morais" da patologia humana encontra aí o fermento para o desenvolvimento das proposições do *higienismo*.

O quarto tema é o da "universal difusão" das *doenças nervosas* e já o tínhamos assim nomeado ao apreciar o material bibliográfico editado no Brasil. Ele pode ser quase que logicamente deduzido da articulação entre os temas da "totalizacão" e dos "males da civilização". Uma vez que o *sistema nervoso* detém essa qualidade de articulador axial dos indivíduos e que todos os indivíduos se encontram vivendo em *sociedade*, e mais do que isso, em *civilização*, não há quem não esteja exposto imediata ou virtualmente aos "desequilíbrios", "distúrbios" ou "tensões" nervosos. Dependendo, porém, de certas marcas tanto "físicas" (no sentido do segundo tema), quanto "morais" (no sentido do terceiro tema), haverá certas distribuições diferenciais dessa difusão que atribuirão a algumas categorias de pessoas uma maior vulnerabilidade ou predisposição a essas perturbações. Acopla-se assim a esse tema o nódulo da *fraqueza* que apreciaremos mais adiante, assim como o da *mulher nervosa* (apreciado dentro do nódulo da "alocação diferencial"). Este tema da "universal difusão" abarca ainda uma questão crucial: a da relação entre as "doenças nervosas" e as "doenças mentais" ou a "loucura". Como veremos oportunamente, houve diferentes construções em torno desse tema, ora enfatizando a "continuidade" entre os dois fenômenos (em parte graças à articulação com o referido postulado da identidade normal/patológico), ora enfatizando a sua polarização em diferentes quadros classificatórios graças, em parte, à tradição das classificações em "espécies" do "naturalismo" dos séculos XVII e XVIII.

O quinto tema é o da "determinação/vontade". É talvez o mais difícil de resumir neste momento da análise, talvez por ser o que mais obviamente toque na questão da "individualização" e levante, portanto, tão envolventes considerações. Baste-nos, porém, aqui reter o fio lançado pelos textos examinados, onde ora se fala que essas "doenças" se articulam fora do plano da consciência, ora que são motivadas pelo excesso da sensibilidade e das emoções; ora que sua cura depende de uma "vontade forte", ora que é inadmissível esperar-se que se possa curá-las por um "esforço de vontade". Na verdade, subjacente às fórmulas variáveis de articulação entre uma "determinação física" e uma "determinação moral", o que encontramos é um espaço de "interiorização" que a configuração do *nervoso* permite promover e elaborar, graças ao tema da "totalização". É o espaço de manobras instaurado por aquilo a que chamou Foucault uma "ética da sensibilidade nervosa" em um texto a cujas luzes ainda recorremos ao longo deste capítulo (cf. Foucault, 1978, p. 285). É sob a égide deste tema que se desenrola a questão do *fingimento,* que víamos repontar apenas para ser negada em duas citações de Vander e de Fink. A questão da "consciência", em sua dupla face psicológica e moral, está aí tematizada — e sabemos bem, desde Mauss pelo menos, o que isso significa em termos de noção de Pessoa.

O sexto tema é o da "terapêutica". Parelha do tema anterior, porque seguirá cada um dos meandros dessa "fisiologia da interioridade", atenta à sua especular patologia. Corolário do tema da "fisicalidade" porque se proporá expulsar toda superstição e armar-se unicamente dos recursos da racionalidade "científica". Perpendicular ao tema dos "males da civilização" porque amparará numa longa cruzada os destinos do Higienismo. E ainda garantia desse monopólio cioso dos "agentes de saúde" a que a literatura crítica recente dá freqüentemente foros de conspiração e a que o tema da "universal difusão" empresta uma ambição desmedida, desde o "alienismo" até o "psicanalismo".

Embutidos nesses grandes temas da configuração do *nervoso* encontram-se alguns nódulos ideacionais de grande importância, a que já nos referimos em parte. Chamamo-lhes nódulos da "fraqueza", da "comunicação", da "irritação", da "obstrução" e da "alocação diferencial". Diferenciam-se dos grandes temas por serem, face ao caráter estruturante daqueles, mais instrumentais; como roldanas de relevância inexplícita na maquinação dos grandes sistemas. Talvez por esse mesmo caráter mais "concreto" representam comutadores fundamentais entre as fórmulas eruditas do *nervoso* e o sistema de representações sobre que nos debruçaremos entre as classes trabalhadoras.

O nódulo da "fraqueza", a que se havia feito referência no tocante à área da *astenia* e da *neurastenia* e dentro do tema da "universal difusão", arma-se em torno da oposição *força/fraqueza* e atravessa toda a configuração do *nervoso* em diversas direções. As qualidades de generalidade e flexibilidade de que se cerca esse par de oposição permitem que se estabeleçam armações e deslocamentos simbólicos vitais para a história das representações modernas sobre a Pessoa. Como veremos detalhadamente, ele se encontra presente em diversos modelos de anatomofisiologia humana a partir do século XVII, servindo aos temas da "totalização" e da "fisicadade". É notável, porém, como cada um desses modelos, seja o da "firmeza" de Sydenham [1624-1689], seja o da "estenia/astenia" de Brown [1735-1777], seja o da *vis nervosa* de Albrecht Von Haller [1763], ou os mais recentes da "fraqueza nervosa" de Hasse [1855], da "neurastenia" de Beard [1868] ou do *stress* de Selye [1925], serviram sempre no momento mesmo de sua afirmação — e tanto mais no de suas apropriações posteriores — a amarrar a "fisicalidade" à "moralidade", nesse jogo admirável que perpassa a história dos saberes físico-morais modernos. "Força" e "fraqueza" de fibras ou substâncias, "força" e "fraqueza" de sentimentos ou de caráter enovelam-se em intricadas rendas de sentido e valoração. Nos textos que invocamos exemplarmente no início deste capítulo encontramos desde as preocupações de Henrique Roxo com a "alimentação" das *células nervosas* por ministração de iodeto (visando a fortificá-las), ou de Vander com a "debilidade" das *células nervosas* provocada pelo abuso de chá, até o "nervos fortes e sadios" do título da obra deste último autor e que engloba as duas dimensões física e moral mescladas por ele em sua análise.

O nódulo da "comunicação" abarca uma vasta área semântica imediatamente subjacente ao tema da "totalização". Como vimos, o *sistema nervoso* é apresentado como o plano de mais alta articulação da pessoa, lugar de todos os fluxos necessários entre os centros de comando cerebrais e a periferia corporal, entre os órgãos de sentido e as sedes sensoriais, garantindo a memória, a consciência, enfim todas as chamadas qualidades "superiores". Esse *sistema* é freqüentemente apresentado nas obras gerais como homólogo ao dos "aparelhos" em que se divide as diversas funções vitais do organismo, embora hierarquicamente superior. Isso pressupõe a idéia de um órgão central, de uma rede de comunicação e de um fluxo qualquer entre o órgão e a rede. Quanto ao órgão central, não parece haver, há pelo menos um século, qualquer especulação que tenda a quebrar a hegemonia do *cérebro* (embora ainda em Esquirol se parecesse reavivar a tradição do centro secundário do *cerebrum abdominale,* retida sob a forma da representação do "plexo solar"). Também quanto à rede, a representação de *fibras,* que se substituiu no século XVIII à clássica imagem galênica dos *tubos,* tampouco parece contestável, embora complexificada com as modernas formulações neuronais. Já o tema do fluxo serviu, pela dificuldade em se ancorar numa qualidade biológica clara (a solução "científica" atual é de ordem físico-química), a amplas imagens e especulações que permitem até hoje reapropriações inesperadas. Na verdade, a homologia mais imediata que se desenhou para a reapresentação do *sistema ner-*

voso no homem moderno foi a do sistema circulatório, "fisiologicamente" descrito desde Harvey [1628]. A *cabeça* sempre fora companheira do *coração,* pelo menos desde o *Timeu* de Platão, assim como os tubos *nervosos* pareciam irmãos dos tubos sangüíneos. Para a perfeita homologia sempre exigiu-se, portanto, um símile do *sangue,* para o que durante séculos serviram os *espíritos animais* (*pneuma psychikon*) propostos por Galeno [130-200 d.C.]. O século XVIII viu formular-se o quadro dos *vapores nervosos,* dos *gases nervosos* e da *energia nervosa,* ao sabor das sucessivas reelaborações dos modelos naturalistas. Os temas conexos da "simpatia", do "animismo" e da seqüência magnetismo/galvanismo/eletricidade virão oportunamente a ser mencionados no contexto da especificação dos caminhos do nódulo representacional da "comunicação" *nervosa.*

Paralelamente a esse nódulo desenha-se o das "obstruções", ou seja, a vertente negativa da "comunicação". E desenha-se evidentemente em negativo às diferentes fórmulas privilegiadas para a concepção do fluxo nervoso. É uma vasta área em que se pode reconhecer tanto a breve referência em Aloísio de Azevedo, na obra citada, a respeito do efeito benéfico que sobre uma pessoa *nervosa* tivera o sangramento decorrente de queda durante um *ataque de nervos* (cf. Azevedo, s/d, p. 215), quanto a obstrução pelas *idéias* acumuladas presente numa das citações de Vander ou o caráter de "envenenamento" por drogas ou por "condicionamentos" reflexos nas transcrições da obra de Fink.

O quarto nódulo é o que enfeixamos sob a categoria da "irritação", embora abarque um grupo aparentemente díspar de noções tais como as da "excitação", da "sensibilidade" e da "tensão". Ele só pode ser compreendido em função do tema da "totalização" e do nódulo da "comunicação", contra os quais se recorta como uma fórmula especificante. É do mesmo modo paralelo ao nódulo da "obstrução", uma vez que também tematiza uma patologia da "comunicação" nervosa, aqui mais dinâmica, lá mais mecânica. Evoquemos logo de início, entre as referências já aportadas, o que permite a percepção de seu recorte: em Chernoviz, a caracterização dos pacientes dos *ataques de nervos* passa pela designação das "senhoras e homens muito irritáveis" e das "senhoras sensíveis"; em Vander e em Fink, os diversos distúrbios nervosos passam pela representação explícita de uma "tensão" do sujeito nervoso que é ao mesmo tempo uma "tensão" do "sistema nervoso". Em trechos não transcritos da obra citada de Aloísio de Azevedo designa-se fenômenos tais como os de uma "excitação nervosa" e uma "sensibilidade nervosa" (cf. Azevedo, s/d, p. 126; por exemplo). Sob todas essas categorias perpassa a representação geral de uma certa qualidade física do *sistema nervoso* que é ao mesmo tempo uma qualidade moral dos sujeitos através dele articulados. A "irritação", a "tensão", a "excitação" ou a "sensibilidade" tanto qualificam um estado das *fibras* ou das *células* nervosas, quanto qualificam a reação geral do sujeito que em si abriga aquele estado do seu *sistema nervoso;* ou vice-versa, uma vez que o postulado básico é o de uma homologia intrínseca entre os dois planos, variando apenas em função da situação ou de certas ênfases de escola, a prioridade designável no processo desequilibrador. O encaminhamento posterior permitirá que se acompanhe as marcas genealógicas deste nódulo em função das teorias fisiológicas da "incitabilidade", da "sensibilidade" e da "irritabilidade" e de sua retradução numa lógica físico-moral da "sensação" e da "irritação". Será fundamental nessa análise a pista clássica da *simpatia* interior, retida significativamente numa das denominações oficiais da neurologia, a do subsistema "simpático" do *sistema nervoso* (ou "sistema nervoso vegetativo").

O último nódulo definível neste momento é o da "alocação diferencial". Nomeou-se de tal forma o feixe de representações que permite designar lugares sociais mais ou menos afetados ou afetáveis pelas "perturbações nervosas" em função de certas ênfases e recortes peculiares. Trata-se de um nódulo extremamente significativo, uma vez que resulta da interseção dos temas universalizantes com os nódulos especificantes antes arrolados. Em um certo sentido a "alocação diferencial" representa a transposição para o plano sociológico dos embaraços e confrontos dedutíveis do entrechoque daquelas diferentes linhas físico-morais. A primeira grande demarcação aí verificável é a da "mulher". Encontramo-la bem viva nos textos lançados como pista ao início desde capítulo. Veja-se como a entrada do "histerismo" em Chernoviz (que é apresentada como categoria alternativa ao "ataque de nervos") define-o como "moléstia nervosa só própria das mulheres". Veja-se como é em referência a um personagem feminino que Machado de Assis designa uma "compleição nervosa". Veja-se como em Aloísio de Azevedo a determinação, em um personagem masculino, da ocorrência de tais perturbações exige a sua qualificação como portador de "uma sensibilidade nervosa e feminil". É verdade que nos textos mais recentes e especializados, como os de Vander e Fink, essa demarcação fica mais obscurecida pela "totalização", mas, ainda assim, aparece, pela demarcação de certas qualidades da vida "moral" das mulheres que mais as tornariam permeáveis à ocorrência das "perturbações nervosas". Esse deslocamento, que aqui aparece desta forma por força dos elementos privilegiados, não obedece porém a uma associação linear entre duas transições que nos fizesssem passar dos discursos mais tradicionais (uma vez que os textos divulgadores e literários citados efetivamente repercutiam articulações "científicas" mais antigas) aos mais modernos e dos discursos mais "fisicalistas" aos mais "moralistas". Ele expressa na verdade uma tensão genética e constante entre esses dois últimos princípios, que já víramos em ação no contexto do tema dos "males da civilização" e que perpassa na verdade — como enfatizamos mais de uma vez — sob toda a configuração do *nervoso.* A determinação diferencial da *mulher* como um lugar privilegiado dos fenômenos nervosos — tão marcante no material etnográfico que será analisado — é um nexo de máxima visibilidade nesse espaço de tensão, pelas qualidades específicas de que se reveste a sua representação no quadro da oposição natureza/cultura em nossa sociedade, acrescida das peculiares ambivalências com que essa diferenciação se enfrentou com a ideologia individualista moderna. Há, porém, outros nexos de igual importância. O primeiro é o que tematiza primordialmente a questão do "meio", e que tanto pode se vazar nos moldes gerais dos "males da civilização", através da denúncia da *cidade* moderna como o espaço perturbador por excelência; ora no de específicas predisposições ancoradas em diferenças sociais, como o modelo da predominância das causas morais nos grupos de elite e da predominância das causas físicas nos grupos populares. O segundo é o que tematiza primordialmente os "fatores biológicos", articulando-se sobre a questão da "hereditariedade", ou mesmo, no fio das teorias evolucionistas, sobre a questão da "raça". E, finalmente, um nexo que se deterá sobre a fórmula eminentemente físico-moral dos "temperamentos". Este é um ponto de extraordinária riqueza, uma vez que em torno dessa categoria armam-se articulações eruditas as mais variadas, desde o modelo dos nove "temperamentos" galênicos (armados segundo o código da teoria humoral), presente na representação médica ocidental até o início deste século até a articulação — aparentemente tão distante das presentes considerações — da Escola de Cultura e Personalidade, com sua ênfase em categorias tais como "temperamento", "personalidade" e "caráter" (em sua dinâmica oposição à "Cultura"). São exemplos de articulação imediata desse campo com o do *nervoso* os *temperamentos* e *compleições nervosas* encontrados nos textos citados de Machado de Assis e Aloísio de Azevedo. Willoughby, no verbete "temperamento" do Dicionário de Tuke (1892), detém-se sobre a mediação histórica que fez substituir, a partir de um certo momento do século XIX, o antigo *temperamento melancólico* (do quadro galênico) por um *temperamento nervoso.*

Com esta definição do quadro operacional dos "temas" e "nódulos", estabelece-se assim uma mediação instauradora entre as pistas aparentemente fragmentárias e arbitrárias da abertura do capítulo e a demarcação genealógica mais precisa que procuraremos agora encetar. Estabelece-se com esse quadro, do mesmo modo, o primeiro arcabouço analítico que, aplicado e contraposto ao material etnográfico delineado no Capítulo I, nos permitirá proceder aos recortes de planos de conhecimento explorados no Capítulo V.

b) AS TRÊS "CONFIGURAÇÕES"

Seguiremos agora o fio genealógico central para a compreensão da configuração do *nervoso,* aquele ante o qual as pistas até agora aportadas encontram uma sistematicidade complexa e reveladora.

Utilizou-se para tanto um recurso formal que permite uma ordenação um pouco mais clara do material discutido, ainda que, para uma série de efeitos, enrijeça um pouco a análise. Como havia ressaltado na Introdução, o volume e a complexidade das informações necessárias ao desenvolvimento de meu ponto central neste capítulo mereceriam um espaço muito maior e incompatível com o caráter instrumental de que aqui na verdade se reveste. Algumas obras de análise de "história das idéias" desse período foram fundamentais para a demarcação dos núcleos de representações estudados, mas só serão citadas no tocante a pontos específicos e fundamentais de suas contribuições. As referências mais descritivas deverão ser compreendidas como oriundas do corpo comum dessas obras, de número aliás restrito.

O primeiro recorte — e o mais abrangente — é o que nos permite contrastar a configuração do *nervoso* a duas outras que, oriundas do saber "médico", intervieram fortemente nas representações da cultura ocidental sobre a relação corpo/alma e suas perturbações. Trata-se da configuração da *melancolia* e da configuração *psicológica.*

Esses três grandes conjuntos, muito diversos em sua estrutura interna e em sua presença social, dispõem-se sucessivamente no quadro das profundas realocações ideológicas que, a partir do século XVII, vêm balizar o que estamos chamando de Modernidade.

A configuração da *melancolia* é na verdade uma configuração "tradicional", no sentido de corresponder a uma cosmologia explícita e abrangente, intervindo, por assim dizer, como fronteira da Modernidade, uma vez que suas reordenações nos séculos XVIII e XIX já se dão em articulação com os discursos do *nervoso.* Embora em suas imbricações cosmológicas ela certamente articulasse saberes de múltipla qualidade, como a tradição zodiacal, o sistema da *simpatia* e o modelo dos centros vitais, costuma-se creditar a origem de sua sistematicidade "médica" à obra de Galeno, e sobretudo à sua fórmula dos nove "temperamentos"[10], embora para diversos pontos recorram seus sistematizadores até Hipócrates.

A configuração do *nervoso,* de cujas características internas já temos a esta altura alguma idéia, ordena-se ao longo do século XVIII, no bojo dos deslocamentos ideológicos comprometidos com o Iluminismo; entre os quais, bem diretamente, o desenvolvimento das novas "ciências da vida", como a fisiologia humana, a economia fisiocrática ou o galvanismo. Incluímos nessa configuração os desenvolvimentos complexos que, tematizando a questão das "doenças nervosas", atravessam todo o século XIX e penetram no atual, inclusive sob o modo muito específico como iremos encontrá-los entre as atuais classes trabalhadoras urbanas. Esse período histórico exige outros recortes analíticos que deveriam especificar as vertentes "constitucional", "organicista" e "alienista", além dos núcleos do "evolucionismo", da "hereditariedade" e do "higienismo".

A configuração *psicológica* (que pode ser encarada sob outro prisma como uma figura do quadro de transformações médico-filosóficas da configuração do *nervoso* ao fim do século XIX) se funda sobre as teorias freudianas e a nova ordem físico-moral que elas implicam. Essa ordem representa o outro limite da configuração do *nervoso,* uma vez que vem obtendo desde o início deste século uma preeminência social sempre crescente e uma ampla difusão centrada nas classes médias e superiores de nossas so-

---

10 A preeminência de Galeno é ressaltada até mesmo nas "histórias das idéias" menos lineares ou ingênuas, como a de Canguilhem. Este autor aproxima a "revolução galênica" em importância daquela que se produziu nos saberes físico-morais sobre o homem em torno do começo do século XVIII (cf. Canguilhem, 1972, pp. 108-9).

ciedades modernas, e que se opõe nitidamente aos pressupostos básicos do *nervoso,* contra os quais na verdade se erigiu.

Este recorte das três configurações permite que se visualize de maneira esquemática — e, portanto, ao mesmo tempo didática e imprecisa — um universo amplo de questões sobre as quais proponho uma leitura cheia de conseqüências para a compreensão do material propriamente etnografico discutido no Capítulo V. Como é evidente, a configuração do *nervoso* é a que me interessa como foco analítico, aparecendo as duas outras, na análise mais minuciosa a que agora procederei, como os limites contrastivos de sua lógica interna. As mesmas imbricações que se dão entre a configuração da *melancolia* e a do *nervoso* e entre esta e a *psicológica* farão ressaltar os significativos deslizamentos culturais que me interessa justamente evidenciar.

A CONFIGURAÇÃO DA MELANCOLIA

De inúmeros problemas se reveste a exposição do que estou chamando de "configuração da *melancolia*". O mais imediato é o de como começar a abordar um objeto tão complexo e vasto, espacial e temporalmente, cuja unidade analítica só se dá em função da oposição às outras nomeadas configurações e cuja importância no corpo deste trabalho é meramente instrumental. Já o problema menos imediato — mas bem mais doloroso — é o de ter que resumir a algumas breves indicações um nível das representações sobre a pessoa na cultura ocidental pré-moderna que se reveste de extraordinária riqueza, que é em si mesmo pouco reconhecido ou pouco articulado com os níveis mais notórios (da religião ou da filosofia, por exemplo) e que guarda — por tais e outros títulos — eloqüentes contribuições à compreensão dos processos de deslocamento interno de nossa cultura, mesmo os mais recentes.

A configuração ou sistema físico-moral assim nomeado poderia tê-lo sido de outras formas. Configuração dos *humores,* dos *temperamentos* ou da *simpatia* teriam sido designações mais abrangentes, mais expressivas dos princípios gerais de sua articulação interna. Ocorre, porém, que a *melancolia* — uma das figuras originárias desse sistema — ganhara uma importância, um relevo expressivo, muito particular às vésperas da articulação da configuração do *nervoso,* fornecendo-se portanto como contraste ideal para os objetivos de meu recorte. Creio, inclusive, que esse processo de condensação, em torno da *melancolia,* de um sistema muito flexível e abrangente como era o dos temperamentos humorais já pode ser encarado em si mesmo como um sinal da nova dinâmica impressa às representações da pessoa ocidental entre os séculos XVI e XVIII.

Seja como for, essa configuração da *melancolia* ocupava o espaço de uma teoria "médica", ou seja, de um saber sobre o homem que se propunha propiciar recursos terapêuticos aos sofrimentos e perturbações por ele experimentados. Esse era o sentido do que se reconhecia como a tradição "hipocrática" e "galênica" e as "histórias da medicina" atuais procuram cobrir esse espaço como um capítulo de sua "evolução", por pouco que o entendam. O principal problema para essa apropriação retrospectiva é o da divisão entre *corpo* e *alma*, entre "físico" e "moral", entre "médico" e "filosófico", que — por mais que tenha variado entre o helenismo e o iluminismo — sempre se mantém completamente diversa das divisões hegemônicas nas representações "científicas" modernas; não tanto porque tivesse sido abolido o problema da divisão (o que uma visão ingênua poderia sugerir), mas porque o estatuto do "mundo físico" tivesse sido tão radicalmente alterado por esse mesmo desenvolvimento da "ciência" desde o século XVIII.

A diferença da segmentação dos campos de saberes no mundo clássico e medieval europeu — face à segmentação moderna — também contribui para uma sensação forte de estranhamento. Com efeito, as relações entre saber filosófico e saberes médicos ou religiosos, populares e eruditos, se distinguem por uma permeabilidade ou capilaridade muito diversa da que vigora entre nós. De uma maneira muito geral pode-se dizer que a configuração da *melancolia* se constituiu dentro de uma tradição médico-filosófica de especulações, pesquisas e controvérsias sobre a relação entre a alma e o corpo e tendeu a se transformar, sobretudo nos últimos dois séculos de sua vigência, em um sistema médico-popular.[11] É certo que em algum momento dessa longa história o sistema dos humores e temperamentos (e, com ele, a *melancolia*) participou de um sistema maior de classificações, de uma verdadeira cosmologia, em que, sob a égide do prin-

[11] Não é nada clara a relação que os saberes eruditos que foram compondo a configuração da *melancolia* tiveram com os saberes gerais — e certamente "populares" — das culturas onde surgiram. É possível que na ampla literatura classicista haja sobre isso fontes a que não tive acesso. O livro de Pigeaud, que alia uma notável erudição a um recorte de objeto particularmente apropriado a minha inquirição, não dá pistas nessa direção (cf. Pigeaud, 1981). A questão oposta é obviamente melhor conhecida ou, pelo menos, mais tematizada. Às observações contidas na transcrição seguinte de Boltanski seria interessante contrapor as que elabora Moscovici sobre os modos de difusão atuais da configuração do *psicológico* ("psicanalismo") (cf. Moscovici, 1978, p. 119 e seg.): "Nada talvez foi objeto de uma difusão mais ampla, mais contínua, do que a medicina da Antigüidade. Ela penetrou quase cotidianamente de certa forma no pensamento popular, primeiro por intermédio dos médicos em quem as idéias médicas de Hipócrates e de Galeno permaneceram muito vivas até o século XVIII aproximadamente, continuando em seguida durante alguns decênios a estruturar o pensamento e modelar a linguagem. Em segundo lugar, por intermédio dos curandeiros, que, como mostrou A. Van Gennep, se utilizam freqüentemente de receitas herdadas da Antigüidade, conservadas nos conventos e depois divulgadas em opúsculos populares de grande difusão, retomadas e anotadas enfim nos "cahiers de panseurs" transmitidos de pai para filho no interior das famílias em que circula o dom da cura" (Boltanski, 1969, p. 90). A par desses mecanismos mais antigos é de se supor que tenham tido efetivamente muita importância nesses modos de capilaridade o aparecimento da imprensa e o aumento da alfabetização associado à Reforma, tal como sugere Jack Goody a respeito de uma questão mais genérica (cf. Goody, 1976).

cípio da *simpatia*[12], se articulava com o sistema zodiacal. Embora haja testemunhos notáveis desse fenômeno, não pude obter qualquer tipo de informação sobre o momento e modo de articulação ou sobre o grau de difusão dessa cosmologia, que deve ter tido porém uma considerável penetração popular e não deve ter sofrido nenhum tipo de condenação regular por parte da Igreja Católica (com cuja mitologia, aliás, se interpenetrava intimamente).[13]

Todas as versões históricas consultadas enfatizam a citada origem "médico-filosófica" do sistema dos humores e temperamentos. É assim que, por trás do "médico" Hipócrates [460-377 a.C.] se costuma reconhecer a influência da tradição cosmológica dos "pré-socráticos", e particularmente de Pitágoras, através dos "médicos precursores" Alcmeão de Crótona e Empédocles. Alexander assim descreve a teoria deste último, considerada como base das doutrinas "fisiológicas" do hipocratismo:

> Esta teoria sustentava que os quatro elementos básicos (fogo, terra, água e ar) representavam quatro qualidades básicas (calor, secura, umidade e frio). Os quatro humores do corpo eram sangue, fleugma, bílis amarela e bílis preta. Eram encontrados no coração, cérebro, fígado e baço. Um desequilíbrio desses humores era considerado a causa básica de doença e era possível curar a doença empregando drogas que tivessem qualidades opostas às quatro qualidades fundamentais: calor, secura, umidade e frio (Alexander e Selesnick, 1968, p. 58).

Do mesmo modo reconhece-se, por detrás de Galeno [130-200 d.C.], não só Hipócrates e seus "precursores", como Platão (sobretudo no tocante à tripartição das almas e de suas sedes, expressa no *Timeu*) e os "físicos" alexandrinos Herófilo e Erasístrato.

Willoughby, em seu verbete sobre *temperamento* no dicionário de Tuke (1892) afirma que para Galeno eram nove os *temperamentos* humanos, ordenados em função das qualidades há pouco descritas: quatro básicos (seco, úmido, frio e quente), quatro combinados em função dos dois eixos subjacentes a essa classificação (quente/úmido, quente/seco, frio/úmido e frio/seco) e um último considerado como "equilibrado". É justamente sobre os quatro tipos "combinados" que se estabelece a correlação humoral (com suas respectivas sedes corporais) assim constituída:

---

[12] Sobre a *simpatia* dispõe-se das rápidas e instigantes páginas de Foucault a respeito da configuração geral dos saberes na Europa até as bordas do século XVII (cf. Foucault, 1967, p. 42 e seg.) e das observações ao mesmo tempo etnográficas e mais amplamente analíticas de Mauss em torno da "magia" (cf. Mauss & Hubert, 1973, p. 57).

[13] Disponho de dois quadros que ordenam essas correlações cosmológicas de uma maneira notavelmente ampla, para muito além das quatro entradas constantes do meu próximo quadro: o do *Lunário perpétuo* (1927, p. 23) e o que transcreve, sem indicação de origem, o Prof. Goody (1976, p. 99).

Sede	*Humor*	*Temperamento*	*Qualidade*
baço	bile negra	melancólico	frio/seco
fígado	bile amarela	bilioso	quente/seco
cérebro	fleugma (linfa)	fleugmático (linfático)	frio/úmido
coração	sangue	sangüíneo	quente/úmido

Pigeaud, em seu admirável *La Maladie de l'Âme* (1981), analisa os intricados meandros em que se desenrola a tradição médico-filosófica do pensamento clássico a respeito da relação corpo-alma e, portanto, das perturbações "físico-morais". Não há, porém, aqui como esmiuçar essa história, que demonstra não ter sido nada unívoco o sentido do quadro acima. Entre eleatas e estóicos, passando por peripatéticos e atomistas, esse modelo sofreu todo tipo de apropriações, tendo mais ou menos enfatizado — conforme a orientação mais ou menos dualista da escola ou pensador — o seu caráter físico-moral e o seu peso face a outras classificações e modelos do homem, da natureza e da sociedade.

De todos esses meandros, algumas linhas de força parecem ter tido maior capacidade de permanência histórica do que outras. A concepção dinamista da doença, com sua ênfase na força equilibradora da *physis*, tão intimamente associada ao sistema humoral no pensamento clássico, sofreu sucessivas realocações e contraposições até ser deslocada pelas teorias ontológicas que se sucederam desde Van Helmont [1579-1644] até as descobertas de Pasteur.[14] A tese galênica de que as "faculdades da alma derivam da compleição humoral do corpo" — uma das fórmulas possíveis da configuração da *melancolia* — sobreviveu, realocada, à própria derrocada do sistema de idéias em que se baseava, oferecendo ainda neste século variações que merecerão nossa atenção. O marcado dualismo físico-moral ciceroniano, expresso em sua teoria das *paixões* como doença da alma, foi reapropriado diretamente pelos "alienistas" do século XIX, colaborando para a constituição de uma das muitas concepções divergentes sobre pessoa e perturbação que examinaremos sob a rubrica da "configuração do *nervoso*".[15]

Os historiadores da Medicina enfatizam a importância para a preservação desse sistema físico-moral — após o declínio da civilização clássica — da intermediação da cultura árabe, cujos eruditos recolheram, elaboraram e divulgaram os seus princípios sobretudo na península Ibérica, de onde, aparentemente, vieram a reinfluenciar a cultura medieval a partir do século

[14] Sobre a oposição entre a teoria ontológica e a teoria dinamista ou funcional, pode-se consultar Canguilhem (1978, pp. 20-1) — sempre tão instigante.

[15] A nomeação dessas "resistências" ou "sobrevivências" históricas seria inconcebível se não estivéssemos tratando de um espaço de saberes que sempre cultivou a idéia de uma *tradição* própria e que sempre procurou invocar argumentos e justificativas extraídas do vasto acervo de idéias assim construído para moldar ou encaminhar suas novas propostas, mesmo quando estas implicassem deslocamentos epistemológicos profundos.

XIII. Em Portugal, Hipócrates e Galeno, assim como Avicena, Rhazes e Averrois constituíram as únicas fontes do ensino médico até a reforma pombalina de 1772.[16]

A difusão desses saberes para as sociedades coloniais da América Ibérica foi, portanto, inevitável, não só pelo peso tradicional e pela permeação popular de que gozavam na península, como pelo controle ideológico mantido no sentido da não-exposição às novas questões que se desencadearam entre os séculos XVI e XVIII, e culminaram na substituição da hegemonia do saber humoral pelo saber fisiológico. A famosa "síndrome do quente-frio", característica dos sistemas populares de classificação das doenças, dos alimentos e dos recursos terapêuticos, encontrável em tantos pontos distintos da América Espanhola e do Brasil, foi por exemplo em parte atribuída por G. Foster àquela tradição (cf. Foster, 1953).[17]

Alguns raros testemunhos de época reiteram a presença de interpretações físico-morais associadas à configuração da *melancolia* no Brasil. Vamos relacioná-los rapidamente, antes mesmo de proceder à demonstração de alguns pontos analíticos importantes, porque se trata de um material muito episódico, a que o leitor poderá retornar sem grande sobressalto. Sobre os primeiros séculos a informação me acorreu mediada pelo Dr. Santos Filho, que a interpreta nos termos da configuração *psicológica* hoje prevalecente. A transcrição do pequeno trecho seguinte é assim, ao mesmo tempo, expressiva da permeação da interpretação *melancólica* naquela época e da permeação da interpretação *psicológica* hoje, o que é útil para quem está querendo relativizar esta última e garantir identidade a uma terceira e aqui ausente interpretação físico-moral:

> Indígenas, negros e brancos sofreram, segundo o testemunho dos antigos cronistas, de uma psicose emocional, de caráter depressivo: a "melancolia", ou "malenconia", ou "hipocondria", ou "mania melancólica". Privado de liberdade, ou então maldosamente influenciado pelo sacerdote-feiticeiro, o selvagem entregava-se à "malenconia", definhava e morria. O negro escravo, arrancado das plagas africanas, padecia de mortal tristeza, padecia do "banzo", ou melancolia nostálgica. E o branco, saudoso da terra européia, foi atingido pela hipocondria ou mania melancólica, que não raro degenerou em grave psicose, seguida de morte. Yves d'Evreux [1615] comparou o indígena "melancólico", que adoecia de pura imaginação e falecia em época predeterminada pelo pajé, ao europeu "hipocondríaco", o qual, embora civilizado, queixava-se de múltiplos sintomas e, em verdade, não passava de um doente imaginário, tal e qual como o selvagem (Santos Filho, 1977, p. 215).

---

[16] Uma breve tentativa de abrir o ensino médico de Coimbra às novas inquietações, já emergentes nos países centrais sob o influxo do Renascimento, no reinado de D. João III, teria sido contida pela Inquisição (cf. Santos Filho, 1977, p. 276 e seg.).

[17] Há a esse respeito uma vasta e intricada literatura, sobre que voltarei a fazer referência em outro momento. No plano internacional, a hipótese de Foster provocou uma refutação de Lopez-Austin (1980) e se dispõe de uma revisão bibliográfica ampla em Manning & Fabrega (1973). Entre nós há revisões bibliográficas em Ibañez-Novión (1974, p. 163 e seg.) e em Maués & Maués (1980, p. 36 e seg.).

Um outro pequeno trecho à p. 124 refere-se a um surto de "melancolia" ocorrido num aldeamento jesuíta na Bahia em 1561. Ainda segundo esse autor, von Martius, em uma data tão tardia quanto 1849, teria classificado os indígenas brasileiros como de temperamento "linfático" (fleugmático), ou seja, "úmido e frio", por terem o sangue frio e as mãos sempre úmidas e frias, o que se poderia dever à "menor quantidade de sangue circulante" (cf. Santos Filho, 1977, p. 96).

O relatório do Dr. Antonio José de Araújo Braga, encaminhado a Alexandre Rodrigues Ferreira em 1787, sobre a "história das enfermidades endêmicas e epidêmicas do país", e assim anexado à célebre *Viagem filosófica ao rio Negro* apresenta uma única e sucinta referência:

> O ar, pela sua parte, com os efeitos do seu calor, causa diversas enfermidades. A porção mais espiritual do sangue todos os dias se dissipa; sai pela transpiração, pelo suor e pela urina; o que fica no corpo é um sangue seco, térreo e espesso, donde procedem as *melancolias,* as lepras, os vômitos pretos, as câmaras de sangue, as febres ardentes etc. (Ferreira, 1983, p. 747 – grifo meu).

Há ainda em Machado *et al.* (1978, p. 405) referência ao famoso livro de Morão (cf. 1677), em que se menciona a ocorrência em Pernambuco de "loucura" por "delírio" causado por *humores* ou *vapores* gerados na cabeça ou a ela comunicados de outras partes do corpo.

As classificações subentendidas nesses fragmentos atravessam um período – o do século XVI ao XVIII – de acelerados deslocamentos ideológicos e conseqüentes reordenações dos saberes físico-morais. Pode-se mesmo dizer que é para tal período que se pode falar propriamente de uma "configuração da *melancolia*", com a afirmação da preeminência dessa figura dentre a antiga trama cosmológica dos humores e qualidades. Na verdade, como demonstra Pigeaud, a *melancolia* sempre detivera um estatuto bastante singular, como única figura dos temperamentos constantes do quadro físico-moral dos humores a também constar do elenco das doenças físico-morais.[18] Ele atribui a amplitude de que se cercou o uso dessa noção justamente à sua capacidade de *articular* os planos físico e moral, garantindo uma flexibilidade cara e necessária à tradição médico-filosófica do Oriente. É nesse sentido que tudo o que nos diz Pigeaud se aplica quase que diretamente ao que se procurará mostrar nos capítulos seguintes a respeito do *nervoso* como discurso propício ao exercício da representação físico-moral da pessoa entre as classes trabalhadoras:

> O que é genial e fez a fortuna do conceito é justamente a *articulação* de sentimentos específicos, mas bastante vagos com um humor muito preciso e que se pode tomar como objetivo. Essa articulação permite um jogo extraordinário do ponto de vista do diagnóstico e da etiologia. No que toca ao diagnóstico, o caráter vago dos sentimentos é muito interessante; do ponto de vista etiológico, pode-se – segundo a sua teoria

[18] Pelo menos desde Hipócrates ao lado da *frenite,* da *insania,* do *delírio,* do *estupor,* e sobretudo do *furor* ou *mania;* com quem ainda faria um par fundamental entre os séculos XVII e XVIII – cf. Pigeaud, 1981, p. 261.

— contentar com a *parataxe,* ou seja, a presença concomitante desses sentimentos e da bile negra; ou, de um ponto de vista interacionista, considerar que a bile negra é *causa* do temor e da tristeza ou que a tristeza e o temor são causas da produção desse humor (Pigeaud, 1981, p. 125).

A *melancolia,* tal como é encarada, por exemplo no clássico *The Anatomy of Melancholy* publicado por Robert Burton em 1621[19], se constitui em um verdadeiro espelho da condição humana no seu tempo: "O canto do cisne do escolasticismo autoritário e uma antecipação do método da dedução a partir dos fatos observados" — como diz o prefaciador da edição inglesa de 1932. Como um fio inesgotável, a *melancolia* serve a Burton para construir uma "enciclopédia" dos saberes físico-morais disponíveis naquele momento, o que envolverá a discussão da substância dos demônios, da natureza do amor ou da anatomia da cabeça. Uma ênfase é porém certa: para além das determinações espiritual-religiosas e das determinações físico-humorais paira um espaço moral intimizado, "subjetivo", "qualitativo", que lhe valerá ser considerado significativamente como um "precursor" da psicanálise em análises lineares como a de Alexander e Selesnick (1968, pp. 148-150). Como ressaltam tanto Pigeaud quanto Foucault esse é o momento em que se começa esfumaçar a densidade humoral da *melancolia* e a se consolidar a independência moral do "medo" e da "tristeza", que desde Hipócrates refletiam, na sua complexa identidade, a escuridão da *bile negra.*

Na verdade, embora minha informação a esse respeito seja precária, parece possível reconhecer já nas teorias de Paracelso (1540), algo dessa interiorização da *melancolia.* Pois, afinal, em sua quadripartição das loucuras, transcrita por Foucault, a categoria dos *Melancholici* aparece como "uma tendência para a loucura em virtude de um vício qualquer de suas naturezas internas" (cf. Foucault, 1978, p. 193), por oposição aos *Lunatici, Insani* e *Vesani,* que expressavam sucessivamente os efeitos perturbadores da lua, da hereditariedade (ou do nascimento) e do comportamento. Isso é tanto mais significativo porquanto Paracelso é o único oponente radical e globalizante pré-iluminista da tradição hipocrático-galênica e, com ela, da determinação humoral.

Foucault privilegia, porém, o espaço dos debates travados na primeira metade do século XVII, sobre a possibilidade de assimilação ou não entre os *possessos* e os *melancólicos,* como ponto de desencadeamento da "des-fisicalização" da *melancolia* e de seu deslocamento quase total para o plano da "moralidade". Como ele diz, instaura-se a esse respeito uma

---

[19] Esse livro, admirável sob tantos aspectos, teve uma voga e influência muito grandes, do que já atesta o fato de ter merecido oito edições durante o século XVII na Inglaterra. Voltou a ser regularmente reeditado desde 1800, já então igualmente na América do Norte. Alguns comentadores sugerem que pode ter sido um entre dezenas de "tratados" semelhantes — centrados sobre a *melancolia* como princípio físico-moral — devendo sua sobrevivência à qualidade "literária" excepcional a que teriam sido perceptivelmente sensíveis, por exemplo, os estilos de Sterne e Milton.

"dialética da qualidade, que, livre de toda coação substancial, de toda destinação primitiva, caminha por entre inversões e contradições" (Foucault, 1978, p. 264). Ou ainda, o que se esconde sob a *melancolia* seria "não mais a fisiologia de um humor, mas a patologia de uma idéia, de um temor, de um erro" (Foucault, 1978, p. 265). Estaria aí desencadeada toda uma nova acepção desse termo que, de Pinel a Freud, passaria por um processo ainda mais radical de "dessubstancialização", como figura secundária, subordinada sucessivamente à configuração *nervosa* e à configuração *psicológica*.

A esse deslocamento da *melancolia* corresponde um outro, igualmente complexo, centrado na idéia dos *nervos* e do *sistema nervoso*.

A categoria dos *nervos* designava no pensamento clássico grego algo que se aproximaria da nossa representação vulgar atual de tendão ou ligamento. Atribui-se às pesquisas anatômicas dos sábios alexandrinos Herófilo e Erasístrato [c. 300 a.C.] a determinação da especificidade e realidade física desse elemento do corpo humano, de sua interconexão centralizada no cérebro e de sua difusão fundamental por todo o organismo como veículo da sensibilidade e da motricidade (cf. Pigeaud, 1981, p. 56). Parece ter cabido porém a Galeno [130-200 d.C.] (pelo menos essa é a idéia corrente na história da medicina) a incorporação dessa "descoberta" em uma teoria físico-moral elaborada com o concurso da tradição hipocrática e da teoria platônica da tripartição da alma e de suas sedes.[20] Esse modelo, que pressupunha a vigência do modelo dos temperamentos e humores[21], concebia os *nervos* como "tubos" que conduziam através do corpo e a partir do *cérebro* (como sede da "alma racional") os "espíritos animais" (*Pneuma psychikon*) — categoria fundamental e fonte de considerável especulação dos saberes médico-filosóficos até o século XVIII.[22] Essa fórmula respondia em Galeno à inquietação sobre a *synekéia*, sobre a continuidade dos fluxos físicos e morais no interior da pessoa; correspondendo assim a uma questão geral que já resumimos sob o título de "nódulo da comunicação" para facilitar a articulação entre aspectos da configuração erudita do *nervoso* e as representações sobre o *nervoso* e a construção intrapessoal nas classes trabalhadoras urbanas.

---

[20] Um dos mais importantes fisiologistas do século XIX, Flourens, no verbete *nerfs*, do dicionário de Levrault & Le Normant (1825), faz o seguinte comentário: "Os antigos chamavam de nervos todas as partes brancas do corpo animal, os nervos, os tendões e os ligamentos. Mas, desde Galeno (e talvez mesmo desde antes de Galeno) o nome de nervo é reservado unicamente para as partes que têm uma conexão efetiva, seja direta ou indireta, com o centro nervoso cérebro-espinal". Lamento não ter tido acesso ao artigo de Solmsen sobre a filosofia grega e a descoberta dos nervos (cf. Solmsen, 1961), citado por Pigeaud.

[21] Seria de Galeno a frase segundo a qual "As Faculdades da Alma derivam da compleição humoral do corpo"; *apud* Laín-Entralgo, 1972 — verbete *Galeno*.

[22] É interessante que Marx ainda tenha se utilizado dessa expressão em *O Capital*, de um modo já supostamente metafórico, para se referir à emulação físico-moral produzida pela "cooperação" no trabalho fabril (cf. Marx, 1973 [Livro 1, cap. XIII], p. 19).

No nosso já citado Burton ainda se encontra bem expressa essa concepção física dos *nervos:* "Os nervos, ou tendões, são membranas por fora, cheias de tutano por dentro; procedem do cérebro e carregam os espíritos animais para o sentido e o movimento" (Burton, 1977, p. 149). O seguinte trecho em que Burton descreve os "espíritos" do corpo, merece transcrição, por consistir ao mesmo tempo numa sucinta descrição do modelo galênico e numa indicação — ao mencionar a categoria *vapor* e o paralelismo entre a circulação nos *nervos* e nas *artérias* — dos novos rumos por que enveredariam os modelos físico-morais da pessoa:

> O espírito é um vapor sutilíssimo, secretado do sangue e instrumento da alma, para realizar todas as suas ações; um vínculo ou meio comum entre o corpo e a alma, como querem alguns; ou como quer Paracelso uma quarta alma em si mesmo (. . .). Desses espíritos há três espécies, correspondentes às três partes principais, o cérebro, o coração e o fígado: naturais, vitais, animais. Os naturais são concebidos no fígado e daí dispersados através das veias, para realizar suas ações naturais. Os espíritos vitais se fazem no coração a partir dos naturais, e pelas artérias são transportados para todas as outras partes. Se cessam os espíritos, cessa a vida, como numa síncope ou desmaio. Os espíritos animais, que se formam dos vitais, trazidos para o cérebro e difundidos pelos nervos para os membros subordinados, dão a todos eles sentido e movimento (*ibid.,* p. 148).

A relação diferencial entre o estatuto da *melancolia* e o dos *nervos* nesse modelo fica quase didaticamente expressa no seguinte excerto da "Divisão das Doenças da Cabeça" de Burton:

> As doenças dos nervos, cãibras, estupor, convulsão, tremor, paralisia; ou que pertencem aos excrementos do cérebro, catarros, espirros, reimas, destilações; ou ainda as que dependem da própria substância do cérebro, onde se concebem o frenesi e a letargia; a melancolia, a loucura, a memória fraca, o *sopor* ou coma, a *vigília* (insônia) e a *vigil coma.* Dessas ainda destacarei aquelas que mais propriamente pertencem à fantasia ou imaginação, ou à própria razão, e que Laurentius chama de doenças da mente, e Hildesheim *morbus imaginationis aut rationis laesae* (doenças da imaginação ou da razão molestada), que são três ou quatro em número, frenesi, loucura, melancolia, senilidade e os seus tipos: como a hidrofobia, a licantropia, o *chorus Sancti Viti, morbi daemoniaci* (dança de São Vito, possessão dos demônios), em que rapidamente tocarei e designarei, insistindo particularmente na melancolia, como mais eminente do que o resto, e fazendo-o através de todos os seus tipos, causas, sintomas, prognósticos e curas (. . .) (*ibid.,* pp. 138-139).

Os *nervos* são aí considerados como uma entidade física, diversa do cérebro, a que, por atender à distribuição das funções motoras, são atribuídas exclusivamente as "doenças" da motricidade, as perturbações de seu estado regular. Já a *melancolia,* como se pode perceber, em sendo incluída nas doenças próprias da "substância do cérebro", vem a ser mais propriamente uma "doença da mente", e — entre as que assim se qualificam — "more iminent than the rest", porque ampla e complexamente moral.

O sentido aí expresso da categoria *nervos* é o que transparece numa descrição feita no *De Medicina Brasiliensi* de Piso [1648], apresentada por Santos Filho, de uma "doença" então ocorrente neste país: "Os lusitanos chamam-lhe "air" porque nasce da inclemência do ar, de uma incompleta obstrução e da intempérie fria das partes nervosas" (Santos Filho, 1977, pp. 214-215). Tal descrição aparece no capítulo sobre o "Estupor", que abrange as categorias *ar, estupor, ramo-do-ar, ar-de-estupor, pasmo, espasmo, parlesia* e *perlesia* (paralisia); e que corresponde, portanto, literalmente à patologia das "partes *nervosas*" de Burton.

O que parece ter ocorrido paralelamente à "desfisicalização" da *melancolia* e, portanto, à sua crescente desqualificação como suporte de uma representação "físico-moral" da pessoa, é a emergência de uma profusa especulação sobre as qualidades desses *nervos* e desses *espíritos* corporais a que serviam de conduto.

Na verdade, desde o século XIII e, com muito mais força, desde o Renascimento florescia uma recorrente inquietação com o estado dos saberes, que — no tocante à Medicina — se expressava em crescente curiosidade pela anatomia humana, pela observação e experimentação com seus elementos e processos. Foucault faz questão, porém, de desvincular — com toda propriedade — esses deslocamentos do saber sobre o homem da mera questão da "observação", para enfatizar a mudança do *olho* que observa. Seu prefácio ao *Nascimento da clínica* contém uma comparação entre o texto de Pomme [1760] que descreve uma cura por banhos do "sistema nervoso" de uma "histérica" e o de Bayle [1825] que descreve as lesões anatômicas encefálicas da "paralisia geral". Como ele diz, a distância, para nós, entre os dois trechos é imensa — aquela que medeia entre a "fantasia" e a "ciência". No entanto, é irrecusável perceber que em ambos os casos se tratava de "observação". O que se teria de perceber é que "a relação entre o visível e o invisível, necessária para todo saber concreto, mudou de estrutura e faz surgir sob o olhar e dentro da linguagem o que estava além ou aquém de seu domínio" (Foucault, 1966, p. 5).

É esse processo de deslocamento do olhar sobre o homem que substitui o eixo físico-moral da *melancolia* pelo dos *nervos* que é preciso evidenciar. E, para tanto, encontro-me na posição incômoda de depender quase exclusivamente de Foucault, dada a ingenuidade ideológica da maior parte das histórias do saber médico (excetuadas as obras de Canguilhem e Laín-Entralgo)[23] e a impossibilidade de, para os fins desta obra, investir na análise das fontes originais (afora algumas oportunas exceções registradas). Como o meu propósito de demonstração tem grande afinidade com os que tematizou Foucault desde a *Doença mental e psicologia* até a *História da loucura,* mas passa por um recorte instrumental diferente de cada um dos muitos que ele perseguiu, é bastante tentador e reconfortante interpretá-lo a meu favor. Só posso me desculpar do que poderia parecer uma atitude preguiçosa pelo fato de que procurei contrapor todos os dados alternativos

---

[23] Joel Birman faz uma crítica precisa, impecável, das "histórias da psiquiatria" (e particularmente desse Alexander & Selesnick a que devo, por outro lado, muita preciosa "informação objetiva") (cf. Birman, 1978, p. 13 e seg.).

disponíveis sobre o estado das idéias nesse período e — descartado o peso das freqüentes retroatividades "psicologizantes" — sempre encontrei antes corroboração do que contestação dos princípios de minha interpretação pessoal e da que faço com base nas propostas de Foucault. É claro que a justificação neste caso não se dá tanto por essa "corroboração" — relativa, como toda interpretação — mas pelo "esforço de contraposição".

Citarei como pequeno exemplo desse processo o que fez com que, a propósito de Harvey [1578-1657], se consolidasse minha impressão de que a fisiologia da circulação sangüínea, por ele descrita, tivesse desempenhado um papel importante na realocação físico-moral dos séculos XVII-XVIII. Foi Alexander quem corroborou essa impressão, informando que o próprio Harvey, que é sempre apresentado como um "cientista", incluía no seu *De Motu Cordis* [1628] uma reflexão sobre o *sangue* como motor da comunicação interna da pessoa, da mediação entre os planos físico e moral.

Foucault resume assim o processo a que me referia:

> (. . .) ao final do século XVII produziu-se um evento que, reforçando a autonomia das práticas, deu-lhes um novo estilo e toda uma nova possibilidade de desenvolvimento. Este evento é a definição das perturbações de início chamadas de "vapores" e que atingirão uma expansão tão grande no século XVIII sob o nome de "doenças dos nervos". Elas logo transformam, pela força de expansão de seus conceitos, o velho espaço nosográfico e não tardam a cobri-lo quase inteiramente (Foucault, 1978, p. 204).

E cita, como fonte e exemplo, um trecho de Cullen[24], datado de 1774 (e traduzido por Pinel para o francês em 1785) em que se define justamente essas novas "doenças nervosas":

> Proponho-me entender, sob o título de *doenças nervosas*, todas as afecções preternaturais do sentimento e do movimento que não se fazem acompanhar da febre como sintoma da doença primitiva; refiro-me também sob esse título, a todas as doenças que não dependem de uma afecção local dos órgãos, mas de uma *afecção mais geral do sistema nervoso* e das propriedades desse sistema sobre as quais se baseiam sobretudo o sentimento e o movimento (*apud* Foucault, 1978, p. 204 — grifos meus).

A CONFIGURAÇÃO DO NERVOSO

O movimento que Foucault resume sob a categoria dos *vapores* e cuja patologia Cullen estava reordenando sob a rubrica das *doenças nervosas* centrava-se numa generalizada discussão sobre as fontes, qualidades e sentido dos fluxos da vida, alimentada pela laicização e racionalização do Iluminismo e solidária com os grandes processos econômicos e culturais que nomeamos sob as categorias do "capitalismo" e do "liberalismo". Ao invés de retraçar os muitos fios sutis que conduzem a cada um dos aspectos do novo modelo físico-moral em que implicou esse movimento, vamos obser-

---

[24] Sobre Cullen, que cunhou o termo *neurose*, cuja história semântica em si mesma veio a refletir os deslocamentos aqui apreciados, ver Infante, 1980, p. 267; e Janet, 1924, p. 374.

vá-lo em sua configuração global, uma entidade abstrata que chamo de "configuração do *nervoso* no século XVIII". Esse procedimento achata, sem dúvida, vasta cópia de especificações e contradições, mas permite, por outro lado, perceber os fios de articulação que julgo essenciais para a compreensão desses discursos.

Voltarei, por tal estratégia, a lançar mão dos "temas" e "nódulos" que se tinha abstraído do material de apresentação da "configuração do *nervoso*", no começo deste capítulo; de tal modo que já se possa começar a evidenciar o vínculo genético que une esses dois núcleos, aparentemente tão distantes, de representações. Haverá porém um remanejamento na ordem dos "temas" e "nódulos", cuja interconexão ganha, sob esta nova perspectiva, uma lógica mais rigorosa.

O tema da "totalização" é o que preside ao primeiro grupo de idéias, abarcando os temas subordinados da "fisicalidade", dos "males da civilização", da "universal difusão" e da "determinação/vontade". O subtema da "fisicalidade" se bifurca nos nódulos da "fraqueza" e da "comunicação", encontrando-se ligados a este último ainda os da "obstrução" e da "irritação". O nódulo da "construção" ou "alocação diferencial da pessoa" e o tema das "terapêuticas" serão observados em separado, por razões que se apresentarão oportunamente.

As especulações em torno da qualidade dos *nervos* e dos *espíritos animais*, que se armam em torno das categorias das *fibras*, dos *fluidos*, dos *vapores*, dos *gases* e das *forças*, parecem — olhadas assim *a posteriori* — empenhadas em um processo de "totalização" da pessoa humana, que, contrariamente ao modelo "composto" da cosmologia humoral, deve ser crescentemente monista. Em primeiro lugar, no sentido de se recusar a composições com qualquer representação "sobrenatural", embora tratando de fenômenos que ainda não se poderia deixar de chamar — como fez Cullen no texto há pouco citado — de "preternaturais". Em segundo lugar, no de procurar reordenar a unidade pessoal em nome de um centro articulador único, e de sua rede de controle e integração. Em terceiro lugar, no de aspirar cada vez mais por uma única substância, qualidade, elemento, a compor aquela rede centralizada e unificadora. Enfim, no de propor uma unidade físico-moral (com este último pólo laicizado) que tem uma sede comum, única, singular, onde interagem o organismo e os modos e efeitos do comportamento dos sujeitos. É desse núcleo ao mesmo tempo "organicista" e "eticizante" que se bifurcarão os caminhos novecentistas, em sua complexa proliferação.

Fosse qual fosse a consistência ou qualidade de que se a revestisse sucessivamente, foi a idéia de um *sistema nervoso* que serviu a esse movimento da nova e individualizante "totalização" da pessoa. Foucault observa-o reiteradamente desse ponto de vista "negativo" e fundamental das *doenças nervosas*, em que as velhas figuras patológicas da "mente" ou da "alma", mescladas com a profusão de entidades "físicas" ou "químicas" que ocupam o lugar dos *humores* e *espíritos*, se associam às novas ordenações; fugindo às nosografias substancialistas —

Ao final do século [XVIII], na grande discussão que se seguiu às obras de Tissot e Pomme[25], Pressavin deu às *doenças dos nervos* sua maior extensão: elas compreendem todas as perturbações que podem atingir as funções maiores do organismo e distinguem-se umas das outras conforme as funções perturbadas. Quando os nervos do sentimento são atingidos e sua atividade diminui, há entorpecimento, estupor e coma; quando, pelo contrário, essa atividade aumenta, há comichões, pruridos e dor. As funções motoras podem ser perturbadas do mesmo modo: uma diminuição nelas provoca paralisia e catalepsia, e um aumento, eretismo e espasmo. Quanto às convulsões, estas se devem a uma atividade irregular, ora muito fraca, ora demasiado forte — alternância esta que se encontra, por exemplo, na epilepsia (Foucault, 1978, p. 205).

— eis a forma como Foucault evoca um desses nódulos, publicado em 1770 em Lyon, sob o título de *Nouveau Traité des Vapeurs.*

É verdade que a própria locução "sistema nervoso" não é a que mais freqüentemente designa esse ente, ainda substancializado em locuções tais como *gênero nervoso* ou todas as que se compõem com as citadas categorias das *fibras, fluidos, vapores, gases* ou *forças.* Mas a ênfase já é toda colocada nesse sentido funcional enfatizado por Pressavin. É o que permitirá — ainda segundo Foucault — que a defesa por Whytt [1779] do *ópio* como panacéia se justifique pela qualidade de agente universal da doença de seu ponto de aplicação: o *gênero nervoso* (cf. Foucault, 1978, p. 298).

É significativo que os dois expoentes da polêmica entre "solidistas" e "animistas" na Alemanha, Hoffman [1660-1742] e Stahl [1659-1734] concordassem no reconhecimento do papel primordial dos *nervos* na articulação interna da pessoa, na mediação entre *cérebro* e *corpo* (cf. Laín-Entralgo, 1972; verbete "La Neuro-fisiologia de la Ilustración"). Foucault transcreve, aliás, um pequeno trecho de Hoffman que, a propósito da *histeria* e da *hipocondria,* bem expressa o novo papel dos *nervos* na dinâmica intracorporal:

Não se duvida de que as afecções espasmódicas sentidas pelos hipocondríacos e pelos histéricos têm sua sede nas *partes nervosas* e, sobretudo, nas membranas do estômago e dos intestinos, de onde são comunicadas, através do *nervo intercostal,* para a cabeça, peito, rins, fígado e para todos os órgãos principais do corpo (*apud* Foucault, 1978, p. 284 — grifos meus).

Foucault, logo em seguida, fala da necessidade pressentida pelos autores da época de

descobrir o princípio e as vias do percurso de um mal diverso, polimorfo, e assim disperso através do corpo. É necessário explicar um mal que tanto pode atingir a cabeça quanto as pernas, traduzir-se por uma paralisia ou por movimentos desordenados, que pode acarretar a catalepsia ou a insônia, um mal, em suma, que percorre o espaço cor-

---

[25] Creio que seja interessante evocar o título das duas obras principais desses autores: Pomme, P. 1760 — *Traité des affections vaporeuses des deux sexes ou des maladies nerveuses* (. . .) Paris.
Tissot, S.-A. 1778-80 — *Traité des nerfs et de leurs maladies.* Paris.

poral com tal rapidez e graças a tais artimanhas que está *virtualmente presente no corpo inteiro* (Foucault, 1978, p. 285 – grifo meu).

Embora ele esteja se referindo ao novo sentido da *histeria* (no momento em que se descarta a velha problemática dos deslocamentos uterinos), os termos com que descreve a procura podem ser literalmente aplicados à solução ou resposta que se veio a consolidar no século XVIII. Com efeito, se não é mais necessário recorrer às antigas explicações mecânicas (como a do deslocamento do útero; mas também dos humores) é porque se dispõe de um elemento de totalização através do qual se pode visualizar, imaginar, aquela dispersão generalizada e polimorfa, aquela presença virtual "no corpo inteiro".

Foucault organiza esse processo (cf. Foucault, 1978, pp. 285-295) em um modelo de três aspectos e etapas: 1) uma "dinâmica da penetração orgânica e moral"; 2) uma "fisiologia da continuidade corporal", e 3) uma "ética da sensibilidade nervosa". Observa, no primeiro, sobretudo a questão dos *espíritos animais,* de sua volubilidade e de sua qualidade físico-moral; descreve, no segundo, o papel específico da representação dos *nervos* como recurso de "totalização" pela continuidade (o que viemos chamando de "comunicação") e sua relação com a velha categoria da *simpatia;* desenvolve, enfim, no último, a especificidade ética de que se reveste esse novo modelo físico-moral. Embora seu modelo seja extremamente expressivo, vou decompor a questão em outros canais, que acredito possam realçar melhor os vínculos de cada faceta da configuração nesse momento com os de suas versões eruditas no século XIX e popular no século XX.

A "fisicalidade", por exemplo, é o primeiro subtema que podemos observar dentro da questão da totalização. Já se fez referência à ênfase "fisicalista" do campo intelectual em que se ordena a configuração do *nervoso.* Ele se nutre de imagens nem sempre muito claras oriundas da física, da química, da fisiologia e da anatomia patológica, ciências que afirmavam nesse período sua preeminência explicativa, numa efervescência criadora em que se destacam alguns marcos fundamentais da "história do pensamento científico". É só contra esse pano de fundo que se pode compreender a proliferação de teorias sobre a qualidade das *partes nervosas:* inicialmente sobre os *nervos* propriamente ditos, opostos à sua substância interna (espíritos, vapores etc.). Credita-se a Albrecht von Haller e a Georg Prochaska, com sua "fisiologia experimental", a substituição da imagem de "tubos" para a de "fibras", na descrição anatômica dos *nervos.* Von Haller [1753] estabeleceu ainda a distinção, longamente re-tematizada, entre a "irritabilidade" das fibras musculares e a "sensibilidade" das *fibras nervosas.*

Apesar da entrada em cena da imagem das *fibras* (passível de grandes elaborações simbólicas nos temas da "tensão", do "relaxamento", da "sensação", da "irritação", da "sensibilidade" e da "irritabilidade"), só muito lentamente se dissolveu a imagem contraditória dos "tubos" ou "canais", à medida que se passava de uma "mecânica" dos *humores* e *espíritos* a uma "química" dos *vapores* e *gases* ou a uma "física" de *forças* e *energias* (cf. Foucault, 1978, p. 269). Na verdade, talvez fosse melhor falar de um deslocamento do que de uma dissolução, uma vez que o jogo de imagens nesse quadro permanece manipulando as contradições dos diferentes modelos "científicos" novos, sem descartar, muitas vezes, elementos da antiga configuração da *melancolia*. Lembremo-nos da *Physiologie du Gôut* de Brillat-Savarin, que em 1825 ainda se referia ao "fluido nervoso" conduzido ao *cérebro* por "condutos nervosos", embora realçasse a qualidade muito "sutil" daquela substância (cf. Brillat-Savarin, 1876, p. 208).

Em Willis [1672] a *melancolia* já era deslocada na direção etiológica de uma mecânica dos "espíritos animais" e uma química dos "vapores" (cf. Foucault, 1978, p. 266 e 273). Viridet, em 1716, "põe-se" — como diz Foucault — "a reconstituir, a respeito dos 'vapores que chegam até nós', uma dialética dos álcalis e dos ácidos, cujos movimentos e encontros violentos, no cérebro e nos nervos, provocam os signos da histeria e da hipocondria" (Foucault, 1978, p. 282). Lorry, em 1765, ainda conjuga a *melancolia* e os "humores" com o *nervoso* e as "fibras":

> Para Lorry, as duas grandes formas de explicação médica pelos sólidos e pelos fluidos se justapõem e, acabando por se identificar, permitem distinguir duas espécies de melancolia. A que tem sua origem nos sólidos é a melancolia *nervosa:* uma sensação particularmente forte abala as fibras que a recebem; em conseqüência, a tensão aumenta nas outras fibras, que se tornam simultaneamente mais rígidas e mais suscetíveis de vibrar. Mas, se a sensação aumentar, a tensão torna-se tal nas outras fibras que elas se tornam incapazes de vibrar; o estado de rigidez é tal que o curso do sangue se detém e os espíritos animais se imobilizam. A melancolia se instala. Na outra forma da doença, a 'forma líquida', os humores vêem-se impregnados de atrabílis (a bile negra), tornando-se mais espessos; carregado desses humores, o sangue torna-se mais pesado, estagnando nas meninges a ponto de comprimir os órgãos principais do sistema nervoso (Foucault, 1978, p. 267 — grifo meu).

Beauchesne, em 1783, em seu *Des Influences des affections de l'âme,* misturava os temperamentos humorais tradicionais com predisposições morais e problemas ou alterações do *sistema nervoso,* aparecendo nessa última área as questões das "lesões orgânicas", dos "afrouxamentos dos sólidos" e da "degeneração dos humores" (cf. Foucault, 1978, p. 205).

A questão das "lesões" é de particular interesse. Atribui-se, segundo Canguilhem, a Morgagni, com sua descrição da "meningite" [1761] a criação da "anatomia patológica", pela associação entre lesões de órgãos definidos e grupos de sintomas estáveis (cf. Canguilhem, 1978, p. 22). A "fisicalidade" reinante nesse espaço de saberes vai cobrar, mais e mais, uma correlação entre doença e localização orgânica, concentrando-se toda a atenção agora — no tocante aos fenômenos físico-morais — no *cérebro.* A teoria dos "tecidos" de Bichat [1800], considerado o fundador da histologia, aprofundou essa tendência fisicalista que, no entanto, só encontraria seu mais pleno desenvolvimento após a difusão do positivismo no século XIX.

A questão das "lesões" e das "localizações" pode ser considerada como um dos grandes divisores de águas do pensamento médico-filosófico do século XIX. O próprio termo "doenças nervosas" foi definido por Läennec com base nesse critério.[26] Na verdade, porém, ele apenas expressava de maneira mais crua o impasse do monismo fisicalista ante a específica realidade dos fenômenos simbólicos, no caso basicamente das perturbações "físico-morais". Há nesse sentido um notável fio articulador entre a referência de Cullen [1774] às "doenças nervosas" como uma "afecção mais geral do sistema nervoso" (não-localizada) e o texto clássico de Durkheim sobre a realidade abrangente das representações individuais (sobre as células localizadas) e das representações coletivas (sobre os indivíduos localizados) (cf. Durkheim, 1970d).

Embora se possa falar de uma "fisicalidade" como tema dominante na configuração, ela não foi unívoca e plenamente subordinada a um "materialismo naturalista". A tradição "animista" de Stahl recusava ser considerada um "espiritualismo" e deve ter tido algum papel no florescimento do "vitalismo" alemão do começo do século XIX (a *Naturphilosophie*). A laicização da "moral", por outro lado, não a eliminava do quadro das determinações humanas, mas, pelo contrário, começava a lhe conceder um estatuto ontológico em que não se pode deixar de ver as precondições para a construção da futura "positividade" sociológica. Com efeito, parece característico justamente da ênfase na "fisicalidade" que se acentue *pari passu* uma certa especificidade do "moral", cuja inter-relação nesse caso justamente fará problema, ansiando-se por uma nova unidade, um novo projeto monista para as visões de mundo.

Essa "totalização" fisicalizante implicava — como se pôde ver — uma questão da "comunicação" intracorporal, aquilo a que chamou Foucault uma "fisiologia da continuidade corporal". As teorias galênicas não deixavam de tematizar essa questão (lembremo-nos de que os "espíritos animais" serviam justamente à *synekéia*), oferecendo portanto, desde logo, pistas para as novas formulações. E como se viu, foi realmente em torno dos "espíritos animais" e de sua ampla mobilidade que se congregou o potencial imaginário logo concentrado na unidade do *gênero nervoso*.

Já chamamos também a atenção para a relevância da descrição fisiológica da circulação sangüínea por Harvey [1628], que oferecia — para uma substância simbolicamente muito forte e homóloga (correspondia no modelo galênico, por exemplo, aos "espíritos vitais") — um modelo sistêmico aos incipientes exploradores da fisiologia do "sistema nervoso": físico, unitário e totalizante. Pudemos ver mesmo que Harvey, segundo Alexander e Selesnick, atribuía certos valores "físico-morais" ao sistema apresentado, em seu *De Motu Cordis*.

---

[26] "[as doenças se dividem em] dois grandes grupos: as que são acompanhadas de uma lesão evidente em um ou em vários órgãos, são as que se designa desde muitos anos sob o nome de *doenças orgânicas;* as que não deixam em nenhuma parte do corpo uma alteração constante a que se possa atribuir sua origem: são as que se chama comumente de *doenças nervosas*" (*apud* Foucault, 1966, p. 247 — grifos meus).

A totalização pelo *sistema nervoso* tinha porém a qualificá-la como sede do novo modelo "físico-moral" da pessoa justamente sua explícita capacidade "comunicacional". Os seus antigos atributos de condutor da sensibilidade e da motricidade passaram a se confundir com a sua própria matéria, o que von Haller sistematizou em 1763 com a especificação das propriedades de "irritabilidade" das fibras musculares e de "sensibilidade" das *fibras nervosas,* cabendo ainda a estas últimas o papel de reguladoras ou moderadoras da "irritabilidade" das primeiras. Como se verá sob a rubrica da "irritação" foi extremamente rico o caminho simbólico tomado por essas duas noções, expressando muito bem a nova capacidade de veicular um discurso "físico-moral" de que se vinha cercar o saber sobre os *nervos.*

É justamente em torno da *fibra nervosa* que Foucault examina a nova "fisiologia da continuidade corporal", destacando as três qualidades que serviam a essa integração simbólica. A primeira era a da "homogeneidade", ou seja, a sua natureza idêntica e uniforme em todas as partes do corpo humano, a serviço das mais diversas funções. A segunda era a da "ubiqüidade" ou onipresença, já aqui referida, que, unida à "homogeneidade", garantia essa "harmonia" interior a que se referia explicitamente Pressavin, em trecho citado por Foucault (cf. Foucault, 1978, p. 289). A terceira era a propriedade de condução, ao mesmo tempo, do controle dos movimentos e das impressões sensíveis, para o que se concebia diversos modelos. O de Tissot, por exemplo, propunha a combinação numa mesma *fibra* de um movimento "ondulatório" para a incitação voluntária e de um movimento "corpuscular" para a condução da sensação.[27] O que importava porém, de qualquer forma, era essa convivência inextricável entre sensação e movimento na rede das *fibras nervosas,* que garantia aos corpos singulares uma ressonância íntima e intensa.

A fisicalidade da *fibra nervosa,* senhora de tais propriedades de comunicação, permitia infinitos jogos imaginários com os modelos teóricos disponíveis sobre a matéria, sobre a natureza.

Uma das mais simples e — talvez por isso mesmo — mais difundidas foi, desde logo, a da "tensão das fibras nervosas". Essa representação mecânica de "tensões" e "relaxamentos" já aparecia no contexto da dinâmica dos "espíritos animais" dentro dos *tubos nervosos,* favorecendo ou dificultando aquele constante fluxo ou intercâmbio entre sólidos, líquidos e fluidos de que se constituía a imagem corporal na transição entre os séculos XVII e XVIII.[28] Com o progressivo desaparecimento dos "espí-

---

[27] Laín-Entralgo também chama a atenção para a importância das teorias sobre a luz (a "corpuscular" de Newton e a "ondulatória" de Huygens) para toda a fisiologia dos sentidos que então se iniciava (cf. Laín-Entralgo, 1972, p. 58 e seg.).

[28] "(. . .) os vasos se contraíram com maior violência e se libertaram dos líquidos que os obstruíam; a irritação das partes sólidas causada pelo calor extremo dos líquidos que continha desapareceu e com os nervos se distendendo, o curso dos espíritos que

ritos" e a hegemonia da idéia de *fibra*, essa tensão tornou-se muito mais forte simbolicamente (cf. Foucault, 1978, p. 269), uma vez que afetava a própria essência da comunicação interior do corpo e de sua relação com o mundo exterior através das sensações e dos movimentos. Uma patologia "físico-moral" era facilmente expressável por um código que está na raiz da locução *tensão nervosa*, amplamente corrente na linguagem das classes médias brasileiras contemporâneas.

Outro ponto de articulação – mais elaborado – foi a utilização da teoria cartesiana do "reflexo" para a construção da imagem do *reflexo nervoso*, da mediação *nervosa* pelo cérebro entre estímulos e reflexos. Laín-Entralgo lembra que essa idéia já florescera no tocante aos "espíritos animais", atingindo com Whytt [1779] sua mais alta formalização (cf. Laín-Entralgo, 1972, p. 58 e seg.).

Laín-Entralgo ressalta também a complexa utilização, por esses modelos setecentistas da "comunicação nervosa", das incipientes teorias "científicas" a respeito da eletricidade ou magnetismo animal. As teorias de Mesmer [1734-1815] sobre o "magnetismo animal" tiveram sobretudo uma ampla voga, pois respondiam de alguma forma às inquietações a respeito de um tema carregado de simbolismo e que começava a ter seu uso restringido pelas formulações "científicas" na esteira dos trabalhos de Galvani e Faraday.[29] Dufay e Boissier de Sauvages tratavam, por volta de 1750, da identidade entre o "fluido elétrico" e o "fluido *nervoso*". Spengler, em 1754, propôs uma explicação para a alternância maníaco-melancólica baseada em uma homologia com a pilha elétrica:

> De início, haveria uma concentração do *poder nervoso* e de seu fluido nesta ou naquela região do sistema; apenas esse setor é excitado, permanecendo o resto em estado de dormência: é a fase melancólica. Mas, quando esta atinge um certo grau de intensidade, esta carga local se espalha bruscamente por todo o sistema por ela violentamente agitado durante um certo tempo, até que a descarga seja completada: é o episódio maníaco (Foucault, 1978, p. 276 – grifo meu).

A tematização da "comunicação" *nervosa*, que explorava a propósito da eletricidade os mais recentes desenvolvimentos da *ciência*, ainda fazia uso, nesse mesmo período, de imagens como a da *simpatia*, tão fundamental para os modelos tradicionais e a configuração da *melancolia*. O cosmos em que ela passa agora a reinar, porém, é o do "corpo" singular; articulando-o em íntima solidariedade, como outrora fizera com o universo. Whytt é bem explícito sobre a forma como age esta nova *simpatia:*

---

se comportavam de modo irregular de um lado e do outro, se restabeleceu em seu estado natural" (Montchau [1763], *apud* Foucault, 1978, p. 271).

29 Ver a esse respeito o recente artigo de Barros & Esquivel (1983) sobre "magnetismo em seres vivos", que evoca inclusive a influência que essa questão veio a ter sobre Freud, via "hipnotismo". Voltarei sobre essa linhagem de questões mais tarde.

Toda simpatia, todo consenso, pressupõe um sentimento e, por conseguinte, só pode ocorrer através da *mediação dos nervos*, únicos instrumentos por meio dos quais se efetua a sensação (*apud* Foucault, 1978, p. 290 – grifo meu). Mas – acrescenta Foucault – o *sistema nervoso* não é mais invocado aqui para explicar a transmissão exata de um movimento ou de uma sensação, mas para justificar, em seu conjunto e em sua massa, a sensibilidade do corpo em relação a seus próprios fenômenos e esse eco que ele se oferece a si mesmo através dos volumes de seu espaço orgânico (Foucault, 1978, p. 290).

A invocação da *simpatia* é assim quase inútil, mas uma mediação, um recurso de fixação, para as novas imagens de totalização do "indivíduo" pela referência a sua "fisicalidade" instauradora e a esse sistema que lhe permite integrar-se em uma unidade físico-moral: o *sistema nervoso*.[30]

A *simpatia* deixa de ser assim um princípio classificatório, para cercar-se de uma densidade moral a que o termo "sensibilidade" já servirá mais adequadamente:

Num tal estado de *sensibilidade do sistema nervoso*, as paixões da alma, os erros contra o regime, as prontas alternativas do calor e do frio ou do peso e da umidade da atmosfera, farão surgir, muito facilmente, os sintomas morbíficos, de modo que, com tal constituição, não se gozará de uma saúde sólida ou constante. Mas normalmente se sentirá uma sucessão contínua de dores mais ou menos grandes (Whytt [1779]; *apud* Foucault, 1978, pp. 290-291 – grifos meus).

O jogo de imagens que faz passar o *sistema nervoso* de veículo das "sensações" para vetor da "sensibilidade" é o mesmo que faz confundir o estatuto específico que essa noção, assim como a de "irritabilidade", ganhavam entre os fisiologistas (como em von Haller [1763]), com a noção de senso comum da "irritação", por exemplo. Foucault mostra como o pensamento médico de fins do século XVIII operou com essas ambigüidades, garantindo operacionalidade a um sistema que, nas mãos dos fisiologistas, perdia em abrangência o que ganhava em acuidade e adequação "científica".

Essa operacionalidade devia-se sobretudo à utilização daquelas ambigüidades no sentido de uma unidade "físico-moral", ou, pelo menos, de um sistema de desligamento entre os dois níveis. É assim que a noção de "irritabilidade" vai, por um lado, qualificar os doentes *nervosos*, devido a uma "sensibilidade" que é tanto do corpo quanto da alma. Em

---

30 É significativo que a "simpatia" tenha ficado retida como um adjetivo desmagicizado (des-encantado), em uma das classificações oficiais das partes do "sistema nervoso" (o "vago-simpático"). A passagem do sentido tradicional ao moderno fica didaticamente dramatizada em uma obra de transição como a de Lobstein (tese à Universidade de Estrasburgo, ainda escrita em latim, embora publicada em 1823), sob cujo título *De Nervi Sympathetici Humani (Fabrica Usu et Morbis)* convivem demonstrações fisiológicas, tabelas nosográficas e digressões quase seiscentistas sobre as perturbações físico-morais. A categoria *simpatia*, na sua acepção forte, ainda reapareceu em meados do século XIX, no corpo das controversas e importantes teorias de Broussais.

compensação, essa mesma "irritabilidade" poderá se converter em tais graus de "irritação" que a própria consciência e a sensibilidade periférica se toldarão. "A inconsciência da histeria é apenas o outro lado de sua sensibilidade" – diz Foucault (1978, p. 293).

Essa "sensibilidade" excessiva é apresentada às vezes como uma "tenuidade" da *fibra nervosa* a que corresponde uma "fragilidade" íntima, moral. Por meados do século, Brown [1735-1777] reorganiza as teorias sobre a "irritabilidade" (inclusive a de von Haller), em um novo sistema fundado na "incitabilidade" ou "propriedade que permite aos seres vivos serem afetados e reagirem". Essa propriedade implicava a determinação de dois estados antitéticos: a *estenia,* ou máxima incitabilidade; e a *astenia,* ou mínima incitabilidade (cf. Canguilhem, 1978, p. 37). Esses termos foram muito rapidamente utilizados para expressar as idéias vagas de força, energia, vigor, resistência da *fibra nervosa* – que se associava cada vez mais a níveis de "sensibilidade".[31]

O fato é que o "poder nervoso" (a *vis nervosa*), tal como o encontramos em von Haller ou Spengler, deixa sempre mais de ser uma propriedade fisiológica para ser um atributo de uma cadeia dupla de significação: física e moral. Tissot [1758] é citado no artigo de Foucault e Sennett sobre "Sexualidade e Solidão", ao descrever os efeitos da masturbação, que ele supõe bombear uma quantidade excessiva de sangue para a cabeça:

> Esse aumento de sangue – diz ele – explica por que esses excessos provocam a insanidade. A quantidade de sangue a distender os nervos enfraquece-os e assim eles se tornam menos capazes de resistir às impressões e sempre mais debilitados (*apud,* Foucault & Sennett, 1981, p. 6).

A *mulher nervosa* não é apenas o resultado da constituição mais frágil das *fibras* de seu *sistema nervoso,* como da "sensibilidade" maior própria de seu gênero (derivada em parte de sua qualidade de portador de um órgão altamente "simpático" como o *útero*), mas também da exposição – nas classes altas – a toda sorte de abusos "antinaturais" que, exacerbando a sensibilidade, acabam por toldá-la, enfraquecê-la. Esta é uma imagem moral que tem uma contrapartida física, tanto quanto é uma imagem física com uma contrapartida moral.

Dentre os processos de "cura" da loucura mobilizados no século XVIII vários se armavam sobre a idéia de oposição a uma insidiosa fraqueza, física e moral, mas sobretudo uma *fraqueza dos nervos,* ou seja, ao mesmo tempo física e moral.

> Será procurada assim uma cura que dê aos espíritos ou às fibras um vigor, porém um vigor calmo, uma força que nenhuma desordem poderá mobilizar, tanto estará ela submetida, desde o início, ao curso da lei natural. Mais do que a imagem da vivacidade e do vigor, é a da robustez que se impõe, envolvendo o tema de uma nova resistência, de uma elasticidade jovem, porém submissa e já domesticada. É preci-

---

[31] E vamos encontrá-los no século XIX na raiz da "neurastenia" de Beard [1868] e da "psicastenia" de Janet [1894].

so encontrar uma força a retirar da natureza, a fim de reforçar a própria natureza (Foucault, 1978, pp. 307-308).

Entre os inúmeros recursos terapêuticos contra essa fraqueza usou-se literalmente do *ferro,* que, por sua carga simbólica de força, era ingerido em estado bruto. Foucault se refere a um conhecido de Whytt que, segundo este, "a fim de curar-se de uma *fraqueza dos nervos* do estômago, que provocava um estado permanente de hipocondria, todo dia comia 230 grãos de limalha" (*apud* Foucault, 1978, p. 309 – grifo meu).

Em outros casos, a idéia da restauração das forças se unia à idéia de "depuração" ou "purificação". É o caso da recomendação por Whytt do quinino às pessoas "cujo *gênero nervoso* é delicado" ou por Tissot do sabão, cuja ingestão direta, segundo ele, acalmaria muitos *males dos nervos* (cf. Foucault, 1978, pp. 311-312).

A questão da "obstrução", que se apresentara como um módulo importante na resenha inicial da configuração no século XX, não merecerá aqui uma discussão específica. É evidente que toda essa dinâmica e toda essa fisiologia, desde a tópica marcada pelos "espíritos animais" até aquela em que as próprias *fibras nervosas* constituem e carregam a simpatia e a sensibilidade, implicam o perigo de interrupção dos fluxos, de suspensão da comunicação, de atravancamentos de líquidos e humores, de hiperexcitação de fibras, de desordens da sensibilidade.

É, aliás, justamente a partir do tratado de Nicolas Malouin [1712] sobre "os sólidos e os fluidos", que – a propósito da diversidade humana face à homogeneidade da alma – se fala da influência perturbadora da má circulação dos fluidos, da sua retenção ou dissipação excessiva, do seu adensamento ou relaxamento, que Donzelot chama a atenção para a homologia existente entre essa fisiologia humana e a teoria econômica dos fisiocratas, reduplicada então na nova política de conservação das crianças que é objeto de sua análise (cf. Donzelot, 1980, p. 18 a 20).[32]

Se, em relação a todos os pontos específicos de constituição do modelo do *nervoso* até aqui observados se pôde notar que – obedecendo ao princípio da "fisicalidade" – acabavam sempre por incluir um contraponto "moral", há alguns outros temas em que esse contraponto se torna mais explícito, mais estruturado. O primeiro deles é o dos "males da civilização" – justamente um dos temas reconhecidos no material inicial.

Embora fizesse parte das visões tradicionais do mundo, algum tipo de ecologia cultural das doenças é muito específico do espaço de pensa-

---

32 Todo esse período é marcado pela representação "fisiológica" do mundo. Fez-se referência aqui à *Physiologie du Goût* (Brillat-Savarin, 1876), que é de 1825. Em 1828 foi escrita por Balzac sua *Physiologie du Mariage.* O artigo de McLaren sobre a frenologia faz referência ao modo como o termo "fisiologia" (e certamente algo de sua concomitante visão de mundo) penetrava rapidamente no espaço dos "almanaques" populares (cf. McLaren, 1981, p. 13).

mento cuja armação viemos observando, na passagem do século XVII para o XVIII, a alocação de um caráter artificial e perigoso à vida que justamente a qualificava como singular e superior: a vida da *civilização.* A aliança simbólica da "liberdade" e da "natureza" vinha afirmar-se em tantos níveis especulativos e práticos como o ideal de um mundo rejuvenescido pela suspensão das constrições e superstições que tinham recoberto a Razão Natural: *laissez-faire, laissez passer. . .*

A vida nas grandes cidades — e com ela a maior parte de seus atributos — passava a ser o epítome da Corrupção, objeto de um longo projeto de saneamento e higienização. Entre uma série de outros nódulos de denúncia e resgate, avultava o das *doenças nervosas.* Com efeito, se reconhecia que, num mundo afligido por uma verdadeira "desnaturalização" das doenças (que a civilização fazia confundir) pelo menos um sintoma geral se podia perceber: o do crescimento tanto absoluto quanto relativo dessas inquietantes afecções. Tissot, na segunda metade do século, afirmava que:

> elas (as doenças nervosas) eram muito menos freqüentes do que hoje, e por duas razões: a primeira, os homens eram em geral mais robustos, ficando doentes mais raramente; havia menos doenças de toda espécie; a outra é que as causas, que, de modo particular, produzem as *doenças dos nervos* multiplicaram-se numa proporção maior, a partir de certa época, do que as causas gerais de doença, algumas das quais parece que estão diminuindo. . . Não receio dizer que se antes eram as mais raras, hoje são as mais freqüentes (*apud* Foucault, 1978, p. 360 — grifo meu).

Essas "causas particulares" eram múltiplas na forma, mas sua essência não se modificou praticamente até os higienistas tardios cujos textos afloramos na primeira parte deste capítulo. Tratava-se fundamentalmente do "desregramento", da "perversão" dos tranqüilos canais em que se supunha fluir a "vida natural". As duas formas mais notáveis desse "desregramento" eram a da "vida mundana" ou "mundanismo" (em que se concentravam todos os sintomas exteriores da "artificialidade") e a da "imaginação" (em que se concentravam todos os sintomas interiores da "artificialidade"). Foucault cita o seguinte trecho do *Préambule de L'Arcadie* [1818] de Bernardin de St.-Pierre em que ele explica como se libertou de um "mal estranho" cuja sede, segundo os médicos, estava nos *nervos:*

> É a Jean-Jacques Rousseau que devo a volta de minha saúde. Eu havia lido, em seus escritos imortais, entre outras verdades naturais, que o homem é feito para trabalhar, não para meditar. Até então eu havia exercitado minha alma e repousado meu corpo. Mudei de regime, exercitava o corpo e repousava a alma. Renunciei à maioria dos livros e observava as obras da natureza que falavam a todos os meus sentidos uma linguagem que nem o tempo nem as nações podem alterar. Minha história e meus diários eram as ervas dos campos e dos prados; não eram meus pensamentos que iam penosamente até elas, como no sistema dos homens, mas meus pensamentos é que vinham a mim sob mil formas agradáveis (*apud* Foucault, 1978, p. 334).

Reponta aí a questão do *trabalho,* que aparecia nesse corpo ideológico como a expressão da especificidade do Homem na natureza, em contraste com os animais e os "selvagens" e que fechava o círculo em oposição ao ócio e à indolência da vida humana.[33]

Essa denúncia dos "males da civilização" se articulava com o crescimento da ideologia corporativa exclusivista dos médicos e com a expansão das próprias e novas noções de pessoa, responsabilidade, loucura e terapêutica[34], para adquirir, como em Lanthenas, em plena Revolução Francesa, os contornos de um projeto de redenção médico-político (*De l'Influence de la Liberté sur la Santé: 1792*) (cf. Foucault, 1966, p. 58).

É interessante que a correlação positiva entre as perturbações "físico-morais" e a "criatividade" ou "singularidade" — que dominaria todo o panorama do século XIX e chegaria até nós — não apareça tematizada nesse período, marcado antes por uma radical suspeição da Diferença. Poderíamos até supor que, nesse sentido, fosse razoável a proposta de Simmel da sucessão histórica das versões quantitativa e qualitativa do individualismo — representadas sucessivamente pela "naturalização equalizante" do século XVIII e pela "des-naturalização singularizante" do século XIX (cf. Simmel, 1979).

É compreensível, por outro lado, que não apareça tampouco aqui o tema da "universal difusão" das *doenças nervosas,* crescentes, ameaçadoras, mas encapsuladas no meio metropolitano e nas classes "cultas". A percepção/construção das perturbações *nervosas* no campo e entre o operariado seria igualmente um tema do século XIX.

Toda essa questão dos "males da civilização" envolve uma outra, talvez mais fundamental e certamente mais difícil de expressar, que é a de uma nova relação do sujeito consigo mesmo e com o mundo, com a sua "perturbação" e sua "alienação". Na verdade, a questão de um novo sujeito; de uma nova dimensão moral de organização e valoração da "interioridade". As questões que se havia inicialmente reunido sob a rubrica da "determinação/vontade" no início do capítulo prendem-se justamente ao espaço cujo desencadeamento se vem observando.

Foucault é muito explícito a esse respeito, mas creio que se torna um pouco vítima da linearidade genealógica no momento em que examina esse deslocamento "interiorizante" da passagem dos séculos XVIII e XIX como a parte de um processo quase inexorável que culminaria com o advento da psicanálise. Embora se tenha de reconhecer que, em um certo sentido, a configuração do *nervoso* é antecipatória ou preparatória da inte-

---

[33] A interligação entre os temas que se está abordando fica nítida no seguinte trecho de um sermão de Wesley, ministrado em 1786 sobre "O Dever e Vantagem do Acordar Cedo": "Por mergulhar (. . .) tanto tempo entre as cobertas quentes, a carne fica como que fervida, toda ela mole e flácida. Os *nervos,* nesse interregno, se tornam bastante frouxos (*apud* Thompson, 1967, p. 88 — grifo meu). Sobre o papel cultural do metodismo na Inglaterra da passagem do século XVIII ao XIX, e sua relação com o novo ethos do trabalho, ver Thompson, 1963.

[34] Gladys Swain aprecia a notável mutação de representações sobre o homem nesse período, através da análise comparada da idéia de "loucura" em Kant e em Hegel (cf. Swain, 1977).

riorização radical implicada na configuração *psicológica*, é necessário constatar que esse é apenas um dos seus sentidos – fundamental e notável, sem dúvida, por ser o que marca a linha mais dinâmica das ideologias modernas. Neste trabalho observa-se justamente a constituição da configuração do *nervoso* e de suas características para perceber melhor o contraste entre o discurso físico-moral das classes trabalhadoras urbanas e o das classes médias (aqui supostamente assimilado ao modelo "psicológico"). Se supuséssemos a mera continuidade da interiorização, não poderíamos dar conta da relação que o discurso atual do *nervoso* nas classes trabalhadoras tem com as formas originárias da configuração que estamos examinando.

De qualquer forma, importa também mostrar como o sentido da "interiorização" fazia parte da configuração e como se desenrolaram suas vicissitudes ao longo do século XIX; sendo, na verdade, este o sentido mais abrangente deste capítulo.

Já se fez referência, a propósito da "fisicalidade", a alguns dos fenômenos ideológicos presidentes à constituição do modelo físico-moral do *nervoso*. Pode-se observá-los agora encadeados sob outro prisma: o da "interiorização". A "naturalização" implicada na laicização iluminista enseja va uma "individualização" pela ênfase na totalidade orgânica de cada sujeito.[35] Essa individualização pela naturalidade orgânica se articulava com a ênfase crescente em valores como os da "liberdade" e da "igualdade", uma vez que a idéia de um organismo individual humano incluía a de uma não-determinação por marcas religiosas holistas e a de uma homogeneidade física básica universal.

Como se viu, essa "fisicalidade" extremada pareceu porém, a cada momento, promover uma intensificação da dimensão moral da pessoa – e, neste caso, já não mais holista (remetida à totalidade exterior) mas individualizada (remetida à particularidade íntima; que é uma totalização paradoxal). Inúmeros nódulos do saber do *nervoso* foram fundamentais para que se pudesse continuar operando com um modelo físico-moral integrado, ou, na verdade, para que se o fosse constituindo enquanto tal, em substituição ao velho modelo humoral. O duplo sentido físico e moral de que se podiam revestir categorias tais como as de *sensibilidade, irritação, força* e *tensão* são significativos de uma área muito maior de deslocamentos semânticos propícios à operação de um sistema desse tipo. Foucault é particularmente explícito em relação aos efeitos ideológicos obtidos pela

---

[35] Há em *Danação da Norma* uma lúcida observação sobre o vínculo fundamental que une os temas da "civilização" e da "fisicalidade" na consolidação de hegemonia da ideologia do individualismo: "O que se chama *indivíduo* é o resultado do cruzamento do *urbano* e do *orgânico;* é o produto da relação eminentemente normalizadora que a medicina estabelece entre a sociedade e a população. Ao penetrar na cidade, elaborar um saber que a transforma e organizar sua distribuição interna, ela torna-se capaz de isolar o indivíduo físico-moral como elemento, produzindo-o como indivíduo social e inscrevendo-o nos objetivos políticos da sociedade capitalista" (Machado *et al.*, 1978, p. 281 – grifos meus).

confusão entre "irritabilidade" e "irritação" (cf. Foucault, 1978, p. 292) e pela determinação de uma "sensibilidade" que não se reduz à "sensação" (todo o conjunto semântico derivado de *sensus* aliás vinha sendo fonte de preciosas reordenações instauradoras para a ideologia moderna):

> ....ela (a distinção entre sensibilidade e sensação) dá à loucura todo um conteúdo de culpabilidade, de sanção moral, de justo castigo que não era próprio da experiência clássica. Ela sobrecarrega o destino com todos seus novos valores: ao invés de fazer da cegueira a condição de possibilidade de todas as manifestações da loucura, ela a descreve como o *efeito psicológico de uma falta moral* (. . .). O que era cegueira vai tornar-se inconsciência, o erro se tornará falta; e tudo que designava na loucura a paradoxal manifestação do não-ser se tornará castigo natural por um mal moral (Foucault, 1978, p.294-5).

A articulação do modelo exigirá, portanto, uma "ética da sensibilidade nervosa" (nos termos ainda de Foucault) em que a auto-responsabilização, a culpabilização serão aspectos fundamentais da nova experiência das "perturbações". Essa é a significação de que as *doenças nervosas* se aproximam ao final do século XVIII:

> Doravante fica-se doente por sentir demais; padece-se de uma solidariedade excessiva com todos os seres vizinhos. Não se é mais forçado por uma natureza secreta, é-se vítima de tudo aquilo que, na superfície do mundo, solicita o corpo e a alma. E por tudo isso se é ao mesmo tempo mais inocente e mais culpado. Mais inocente porque se é levado, por toda a irritação do *sistema nervoso,* numa inconsciência tanto maior quanto se está mais doente. Contudo mais culpado, e bem mais, uma vez que tudo aquilo a que nos tínhamos apegado no mundo, a vida que se levava, as afecções tidas, as paixões e as imaginações que se cultivaram com demasiada complacência, vêm fundir-se na *irritação dos nervos,* aí encontrando ao mesmo tempo seu efeito natural e seu castigo moral (Foucault, 1978, pp. 293-4 – grifos meus).

No estabelecimento dessa "culpabilização" intrínseca ao modelo do *nervoso* alguns núcleos de idéias foram estratégicos. Foucault enfatiza quase exclusivamente a questão dos "males da civilização" sob sua forma há pouco descrita, uma vez que ela articula de maneira muito didática a nova moralidade, o valor-Natureza e o valor-Trabalho. O controle da masturbação masculina e a "histerização" implicada na nova noção de uma mulher quase que intrinsecamente *nervosa* foram vetores fundamentais dessa "interiorização" por uma "culpabilização".

Em *A história da sexualidade,* a medicina dos *vapores* e dos *nervos* foi considerada como um dos primeiros focos do processo de "incitação ao discurso" que qualificava a implantação do dispositivo de sexualidade moderno (cf. Foucault, 1977, pp. 32, 110 e 111). Aliás, a "histerização do corpo da mulher" constitui um dos grandes conjuntos estratégicos que, juntamente com a "pedagogização do sexo da criança", a "socialização das condutas de procriação" e a "psiquiatrização do prazer perverso", compõem o próprio "dispositivo da sexualidade".[36]

---

[36] "A personagem investida em primeiro lugar pelo dispositivo de sexualidade, uma

É assim que já nos encontramos tratando do tema subordinado da "alocação diferencial" através dessa qualificação básica que é a da especificidade e singular relação que tem o sexo feminino com os *nervos* e o *nervoso*. Além dela, outras qualificações diferenciais tinham relevância nesse período de constituição da configuração do *nervoso*, como a da "civilização", pressuposta na referência à questão dos "males da civilização".

A rápida hegemonia no campo dos saberes sobre o homem obtida pelo *nervoso* ao fim do século XVIII, assim como não significava a "vitória" das noções "científicas" da fisiologia e da anatomia patológica humanas, tampouco representava a súbita e absoluta dissolução de toda a tradição dos *humores*, da *simpatia* e da *melancolia*. Na verdade há toda uma corrente de conjugação entre o discurso do *nervoso* e a representação de um sistema de *temperamentos* diferenciados que se distenderá até os nossos dias, constituindo a vertente "caracterológica" ou "constitucionalista" da configuração do *nervoso* no século XIX. É necessário apenas ressaltar aqui que a Diferença organicamente fundada vinha repontar, como contracorrente, desde esse momento genético. Uma resistência homóloga ocorria, aliás, do lado das classificações da loucura que, ainda com Pinel, acompanhavam a velha tradição nosográfica.

Também o tema da "terapêutica" merece ser observado sob sua forma coetânea à da constituição das *doenças nervosas*. A medicina contemporânea se representa como tendo nascido justamente pelo fim desse século XVIII, amparada pela suposta e súbita vitória do empirismo sobre as fantasias e superstições herdadas da Idade Média. Já se invocou, porém, aqui a esse respeito as objeções com que Foucault abre o seu *Nascimento da clínica* contra uma visão linear e acumulativa desse processo; o modo como, comparando trechos de Pomme e de Bayle — distantes pouco mais de meio século entre si — demonstra a alteração profunda sofrida pelo olhar médico entre essas duas invocadas e descritas "observações anatômicas" (cf. Foucault, 1966, p. 1 e seg.).

É de qualquer forma por essa época que se ordena uma nova ordem "terapêutica" marcada pela representação da "observação clínica" e logo reforçada por uma "anatomoclínica" oriunda da nova "anatomia patológica", criada, sobre bases inteiramente diferentes, por Bichat [1800]. Tenho que ser bastante sucinto sobre esses desenvolvimentos que só muito lateralmente colaboram na recuperação das marcas genealógicas da configuração atual do *nervoso* e de suas fronteiras de pertinência simbólica e sociológica.

---

das primeiras a ser "sexualizada" foi, não devemos esquecer, a mulher "ociosa", nos limites do "mundo" — onde sempre deveria figurar como valor — e da família, onde lhe atribuíam novo rol de obrigações conjugais e parentais: assim apareceu a *mulher nervosa*, sofrendo de *vapores;* foi aí que a histerização da mulher encontrou seu ponto de fixação" (Foucault, 1977, p. 114). Exatamente sobre o papel da "histeria" na passagem para esse plano seguinte da interiorização que aqui nomeamos como "configuração do *psicológico*", pode-se consultar Swain, 1983.

Alguns de seus aspectos são inextricáveis da partilha novecentista do saber físico-moral do *nervoso*.

Foucault, na obra citada, aponta para as principais características dessa nova representação da identidade médica: a) uma ênfase especial no paciente individual, na totalidade orgânica e moral do doente, mais do que na essência da doença (cf. Foucault, 1966, p. 8); b) a atribuição de um valor crescentemente sagrado à "carreira médica" (cf. Foucault, 1966, p. 57); c) a expansão das expectativas terapêuticas dos médicos para o nível da própria sociedade, concebida como fonte morbífica paciente de intervenção (cf. Foucault, 1966, p. 58 e seg.); d) uma crescente dependência da intervenção reguladora do Estado, tendo em vista as expectativas anteriores e o propósito de um atendimento individualizado e universal, através da assistência familiar (cf. Foucault, 1966, pp. 40-41).

Essas características se aplicam a toda a nova terapêutica e não tanto à que se dedicará especificamente às perturbações físico-morais, uma vez que estas, temporariamente subtraídas à investigação anatomopatológica, já estarão servindo à constituição de uma escola terapêutica específica: o "alienismo" inaugurado por Pinel.

A CONFIGURAÇÃO DO PSICOLÓGICO

Já em diversos momentos nos deparamos com a necessidade da referência à configuração psicológica contra a qual se desenha fundamentalmente a construída identidade da configuração do *nervoso*. Como já explicitei, estou chamando dessa forma, de maneira restrita, o modelo físico-moral constituído e desenvolvido a partir do pensamento de Freud, ou seja, da "psicanálise". Embora a proposta de uma "psicologia" exista desde o século XVIII[37], e as histórias da filosofia, da psiquiatria e da psicologia façam leituras retrospectivas que nos podem levar aos chamados "primórdios da humanidade", quando não apenas às imprescindíveis raízes gregas, considero esses discursos e saberes como modalidades de outras configurações físico-morais, de outros modelos de pessoa, como os que aqui observamos centrados na *melancolia* e no *nervoso*. Essas retrospecções psicologizantes são de dois tipos, pelo menos. O primeiro é o que considera assim nomeável toda alocação de causalidade moral — não religiosa ou mágica — ao nível da pessoa. É um procedimento que alarga excessivamente o sentido do "psicológico" e, sob a ilusão de uma universalização, lhe retira todo o significado. O segundo tipo é o que considera assim nomeável tudo o que, já mais proximamente de nós, aponta na direção da individualização, da privatização, da internalização que qualificam a representação "moderna" dominante da pessoa. Fez-se observações explícitas sobre este segundo tipo no tocante a Foucault (particularmente o da *Doença mental e psicologia*). O Canguilhem de "O que é a Psicologia?" apresenta sinais das duas retros-

[37] É atribuída a Wolf por Canguilhem (v. 1972, p. 111).

pecções, enquanto Alexander & Selesnick são um paradigma do primeiro tipo. Estes últimos autores, aliás, dividem todas as representações sobre a pessoa e suas perturbações em três "tendências básicas":

> 1) a tentativa de explicar as doenças da mente em termos físicos, isto é, o método *orgânico;* 2) a tentativa de encontrar explicação *psicológica* para as perturbações mentais; e 3) a tentativa de lidar com acontecimentos inexplicáveis por meio da *magia* (Alexander & Selesnick, 1968, p. 28 – grifo meu).

A "história da psiquiatria" é assim toda construída sobre a luta entre essas "tendências", marcada evidentemente por uma recusa crescente do "mágico" e uma aproximação sempre mais "esclarecedora" do "psicológico".[38]

A retrospecção que confunde o psicologismo com o individualismo é justificável não só porque institui um critério analítico e cultural definido, contra a ingenuidade da retrospecção linear, mas também porque esse critério parece ser fundamentalmente justo. Com efeito, como se observou anteriormente, há um vínculo íntimo e necessário entre a ideologia individualista moderna e a emergência da configuração psicológica; apenas esta última parece ser – por assim dizer – mais específica ou mais restrita do que aquela; que comporta ou comportou, por sua vez, discursos ou saberes sobre a pessoa que não podem ser reduzidos a meras "premonições", "variantes" ou "diluições" do modelo baseado na teoria psicanalítica.

Essa vocação reordenadora da própria história das representações da pessoa em que implica a hegemonia erudita da "configuração psicológica" é um dos aspectos da intensa gravidade de que se cerca essa mudança de paradigma. Também sobre isso já fiz referência, associando a empresa freudiana (e também a durkheimiana) à instauração de um novo modelo de realidade, em que a velha oposição físico-moral (tão importante e explícita sobretudo na configuração do *nervoso*) se vê reconstruída face à inauguração da nova instância do "psicológico" (assim como, no outro caso, do "sociológico"). Ressaltei também como essas novas totalizações retiraram boa parte de seu potencial simbólico do fato de constituírem "monismos"

---

38 "Durante sua história civilizada, a humanidade tentou sistematicamente ignorar a "psique" como matéria de interesse científico e reduzi-la a mecanismos psíquicos. Esses mecanismos – que Hipócrates chamava de humores, ou secura, ou umidade do corpo, Morgagni identificou como processos localizados no cérebro e Gall acreditou serem reconhecíveis por protuberâncias visíveis no crânio – recusaram obstinadamente deixar de existir.

Apesar dos esforços para mecanizar o homem, a "psique" reaparecia sempre de novo. Apareceu no quadro mundial de Platão povoado de "idéias", nas revelações introspectivas de Santo Agostinho, na ênfase dada pelos humanistas ao indivíduo como uma personalidade singular, na explicação psicogênica de Sydenham para a histeria, na tese metafísica de Spinoza sobre a identidade fundamental de corpo e alma, na força vital de Stahl e no "tratamento moral" dos insanos de Pinel" (Alexander & Selesnick, 1968, p. 187).

pelos quais se parecia vir ansiando longamente, pelo menos desde a explosão das totalizações tradicionais que se associa sobretudo ao Iluminismo.[39]

Infelizmente o mapeamento cuidadoso das marcas de instauração e desenvolvimento dessa configuração escapam totalmente aos objetivos deste trabalho. Dele empreenderei apenas a demarcação de uns poucos sinais que testemunhem do distanciamento fundamental em relação à configuração do *nervoso* sobre que se erguem os modelos psicanalíticos. A literatura sobre a "configuração psicológica", seu lugar e sentido sócio-culturais, se avoluma rapidamente. O velho Jones (1970) continua sendo uma referência básica. Os dois livros de Rieff (1968 e 1979) me parecem sempre extremamente estimulantes. Entre nós, Figueira resume uma parte central da bibliografia internacional (1978a e 1978b) e investe em explorações originais (cf. Figueira, 1981a e 1981b). Eu mesmo, em artigos recentes, procurei contribuir para essa linha de análise e reflexão (cf. Duarte, 1983a, 1984a e 1984b).

Citarei duas frases de Janet [1819-1947], um contemporâneo de Freud às vezes considerado como "psicologizante" (condição em que Durkheim, por exemplo, o invocou no artigo sobre as representações individuais e representações coletivas), à guisa de exemplo do estado das expectativas culturais que cercavam o "advento" freudiano. São retiradas do seu livro *As neuroses,* traduzido em 1924 no Brasil e de cuja edição original não me foi possível obter a data, embora todo o clima seja o do final do século XIX:

> (. . .) psicólogos, na pesquisa de experiências atinentes aos fenômenos do espírito, sentiram-se atraídos pelo estudo desses mesmos doentes e mostraram que muitas das suas desordens se tornavam mais simples e ofereciam mais unidade quando eram consideradas sob o seu aspecto mental, em vez de o aspecto físico. Finalmente, os singulares estudos dos antigos magnetizadores determinaram pouco a pouco os estudos referentes ao hipnotismo e à sugestão, e esses estudos mostraram ainda que idéias, sensações, emoções, podiam suscitar grande número de perturbações aparentemente corporais. Essas várias influências parecem ter sido convergentes, e, nos períodos mais próximos, os estudos relativos aos nevropatas tomaram cada vez mais o caráter de estudos psicológicos (Janet, 1924, p. 379).

---

[39] Essa vocação monista-totalizante da configuração psicológica pode se voltar inclusive sobre as poetâneas "ciências sociais", como neste texto "antigo" de Foucault: "Trazia-se para o interior da problemática propriamente psicológica o que, até o presente, dela se excluía, seja em nome da fisiologia (no que se reintroduz o problema do corpo), seja da sociologia (no que se reintroduz o problema do indivíduo, com o seu meio, o grupo a que pertence, a sociedade em que se encontra, a cultura em que ele e seus ancestrais não deixaram de pensar); o que faz com que a simples descoberta do inconsciente não seja uma extensão da psicologia, mas sim realmente a confiscação, pela psicologia, da maior parte dos domínios que cobriam as ciências humanas, de tal modo que se pode dizer que, a partir de Freud, todas as ciências humanas se tornaram, de um modo ou de outro, todas elas ciências da *psyché*" (Foucault, 1965, p. 3).

Veja-se como se apresenta no trecho citado, de maneira muito explícita, essa expectativa de um nível de realidade específico, que se procura nesse sentido diferenciar fundamentalmente do "físico", do "corporal". Por outro lado, essa nova realidade, ainda e hesitantemente "do espírito", "mental", associada às "idéias, sensações, emoções", é, finalmente, "psicológica". A preocupação mais imediata que cercava esse empreendimento (reproduzida também nos textos pioneiros de afirmação da realidade "sociológica" ou "simbólica") era a que assim ainda descreve Janet:

Embora se repitam as declarações de princípios no início de todos esses estudos e se diga que os fenômenos psicológicos são considerados como manifestações da atividade cerebral, haverá sempre adversários que simularão compreender e afirmarão que essas interpretações clínicas pertencem à metafísica espiritualista. É evidente que se poderia negligenciar esses preconceitos; mas não convém nunca sair brutalmente, sem absoluta necessidade, da linguagem médica usual, quando se trata de moléstias estudadas por todos os médicos" (Janet, 1924, p. 381).

A preocupação com a acusação de "metafísica" corre portanto paralela com um preconceito "organicista" muito evidente do próprio autor, coerente com seus conhecidos postulados do caráter superior e posterior das "funções psicológicas" em relação às "funções fisiológicas", inferiores mas anteriores.[40]

Outro conhecido autor do mesmo período (classificado por Canguilhem no texto já citado como representante da "ciência do sentido interno"), e que também é às vezes invocado para testemunhar da presença dessa demanda de uma especificidade dos fenômenos psicológicos ou psíquicos ao fim do século XIX, é Ribot, que, por volta de 1880, afirmava que

A fisiologia nos ensina que a sua produção [da consciência] está sempre ligada à atividade do *sistema nervoso,* e em particular do *cérebro.* Mas a recíproca não é verdadeira: se toda atividade psíquica implica uma atividade nervosa, nem toda atividade nervosa implica uma atividade psíquica. A atividade nervosa é muito mais extensa do que a atividade psíquica: a consciência é, portanto, alguma coisa que lhe é acrescentada (Ribot, 1888, p. 6 — grifos meus).

Mais uma vez um organicismo fundamental encontra-se na raiz dessas embaraçadas propostas.

---

40 "Nesse momento, e só nesse momento, após essas alterações fisiológicas gerais, surgem perturbações psicológicas, porque as funções psicológicas são as mais elevadas e as mais sensíveis do organismo. O primeiro aspecto dessa diminuição vital é uma nevrose ainda pouco grave e muito vulgar, que pode ser designada pelo termo vago de neurastenia ou, se quisermos evitar equívocos, pelo vocábulo nervosismo. No nervosismo, certos atos, certas percepções estão irregulares. Elas aparecem, ora a propósito de uma operação psicológica, ora de outra, conforme a crescente e momentânea dificuldade dessas operações. Em lugar dessas operações superiores, desenvolveu-se a agitação física e mental e sobretudo a emotividade. Esta não é mais — como procurei demonstrar — do que a tendência em substituir as operações superiores pela exageração de certas operações inferiores e, sobretudo, por grosseiras agitações viscerais" (Janet, 1924, pp. 392-3).

É de um meio de pensamento marcado por tais limites que se tem de falar ao situar as origens e constrangimentos do pensamento freudiano. Neurologista aplicado à pesquisa experimental, herdeiro de uma das correntes mais ativas e brilhantes da ciência germânica; clínico mais ou menos contemporâneo da numerosa floração de psiquiatras nosógrafos a que já nos referimos; admirador da tradição romântica alemã, sobretudo através de Goethe (ligado ao movimento da *Naturphilosophie,* do vitalismo)[41], inquieto observador das experiências com os "limites" do orgânico, tais como, por exemplo, as de Charcot, Bernheim e Erb; não é nada difícil construir assim, *a posteriori,* a imagem de um Freud-síntese, de um Freud catalisador das múltiplas indagações novecentistas sobre a pessoa.

E, sob um certo ponto de vista, o pensamento freudiano tematiza certamente boa parte das questões aqui apreciadas sob a rubrica da configuração do *nervoso,* infletindo-as, porém, cada vez mais em uma direção, em que seu sentido original acaba por se transubstanciar em novas entidades, partícipes de um modelo de pessoa centrado em bases inteiramente novas e diversas.

A transição do pensamento freudiano de uma fisiologia das sensações para uma metapsicologia não mereceu até hoje — ao que me conste — um estudo verdadeiramente aprofundado. Possivelmente em função das lutas posteriores e permanentes pela preservação da interpretação simbólica, não substancializante, da obra de Freud, creio que se tende a simplesmente ignorar uma obra como o *Projeto* (mantida inédita pelo autor), cuja análise crítica, no entanto, me pareceria fundamental para perceber os fios mais sutis por onde começou a se exercer a armação e deslizamento de sentido instaurador da psicanálise. Creio que isso será, porém, muito dificilmente obra de psicanalistas, devido ao efeito de des-historicização e des-contextualização social muito radicais em que parece implicar a prática desse saber, sobretudo em relação aos próprios princípios ideológicos em que se funda.[42]

O que nos diz Rieff a respeito dessa transição pode ser evocado exemplarmente, para os fins de meu argumento, uma vez que tematiza uma das questões centrais das discussões da configuração do *nervoso.* Segundo Rieff, ainda em 1915, ao tratar do "inconsciente", Freud se veria na contingência de lembrar que "todas as tentativas de deduzir uma localização dos processos mentais, todos os esforços de pensar nas idéias como se estivessem estocadas nas células nervosas e nas excitações como se passas-

---

[41] A leitura do recentemente traduzido artigo de Assoun sobre "Freud e a Mística" confirmou a importância dessa dimensão do campo do pensamento freudiano, relembrando inclusive referências explícitas a esse respeito na biografia de Ernest Jones (cf. Assoun, 1984, p. 78).

[42] Com notáveis e talvez crescentes exceções, como a de Marcel Gauchet e Gladys Swain (cf. Gauchet & Swain, 1980, p. 14) e a de Sérvulo Figueira, que constrói toda uma reflexão exatamente sobre a dificuldade/impossibilidade desse "olhar-se a si mesma" da psicanálise (cf. Figueira, 1981b).

sem ao longo das fibras nervosas foram completamente baldados" (*apud* Rieff, 1979, p. 60). A sugestão de Rieff me parece ser a de que Freud não estaria assim tentando apenas convencer os seus leitores mas a si mesmo de uma dimensão tão radical de seu modelo que ultrapassaria um nível ou parcela muito arraigada de seu próprio pensamento consciente. Lembra nesse sentido que, em 1920, numa obra tão fundamental como o *Além do princípio do prazer,* Freud ainda diria que: "as deficiências de nossa descrição poderiam talvez desaparecer se nos encontrássemos em condições de substituir os termos psicológicos por termos fisiológicos ou químicos" (*apud* Rieff, 1979, p. 6).

A transição ou deslocamento é particularmente notável em tudo o que se refere à área semântica dos *nervos,* do *sistema nervoso* e da *neurose.* Em uma obra como a que dedicou à "histeria" em 1888, Freud ainda dizia que

> a histeria é uma *neurose* no mais estrito sentido da palavra — quer dizer, não só não foram achadas *alterações perceptíveis* no *sistema nervoso,* nessa doença, como também não se espera que qualquer refinamento das técnicas de anatomia venha a revelar alguma dessas alterações. A histeria baseia-se total e inteiramente em *modificações fisiológicas do sistema nervoso;* sua essência deve ser expressa numa fórmula que leve em consideração as condições de excitabilidade nas diferentes partes do *sistema nervoso.* Uma fórmula fisiopatológica desse tipo, no entanto, ainda não foi descoberta; por enquanto devemos nos contentar em definir a neurose de um modo puramente *nosográfico,* pela totalidade dos sintomas que ela apresenta. . . (Freud [1888], pp. 79-80 — grifos meus).

Não creio que seja, por um lado, necessário apontar para o pleno pertencimento desse texto à configuração do *nervoso* com toda a coorte de problemas em que implica e que evoca. Por outro lado, se pensarmos no quanto se transformou a representação e sentido do fenômeno histérico no pensamento de Freud (o que suscitou inclusive a Lévi-Strauss sua célebre homologia com o deslocamento do fenômeno totêmico por ele empreendido em *O totemismo hoje* [1969] não deixa de chamar a atenção o efeito de "universalização", de "racionalização", que o organicismo aí presente desempenha em relação à fórmula "substancializante" e "retrógrada" da nosografia (que é a maneira como ela aparece no fim do parágrafo). Creio que esse efeito é recorrente nos deslocamentos antipositivistas do começo do século XX, como se o patamar de universalização do cientificismo positivista fosse imprescindível para a constituição de totalizações de uma nova ordem, simbólica, como a que parecem tentar construir/operar a psicanálise e algumas ciências sociais (particularmente a antropologia e a história social). Nesse sentido, o que separa a configuração psicológica da configuração do *nervoso* não é tanto o "organicismo" desta última, quanto a exacerbação pela primeira da lógica universalista inspiradora do *nervoso.* Essa me parece ser, aliás, uma interpretação plausível da homologia lévi-straussiana entre o destino da histeria e do totemismo: sua transformação de "naturalizados" objetos da Diferença em operadores universais de Identidade.

É de qualquer modo fundamental, sobretudo para quem se propõe comparar as visões de mundo associadas a cada um desses universos epistêmicos, ressaltar as diferenças simbólicas com que se enfrentam, a especificidade com que cada um se oferece à organização do pensamento freudiano sobre a pessoa e suas perturbações.

É, nesse sentido, particularmente notável como Freud se distancia ao longo de sua obra da referência ao *sistema nervoso* e ao núcleo semântico que o cerca. Rieff se detém sobre o modo como a linguagem helmholtziana sobre o *sistema nervoso* vai adquirindo qualidades crescentemente metafóricas (cf. Rieff, 1979, p. 21). Se, no texto há pouco citado de 1888, Freud ainda invoca fundamentalmente o *sistema nervoso* e sua fisiologia para sustentar seu pensamento; se todo o *Projeto para uma psicologia científica* [1895] gira em torno da idéia da *força nervosa* e se o artigo de 1915 sobre "O Inconsciente" ainda faz uso da expressão *energia nervosa;* já na revisão empreendida por Freud dos *Estudos sobre a histeria* [1895] para publicação nas *Obras completas* de 1924 ele alterou a ocorrência do *sistema nervoso* para "vida mental".

De um ponto de vista mais analítico, a argumentação dos "Alguns Pontos para um Estudo Comparativo das Paralisias Motoras Orgânicas e Histéricas" [1893] é extremamente interessante; tanto mais porquanto cruza esses dois fios de deslocamento a que me referi: o da histeria e o do *sistema nervoso.* Com efeito, a distinção entre a "paralisia motora orgânica" e a "paralisia histérica" se funda justamente na idéia de que a primeira se desenvolve em condições que "são constituídas pelos fatos da anatomia — a estruturação do *sistema nervoso* e a distribuição de seus vasos — e a relação entre essas duas séries de fatos e as circunstâncias da lesão" (Freud [1893], p. 231 — grifo meu), enquanto que a segunda "deve mostrar-se ignorante e independente de qualquer noção da anatomia do *sistema nervoso* (. . .), a lesão deve ser uma modificação da *concepção,* da *idéia* de braço por exemplo" (Freud [1893], p. 236 — primeiro grifo meu; os outros, do autor).

O terceiro e último fio sobre que se pode concentrar a observação do deslocamento entre as configurações é o dos "males da civilização", que suscitou o interesse de Freud em muitos sentidos e que é o centro explícito do foco analítico em pelo menos dois textos importantes: o "Moral sexual 'civilizado' e doença nervosa moderna" [1908] e *O mal-estar da civilização* [1930]. O primeiro desses textos começa com transcrições longas de textos de Erb, Binswanger e von Krafft-Ebing que se poderia ter utilizado como preciosos exemplos da exploração desse tema central da configuração do *nervoso.* Não resisto aliás à tentação de re-transcrever o mais curto, de von Krafft-Ebing [1895], em que meus grifos pontuarão as recorrências da temática estudada:

> O modo de vida de um sem-número de povos civilizados da atualidade apresenta uma grande quantidade de aspectos *anti-higiênicos* que explicam o *nocivo incremento de doenças nervosas,* pois esses fatores atuam primordialmente sobre o *cérebro.* As transformações ocorridas nas últimas décadas nas condições políticas e sociais das nações civilizadas, especialmente no comércio, na indústria e na agricultura, acarretaram grandes mudanças nas atividades profissionais dos indivíduos, em sua posição social e na propriedade — tudo isso às custas do *sistema nervoso,* que deve atender ao aumen-

to de exigências sociais e econômicas com um maior *dispêndio de energia*, do qual freqüentemente tem insuficientes oportunidades de recuperar-se (*apud* Freud [1908], p. 190).

Ora, sobre a massa de "testemunhos" a respeito do incremento moderno da "universelle névrose" (como diziam os higienistas franceses), Freud organiza uma interpretação completamente discrepante da que está aí exemplarmente invocada por von Krafft-Ebing (uma disfunção do *sistema nervoso* atacado de "fraqueza", "degeneração", irritação", "excitabilidade", "tensão", "esgotamento" etc.). Ele deslocará a relação para o nível do conflito entre a "vida instintual" (ou "instintos sexuais") e a "civilização", que imporia àquela suas "supressões" ou "restrições". Afasta-se dessa maneira qualquer ênfase na fisiologia *nervosa* da perturbação físico-moral.[43] A discussão sobre a proximidade ou não entre um tal modelo e o do "alienismo" (como na oposição Vida X Civilização em Pinel e Esquirol) é bastante mais complicada, uma vez que o exato sentido e estatuto do que nesse texto se chama de "instintos sexuais" é motivo de acirrada exegese e polêmica entre os seguidores do pensamento freudiano — a ponto desta minha própria afirmação ser uma das mais banais dentre as muitas correntes a esse respeito. Já recomendei a respeito da relação geral entre o alienismo e a configuração psicológica Foucault (1975a) e Gauchet & Swain (1980). Ocorre-me acrescentar o próprio Rieff, um tanto à sua revelia, no ponto em que evoca a relação do pensamento freudiano com a teoria das "paixões" entre os Estóicos (Rieff, 1979, p. 16).

Dois pontos fundamentais de minha argumentação merecem uma última atenção neste momento. O primeiro evoca cinco depoimentos díspares, aleatórios, de confirmação do tema central da individualização pelo *nervoso*. O segundo explicita uma das vertentes mais afirmativas dessa íntima correlação, para que brilhe como mais nítido divisor de águas entre a versão dominante visível, e a que, imperceptivelmente, se plasmou entre as classes trabalhadoras usando dos *nervos* para a demarcação do estatuto de "pessoas".

O *Dictionnaire Universel d'Histoire Naturelle*, editado por Renard & Martinet, traz a seguinte referência ao papel do *sistema nervoso*, no verbete sobre ele redigido por Saint-Ange (1848):

O papel do *sistema nervoso* na economia animal se estende à quase totalidade dos fenômenos da vida. *O homem deve o sentimento de seu ser, da sua existência, à especificidade da organização do sistema nervoso;* pois é no seio desse sistema que tem lugar a ação molecular que engendra a sensação e que se dão os fenômenos da *consciência* (grifos meus).

---

43 Esse me parece ser exatamente o sentido em que Sérvulo Figueira comenta esse artigo, ao chamar a atenção para o fato de que aí se dá "a realocação de um problema *a partir do espaço psicológico*, a afirmação e legitimação deste espaço para interpretar os efeitos da cultura ocidental moderna" (Figueira, 1981a, pp. 44-5).

Muito provavelmente pela mesma época, Spencer (que tem esse trecho citado por Alexander & Selesnick devido à sua influência sobre o pensamento do famoso neurologista H. Jackson) afirmava que

> se as criaturas das mais elevadas espécies atingiram aquelas organizações altamente integradas, muito definidas e extremamente heterogêneas que possuem, através de modificações após modificações acumuladas durante um passado imensurável, se o desenvolvido *sistema nervoso* de tais criaturas adquiriu complexa estrutura e funções pouco a pouco; então, necessariamente, as *complicadas formas de consciência,* que são os correlatos dessas complexas estruturas e funções também devem ter surgido gradativamente (*apud* Alexander & Selesnick, 1968, p. 218).

Já para o fim do século Ribot acrescentava ainda sobre esse ponto:

> o *desenvolvimento do sistema nervoso,* o coordenador por excelência, é o sinal visível de um *progresso em direção a uma individualidade* mais complexa e mais harmônica (Ribot, 1888, p. 157).

Entre os muitos meandros por onde andou se articulando a representação "moderna", individualista do homem, a configuração do *nervoso* parece ter sido particularmente importante, menos por sua visibilidade do que justamente por servir de fio de rolamento, de interconexão, de deslizamento, de tantas outras e mais notórias dimensões desse fenômeno central da Modernidade. Reaparecem nestes últimos textos citados as qualidades de "totalização" e "comunicação" que tantas vezes se enfatizou como básicas para a ordenação de sua eficácia ideacional. Se não se insistisse e deslocasse estrategicamente esses textos nesse argumento é muito provável que não se atentasse sequer à referência ao *sistema nervoso* (cuja "realidade" é hoje para nós parte do mais arraigado senso comum), mas sim, sucessivamente, à questão da "consciência", por um lado, ou à questão da "evolução" ou "progresso", por outro — e não seria necessário voltar a se estender sobre o íntimo compromisso que têm tais noções com a ideologia individualista (cf. Mauss, 1973; Châtelet, 1978; Duarte, 1983a). Fernando Pessoa, por volta de 1916, termina o seu incômodo texto em prosa sobre a "Teoria do Dualismo" da seguinte maneira:

> A Individualidade — toda a Individualidade — contém três elementos: 1) a individualidade propriamente dita; 2) a (re)presentação *individual* da Realidade — isto é, a Realidade passada através do sistema nervoso individual; e 3) a abstração, isto é, o trabalho que a individualidade faz sobre esses elementos presentativos, quer dizer, a Realidade passada através do sistema nervoso *superior* (Pessoa, 1976, p. 528 — grifos seus).

Em uma referência deste tipo, mais abstrata, distante da ordem "científica", embora muito ansiosa por uma totalização inspirada de fragmentos da filosofia e do saber erudito de sua época (como se sabe ter-se movido a inquietação de Fernando Pessoa), creio que fica mais caricaturalmente exposta essa qualidade de mediação fundamental para a tematização da figura do Indivíduo que a representação do *sistema nervoso* (com todos seus corolários) pôde fornecer e impor ideologicamente; pelo menos até o advento da "configuração psicológica".

Embora seja um acidente episódico na trajetória articulada da ideologia do individualismo e dos saberes sobre os *nervos,* creio que possa ser significativo evocar essa pequena representação da anatomia cerebral do começo do século XIX que nos apresenta Lanteri-Laura (desapercebido das repercussões ideológicas para que estou apontando):

> Achava-se que esta irregularidade indescritível do 'processo esteróide' (do cérebro) garantia a superioridade do homem sobre os animais, e Vicq d'Azyr (1805) escrevia: "nos símios, como nos quadrúpedes em geral, as circunvoluções cerebrais são pouco numerosas, simétricas nos dois hemisférios e semelhantes nos indivíduos do mesmo gênero. *Já nos homens, ao contrário, elas não são nem simétricas e nem semelhantes em indivíduos diferentes"* (Lanteri-Laura, 1982, p. 11 – grifo meu).

É assim que, a partir da diferença fundamental do "homem" sobre os animais (fundada na "natureza" e, portanto, instauradora da "igualdade" da "espécie humana"), se elaborava, em um segundo nível, o tema do individualismo "qualitativo", da singularidade perfeita de que se deve revestir cada um dos sujeitos da Modernidade. Ainda que neste caso sob uma versão bastante linear (logo sepultada pelos "progressos" da ciência), o recurso ao *sistema nervoso* permaneceu fundamental para a elaboração da teoria dessa específica Pessoa Moderna.[44]

É esse mesmo tema da "singularidade" individual associada à configuração do *nervoso* que cabe apreciar, finalmente no tocante à "criatividade", ou melhor à ideologia da "criatividade".

É bastante notória a representação clássica básica da "criatividade": a teoria do *sublime* ou da *inspiração.* Ainda em Platão, um efeito das relações holistas com as divindades, através da possessão (*enthousiasmos*) pelas Musas, propiciadora da loucura (*mania*) criativa. Paralelamente à expansão do racionalismo, a loucura como exposição à paixão, às emoções, mas ao mesmo tempo condição de expressão dos estados limites e ideais do pensamento humano.[45]

---

[44] O mesmo tema geral da "individualização" pela "singularidade" orgânica surge no material estudado por Sérgio Carrara em torno da identificação datiloscópica, que aliás já se citou em outro momento (cf. Carrara, 1984b).

[45] Pigeaud cita Sêneca a esse respeito: "Si nous en croyons le poète grec; il est parfois agréable même d'être fou; d'après Platon, l'on frappe en vain aux portes de la poésie si l'on est maître de soi-même; et selon Aristote il n'y a pas de grand génie sans un mélange de folie. Pour prononcer quelque chose de grand et qui dépasse la portée des autres hommes, il faut l'ébranlement de l'esprit. C'est quand l'esprit a méprisé le vulgaire et l'accoutumé, et qu'il s'est élevé plus haut par une impulsion sacrée qu'enfin il peut avoir un chant trop grand pour une bouche mortelle. Il ne peut atteindre rien de sublime ni de difficile, aussi longtemps qu'il s'appartient; il lui faut s'écarter de l'accoutumé, sortir de lui, prendre le mors aux deuts et entraîner son cavalier et le mener là ou, de lui-même, il aurait craint de monter (*De Tranquillitate Animi,* XVIII, 10-11, *apud* Pigeaud, 1981, p. 520). Susan Sontag faz uma breve referência à manifestação da "sublimidade" no contexto da configuração da *melancolia* (cf. Sontag, 1979, p. 32).

Essa representação é reapropriada ou reconstruída no momento da hegemonia da configuração do *nervoso,* articulando-se com os temas examinados da "civilização", ("paixão", "imaginação", "busca desenfreada do prazer", "excitação", "exacerbação da sensibilidade"). É significativo que um dos primeiros sinais dessa questão no século XIX seja uma polêmica mantida entre Dryden e Pinel a respeito da identidade entre o gênio e o louco (cf. Birman, 1978, p. 114) – sobretudo se nos lembrarmos de todo o interesse com que os primeiros alienistas se debruçaram sobre a medicina-filosófica dos Estóicos. Em uma interseção do alienismo tardio com a teoria da degeneração e com a tradição nosográfica foram formuladas as propostas do "degenerado superior" de Moreau de Tours [1804-1844] e de Moebius [1853-1907], chegando este último a propor o método da "patografia", para retraçar o caminho de ascensão da singularidade individual e sua eventual garantia final pela criatividade (cf. Alexander & Selesnick, 1968, p. 236).

Um fio indelével prende esses desenvolvimentos à elaboração, no seio do romantismo, do tema da "doença libertadora". Essa idéia – que terá uma longa história, pela intimidade com que se vincula aos ideais individualistas – é inicialmente formulada nos termos da teoria físico-moral do *nervoso.* Com efeito, a elaboração da singularidade individual (paradigmaticamente expressa nas figuras do *gênio* e do *artista*) vai ser vista como dependente de uma "crise" moral inextricável de uma "crise" física. Embora a loucura permaneça representada como um limite extremo, são as *doenças nervosas* que qualificam esse rito de iniciação ao xamanismo laico moderno (v. sobre isso meus dois primeiros artigos em Duarte, 1983a). Pode-se evocar Zola, que, em seu *Térèse Raquin* [1867], apresenta o processo de "sublimação" de Laurent, o assassino que se torna artista, passando de maneira explícita pelo *nervoso.*[46] Ainda em Proust, o tema da "doença libertadora" estará diretamente ligado às *doenças nervosas.* A tuberculose, esta outra doença da intimidade pessoal[47], servirá também muito freqüentemente como ensejo da singularização, uma vez que – através do tema da "fraqueza" – desencadeará o mesmo processo de "sensibilização" *nervosa* sobre cujo sentido tivemos ocasião de invocar Foucault (cf. Foucault, 1978, pp. 293-4). O *L'Immoraliste* de Gide e *A montanha mágica* de Thomas Mann podem ser citados dentre os exemplos mais no-

---

[46] Quão notável é o fato de Freud ter-se utilizado exatamente dessa antiga categoria para designar um dos processos básicos da dinâmica psíquica, que – segundo ele – estaria na raiz justamente – entre outras tantas coisas fundamentais – de toda "criatividade".

[47] A imagem social da tuberculose foi examinada de maneira extraordinariamente sensível por Susan Sontag, em oposição à mais recente sobre o câncer. A íntima vinculação da representação físico-moral da tuberculose – do fim do século XVIII ao começo deste – com a ideologia do individualismo é objeto de explícitas considerações (cf. Sontag, 1979, sobretudo pp. 30 e 59).

tórios desse último percurso modelar em direção à iluminação interior, à individualização plena.[48]

Segundo a pesquisa desenvolvida por Claudine Herzlich na França, esse tema da "maladie libératrice" se encontra hoje bastante presente nas representações da classe média sobre pessoa, doença e perturbação (cf. Herzlich, 1969, p. 151 e seg.). A autora não explora, porém, a associação desse tema com a ideologia individualista e sua difusão diferencial pelas subculturas de classe.

É assim contrastivamente a esse ponto culminante da relação entre os *nervos* e o "Indivíduo", a essa mais intensa associação da configuração do *nervoso* com a ideologia hegemônica entre as classes dominantes modernas que podemos nos lançar agora à empreitada seguinte: a da demonstração da preeminência e sentido da configuração do *nervoso* entre as classes trabalhadoras urbanas hoje e sua reordenação pela Pessoa.

---

[48] Durkheim cita, a propósito do "estado mental" característico do "suicídio egoísta" moderno esta passagem do *Raphaël* de Lamartine, que é certamente paradigmática da representação da "doença libertadora":

"A languidez das coisas que me rodeavam, diz ele, concordava maravilhosamente com a minha própria languidez. Aumentava-a deliciosamente. Mergulhava em abismos de tristeza. Mas esta tristeza era viva, demasiado recheada de pensamentos, de sensações, de identificações com o infinito, de repercussões claras e sombrias na minha alma, para que desejasse fugir-lhe. Doença do homem sim, mas doença que atrai em vez de repelir, doença em que a morte se assemelha a uma queda voluptuosa no infinito. Estava decidido a entregar-me por completo a ela, a fugir de qualquer companhia que me distraísse, a envolver-me no silêncio, na solidão e na indiferença, no meio das partes que iria lá encontrar; o meu isolamento de espírito era um sudário através do qual já não queria ver os homens, mas unicamente a natureza e Deus" (*apud* Durkheim, 1977, p. 328).

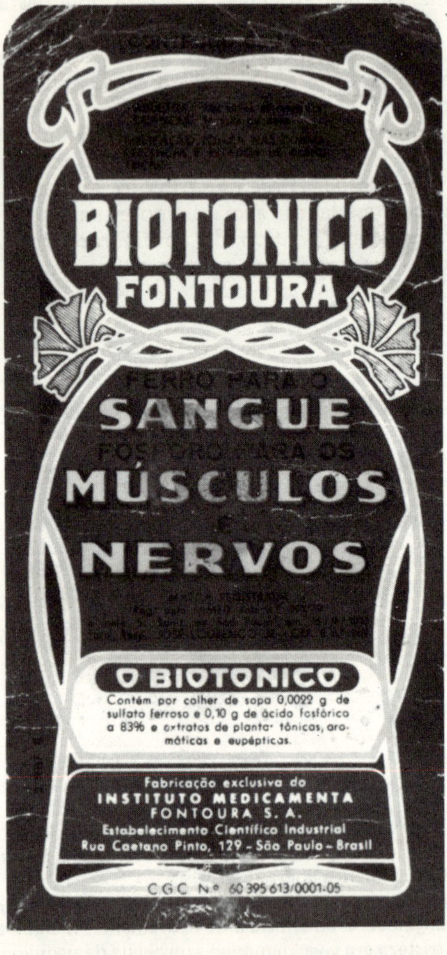

O nervoso *no rótulo de um tônico atual de grande penetração popular, cujas preservadas vinhetas* art-nouveau *fazem supor sua existência desde a década de 20. Analisamos no texto a ordenação semântica da promessa de* força : ferro : sangue :: fósforo : (músculos e nervos).

IV
MODERNIDADE E CLASSES TRABALHADORAS URBANAS

Tudo o que importa é sentir, por sob o frio moral que reina na superfície da nossa vida coletiva, as fontes de calor que nossas sociedades contêm em si mesmas. Pode-se até avançar mais longe e dizer com alguma precisão em que região da sociedade essas forças novas se encontram particularmente em vias de formação: é nas classes populares.

Durkheim, 1970c, p. 313

Contudo, ao escrever, encontro-me constantemente na obrigação de resistir a uma forte pressão interior que me leva a encarar o antigo como muito mais admirável que o novo, e o novo como algo de condenável, sem que para tal me baseie na minha compreensão consciente do material de que disponho.

Hoggart, 1973, p. 21

A pesquisa tão específica que fundamenta este trabalho não esconde a pretensão de aportar alguma contribuição para um dos corpos de questões que mais agitam nosso pensamento e prática sociais, em seus diversos níveis, desde o século XVIII: qual o estatuto dos grupos que se situam ao pé da "pirâmide social" e qual o seu papel nos novos desígnios de que se investe a história do homem. Com efeito, dentre os diversos desafios implicados na efetivação do ideário da Modernidade logo se apresentou como um dos mais inquietantes o de como interpelar, investir, construir ou desconstruir esses sujeitos que ascendiam pela primeira vez ao palco "político" graças à representação da "igualdade" e da "cidadania", ao mesmo tempo em que se construíam sociologicamente e se impunham às novas relações políticas (no sentido lato) decorrentes do desenvolvimento do capitalismo, da industrialização e da urbanização.

Inúmeros fios se embaralharam nas tematizações novecentistas desse desafio, podendo-se mesmo afirmar que as classificações do campo político desde então podem ser quase linearmente atribuídas ao modo diferencial com que se ordenaram as propostas de solução para o impasse entre a igualdade genérica dos cidadãos e a diferença específica da "massa", dos "pobres", do "povo", das classes "incultas", "operárias", "inferiores", "populares", "trabalhadoras" etc. — fosse para sua contenção, exaltação ou superação.

Muita coisa esteve e está aí em jogo. Este capítulo, que se constrói como uma espécie de prólogo à análise desenvolvida no seguinte, será montado sobre a questão do estatuto da "cultura" dessas classes trabalhadoras urbanas (em função dos problemas de um tal recorte e de uma tal nomenclatura) e sobre a questão da relação dessa suposta "cultura" com os princípios fundamentais da cultura dominante (ou da ideologia hegemônica dentro desta cultura).

É claro que cada uma dessas questões mereceria um tratamento bem mais sistemático do que o que lhes poderá ser aqui dispensado, tanto de um ponto de vista mais absoluto ou autônomo, quanto do ponto de vista estratégico de sustentação dos argumentos centrais deste trabalho. A necessidade e a conveniência juntam-se porém no recomendar respeito ao caráter instrumental deste capítulo. Como se estará aqui em alguns momentos invocando o estado das questões na literatura nacional sobre classes trabalhadoras — que é vasta e multiforme, como acabei de dizer — será impossível fazer plena justiça à contribuição específica de cada um de tantos de seus autores, e mesmo a numerosas nuanças importantes desse campo temático, por mais conscienciosο que tenha sido meu esforço de mapeamento.

Devemos observar assim por que usar tais rótulos e não outros tanto quanto indagar-se do suposto conteúdo ou referente que se tenta expressar sob "cultura" e "classes trabalhadoras".

"Cultura" é aqui empregado no sentido, muito bem resumido por Gilberto Velho e Eduardo Viveiros de Castro, de "sistema simbólico"; ou seja, nos seus termos:

> Cultura é menos a manifestação empírica da atividade de um grupo (como a definia Tylor) que o conjunto de princípios que subjazem a estas manifestações. Inconsciente mas social; estas regras não se encontram no aparelho psíquico "natural" de cada indivíduo, mas definem um sistema que é comum ao grupo (Velho & Viveiros de Castro, 1978, p. 6).[1]

Uma concepção desse tipo, atribuída explicitamente à influência estruturalista, já era invocada como alternativa promissora para a pesquisa antropológica em áreas urbanas, por Eunice Durham e Ruth Cardoso em um artigo de 1973.

Isso significa em primeiro lugar renunciar ao substantivismo da categoria *cultura*, que não se definirá pelos seus elementos ("traços", "comportamentos", "normas", "atitudes", "regras", "papéis", "obras" etc.) mas sim pelos modos de articulação do sentido, da significação, que permitem justamente que os elementos existam enquanto tais, parte de uma totalidade simbólica. O trabalho etnográfico, nesse sentido, debruça-se, em primei-

[1] Essa definição da "cultura" como "sistema simbólico" aparece na primeira página de um dos principais ensaios de *Individualismo e Cultura*, abrindo caminho para as "diferenças de motivação vinculadas a trajetórias e leituras específicas (do sistema simbólico)" (Velho, 1981a, p. 41) e é retomada, em torno da categoria "simbolização", em outro ensaio do mesmo livro (*ibid.*, p. 105).

ro lugar, sobre "dados" que são "elementos" e que serão tão importantes neste quanto em qualquer outro momento do trabalho antropológico. A tarefa analítica visa, porém — mais longe —, vislumbrar a chave simbólica que permite a ordenação daquela modalidade de ser e estar no mundo.

As preocupações e embaraços que cercam a utilização de tal concepção de "cultura" nas "sociedades complexas" (e que eram justamente evocadas tanto em Velho & Viveiros de Castro, 1978, quanto em Durham & Cardoso, 1973) importam em um certo número de alternativas analíticas bastante díspares, ordenadas em função de premissas epistemológicas divergentes.

Essas divergências são na verdade mais abstratas e abrangentes, desafiando a impavidez de qualquer proposta, inclusive a daquela a que eu me filiava logo há pouco. Fazendo economia de inúmeras nuanças, creio poder resumir em dois eixos esse corpo de divergências. O primeiro é o que se arma sobre a oposição entre *cultura* e *sociedade* (e que pode ser nomeada de muitas outras e notórias maneiras). A ênfase mais exclusiva na categoria *cultura* (seja qual for o sentido que se lhe dê) desperta sobretudo a inquietação dos herdeiros da tradição "sociológica" durkheimiana e da tradição marxista; por motivos diferentes, mas que se podem freqüentemente combinar. E ambos os casos as críticas mais sofisticadas não propugnam por um mero "epifenomenismo" (para usar a expressão tática de Durkheim em outro momento da constituição dos saberes sociológicos — cf. Durkheim, 1970d), mas procuram estabelecer algum sistema de coordenação entre os dois "níveis" — com uma fundamental e freqüentemente implícita subsunção do "cultural" ao "sociológico" (seja a "estrutura de classes" ou os diferentes modelos de uma "mecânica social" desenvolvidos na antropologia inglesa e — na França — sobretudo por Pierre Bourdieu). Um "culturalismo" instruído pelo estruturalismo, no sentido antes exposto, poderia tomar como divisa a conhecida frase de Lévi-Strauss segundo a qual, contrariamente aos propósitos instauradores da Escola Sociológica Francesa, se deveria procurar não a origem sociológica do simbolismo mas a origem simbólica da sociedade (cf. Lévi-Strauss, 1973, p. XXII). Essa postura tende a ser chamada pelos que a criticam de um "intelectualismo" atribuível (o que certamente é) à tradição racionalista francesa.[2] Embora eu creia que a compreensão da *cultura* como "sistema simbólico" faça parte de um projeto monista mais abrangente, que visaria abarcar a própria oposição "sociedade/cultura" em uma unidade de nível superior, devo reconhecer que tal projeto não se configurou até hoje em nenhuma proposta sistemática e concreta. Tanto Lévi-Strauss quanto Dumont trabalham ainda nos moldes do dualismo sociedade/cultura[3], embora a ênfase no simbólico, no valorativo, prevaleça no nível analítico.

---

[2] O artigo de Roberto Cardoso de Oliveira sobre "as categorias do entendimento humano" na formação da Antropologia é extremamente útil para a compreensão do modo de enraizamento da ESF na tradição filosófica moderna (cf. Oliveira, 1982).

[3] Esta afirmação exigiria consideráveis ponderações, uma vez que o dualismo, tanto

O segundo corpo de divergências concerne a oposição que pode ser resumida com alguma violência sob o par *cultura* X *prática.* A ênfase na *cultura,* neste caso, provoca reações oriundas do marxismo, do empiricismo, do interacionismo fenomenológico, que podem se combinar entre si e com diversas outras tendências de pensamento associadas à ideologia individualista. Algumas dessas reações e críticas voltam-se contra o caráter totalizador da idéia de "sistema simbólico", de um ponto de vista epistemológico mais abstrato (como é o caso dos que se inspiram ou se aproximam do pensamento de Nietzsche ou de Deleuze), quando a ênfase oposta não será tanto na idéia de *prática* mas nas de fluxo ou indeterminação (cf. por exemplo, Otávio Velho [1984] e Luiz Eduardo Soares [1984]). Já outras, de um ponto de vista mais concreto, negarão a totalização em nome do conceito marxista de *ideologia,* que enfatiza justamente lutas por totalizações que nunca se completam em função das lutas sociais que subjazem ou secretam aquelas outras. A idéia de "dominação", que é aí fundamental, torna particularmente insustentável o postulado de uma verdadeira *cultura* para as classes não-dominantes, surgindo como uma mediação recorrente o "fragmentalismo" gramsciano (cf. Ortiz, 1980; Montero, 1983 e Lins e Silva, 1980). Uma espécie de "fragmentalismo" se desenha também na esteira da "fenomenologia científica" de Geertz; antes fundada na idéia de *processo* do que na de *prática* (cf. Caldeira, 1982a, sobretudo pp. 145, 170 e 406-7). Há, enfim, um vasto leque de reações que se armam não tanto contra a idéia da totalização (que admitem até um certo ponto), mas em defesa da "liberdade individual", de uma certa margem de "manipulação", "reflexão" etc. (cf., exemplo, Zaluar, 1983c, 27 e seg.; 67 e seg.), por parte dos sujeitos sociais. É claro que esta posição pode se articular de maneiras complexas com a primeira, utilizando-se de fontes clássicas tão díspares quanto Weber, Boas, Malinowski ou Schutz.

O conceito de "sistema simbólico", por se deduzir de uma ordem muito abstrata de realidade (que se confunde com a da própria possibilidade do pensamento humano) parte de um universalismo "sem sujeito", cujas atualizações concretas e específicas exigirão, porém, a instauração/valorização de "sujeitos" específicos (identidades, instituições, personas, entidades, seres, devires etc.). Algumas das propostas que se lhe opõem operam com definições de "sujeitos" oriundas de outros níveis ontológi-

---

em Lévi-Strauss, quanto em Dumont, não é simples e não opera em todos os níveis ou situações de reflexão. Em Lévi-Strauss, por exemplo, o dualismo bastante áspero de "A Noção de Estrutura" (Lévi-Strauss, 1970a) tem paralelo em um dos pontos da "Introdução à obra de M. Mauss" (o modelo da defasagem entre as diferentes rodas da engrenagem simbólica — cf. Lévi-Strauss, 1973, p. XIX) e se opõe, a meu ver, a outro ponto fundamental desse texto (o do campo unificado da significação, em torno do "fenômeno zero" — *ibid.,* p. XLVII). Seria preciso, além do mais, explorar a relação do dualismo sociedade/cultura com o monismo transcendental entre natureza e cultura que subjaz a seu pensamento. Sobre essa questão em Dumont, vale a análise constante do Capítulo II.

cos. Esse é tanto o caso da estrutura e luta de classes (por mais "estrutural" e não substantivante que seja o seu estatuto) ou da mecânica de grupos sociais. É também o caso, mais literal, de quem fala em nome de um indivíduo ante ou anti-social e de suas atribuições de "manipulação", "reflexão", "experiência", "inovação" etc.[4] Há propostas críticas que falam a partir do mesmo patamar ontológico da estrutura sem sujeito, contrapondo aos princípios abstratos da "universalização", "totalização" e "coerência" (subjacentes à idéia de "sistema simbólico") outros que se lhes opõem termo a termo — e que enfatizam em princípio, como disse, o "fluxo" ou a "indeterminação".

É facilmente perceptível como todas as propostas arroladas ganham um peso tanto mais considerável quanto mais nos aproximarmos da sociedade moderna, passando pelas sociedades complexas "tradicionais". Os postulados de "universalização", "totalização" e "coerência" da idéia de *cultura* como "sistema simbólico" parecem extremamente inadequados para dar conta da dinâmica multifacetada de um mundo social dividido em infinitas ordens de identidade e assolado por uma contínua e instauradora reprodução da diferença e da ilegitimidade. Um problema clássico que só se tem feito revestir continuamente de novas roupagens. Creio, porém, que se atentarmos para o referido caráter abstrato da idéia de "sistema simbólico" e se levarmos em conta a proximidade que guarda com a própria noção de linguagem, de fonte e garantia de significação não há como não subentendê-lo presente nesse mesmo universo polimorfo e dilacerado. Creio ser esse o sentido em que Gilberto Velho encaminha sua discussão a respeito de "sistema cognitivo" e "sistema de crenças", enfatizando a existência de níveis de "compartilhamento" cultural dentro das sociedades modernas (cf. Velho, 1984a). Sua observação, em outro texto, sobre a crença em "espíritos" como uma "linguagem básica comum" na sociedade brasileira poderia ser tomada como exemplo de mediação para um nível mais concreto daquela idéia geral (cf. Velho, 1984b, p. 16).

De uma maneira muito ampla, proponho que essa idéia de *cultura* como "sistema simbólico" seja entendida de modo suficientemente flexível para que a própria referência a cada uma de suas eventuais fronteiras de atualização não corresponda a uma pesada substantividade, mas antes a um recorte fundado em propriedades de situação (no sentido evans-pritchardiano do termo). Ou seja, que os diversos níveis em que o recorte do observador (mas também certamente ênfases internas à própria cultura) se possa deter possam ser chamados igualmente de *cultura* e que também, eventualmente, quando se desejar enfatizar o englobamento de um recorte de um nível por outro de nível mais abrangente se possa utilizar a expres-

---

4 Ocorre-me sugerir que nesses casos tem-se em operação dois "sujeitos" ou níveis de "sujeitos" concomitantes — cuja partilha de funções dificilmente fica clara: um "sujeito" mais abstrato (que pode corresponder à estrutura ou ao sistema simbólico "sem sujeito") e um "sujeito" mais concreto, que — embora subsumido àquele outro — dispõe de algum tipo de "autonomia" ou "livre-arbítrio".

são *subcultura,* sem os pesados ônus substancialistas e redutores de que se vê ainda hoje cercada. Nesse sentido, seria possível referir-se à "cultura" da tribo X, que seria de algum modo parte da "cultura" do grupo Y, tanto quanto abarcaria a "cultura" de seus especialistas rituais ou uma "cultura" das mulheres. Não quero dizer que esta seja a melhor maneira de nomear tais níveis de atualização de "sistemas simbólicos", nem que sejam da mesma intensidade os deslocamentos que fazem passar de um nível para outro. Quero apenas, justamente, dessubstancializar a idéia básica de *cultura* com que estou trabalhando e encaminhar sua utilização na direção desse mais inquietante terreno das sociedades complexas.

Com efeito, creio que o mesmo princípio de "situação" se poderia aqui também aplicar, ainda que refratado em um prisma muito mais complexo. É assim que se poderia falar em uma cultura "ocidental", por oposição às demais culturas de "sociedades complexas"; de uma cultura "ocidental moderna", por oposição à cultura "ocidental tradicional", ou de uma cultura "moderna", por oposição ao conjunto das culturas "tradicionais". Do mesmo modo, e noutro nível, se poderia falar de uma cultura "metropolitana" oposta às culturas "coloniais" ou "periféricas", assim como de uma cultura "erudita" oposta à cultura "popular". "Cultura" francesa, "cultura" judaica, "cultura" baiana, "cultura" urbana, ou "cultura" operária deveriam ser assim expressões igualmente justificáveis, levando-se em conta que, em cada caso, a "situação" e "nível" de nomeação e observação é que concede um estratégico estatuto ontológico à figura invocada.[5]

É claro, porém, que não está aí em jogo apenas uma questão de nomenclatura ou mesmo de flexibilidade situacional abstrata, uma vez que, para qualquer recorte de atualização, se exige a definição ou colamento a um referente sociológico determinado, o que, aparentemente, nos faz reverter ao ponto de partida. Apenas aparentemente, porém, se se atentar para o fato de que essas realidades sociológicas subjacentes só se oferecem como realidade enquanto mediadas pela linguagem, pela simbolização, enfim, pela própria existência da *cultura.* Desse modo, dever-se-ia repetir para este nível mais concreto o mesmo princípio situacional antes invocado. O conceito de "identidade social", a respeito do qual já fiz algumas observações, tem para mim a conveniência de servir à designação dessa "realidade" situacional que não é sociológica *e* simbólica, mas sim sociológica *porque* simbólica.

Isso significa em um certo sentido dessubstancializar também as "unidades sociológicas", que surgem e operam inevitavelmente em nosso senso comum (tanto no quotidiano quanto no acadêmico) cercadas de uma concretude excessivamente pesada. Grupos, classes, nações, etnias, *networks,* sociedades, parentelas, famílias, comunidades só "existem" porque

---

[5] Há, ao fim de "A Noção de Estrutura", uma discussão sobre o conceito de "cultura" e sobre seu uso que elabora com muita clareza, mas com outros argumentos, exatamente o que estou aqui articulando (cf. Lévi-Strauss, 1970a, p. 320).

fazem sentido em tal ou qual lugar, porque expressam uma organização/classificação/valoração qualquer do universo em tal ou qual nível ou situação. É claro que nem todas as culturas ordenam sua tessitura sociológica com a mesma explícita segmentariedade com que Evans-Pritchard nos descreveu os Nuer. Há inúmeros processos de "institucionalização", de "substancialização" sociológicas (que se associa freqüentemente à questão do Estado; mas que parece ser um fenômeno bem mais complicado, até mesmo pelas dificuldades que cercam a definição unívoca de "Estado") que promoverão uma maior ou menor (ou diferentes tipos de) "societarização". A colocação de cada sujeito social nessa dupla e inevitável interseção em que Lévi-Strauss reconhecia uma condição básica da dinâmica dos processos simbólicos — o estar em relação com os estados anteriores de sua própria história, e o estar em relação com os estados coetâneos de outros sujeitos sociais — fornecem evidentemente a pista inicial para a compreensão do não imediato colamento entre a estrutura simbólica instauradora, o material sociológico e ideológico que se oferece à sua elaboração e a difusão diferencial entre os portadores da "cultura" e membros da "sociedade" das diferentes linhas de imbricação, solidariedade ou conflito daí decorrentes (cf. Lévi-Strauss, 1973, pp. XIX-XX).

Suponho, de maneira simetricamente inversa à idéia de Durkheim e Mauss da progressiva "autonomia" das representações em relação à sua genética especularidade com a morfologia social (cf. Durkheim & Mauss, 1968), que sejam essas "institucionalizações" ou "substancializações" expressas na morfologia social, na estrutura e quadro formal societário, que se ofereçam ao pensamento humano a cada momento como outros tantos "objetos naturais" (porque "naturalizados"; embora de uma "natureza" outra, secundária, como aquela a que se referia Lévi-Strauss no começo de sua reconstrução do fenômeno totêmico; cf. Lévi-Strauss, 1969).

As sociedades complexas vêem acrescentar-se a essa interação multifacetada entre simbolização, níveis e objetos de ancoragem/tematização, uma proliferação de planos de identidade dentro do mesmo grande marco cultural, uma tal produção e reprodução de diversificação morfológica, que a impressão geral obtida em nada favorece a percepção dos princípios de totalização/significação que as sustentam. A sociedade complexa paradigmática — esta nossa "ocidental-moderna" — leva tais características à sua condição extrema, pois, além de compartilhar com as demais sociedades complexas daquelas características citadas, qualifica-se por uma conjugada e paradoxal ênfase na *universalidade* (racionalismo formal, linearidade temporal etc.) e na *singularidade* (individualismo, segmentação de domínios etc.)

A questão das "classes sociais" ou da "estrutura de classes" em que se funda o "modo de produção capitalista" é, certamente, uma das mais dramáticas das muitas que decorrem daquela paradoxal conjugação. A chamada "ideologia liberal-burguesa" — como bem viu Marx — propiciou ao mesmo tempo as condições ideológicas para constituição de uma ética do capitalismo, as condições político-econômicas para a expropriação dos trabalhadores expostos à proletarização e as condições jurídico-políticas para a reprodução de uma nova ordem social comprometida ao mesmo tempo com a expansão daquela ética e com a continuidade da divisão entre classes "fornecedoras de capital" e "fornecedoras de força de trabalho" (como se apresentava a fórmula "contratualista" dominante). Os princípios simbólicos mais abstratos dessa mesma "ideologia liberal-burguesa" porém, tanto em função de seus efeitos enquanto ideologia, quanto em função desses profundos deslocamentos sociológicos por ela produzidos, fizeram também proliferar todo um discurso e uma prática de denúncia e formulação de alternativas contrárias às constrições sociológicas ao pleno desempenho daqueles princípios (basicamente a "igualdade" e a "liberdade").

Encontramo-nos, portanto, já plenamente na dimensão desse "referente sociológico determinado" que aqui aparece como as "classes trabalhadoras urbanas". Sob tal categoria jaz toda uma literatura e intenso debate, não sendo absolutamente unívoca a relação entre esse rótulo e um determinado recorte morfológico específico. Na verdade, move-se aí em torno uma grande dança de nomes, qualidades e fronteiras que não é fácil de ser explicitada. O primeiro núcleo semântico ("classes trabalhadoras") guarda um forte parentesco com "classe operária", e com "classes" ou "camadas populares". Todas as três categorias procuram designar os grupos sociais que se situam, por diversos critérios, em posição "subordinada" ou "inferior" dentro das sociedades modernas (com forte ênfase, nem sempre explícita, em seus segmentos urbanos). "Classe operária" tem uma conotação mais restritiva, em língua portuguesa (certamente em conexão com o *classe ouvrière* francês), ao evocar antes o conceito marxista da classe desprovida de meios de produção que vende sua força de trabalho ao capital. O seu emprego é, assim, inevitável em uma série de contextos analíticos, mas excessivamente restrito para designar os grupos sociais efetivos onde se encontram ou em que se constituem os "operários". E não apenas restrito, mas embaraçoso, dadas as dificuldades de determinação teórica e empírica de sua convivência com o "exército de reserva" ou com o "lúmpenproletariado".[6] A categoria "classes populares", bastante difundida, padece de um vício oposto, ao derivar seu sentido de um termo tão impreciso quanto o de "povo", que, na acepção mais comum, abarca tudo quanto se opõe a "elite", ou seja, em princípio, aos segmentos letrados e cultivados das classes superiores. Creio, nesse sentido, que abarque, junto com o que estou chamando de "classes trabalhadoras", também o que se conhece como "pequena burguesia" ou "baixa classe média".

O critério principal sobre o qual apóio a nomeação preferida é o da auto-representação desses grupos "dominados" face aos que eles próprios consideram como se lhes opondo no espaço da sociedade contemporânea. Poder-se-ia, aliás, a esse respeito optar entre *pobres* e *trabalhadores* (cf. Zaluar, 1983c, p. 33; Neves, 1977, p. 1 e Caldeira, 1982a, p. 208 a 212)

---

[6] Há uma revisão ampla, hábil e recente desse problema das definições e limites das "classes trabalhadoras" em Zaluar, 1983c, p. 34 e seg.

uma vez que ambas estas qualificações são aí fundamentais. Como a segunda é a qualificação afirmativa, positiva, creio que é a que deve ser privilegiada (tanto mais porquanto a primeira evocaria a "cultura da pobreza" de Oscar Lewis). A opção por esse critério, que obedece, até um certo ponto, àquele princípio de dessubstancialização a que me referia, encontra um respaldo mais ou menos explícito na literatura mais crítica e mais recente sobre as classes trabalhadoras no Brasil, seja sob o critério da ênfase no "ponto de vista do sujeito social" (cf. Leite Lopes, 1981; e o modo como invoca a influência de Thompson, Hobsbawm e Hoggart), seja sob o do "processo de constituição dos sujeitos sociais", o que remete necessariamente ao primeiro critério (cf., a esse respeito, Paoli, 1984; Magnani, 1982 e Zaluar, 1983c). Mesmo tendências mais sociologizantes podem apresentar propostas suficientemente sofisticadas como a da "apreensão estrutural" da "classe social" de Bourdieu, que, somada à sua sensível ênfase nas "marcas de distinção" (cf. Bourdieu, 1974), bem poderia ser invocada em apoio à opção analítica aqui conduzida.

O mesmo princípio de dessubstancialização sociológica faz com que empregue a locução "classes trabalhadoras" e não "classe trabalhadora". Embora isto seja, num certo plano, um jogo de palavras, creio que se trata de um jogo necessário à ênfase em que, sob um prisma morfológico, se estará abarcando grupos muito diferenciados, mesmo em termos de sua relação com os meios de produção (ao lado de "operários" de todos os tipos, mendigos, pequenos funcionários públicos, marginais, trabalhadores por conta própria, biscateiros, pequenos produtores mercantis etc.)[7].

"Urbanas" é, enfim, a parte final da qualificação do referente. É uma categoria que evoca, também ela, toda uma tradição de debate. Acoplada, assim como está, a "classes trabalhadoras" tem um sentido primeiro bastante direto: o de não pretender abarcar supostas "classes trabalhadoras rurais". Aqui, mais uma vez, a ênfase não é no "substrato sociológico" (camponeses, moradores, colono, meeiros, parceiros, *farmers*, assalariados rurais etc.), mas no processo de construção da identidade (ou seja, na imbricação entre lugar na "estrutura social" e "representação" ou "auto-representação"). Suponho que um limiar de identidade e, portanto, de "cultura" diferencial afaste sensivelmente as classes trabalhadoras envolvidas pelo mundo mercantilizado/segmentado urbano e aquelas, também muito díspares, que não se encontram em tal situação social (e que correspondem também, no mais das vezes, a outras situações "de classe"). Do ponto de vista da auto-representação dos grupos estudados é notável como se acen-

---

[7] O mesmo motivo leva Thompson a preferir a locução "classe trabalhadora" contra "classes trabalhadoras" (cf. Thompson, 1976, p. 9). Creio que nossos argumentos não divergem tanto assim, porém, na medida em que também Thompson procura enfatizar o caráter "histórico" e não "substantivo" ("A classe não é uma coisa"). É preciso levar em conta também o contexto semântico diferencial da língua, já que *working class* é tanto "classe trabalhadora" quanto "classe operária", no sentido estrito há pouco evocado.

tua para os trabalhadores urbanos com muita ênfase sua distância não só das condições de trabalho, mas de todo um modo de vida "rural", *atrasado* etc.[8] É importante lembrar, porém, que este recorte — que tem, aliás, um peso heurístico menor na definição de minha estratégia analítica — não significa recair nos antigos substancialismos tanto sociologizantes quanto culturalistas, relativos à oposição "rural/urbano", bem resenhados e criticados por exemplo em Velho & Machado da Silva, 1977.

Todos esses problemas e qualificações diferenciais a que aludi no tocante à definição de "cultura" e à definição de "classes trabalhadoras" reaparecem no tocante à questão conjugada de uma "cultura das classes trabalhadoras". Em primeiro lugar por que, e como falar de uma entidade como essa — e analisá-la e discuti-la — se tanta ênfase foi dada à situacionalidade dos recortes de identidade? Ora, o que ocorre é que a ênfase na "situacionalidade", na lógica da segmentariedade e dos níveis só vem se afirmar porque há uma forma de apreensão dos fenômenos sociais que é "substancializante", porque a existência dessa forma de apreensão é solidária com uma forma de "construção" dos fenômenos sociais e, mais ainda, porque algo se oferece para construções e leituras mais ou menos substancializantes. Em um artigo recente (Duarte, 1984a), iniciei uma reflexão sobre o sentido das categorias da "classificação" e do "valor" na história do conceito de "identidade social". O que enfatizava aí era a preeminência explícita concedida à "classificação" em detrimento do "valor", que aparecia sob uma forma ora reificada, ora reduzida, ora fantasmatizada, sob as espécies do "sagrado", do "mana", da "participação" e do "significante flutuante" (dentro da tradição francesa). Para além de tal constatação, propugnava pela percepção (inspirado sobretudo em Dumont) do "valor" como inextricável da própria "classificação"; que não poderia assim se constituir realmente com os atributos de uma universalidade plana, ao modo das "formas primitivas de classificação", construídas por Durkheim e Mauss (1968). Isso significava manter o estatuto básico, universal e instaurador do princípio de classificação, mas dissociá-lo da idéia de "tábua classificatória" unidimensional[9], incorporando-lhe a pluridimensionalidade da lógica segmentar, situacional e hierárquica. Eu procurava ressaltar assim que uma percepção mais acurada do conceito de identidade social deveria passar pelo reconhecimento de uma sucessão histórica e lógica en-

---

8 Haverá uma discussão desta questão no Capítulo V, que poderia ser enriquecida pela consulta à análise minuciosa e específica que desenvolve José Sérgio Leite Lopes (1978, p. 160 e seg.) no contexto do trabalho fabril em meio rural (o que levantaria toda a interessantíssima questão do privilégio do critério "urbano" ou do critério "fabril" para a oposição discutida; questão já tematizada, aliás, por Durham & Cardoso, 1973, p. 51).

9 Essa questão não é nada singela. Veja-se, por exemplo, que Jack Goody, que escreveu uma contundente crítica ao achatamento promovido pelas "tábuas classificatórias" (que ele associa ao *habitus* letrado), pôde fazê-lo com base em uma postura epistemológica diametralmente oposta à que estou aqui sugerindo (cf. Goody, 1976).

tre as idéias de uma "identidade emblemática" (expressa, sobretudo, em Durkheim, 1968; mas certamente presente nas acepções de senso comum dessa categoria); uma "identidade contrastiva" (presente tanto explicitamente em Barth, quanto implicitamente em Lévi-Strauss e muitos outros autores; tendo merecido entre nós o cultivo especial de Roberto Cardoso de Oliveira, cf. 1976 e 1978), e — nos termos ainda precários em que a podia sugerir — uma "identidade-valor", que consistiria basicamente no que explicitei há pouco. Essa "sucessão histórica" corresponderia a uma crescente capacidade heurística que determinaria não a desqualificação das identidades "emblemática" e "contrastiva", mas a sua preservação englobada numa ordem de sentido superior.

Uma vez que considero o conceito de identidade social como um comutador possível entre os níveis opostos da morfologia/estrutura social e as representações/cultura/sistemas simbólicos (ou talvez, melhor, como o referente de um plano de englobamento ou operação simbólica conjunta desses dois supostos níveis), a referida tríade hierárquica das percepções de identidade tem uma homologia com uma tripartição correspondente ao nível da "cultura" e da "sociedade", que encaminha uma proposta analítica para a questão perseguida.

Com efeito, o que chamei de "identidade emblemática" parece ter uma contrapartida lógica (e sintomaticamente, também "histórica") com uma concepção da "sociedade" como justaposição linear de "grupos" (prototipicamente, em Durkheim, as "famílias", "metades" e "clãs") e com uma concepção da "cultura" como somatório de traços ou elementos. O modelo do totemismo durkheimiano seria a expressão dessa homologia num nível de abstração um pouco mais alto, correspondente justamente ao que estou chamando de "identidade emblemática".

Em um segundo momento a acepção da "identidade contrastiva" poderia ser correlacionada com uma concepção da "sociedade" como contraposição dinâmica ou agônica de grupos (o que abarcaria — à guisa de exemplo — modelos ou propostas tão díspares quanto a da conjunção/disjunção subjacente à teoria das "relações jocosas" em Radcliffe-Brown, a teoria marxista da "luta de classes", a "cismogênese" de Bateson, o "distintivismo" de Bourdieu ou — muito menos abstratamente, mas justo por estar colado à nossa discussão imediata, o "separatismo de classe" a que se refere Hobsbawm no tocante à cultura da classe trabalhadora — cf. Hobsbawm, 1974, p. 243) e com uma concepção da "cultura" que se confunde diretamente com as propostas concretas de "identidade contrastiva" e com algumas das fórmulas da contraposição dinâmica de grupos (justamente as que enfatizam a "mediação" cultural dessa contraposição, como as citadas de Bourdieu, Hobsbawm e Thompson). É significativo, aliás, que neste nível seja difícil separar a expressão da contrastividade ao nível da teoria da "identidade", da "cultura" e da "sociedade", uma vez que, com efeito, o grau de abstração das propostas se mantém praticamente no mesmo patamar intermediário entre o empírico-descritivo (característico do primeiro momento) e o estrutural-analítico. A teoria lévi-straussiana das "classificações" (como sistema de diferenças) expressa sobretudo em *O totemismo hoje* e *O pensamento selvagem*, fornece certamente uma das mais abrangentes tentativas de sistematização e articulação a esse nível[10], tendo influenciado espaços de pensamento muito distantes de seus pressupostos epistemológicos básicos.

O terceiro momento, enfim, concentrado na idéia da "identidade-valor", se confundiria com a própria idéia da "cultura" enquanto "sistema simbólico" e da "sociedade" enquanto atualização de uma ordem principial abstrata. Seria este talvez, portanto, o nível mais adequado para o monismo que se vislumbrava no nível anterior, sem que, porém, neste momento e aqui, possa tal idéia passar de uma especulação instrumental.

É nesse sentido instrumental que lembro, portanto, que a definição de cada um dos níveis em ordem crescente de abstração não abolia — antes pressupunha e iluminava — cada um dos níveis mais concretos. E, com isso, voltamos a nossa questão da "substantivação"/"dessubstantivação", particularmente da "cultura das classes trabalhadoras urbanas". Afirmar o caráter de "sistema simbólico" dessa "cultura" e o caráter situacional tanto dessa "cultura" quanto dessas "classes" significa colocar-se no plano analítico mais abstrato (no sentido antes explicitado) e daí observar como se plasmam e se movem "entidades" sociológicas e culturais, que, por apresentarem recursos, instrumentos de identidade aos sujeitos, são por eles próprios vividos como "substâncias", "naturalizados" em boa parte, como já se observou. Creio que possa ser exemplar da distinção entre esses níveis de identidade/realidade a crítica de Lévi-Strauss a Mauss no tocante à análise do *hau* e do *mana*. Essas eram categorias abstratas de culturas concretas e expressavam, de um modo, portanto, inevitavelmente substancializante, princípios simbólicos cuja mais alta abstração Mauss teria percebido sem se preocupar porém em constituir, através deles, o novo plano analítico em que Lévi-Strauss afinal se via assentado (cf. Lévi-Strauss, 1973).

É nesse sentido que eu falaria, para designar os traços, os elementos ou os núcleos de valores que propiciam a consolidação de certos limiares de identidade, em *efeitos de substantividade*, que são o que se oferece mesmo à etnografia e só através do que podemos ter acesso a qualquer projeto analítico.

Boa parte dos problemas que acometem a literatura sobre a "cultura das classes trabalhadoras urbanas" deriva da confusão entre esses níveis antes designados, seja que se tome como uma classificação analítica a mera resenha do senso comum "emblemático", seja que não se concorde com a valoração atribuída a essa resenha do senso comum, seja que se esteja efetivamente resenhando o senso comum e o crítico esteja entendendo que

---

[10] Creio que toda a particular preocupação com a "história", com o "acontecimento" e com a "mudança", que atravessa *O pensamento selvagem*, espelha a disposição em tentar estabelecer aquele plano monista a que me referi, de unificação dos três campos aqui especificados. No seu sentido epistemológico e analítico mais amplo, esse "monismo" é defendido no "Finale" do *L'Homme Nu* (1971).

está em jogo uma proposta analítico-abstrata; enfim, as mais diversas combinações podem ser nesse sentido imaginadas por todos nós.

Entre as múltiplas maneiras pelas quais poderia tentar dar uma idéia mínima e algo ordenada desse campo, ocorre-me existirem hoje como que duas "linhagens" — uma negativa e uma positiva — de estudos que tentam apresentar as "características" dessa cultura (sob rótulos ou com fronteiras bastante diversas, justamente).

A linhagem negativa se concentra na chamada Escola de Chicago (sobretudo Wirth), em Redfield e em Oscar Lewis, conhecidos respectivamente por suas teorias da "cultura urbana", do "continuum folk-urbano" e da "cultura da pobreza". Veja-se que esse núcleo aparece assim, nessa ordem, criticado entre nós em Durham & Cardoso (1973), Velho & Viveiros de Castro (1978), Ruben Oliven (1983) e Alba Zaluar (1983).[11] A idéia da "cultura de massa" e a dos seus supostos efeitos lineares sobre a cultura das classes trabalhadoras merecem, entre nós, a crítica de Velho & Viveiros de Castro (1978), Carmem Macedo (1979) e Eclea Bosi (1977). A crítica de Castels à teoria da "cultura urbana" de Lefebvre é mencionada em Teresa Caldeira (1981, p. 7). Alba Zaluar resenha de maneira impecável as múltiplas ramificações dessa linhagem negativa, sob a forma das teorias da "privação", do "tradicionalismo", da "marginalidade" e da "incorporação nacional" (cf. Zaluar, 1983c, p. 41 e seg.).

A linhagem positiva encontra em Hoggart uma espécie de pai-fundador, podendo-se citar as apreciações elogiosas de Leite Lopes (1981), Verret (1972), Passeron (1970), Lockwood (1974) e Velho & Machado da Silva (1977). Herbert Gans, que se refere incorporativamente tanto a Hoggart quanto a Redfield e Oscar Lewis (cf. Gans, 1962), merece também referência elogiosa em Velho & Machado da Silva (1977). O trabalho de Goldthorpe *et al.* contra a tese do "emburguesamento" das classes trabalhadoras (1969) pode ser considerado como outro desses marcos positivos. Lockwood, um dos co-autores do trabalho anterior, é uma referência importante também por seu artigo sobre as imagens da sociedade ou classe trabalhadora (1974), resenhado por Brook & Finn (1980). E. P. Thompson (1963 e 1967) e Hobsbawm (1974) são referências fundamentais mais recentes nesta linhagem positiva (cf. Leite Lopes, 1981), embora Hobsbawm mereça críticas, como a de Alba Zaluar, em torno de sua definição restritiva do comportamento "político" (cf. Zaluar, 1983c).

É claro que esta é uma apresentação do campo que faz economia de muitos recortes e nuanças fundamentais. Basta comparar as revisões biblio-

---

[11] Há uma bibliografia crítica mais ampla a esse respeito citada e comentada na resenha de Magnani sobre "cultura popular" (1981, p. 26).

No artigo de Brook & Finn encontra-se uma boa localização da importância do livro de Hoggart na tradição dos estudos de comunidade ingleses (sobretudo nas décadas de 50 e 60); muito comprometida com a demonstração da importância da mediação cultural dos fenômenos observados (cf. Brook & Finn, 1980, pp. 165-6).

gráficas que partem das "condições de vida da classe operária" (como a de Leite Lopes, 1981), da "cultura" ou do "meio urbano" (como as de Durham & Cardoso, 1973, Velho & Machado da Silva, 1977 e Oliven, 1983), da representação das "classes populares" (como a de Paoli, 1984) ou da "cultura popular" (como a de Magnani, 1982) para verificar que o sistema genealógico que aqui se cruza é bastante mais complexo.

De qualquer forma, creio que aquelas duas linhagens têm uma permeação bastante ampla e podem nos permitir especular sobre alguns dos problemas que cercam a "etnografia" dessa "cultura das classes trabalhadoras". Um ponto central me parece justificar aos olhos dos analistas atuais a aposição de um sinal negativo a Redfield e a Oscar Lewis e de um sinal positivo a Hoggart e Gans: trata-se de que nos dois primeiros autores a etnografia ou está subordinada a teses mais amplas a respeito das sociedades e sua dinâmica cultural (como é o caso de Redfield) ou está — pelo menos a partir de um certo momento — a serviço da demonstração de uma proposta ao mesmo tempo universalizante e substancialista (como é o caso da "cultura da pobreza" de Oscar Lewis). Já no caso de Hoggart e de Gans, embora estejam evidentemente presentes modelos de análise social muito específicos e alguns objetivos polêmicos precisos, a etnografia conserva uma certa ingenuidade propícia à apresentação de dados mais facilmente reapropriáveis pelas releituras posteriores. Creio que essa valoração diferencial é inevitável e certamente justificada, do ponto de vista das tarefas que se impõem no campo neste momento, mas não me deixa de surpreender como, por detrás das valorações mais óbvias, recorrem em ambos os lados os mesmos temas etnográficos e alguns focos de valores e identidade que a literatura mais recente parece às vezes "descobrir".

Ao nível de uma "identidade emblemática" os traços portados concentram-se unanimemente sobre o tripé "família"/"trabalho"/"localidade"; ou melhor, sobre uma valoração muito intensa dos vínculos e pertencimentos à "família" (tanto no sentido de "parentela", quanto no de "grupo doméstico" — mas sobretudo neste último); de uma legitimação fundamental pelo desempenho do "homem da família" no "trabalho" (entendido como um certo tipo de "trabalho" — sobretudo envolvendo o dispêndio de força física) e, finalmente, de um sentimento e prática de pertencimento a um grupo de co-habitantes de uma mesma região social (com um grau de sociabilidade interna muito peculiar e intenso, a que os etnógrafos chamam "personalismo", "comunitarismo", "gregarismo", "participacionismo" etc.). essas "características" determinam uma reiterada ênfase na preeminência do "grupo" sobre o "indivíduo" (essa é uma locução que — para nos restringirmos à literatura recém-citada — aparece em Gans, Hoggart, Verret e Passeron) e na observância de regras de precedência hierárquica bastante nítidas (sobre eixos como os do gênero, classe de idade ou prestígio profissional; como lembra Verret, por exemplo — cf. 1972, p. 16).

Boa parte do sentido desses sinais básicos, descritivos, de uma "cultura das classes trabalhadoras urbanas" só se evidencia e ganha corpo ao nível de uma "identidade contrastiva" – e isso ao longo de três eixos (pelo menos). O primeiro é o de que aquele núcleo de valores é acionado para demarcar uma móvel mas nítida oposição entre *nós* e *eles*, entre um mundo "de dentro" e um mundo "de fora", um mundo onde se supõe reinarem aqueles valores e um outro – mais hostil – onde eles são denegados ou subvertidos. Boa parte da literatura citada atribui esse papel "contrastivo" imediato às "classes médias", por serem – sob um critério sociológico – as que efetivamente lhes são fronteiriças. O segundo eixo é o de que, sendo os etnógrafos e analistas das "classes trabalhadoras" fundamentalmente egressos das "classes médias" ou, pelo menos, partícipes dos segmentos "letrados", "cultivados" de sua cultura, tende a haver um modo contrastivo peculiar de observar aqueles valores e limites – iluminado pelos valores e limites presidentes às nossas e muito diversas representações (nada lineares porém; de tal forma que essa observação tem podido levar a constatações diametralmente opostas). O terceiro eixo é o de que esse núcleo de valores apenas evocado serve como critério de segmentariedade também "para dentro", permitindo uma complexa e flexível construção de fronteiras simbólicas, baseadas sobre gradações morais.

Quando se tenta ascender ao nível mais abstrato de uma "identidade-valor" ou do sistema simbólico em que aqueles traços fazem seu mais pleno sentido, enfrenta-se uma nova dimensão de problemas, que mal e mal repontava ao nível da mera "contrastividade".

No Capítulo II detive-me sobre o que constitui, a meu ver, o núcleo da versão letrada e ideal da cultura "moderna": a ideologia individualista, com sua coorte de implicações e corolários. É apenas face a ela e ao seu exercício pelos analistas da "Grande Tradição" que a cultura das classes trabalhadoras aparecerá recortada, descrita, investida de complexos sinais e valores. É em torno disso que se faz mister dizer alguma coisa, uma vez que se trata do próprio solo sobre o qual podem brotar quaisquer novos – ou nem tão novos – discursos. A importância dessa questão, a que creio ter me referido em outros pontos do trabalho, ultrapassa de longe o interesse acadêmico com que possa estar sendo aqui observada, uma vez que boa parte da dinâmica política da história moderna tem girado em torno de discussões a respeito exatamente do papel e sentido que na Sociedade Renovada e Iluminada deveriam deter os grupos de classe trabalhadora e a sua cultura.

Pode-se dizer de uma maneira geral que esses investimentos sempre têm sido muito intensos, divergindo ao longo de linhas que se examinará em seguida. Os dois pequenos textos em epígrafe evocam – por seu caráter antes "sentimental" que analítico – alguma coisa de sua aura. O de Durkheim – e teria que ser ele, com sua nostalgia da totalidade perdida – aponta para um "futuro da civilização" em que todo "calor moral" só poderia provir das "classes populares". Esse investimento positivo já fora e continuaria a ser vigorosamente expresso sob muitas outras formas – todas concordes em lhes atribuir, ou delas fazer depender, o *futuro.* O texto de Hoggart – e teria que ser ele, o ambivalente "convertido" – como que constrói um *passado,* ou uma nostalgia do *passado,* que não é, a meu ver, em boa parte, senão o estranhamento ante aquele rigoroso investimento de *futuro* com que sua nova cultura aureola e fustiga sua cultura e classe de origem. Teríamos assim aí algum sinal dos embaraços que têm cercado o desencontro entre as valorações exógenas sobre as classes trabalhadoras e sua cultura e as marcas e valores simbólicos sobre que efetivamente pautam sua visão de mundo.

O primeiro eixo sob o qual podemos apreciar a questão é o do nível teórico ou abstrato desses investimentos. Temos neste caso, em primeiro lugar, as versões puramente negativas, que atribuem e justificam o lugar subordinado e doloroso ocupado pelas classes trabalhadoras à sua "ignorância", "primitivismo" etc. — enfim à sua "falta de cultura". Essas versões são bastante generalizadas, podendo encontrar-se vazadas em discursos elaborados e programáticos ou disseminados no senso comum do quotidiano das classes médias e "superiores". Embora as versões "conservadoras" (mas não necessariamente as "autoritárias" ou "fascistas") se nutram dessas versões, o seu fundamento é basicamente o do modelo "liberal" ou "qualitativo" da ideologia do individualismo: os homens foram criados livres e iguais, a sociedade lhes concede idênticas "oportunidades" singulares de vida e as "desigualdades" são o resultado em parte da "culpa" individual dos sujeitos, em parte de passageiras "distorções" da vida econômica das nações que logo serão sanadas. De um ponto de vista diagnóstico, portanto, o que ressalta é a *carência* ou *privação,* que pode enfatizar tanto a "cultura" no sentido mais vulgar de "instrução" ou "educação", quanto a "cultura" no sentido mais geral em que o usamos (abrangendo, assim, inclusive, disposições sociológicas, sistemas de atitudes econômicas, recursos cognitivos etc.). É claro que a preservação dessa representação é absolutamente estratégica para a boa condução do modo de produção capitalista (sobretudo nas situações dependentes ou "frágeis"), mas não creio que se possa reduzir a um epifenômeno de tão importante fato.

As versões positivas apresentam um quadro mais complicado (inclusive porque incluem aspectos "negativos") e derivam fundamentalmente da versão "igualitária" ou "quantitativa" da ideologia do individualismo. De uma maneira geral, valem-se do núcleo "romântico" da "naturalidade" ou "primordialidade" que será justamente alocado às classes trabalhadoras por estarem mais distantes da "artificialidade" (e serem nesse sentido mais "inocentes") da vida moderna, civilizada, alienada. Isso é muito óbvio nos modelos "populistas" em geral, pode estar presente de uma maneira muito peculiar em alguns modelos "reacionários" ou "fascistas" (afastando-se neste caso por outros aspectos do ideário "igualitário" individualista) e não deixa de permear, como um "éter" indelével, a teoria marxista (é claro que isso é muito óbvio no tocante à homologia estrutural entre as "comunidades primitivas" e a "sociedade sem classes" ou no tocante à teoria da alienação; mas também poderia ser encontrado na raiz, por exemplo, da teoria do "valor-trabalho" e de seus múltiplos e graves corolários teóricos e políticos[12]). Uma valoração desse tipo poderá porém, em nome do ideal oposto, repetir várias das avaliações negativas da situação concreta ou "real" da cultura das classes trabalhadoras que deveria ser depurada ou redimida. Maria Célia Paoli fez uma recente e estimulante demonstração da continuidade do diagnóstico de *carência* ou *falta* a respeito do "comportamento" dessas classes no Brasil, desde o pensamento "autoritário" sobre a nacionalidade na Primeira República até os "sociólogos" da década de 60, passando pelo pensamento dos militantes "anarquistas" ou "socialistas" (cf. Paoli, 1984).

Um dos aspectos mais importantes dessas valorações positivas é o de que elas alocam (de diferentes maneiras, é verdade) às classes trabalhadoras um papel fundamental no resgate ou reconstrução da sociedade – e isso de uma maneira muito concreta, o que torna absolutamente vital a questão da efetiva adequação ou não dessas valorações à cultura das classes trabalhadoras, no sentido que se lhe vem aqui atribuindo.

Caso seja razoável minha proposta de que a cultura das classes trabalhadoras urbanas é fundamentalmente hierárquica e holista, em oposição e talvez, em boa parte, por oposição à ideologia individualista que axia a versão letrada e ideal da cultura "moderna" e sustenta boa parte da dinâmica das sociedades "modernas" (sobretudo nas "substancializações" dos aparelhos jurídico-políticos e da estrutura econômica), constitui um penoso paradoxo que a mais radical proposta societária decorrente da ideologia do individualismo, como é a que atravessa a teoria marxista, dependa, para sua efetivação da mobilização de um sujeito social que – por mais insatisfeito que esteja com os malefícios da ordem capitalista – não tem a menor afinidade cultural com a ideologia que sustenta aquela proposta.

Essa proposta do caráter basicamente hierárquico-holista da cultura das classes trabalhadoras urbanas, embora se consolide sobre um eixo analítico bastante abstrato, passa evidentemente por uma análise de material etnográfico. É indispensável, nesse sentido, chamar a atenção para alguns pontos centrais e recorrentes, sem a evocação dos quais seria impossível prosseguir com a discussão das repercussões daquela proposta central. Nesse sentido, vou utilizar aqui uma seqüência restrita de fontes que se enriquecerão posteriormente ao longo da análise.

O primeiro ponto é o da afirmação da preeminência explícita e direta do "grupo", da "coletividade", da "comunidade" sobre aquilo que chamamos e valoramos como a "individualidade". E não no sentido durkheimiano da afirmação de uma base, uma gênese, um substrato ativo mas inconsciente – necessária no contexto das representações "individualizadas" de mundo, que eram as suas e as de seus interlocutores – mas num

---

[12] Esse é um dos pontos sobre que se detém a análise de Dumont em seu *Homo aequalis*, que pretende justamente historicizar esse corpo conceitual (cf. Dumont, 1977).

sentido bastante concreto, vivencial; o bastante até mesmo para surpreender tal e tal etnógrafo.

Veja-se a seguinte observação com que se tropeça subitamente na tese de Sonia Alves a respeito da "classe trabalhadora":

As categorias vão se tornando cada vez mais difíceis de precisar, ou melhor, cada vez o discurso dos entrevistados vai se tornando mais resistente a um enquadramento no código que utilizo e que, como foi dito, tem sua raiz na linguagem médica. As divisões que se seguem — "da cabeça" e "da vida" — mesclam-se a todo momento, *como se indivíduo e grupo estivessem amalgamados* ou, ao menos, sua modelagem não estivesse de todo concluída — figura e matéria-prima ainda não teriam encontrado o ponto de cisão (Alves, 1982, p. 68 — grifo meu).

Justaponha-se a essa fórmula tão expressiva quanto negativa a concisão de Hobsbawm falando das "mentalidades populares" e do "separatismo de classe" na Inglaterra:

A falta quase total de contatos entre o sistema de valores do liberalismo burguês e o da classe operária, entre um *sistema intrinsecamente individualista* e uma classe cuja existência respira a *solidariedade e a comunidade* (Hobsbawm, 1974, p. 243 — grifos meus).

Quase como a responder ao mote de Hobsbawm, acrescenta Hoggart:

Este sentido de comunidade é inconsciente; está muito longe da camaradagem cultivada pelos movimentos com propósitos de reforma social. Não deriva — pois é algo de mais elementar, algo de mais antigo — da convicção de que a união se torna necessária caso se pretenda melhorar as condições de vida, convicção essa que está na origem dos movimentos cooperativos. É antes fruto do saber de experiência feito, que ensina que o indivíduo se encontra inevitavelmente integrado no grupo; *o indivíduo sabe que está integrado num grupo* (. . .) (Hoggart, 1973, p. 98 — grifo meu).

As expressões de Verret (comentando Hoggart a propósito da "cultura popular") de que "a identidade pessoal se confunde com a identidade do grupo" (Verret, 1972, p. 15) e de Gans, de que "o papel do grupo [na sua "peer-group society"] na vida do indivíduo é tal que ele existe em princípio para o grupo" (Gans, 1962, p. 40) me parecem completar o esboço desse primeiro limiar da identidade de classe trabalhadora sobre que me parece ser necessário insistir. É claro que há muito a discutir sobre as nuanças do que aí se chama de "grupo", de "comunidade", de "solidariedade", de "amálgama" — mas o texto de Hoggart me parece justamente apontar para o cerne da questão: seja qual for o impreciso nome com que se esteja designando essa característica da cultura trabalhadora, o que está em jogo é um modo de pertencimento diverso daquele que qualifica a *societas* moderna (o que ele chama de "movimento cooperativo") e sua relação com os seus sócios "livre-contratantes". A experiência e a sensação de pertencimento preexistem, prevalecem, condicionam a instituição de *pessoas* diferenciadas, hierarquizadas no interior dessa configuração holista.

A qualificação explícita desse modo cultural como "hierárquico" é quase absolutamente inexistente, dado o sentido habitual de "dominação" de que se reveste essa palavra.[13] Observaremos, no entanto, uma farta literatura que corrobora esse caráter "hierárquico", no sentido de "diferencialidade/relacionalidade/complementaridade/reciprocidade" com que o utilisamos, ao longo do próximo item. A única exceção com que me deparei nesse sentido foi o insuspeito Verret que a ela se refere como uma "définition stricte des status", articulada sobretudo em torno dos vetores do gênero, da classe de idade e do prestígio profissional (neste último caso, em relação ao homem) (cf. Verret, 1972, p. 16).

Outra qualificação abrangente a que cabe referência neste momento é a da explícita oposição aos valores da "classe média", seja do ponto de vista comparativo do etnógrafo, seja do ponto de vista explícito dos grupos de classe trabalhadora em tal ou qual nódulo de seu discurso ou seu comportamento. Isso se encontra tanto em Gans (1962, pp. 26-27, 198, 219 e 230-231), quanto em Verret (1972, p. 19 e seg.), Sennett & Cobb (1972, p. 79) e Hobsbawm (1974, p. 243), ou em Leeds & Leeds, já em referência às classes trabalhadoras brasileiras (1970, p. 256). Este ponto mereceria uma atenção particular no tocante aos aspectos contrastivos ou de "resistência" dessa cultura, particularmente em torno da obra de Goldthorpe *et al.* sobre a "tese do emburguesamento".

Há uma questão da "individualização" na tradição dos estudos sobre as classes trabalhadoras que se apresenta como particularmente ambígua e que convém aqui explicitar; por um lado fala-se freqüentemente que os membros das classes trabalhadoras *já* são "individualistas" ou "individualizados" porque expostos basicamente a três tipos de processos de "modernização" logo descritos; de outro, fala-se que eles *ainda* são "individualistas" porque não suficientemente "modernizados", porque herdeiros ainda muito diretos de um "tradicionalismo". Do ponto de vista analítico aqui utilizado, nenhuma das duas afirmações ou dos dois níveis de afirmações é sustentável. No primeiro caso, são referidos três processos. O primeiro é o da *quebra* — quebra da família extensa, quebra dos laços tradicionais, quebra da cooperação e vizinhança rural ou vicinal, quebra das relações de patronagem, quebra da visão de mundo particularista ou *closed corporate.* Essa visão tanto se refere à situação de migração "rural-urbana" quanto à situação de ruptura do *urban village.* Ora, não só as descrições a respeito das condições pristinas de atualização desses valores exageram em boa parte a sua pureza ou univocidade como a sua própria visão enquanto conjuntos isolados de "traços" impede a percepção da continuidade de princípios culturais ou simbólicos jacentes por sob comportamentos superficialmente discrepantes. Além do mais, mesmo quando as rupturas afetam de maneira realmente profunda as estruturas culturais, só uma visão muito linearmente

---

[13] Apresentei uma primeira proposta nesse sentido em 1981, sob o título de "Construção Social da Identidade e Hierarquia em um grupo de classe trabalhadora" 1981b). Voltei ao assunto, sucessivamente, em Duarte 1983a (último ensaio); 1984b, 1984d, 1984e e em Ropa et *al.,* 1984. Lia Machado, em artigo recente, compartilha dessa proposta; com algumas nuanças diferenciadoras (cf. Machado, 1984).

evolucionista exigiria que a mudança daí decorrente implicasse a adoção da ideologia individualista ou, pelo menos, de alguns de seus princípios. Como se a "modernização" aparente das condições de vida implicasse uma "modernização" linear do sentido da vida, ou ainda como se não se pudesse ser "tradicional" de diferentes maneiras, ou — para usar minha linguagem — fruir de diferentes formas de cultura "hierárquico-holistas".

O segundo tipo de processo invocado para argüir a "individualização" é o da *invasão:* invasão pelos meios de comunicação (particularmente a televisão), pelos aparelhos centralizados de educação, saúde, higiene, serviço social etc., enfim, até mesmo pelo contato das "empregadas domésticas" com os hábitos e padrões de vida de seus patrões das classes médias e superiores. Hoggart já escrevera o seu livro clássico (tantas vezes citado), em 1957, movido pela necessidade de relativizar o propalado efeito dos meios de comunicação de massa sobre a cultura das classes trabalhadoras. As críticas mais recentes (e se fez há pouco referência a algumas delas) enfatizam a engenhosa capacidade de "resistência" das culturas "ameaçadas" (através da seleção, reinterpretação e reinvenção), o que só se faz compreensível na medida em que se concebe essas culturas não como frágeis feixes de elementos avulsos, mas como um efetivo sistema simbólico, capaz de digerir elementos exógenos e freqüentemente agressivos. O próprio aparelho escolar, que é afinal voltado explicitamente para a inculcação de um hábito letrado, racionalista (solidário com a cultura permeada pelo individualismo), parece ter generalizados e intensos limites de eficácia, de múltipla ordem, inclusive os seus próprios e inexplícitos critérios de rejeição de clientes "difíceis" — apesar da atração que exerce sobre as classes trabalhadoras o valor do *estudo.*[14]

O terceiro tipo de processo invocado ou argüido é o da experiência do trabalho urbano e fabril, no que se conjugam dois planos de questões: o primeiro (supondo-se uma situação de "migração rural-urbana") é o da dissolução da solidariedade unidade doméstica/unidade de produção/unidade de consumo, que exporia os membros da família à vivência singularizante de um "mercado de trabalho", o segundo é o da experiência fabril, no duplo sentido de experiência das relações de trabalho capitalistas e de experiência do processo de trabalho (supondo-se a situação modelar da "grande indústria" descrita e analisada em *O Capital*) aí vigente. É verdade que a "forma fenomenal" (para usar a locução de Marx) que assumem as relações ideais capital/trabalho nesses planos é de certo modo "individualizante", ora por se ancorar diretamente na ideologia do individualismo (como ocorre com a forma "salário"), ora por lhe servir indiretamente através dos processos da fragmentação generalizada e da maximização de recursos (exacer-

[14] Sobre isso há uma literatura vigorosa, em que se ressalta o clássico de Bourdieu & Passeron (1975). Entre nós os artigos de Diégues (1979) e Schneider (1974) abordam diferentes ângulos da questão a partir de material de suas pesquisas para mestrado. O artigo de Willis sobre escolarização "profissionalizante" de jovens das "classes trabalhadoras" pode ser cotejado com proveito (1978).

bação de uma lógica "meios/fins) — instauradora de um mundo em que se privilegia a relação pessoa/coisa em detrimento da relação pessoa-pessoa (cf., por exemplo, Dumont, 1973, p. 103). Ocorre porém que — mais uma vez —, apesar de toda sua já secular prepotência, de seus insidiosos mecanismos de disciplinarização, da coerção quotidiana com que invade direta ou indiretamente toda a vida dos operários e de suas famílias, também aí parecem poder se articular aqueles processos de "seleção", "reinterpretação", "reinvenção" que, em nome dos princípios culturais mais profundos da classe, ordenam o que, um tanto voluntaristicamente, se nomeia de "resistência".

Essas são as três supostas fontes de "individualização" dos membros das classes trabalhadoras. É preciso advertir que minhas objeções a tais processos se referem a experiências coletivas, de classe, e não aos numerosos casos isolados que aqui e ali efetivam uma conversão cultural ou sofrem um deslocamento social mais radical (como, por exemplo, o enriquecimento mais ou menos súbito) que os exponha — não sem ambivalências — à mudança "individualizante" (cf. Duarte, 1978, p. 120 e seg.; para a análise de um fenômeno desse tipo).

Sob outro ponto de vista, essa "individualização" alegada e supostamente concretizada provoca avaliações ambivalentes. Pois se, por um lado, significa a "subordinação", a "submissão" às injunções da dominação de classe e cultural, por outro, pode significar a aproximação de condições finalmente propícias ao desvendamento da "alienação", à assunção de uma "consciência" individual da dominação e da necessidade e bom caminho de sua superação. É nesse sentido que se poderá freqüentemente denunciar a insuficiente exposição à destruição de uma cultura vista como "tradicional" e, portanto, espessamente impeditiva da iluminação racional-moderna. Um terceiro aspecto ainda pode ser observado: o de que, para certos efeitos — particularmente o da ação "associativa" que se supõe necessária para a superação das atuais condições de dominação de classe — a "individualização" será encarada como perniciosa e poderá até mesmo surgir algum tipo de nostalgia de um passado "comunitário", cuja "reconstrução" artificial será tentada. Está claro que se cruzam nesse ponto diversos mal-entendidos, decorrentes da descontrolada multivocidade do conceito de "individualismo" empregado e da nula percepção do mecanismo simbólico mais profundo que o perpassa.

O problema que assim permeia a questão da diferença entre as classes trabalhadoras e as classes médias e suas respectivas culturas vê-se reproduzido, em alguns casos, em análises que estabelecem uma tipologia de classes mais ou menos aproximáveis do "individualismo", ou de algumas das características "comportamentais" ou valorativas que se lhe associa. Há mesmo alguns casos em que a nomenclatura para a tipologização intraclasse repete literalmente a que é utilizada para a demarcação interclasses. Na obra já citada de Gans, a dicotomia *object-oriented* X *person-oriented*[15],

---

15 "As pessoas orientadas-para-objeto podem participar de grupos secundários ou remodelar grupos primários de modo a atingir seus interesses de objeto; as pessoas

que ele próprio associa a pares de oposição homólogos em Merton (*locals* X *cosmopolitans*) e Riesman (*other-directedness* X *inner-directedness*) (cf. Gans, 1962, p. 259), evoca diretamente aquela utilizada, para efeitos interculturais por Basil Bernstein de *status-oriented* X *person-oriented* (é claro que nesses casos está em jogo sempre o jargão específico do "funcionalismo" anglo-americano) (cf. Bernstein, 1980). É nesse sentido que Gans vai estabelecer a seguinte tipologia de "behavior styles": 1) *maladapted;* 2) *middle class mobiles;* 3) *routine seekers;* e 4) *action seekers* (cf. Gans, 1962, p. 28). Se excluirmos a impossível categoria inicial e a absolutamente explícita categoria segunda, ficamos justamente com os dois "tipos" principais (segundo o autor). Ora, o exame das características de ambos revela justamente a preocupação em distinguir sob a forma de dois estilos de vida, de dois "grupos" ou "culturas" dentro das classes trabalhadoras aquilo que se aproxima de um "individualismo" e aquilo que dele se afasta ou a ele resiste. Uma versão americana do problema não poderia deixar de enfatizar particularmente esse impulso para a ação que está na raiz do tipo ideal do *enterpreneur.*

A tipologia construída por Lockwood é um pouco mais complicada, porque, além dessa aproximação maior ou menor do "individualismo", ele faz interferir uma distinção entre visões da sociedade baseadas num modelo de "poder" e num modelo de "status", que é absolutamente digna de nota. Seus três tipos são: 1) o trabalhador tradicional "proletário"; 2) o trabalhador tradicional "deferente"; e 3) o trabalhador privatizado (cf. Lockwood, 1974, pp. 122-3). Neste caso é o "trabalhador privatizado" que representa a adoção do que o autor chama explicitamente de *individualistic model* (*ibid.,* p. 127 e segs.). Os dois outros tipos (ou "grupos") na verdade se diferenciam por apresentarem, no primeiro caso, um modelo dicotômico da sociedade que ele chama de *power-model,* e, no segundo, um modelo gradativo, que ele chama de *status-model* (e às vezes, de "hierárquico"). Antes de sua aplicação às classes trabalhadoras, é dito explicitamente que "a ideologia social da classe trabalhadora tende a tomar a forma do modelo de poder, enquanto a da classe média aproxima-se do modelo hierárquico"[16] (Lockwood, 1974, p. 122). Tem-se assim um claro exemplo da lógica segmentar que preside a essas classificações de "classes" sobre o eixo do valor-Indivíduo. A descrição das características dos dois grupos mostra-nos posições sociais e valores quase idênticos, a não ser no fato de que o de tipo "proletário" enfatizaria mais a oposição *nós/eles,* assumindo assim aparentemente uma maior solidariedade interna e um maior enfrentamento com a sociedade abrangente, enquanto que o de tipo "deferente" apresentaria uma posição menos agressiva face às classes superiores e mais ciosa das suas próprias diferenciações internas, de prestígio

---

orientadas-para-pessoa desenvolvem as suas aspirações dentro de um grupo primário de que são membros e que não estão interessadas em deixar (Gans, 1962, p. 90).

[16] A categoria "hierarquia" aparece aqui numa de suas acepções de senso comum: a de um sistema de graduações verticais de *status;* uma espécie de *pecking-order.*

ou *status*. Do meu ponto de vista analítico, Lockwood estaria transformando em unidades sociológicas dois aspectos do mesmo esquema de representações (atualizáveis em diferentes situações), o que procuro demonstrar em outro ponto deste trabalho, a propósito sobretudo do material etnográfico de Teresa Caldeira. Infelizmente é impossível explorar aqui todas as nuanças da crítica suscitável pela proposta de Lockwood – que poderia ser bastante útil para vários pontos de meu argumento geral. Bastemos reter no momento a idéia de que a pedra de toque do "individualismo" – no seu sentido mais descritivo e de senso comum – atravessa universalmente as leituras e avaliações da vida e da cultura das classes trabalhadoras, tanto no seu nível contrastivo externo quanto no de sua qualificação interior, por mais que se divirja quanto ao sentido e limites de sua ausência, presença ou intensidade.

"Liberta-te do Tóxico"

O Homem da Prece Poderosa,
MISSIONÁRIO BENEDITO MARTINS.

Estará libertando centenas de pessoas escravizadas pelos seguintes vícios.

Álcool, Maconha, Cocaína, Morfina, Tabaco e outras Drogas Mortais.

O MISSIONÁRIO, TRATA TAMBEM DOS SEGUINTES MALES:
Crises de Choro, Ataque de Nervos, Crises nervosas, Desejo de Suicídio, Neurose, Maus pensamentos, Doenças espiríituais e afasta Espíritos Malignos de dentro das Casas e das Pessoas.

Local: CAPÉLA DA PRECE PODEROSA
DIARIAMENTE ÀS 3 HORAS DA TARDE E ÀS 7,30 DA NOITE

Rua Hivio Naliato, 774 - SAMAMBÁIA - Próximo a Clínica São Pedro - PETRÓPOLIS - RJ

O nervoso *em um volante de propaganda de um agente religioso (recolhido num ônibus entre Petrópolis e o Meio da Serra — 1982). A seqüência dos* males, *encabeçada pelos* tóxicos, *estabelece uma continuidade heteróclita entre diversas categorias de "perturbação" (veja-se que já aparece o termo* neurose*) que só faz sentido neste contexto, por desenfatizar a tensão físico-moral em proveito do privilégio encompassador do "religioso".*

V
IDENTIDADE E PERTURBAÇÃO

— *"A doutora me desculpe, mas faltou uma parte muito importante, aí, nessas perguntas. A doutora não perguntou nada sobre o* nervoso, *os problemas de* cabeça." *A médica ficou surpresa com a interferência do rapaz e disse que nesse questionário não estavam interessados em investigar aquele tipo de problema. O rapaz, então, passou a falar do* nervoso *das pessoas e disse que o maior problema dos brasileiros era a* fome. *Disse que ele também era muito* nervoso, *sentia uma* aflição *na* cabeça, *que tinha ido a muitos médicos, tirado muitas* chapas da cabeça, *mas que continuava* nervoso.

Do "Relatório sobre nervoso" —
Grupo de Pesquisa de Acari, 1982, p. 7 (mimeo.)

A queixa ardorosamente formulada pelo rapaz que assistia — na descrição em epígrafe — à aplicação de um formulário sobre "saúde" na residência de uma vizinha ecoa insistente em muitas direções. "Aquele tipo de problema" não se pergunta nem se responde facilmente. Este capítulo tenta captar sob diversos ângulos os fenômenos do *nervoso,* introduzindo para tanto alguns recortes e encaminhamentos cuja interseção pode talvez representar um esboço de resposta à pergunta cuja ausência inflamava a inquietação do rapaz. A cada passo, porém, da exposição distendem-se, em recusa à dissecação, todos os outros fios e planos que em meu discurso devem nivelar-se lineares, cartesianos, acotovelados com as incômodas arestas de uma configuração de alto poder totalizante.

As dificuldades do esmiuçamento do sentido perseguido prendem-se, sobretudo, a três qualidades presidentes a esse universo e elas próprias objeto intrínseco da análise. Trata-se, em primeiro lugar, da qualidade já tantas vezes enfatizada de fenômenos "físico-morais" que — se pressupõem por um lado os dois pólos de *corpo* e *espírito* — imbricam-nos de forma muito específica e distante daquelas a que nos habituou nossa forma dominante de racionalidade. Há, em segundo lugar, a preeminência de um modo relacional e situacional de determinação das identidades e de seu jogo que não se coaduna com o modo individualista e substantivista com que se arma nossa ideologia dominante. E há ainda, em terceiro e último lugar, a ordenação diferenciante das qualidades dos sujeitos sociais, contrária aos pressupostos equalizantes do mesmo e designado modo cultural dominante.

É sob a égide dessas três qualidades genéricas da configuração cultural analisada que se deve portanto tentar acompanhar a argumentação desenvolvida. Procedi à sua construção seguindo uma linha que nos conduz do mais "interno" ou específico ao mais "externo" ou geral, o que talvez faça ganhar em clareza o que se perde em originalidade ou em fidelidade à ordenação vivida pelos informantes. Esta última, que deveria ser o critério régio, será parcialmente construída no último item deste capítulo (mais "nodular"). Passaremos, portanto, do que chamei de "construção intrapessoal" ao recorte dos múltiplos eixos da "diferenciação" dessa construção da pessoa, para tratar em seguida de uma série de planos fundamentais da "vida nervosa" enfeixados na rubrica da "vida interpessoal". O item do "*nervoso* como mediação físico-moral" examina essa qualidade genérica da configuração em quatro nódulos temáticos que atendem em parte à necessidade de reobservar sob o ângulo dramático os *disjecta membra* de nosso objeto.

a) O *NERVOSO* E A CONSTRUÇÃO INTRAPESSOAL

O desenvolvimento e manifestação das "perturbações" apresenta características que chamei de mais "internas" por mobilizar representações a respeito do que se passa dentro dos limites mais restritos da "pessoa", aqueles a que comumente associamos nossa idéia de um "indivíduo", ou seja, o seu *corpo* próprio e algo que, variadamente recortado e nomeado, se pode aqui resumir na categoria de *espírito.* Este é um recorte que envolve uma considerável arbitrariedade, dadas as características antes apontadas da imbricação relacional em que se dá a noção de *pessoa* nesse espaço cultural. É tanto mais incômodo proceder a esta demarcação quanto a demonstração da não-correspondência entre o recorte "individual" (no sentido lato) e a identidade pessoal é a linha central do meu argumento. É de qualquer forma necessário ressaltar que, embora a identidade pessoal seja efetivamente pensada como algo que extravasa os limites da "individualidade" (no sentido lato) e que se arma diferencialmente da "Individualidade" no sentido estrito comentado no Capítulo II, não deixa de haver a representação de um foco ou nódulo das demarcações culturais que tematiza esse constrangimento limite da condição humana em que consiste aquela "unidade biopsicológica" ou "amostra da espécie humana" a que se refere Dumont.

Como a representação sobre o *espírito* é a que mais vivamente rompe com a possibilidade desta demarcação "intrapessoal" ela será observada novamente e de maneira talvez mais esclarecedora em alguns dos itens seguintes. Posso afirmar dessa forma que a "corporalidade" seja o ângulo aqui predominante: um ponto de vista segundo o qual podemos observar o *nervoso* e a pessoa.

Este material é atravessado por dois eixos: o dessa citada oposição entre *corpo* e *espírito* e o do que se arma entre *saúde* e *doença,* ou talvez mais adequadamente, entre "estabilidade" e "perturbação".

A consulta aos arrolamentos de categorias associadas ao *nervoso* com que me acerquei do tema no Capítulo I revela a preeminência desses dois eixos. Víamos naquele momento como se podia montar um quadro classificatório das designações desses fenômenos dividido em uma seqüência "profana" que cobria as colunas encabeçadas por *maluco, doente mental, histerismo, disritmia, neurose* e *trauma* e uma outra, "espiritual", que cobria as colunas encabeçadas por *encostado, tomado por demônio* e "sob o efeito de *quebranto*". Víamos, do mesmo modo, cruzando diversos daqueles quadros, como se opunham aos estados ideais de *paz* ou de *calma* uma profusa floração de sintomas físicos, uma ainda mais vasta gama de sintomas "morais", um segmento de núcleos agudos em torno do *ataque, crise* ou *acesso de nervos,* e as qualificações genéricas e diferenciantes do *estar* e do *ser nervoso.* Encontravam-se assim subentendidas as colunas do quadro inicial da *tensão* e do *desequilíbrio nervoso,* embora as categorias desse nível não sejam em si usuais no discurso das informantes (característica importante que será explorada em outro momento).

O encaminhamento deste material faz uso da sugestão de Boltanski sobre a preeminência dos núcleos da "substancialidade" e da "espacialidade" nos hábitos diretores de consciência das classes trabalhadoras (cf. Boltanski, 1979, p. 78), bem explorado no contexto brasileiro pela pesquisa de Andréa Loyola (cf. Loyola *et al.* 1977, p. 97).

O NÓDULO DA SUBSTÂNCIA

É desta forma que podemos dizer que o *nervoso* está relacionado com uma série de acidentes ligados às "substâncias" corporais e ao jogo de suas qualidades e relações.

O primeiro grande núcleo é o da *força/fraqueza,* basicamente vinculado às representações sobre o *sangue,* e que, embora encompasse nesse sentido toda a corporalidade, tem como referências nucleares o *coração* e os *músculos.*

O núcleo da *força/fraqueza* tem, num primeiro nível, conotações semelhantes às que nosso senso comum lhe pode atribuir e é nesse sentido um referencial básico para a definição de qualidades diferenciais da pessoa, e, neste caso, primordialmente do *homem,* que, como *trabalhador,* tem na *força* "muscular" um de seus atributos ideais básicos. A mulher não tem ressaltado, a não ser como exceção pitoresca, esse nível de atributo pessoal, uma vez que é vista como "frágil"; por mais que em suas pesadas obrigações domésticas ou mesmo no trabalho assalariado enfrente tarefas que envolvam considerável "força" muscular.

Há, porém, evidentemente um reconhecimento de diferenças na quantidade de *força* de que dispõe cada homem em particular, o que pode ou não ter um peso qualificatório radical, dependendo da composição com as quantidades das duas outras "capacidades": a "mental" e a "moral" (v. Duarte, 1978, p. 162 e seg., e Duarte, 1982, p. 370). De qualquer modo, um homem *fraco* (neste sentido muscular) encontra-se em uma situação virtualmente desprivilegiada, não só pelo que virá a enfrentar objetivamente em sua luta pelo trabalho, como pelo que isso sempre envolverá de uma avaliação diminuidora pelos seus próprios pares ou pelas mulheres, entre as quais se medirá sua conveniência como cônjuge potencial. Essa *fraqueza* muscular poderá, além do mais, ser encarada como um sinal dessa outra *fraqueza* mais abrangente, que consiste numa virtualidade da exposição à *doença* ou às "perturbações" em geral.

Os dois sentidos são percebidos como interligados em uma avaliação do próprio desenvolvimento físico do sujeito, ou seja, que a *fraqueza* muscular do homem possa ser o resultado de alguma experiência de *fraqueza* corporal maior experimentada na infância ou adolescência (envolvendo uma avaliação, inclusive, das qualidades de seus progenitores), que se poderia reconverter em *fraqueza* corporal adulta, sob a pressão de quaisquer circunstâncias supervenientes. Isso não quer dizer que o *homem forte* (no sentido muscular) não seja igualmente passível de doença ou perturbação, mas que essa idéia oferece uma linha de probabilidade socialmente designada que pode intervir sobre a própria auto-representação do sujeito e sua "disponibilidade" em se considerar doente ou perturbado. Isso é tanto mais significativo no caso do *nervoso,* por termos aí englobado a área das perturbações físico-morais, em que fatores que nós chamaríamos de "psicológicos" estão mais diretamente em jogo.

Duas questões se apresentam quanto a esse ponto. A primeira é a já referida qualidade do ethos masculino de se representar como mais distante das doenças e perturbações em geral do que a mulher (o que está intimamente ligado à conjunção das representações da *força* muscular e da *força* corporal). A segunda é a de que o *homem fraco* tende a ser estruturalmente aproximável do pólo feminino, reino privilegiado da ausculta, consideração, especulação, classificação e procura terapêutica das doenças e perturbações — mormente das que se apresentam com qualidades "físico-morais". Ressalto mais uma vez, porém, que este princípio não pode ser, nos casos concretos, separado da avaliação das capacidades "mental" e "moral", mas sobretudo não desta última — pedra de toque da qualificação do homem como sujeito ideal legítimo. O que não significa apenas dizer que essas três capacidades se entrecruzam, mas que se imbricam fundamentalmente. Isso fica particularmente claro em qualquer trajetória pessoal em que esteja em jogo, por exemplo, o excesso de bebida, quando um "enfraquecimento" físico poderia ser decorrente do prévio "enfraquecimento" moral pelo vício, tanto quanto uma prévia "fraqueza" física (que importasse, por exemplo, em um desempenho deficiente como *trabalhador*) poderia acarretar o "enfraquecimento" moral na perda do controle dos limites da ingestão alcoólica (v., por exemplo, Neves, 1977, p. 20).

Ora, se consultarmos os quadros dos sintomas físicos e dos sintomas morais do *nervoso,* veremos que eles são quase perfeitamente superponíveis aos que do mesmo modo se pudesse construir para a *fraqueza* (não no sentido muscular, mas no sentido amplo corporal). A categoria da *disposição* (fundamentalmente aplicável ao contexto do *trabalho*) designa, como estado legítimo, a oposição a um estado de *fraqueza* tanto quanto a um estado *nervoso.* O que distingue significativamente o uso das duas categorias é que a designação localizada da *fraqueza* deve apontar para uma das suas duas acepções (a física ou a moral), como em expressões do tipo "me sentia fraco" ou "foi uma fraqueza minha", e tem nesse sentido uma qualidade antes descritiva do que interpretativa. Já o uso da categoria *nervoso,* aplicável em qualquer dos dois casos, abole a necessidade da determinação sintomática, transferindo o significado dessa experiência para o plano de uma qualidade abrangente (no sentido de "física" e "moral"), consubstanciada em uma entidade determinante ("eram os *nervos*" ou "era o *nervoso*"). Em determinados contextos essa associação pode ser expressa na categoria única *fraqueza de nervos,* que tanto pode significar a acoplagem correspondente a uma *fraqueza* pelos (através dos) *nervos* quanto a reconstituição no plano do próprio *nervoso* da lógica da *fraqueza,* ou seja como uma *fraqueza dos nervos.* É significativo que tanto a única ocorrência dessa categoria composta em meu material quanto o lugar que a ela atribui Andréa Loyola (na coluna das "doenças de curandeiro") (cf. Loyola, 1977, p. 100) dão-se no contexto do recurso a meios religiosos, ou seja, no da procura, nesse momento, de um plano ainda mais abrangente e determinante que o do *nervoso,* reduzindo-se este à posição descritiva que no nível anterior cabia à mera *fraqueza.*

A possibilidade de tal deslocamento se deve à homologia que, num certo plano, guardam entre si a representação do *sangue* e a dos *nervos,* mais adiante examinada ao tratarmos do nódulo da "comunicação" intracorporal.

O discurso da *força* se tece em boa parte em torno da idéia do *sangue,* como sede e sinal de uma qualidade vital positiva. Essa representação, que tem amplas articulações simbólicas, tem sido certamente reforçada pelo contato com o aparelho médico e certas características de seu universo, tais como o núcleo do "exame de sangue", da "anemia" etc. É creditável à intervenção desse espaço cultural o valor atribuído às *vitaminas,* normalmente encaradas como "fortificantes" e de consumo bastante generalizado, mesmo sem recomendação ou prescrição médica (normalmente por indicações boca a boca, ou reiterando uma antiga receita para algum membro da família). Seu uso é concomitante ao dos *tônicos* ou *fortificantes* tradicionais, do tipo do "Biotônico Fontoura". O rótulo deste remédio refere-se em letras de máxima visibilidade a *sangue, músculos* e *nervos* (nessa ordem), intercalando em letras menos distintas a referência ao *ferro* e ao *fósforo;* o primeiro elemento associado ao *sangue* e o segundo aos *músculos* e *nervos.* Ressalta nessa informação o valor razoavelmente reconhecido entre os informantes ao *ferro* como elemento de "fortalecimento" do *sangue* e, portanto, do *corpo.* Independentemente de qualquer "realidade" científica subjacente, cujo sentido escapa até mesmo aos portadores não-especializados da cultura letrada, ressalta o alto potencial simbólico desta associação, dadas as características desse metal como paradigma de "força" e "resistência".[1] É menos claro (e não posso corroborá-lo com

[1] Lembremo-nos do que se pôde a esse respeito observar no Capítulo III, em torno,

qualquer indicação do discurso dos informantes) o potencial simbólico do *fósforo,* aí associado aos *músculos* e *nervos,* embora a coincidência na língua portuguesa entre o nome desse elemento químico e o dos objetos que mais quotidianamente se associa à obtenção do *fogo* (e portanto de *calor* e *luz*) possa influenciar a associação positiva invocada pelo remédio. É também possível que a representação de uma influência benéfica do *fósforo* sobre a *memória* (ou sobre a "capacidade mental"), que se encontra disseminada em nossa cultura e de que tenho exemplos em Jurujuba (no contexto de uma avaliação sobre o consumo de *peixe,* que é considerado alimento portador de fósforo) possa intervir em parte na apropriação da mensagem de um *tônico* como esse, através da representação comum que associa tanto os *nervos* quanto a *memória* à *cabeça* e ao *cérebro.*[2]

O *sangue* é encarado não só do ponto de vista de sua qualidade, que parece ser o referencial principal para sua associação com a *força* — como o demonstram expressões como *sangue fraco* ou *sangue ralo* —, como do ponto de vista de sua quantidade e mobilidade.

Embora venhamos a reobservar a representação da "mobilidade" mais adiante, é impossível extricá-la neste momento da quantidade. Na verdade, prevalece uma representação de que o *sangue* deve se distribuir pelo corpo de um modo equilibrado (ou seja, pressupondo uma certa "quantidade" ideal), mas também diferenciado. Alguns trabalhos ressaltam uma associação privilegiada do *sangue* com certos órgãos ou partes do corpo, atribuindo-se diversos distúrbios à confusão ou inadequada localização do *sangue* nessa distribuição interior (cf. sobretudo Ibañez-Novión, 1974, p. 163 e seg. e 1976, p. 16). Em minha experiência etnográfica pude perceber e comprovar a observação desses trabalhos no tocante à oposição *corpo/cabeça.* Ela se dá, de uma maneira mais genérica e difusa, na representação expressa em locuções do tipo "subiu o sangue à cabeça", "cabeça quente" e "não esquentar a cabeça" (tendo em vista que, como veremos no tocante à síndrome quente/frio, o *sangue* é o elemento *quente* por excelência do equilíbrio corporal). O rubor facial ("o cara tava todo nervoso; foi ficando vermelho, se esquentando") oferece um sinal socialmente apropriado para a corroboração dessa idéia, a que não é estranha uma lógica das cores (basicamente da oposição *vermelho/branco*) bem explorada por Ibañez-Novión em seu trabalho citado (1974, p. 164).[3]

Encarado aqui do ponto de vista de suas propriedades de "quantidade", o *sangue* que assim se desloca pode estar obedecendo a um excesso interno e não apenas a uma fisiologia regular das "emoções". No contexto

---

particularmente, de uma referência de Foucault à ingestão direta de limalha de ferro no século XVIII (cf. Foucault, 1978, p. 309).

2 Acabo de encontrar uma outra menção etnográfica explícita a esse núcleo de representações em Zaluar, 1983a, p. 139.

3 A relação aqui observada entre os *nervos* e o *sangue* parece bastante diversa da que descreve Herzlich para a França (cf. Herzlich, 1969, p. 40).

das citações acima, poder-se-á estar avaliando que tal ou qual pessoa é *esquentada,* "vê tudo vermelho" (e, nesse sentido, também a injeção continuada de sangue nos olhos pode servir como sinal de avaliação) e que esse excesso sangüíneo transborda perigosa e regularmente para a *cabeça* (lembrando todas as conotações positivas muito reiteradas do "manter a cabeça fria"). A idéia de *pressão alta* é associada nesse sentido ao excesso mecânico do *sangue* e à sua "pressão" sobre a cabeça (que inclui o *latejar* dos vasos temporais) (cf. por exemplo, Woortmann, 1978, p. 112). A idéia de quantidade também está presente na representação dos perigos relacionados à amenorréia, quando o *sangue* que poderia ser regularmente perdido pela mulher permanece no corpo (cf., sobre esse ponto: Loyola *et al.,* 1977, p. 112-115; Queiroz, 1978, p. 52 e Ibañez-Novión, 1974, p. 73).

Ainda no tocante à "qualidade", deve-se levar em conta todo um núcleo de representações a respeito do *sangue ruim,* que se distingue do *sangue fraco,* embora possa acarretá-lo em sua progênie. É um dos níveis em que a imbricação físico-moral mais explicitamente se revela, uma vez que essa categoria tanto pode enfatizar o lado "moral" negativo de uma avaliação relativa a uma família ou a um grupo de parentesco, como pode enfatizar em um determinado sujeito o fato de estar "contaminado" por determinadas doenças ou "estragado" pelo abuso da bebida ou de drogas.[4] Como o paradigma da contaminação nesse caso é a *sífilis,* com todas as conotações morais negativas de uma doença venérea, pode-se bem ver como o *sangue ruim* é simultaneamente físico e moral, revelando de maneira radical essa qualidade geral sobre que venho insistindo para essas representações. É comum, em conversas mais íntimas, a referência *às cruzinhas* com que aparentemente se expressa nos resultados de exames de sangue específicos o grau de contaminação por essa doença. É bem ilustrativo do contexto em que se pode explorar o significado amplo do *sangue ruim* um caso relatado por um informante de Jurujuba. Dizia ele ter convivido no serviço militar com um rapaz branco, de ascendência alemã, que manifestava um reiterado desprezo pelos colegas de pele negra, declarando portar um sangue superior. Ocorreu que se fizesse procederem a exames de sangue todos os recrutas, tendo esse rapaz apresentado as tais *cruzinhas* (três,

---

4 É interessante acolar uma referência etnográfica ao *sangue ruim* em uma pequena localidade costeira do Pará, estudada por volta de 1975/76 por Heraldo e Maria Angélica Maués, que envolve a única ocorrência contemporânea explícita da categoria *humor* (no sentido físico-moral em que se examinou no Capítulo III) que pude encontrar pessoalmente ou na literatura. Os Maués consideram-na como um "resquício" da configuração humoral: "Em Itapuá, são freqüentes as referências aos "humores" do corpo. Existe uma crença geral de que uma pessoa só pode ser atingida por uma doença natural se estiver com "os humores ruim". Mas os informantes encontram grande dificuldade em responder à pergunta sobre o que são os humores. As respostas indicam que associam os humores ao sangue e, se pressionados, admitem que "humores ruim" pode ser sinônimo de "sangue ruim". Os humores estão também relacionados com a "pressão" do sangue e, quando esta se altera (aumenta, tornando o corpo "quente") os humores se tornam ruins" (Maués & Maués, 1980, pp. 42-3).

creio eu) em seus resultados. Meu informante considerava deliciosamente didático o efeito geral obtido por essa informação que teria demonstrado que o *sangue* "pior" era justamente o de quem se jactava de tê-lo "melhor".[5]

Suponho que as hoje notórias qualidades "degenerativas" dos estágios avançados de evolução da *sífilis* e os efeitos — muito conhecidos nesses grupos — que ela pode ter sobre a descendência reiterem a associação do *sangue ruim* com diversos estados de perturbação (em que avulta o *nervoso,* mas está também incluída a *loucura*), assim como com a idéia de uma "hereditariedade", na medida em que distúrbios tanto físicos quanto morais pudessem ser dessa forma transmitidos intergeneracionalmente. As crianças de famílias onde os pais são alcoólatras padecem freqüentemente de uma "expectativa de estigma" por parte do grupo, sendo consideradas como *nervosas* ou chamadas de *maluquinhas* assim que, por qualquer diminuta idiossincrasia, confirmem a virtualidade socialmente designada.

A *fraqueza* pode depender das mais diversas circunstâncias anormais de diminuição da quantidade e da qualidade do *sangue,* mas compreende um certo corpo de situações "normais" de vida, só contra as quais aquelas se desenham. Já nos referimos nesse sentido às diferenças entre o homem e a mulher, tanto no tocante à especificidade da menstruação, quanto no tocante à *força* corporal, cuja maior intensidade masculina pareceria corresponder a uma efetiva maior quantidade de *sangue* no corpo. O mesmo se dá no tocante à infância e à velhice, quando o estoque sangüíneo se encontra aquém dos limites ideais obtidos na maturidade. Uma maior *fraqueza* intrínseca é assim atribuída a esses estágios normais da vida dos sujeitos, ainda que, para cada um dos casos, se possa avaliar um limiar entre a *fraqueza* relativa ao padrão adulto e uma outra, anormal, relativa ao padrão inferior dessas duas condições. O puerpério, com todos os valores e tabus que cercam o estado de *resguardo,* cerca-se do mesmo modo de uma qualidade intrínseca de *fraqueza,* sendo considerado um período perigoso para a *mulher.* A *quebra de resguardo* se encontra entre as causas de *nervoso* constatadas na pesquisa de Acari (cf., sobre este ponto, Soares, 1980, p. 102). A condição do *resguardo* tem alguns pontos de semelhança com os estados de convalescença, nuançados, neste caso, pela qualidade específica da doença original.

A *fraqueza* tem ainda um outro ponto nodal de referência, que é o da *tuberculose.* Embora qualquer doença envolva considerações gerais sobre a *força/fraqueza* corporal, o estado dos pulmões afetados por esse mal parece constituir um dos paradigmas da *fraqueza,* tanto mais quanto os insistentes tabus de nomeação que o cercam implicam o uso freqüente do eufemismo "fraco do pulmão". Diversas características fazem convergir

---

[5] Sobre o *sangue ruim* há referências em Brody, 1973, pp. 341-2. Um trabalho paradigmático sobre a categoria *sangue* no Brasil e sua condição de vetor físico-moral, embora conduzido basicamente entre camadas médias, é o de Ovídio de Abreu Filho (cf. Abreu Filho, 1980 e 1981).

sobre essa doença um tal investimento simbólico. Em primeiro lugar, sua etiologia é muito diretamente associada ao excessivo desgaste da *força* corporal pelo trabalho ou à exposição excessiva ao *frio* (ou melhor, à *friagem* — frio inesperado ou excessivamente contrastado com o calor), sabendo-se — como voltaremos a examinar — que há uma homologia entre os termos *fraco* e *frio* de seus respectivos pares de oposição. Em segundo lugar, as características de que se revestem os casos crônicos da doença (muito mais comuns nesses grupos do que comumente poderíamos supor; graças em parte ao escondimento em que é mantida essa condição) oferecem um exemplo radical e visualmente didático de enfraquecimento, envolvendo uma impossibilidade absoluta de *trabalho.* A representação de um alto poder de contaminação, e também de efeitos sobre a descendência (além da não rara acusação de interveniência do abuso da bebida), associa-o à condição examinada do *sangue ruim.* Finalmente — interligada à representação de que o veículo fundamental da contaminação seria o típico escarro sangrento — há a constatação dessa perda contínua de *sangue,* visualizada como sinal e reiteração da perda crescente da *força* corporal.[6]

Todos os casos desse tipo que conheci, em Jurujuba e no Meio da Serra, envolviam a situação de um homem adulto, afastado do trabalho e recolhido a um aposento separado na casa, vítima de um multifacetado estigma de que não é o menor espicace a necessidade do *trabalho* externo da mulher. Todos eram considerados *nervosos,* de uma maneira que enfatizava tanto a exposição a uma liminaridade "enervante" presente quanto uma paralela carreira sintomática que podia atribuir as mesmas causas determinantes aos dois fenômenos perturbadores: o mais freqüentemente o *trabalho* ou a *bebida.*

O núcleo da *força/fraqueza* se articula fundamentalmente com o tema da alimentação, sobretudo através da representação do *sangue* e da manutenção ou renovação de seu estoque e qualidade. Como ressaltam todos os trabalhos desenvolvidos sobre esse tema, a *comida* tem como um de seus pontos centrais de avaliação a "força" transmissível ao organismo pela ingestão, freqüentemente chamada de *sustança,* ou avaliada pela presença de elementos como os já citados das *vitaminas, ferro* etc. A oposição entre alimentos *fortes* e *fracos* relacionada também à síndrome *quente/frio* articula-se de maneira íntima e não-linear com as qualidades diferenciais do homem/mulher, adulto/velho-criança, estados regulares/estados "especiais" (gravidez, puerpério, menstruação etc.) ou ainda com as características diferenciais das partes ou órgãos do corpo e das diversas doenças e perturbações.[7]

---

[6] É interessante comparar esta representação contemporânea e "popular" da *tuberculose* com a que permeou o pensamento das elites ocidentais entre os séculos XVIII e XX. Fez-se referência no Capítulo III ao ensaio de Susan Sontag a esse respeito, tão expressivo dos valores diferenciais que lá se encenavam.

[7] Sobre a preeminência do princípio classificatório do *forte/fraco* (e freqüente referência ao seu caráter físico-moral) pode-se consultar Loyola *et al.,* 1977, p. 112-5;

Os resultados enfraquecedores do excesso de *trabalho* ou de *bebida*, por exemplo, são avaliados em conexão com uma concomitante carência da comida adequada. A *fome* representa a experiência limite de ilegitimidade das condições de vida e é, nesse sentido, um referencial freqüente para designar o limiar de identidade em que os informantes se distinguem dos que se encontram no estrato "inferior" da hierarquia social. Em Carolina de Jesus, um certo número dos contextos em que se manifestava o *nervoso* era o da *fome* direta ou virtual de suas crianças (cf. Jesus, 1983, pp. 26, 67, 75, 124 e 194).

Os efeitos da *fome* sobre as *crianças* são, aliás (através da referida representação de uma *fraqueza* experimentada no período de crescimento), um dos motivos alegados para a eclosão de perturbações em fases posteriores da vida, embora mais uma vez aqui imbriquem-se as dimensões física e moral da experiência de vida, de tal modo que essas perturbações tanto podem ser o resultado de um enfraquecimento corporal direto (ou de um enfraquecimento "mental", que é, neste caso, dependente daquele), quanto de um enfraquecimento moral subjacente, por exemplo, à categoria de *cara revoltado.*

A própria *comida* apresenta, porém, qualidades diferenciais significativas para o estado dos sujeitos. Elas se referem ao que poderíamos chamar de "digestibilidade", além de envolver um certo número de avaliações de "toxidez", nunca separáveis das determinações de quantidade e oportunidade da sua ingestão, configurando em certos casos verdadeiros sistemas de evitação ou tabu alimentar.

Além das oposições entre *forte* e *fraco* ou *frio* e *quente* (não no sentido "térmico" mas "qualitativo", cf. Peirano, 1975), apresenta-se em meu material a qualificação *pesado/leve* que é de grande flexibilidade, servindo para estabelecer a rede nodal entre as múltiplas interseções das classificações (inclusive do *forte/fraco*). Um dos contextos principais de sua ocorrência se dá na associação com o ciclo diário da vida, com a demarcação dos momentos e modos alimentares próprios ao bom desempenho das diferentes qualidades de sujeitos. Graças à qualidade de algumas das análises dessas representações, que se detêm sobre diversos de seus aspectos, posso dedicar uma atenção especial ao tópico do *sono,* um dos nódulos mais ricos da avaliação do *nervoso,* em sua relação com a alimentação.

Com efeito, pude chamar a atenção no Capítulo I para a preeminência do sono — para além das próprias idéias de *calma* e *paz* — enquanto antítese aos fenômenos do *nervoso.*[8] Como dizia, a avaliação sobre o *pegar no sono,* o *dormir* e o *acordar* é central na qualificação da maior ou menor perturbação dos sujeitos. A alimentação ingerida no período da noite é

Alves, 1982, p. 67; Montero, 1983, pp. 125 e 191; Brandão, 1981, p. 149; Lins e Silva, 1980, p. 76; e Ibañez-Novión, 1976, p. 36 e segs.

8 Mais uma vez, há sobre este ponto uma multiplicidade de referências etnográficas corroboradoras de sua importância. Veja-se, sobretudo, Loyola *et al.,* 1977; Delgado, 1983, p. 116; Montero, 1983, p. 126 e Jesus, 1983, pp. 151 e 175.

considerada como um dos critérios significativos para a melhor ou pior consecução do objetivo de bem dormir. Há nesse sentido dois tipos de evitações: o das *comidas pesadas* (que perturbam o *sono*) e o das substâncias *excitantes,* como o *café* (que *tiram o sono*). No que nos interessa diretamente é preciso ressaltar que tanto num caso como no outro está implícita (e freqüentemente explícita) a idéia de que os *nervos* entremeiam o processo: no primeiro caso, pelos efeitos posteriores; no segundo, pela própria relação de causalidade instauradora. É raro porém que estas avaliações não se desenrolem num quadro mais abrangente, em que são levadas em conta a *força/fraqueza* geral do sujeito e assim, também de algum modo, o seu *nervosismo* virtual.

O momento anterior ao *deitar-se* é também o privilegiado para a utilização dos *calmantes* (a não ser quando há prescrições médicas específicas, e às vezes, mesmo nestes casos, a despeito das prescrições), uma vez que se propicia dessa forma uma imediata maximização prática e simbólica do *sono*/"não-nervoso", assim como se evita que os efeitos julgados inerentes a esses medicamentos (sonolência, perda de atenção etc.) interfiram na boa condução da vida quotidiana e, sobretudo, do *trabalho.*

A classificação da comida em *pesada* ou *leve* (com a intervenção oblíqua da questão da "toxidez") passa pela alocação de um peso fundamental ao *fígado* no processo digestivo e, portanto, de uma maneira geral, a todo o estado corporal do sujeito. A farmácia popular é pródiga em recursos terapêuticos específicos para o *fígado* (talvez um dos segmentos mais resistentes à medicalização oficial), muito possivelmente em função do não-reconhecimento médico das correlações aí estabelecidas entre esse órgão e determinados traços ou corpos sintomáticos, ou, pelo menos, à sua constante interveniência em inúmeras perturbações de caráter pouco grave.

O *fígado* é julgado como mediador responsável por uma infinidade de fenômenos que se ligam tanto à digestão quanto à circulação, uma vez que ele é suposto funcionar não só como fornecedor da *bílis* (que é imaginada como um suco transformador)[9], mas como uma espécie de "filtro" que deveria eliminar os elementos indesejáveis ingeridos, e que se pode saturar de maneira mais ou menos dramática, acarretando situações de *sangue ruim.* A idéia da *cirrose,* associada ao excesso de ingestão alcoólica e com suas terríveis conseqüências vitais, corrobora essa representação e estabelece um limiar máximo para um *continuum* de estados de perturbação funcional.

Diversos dos sintomas do *sofrer do fígado* parecem favorecer a associação tão íntima que o liga ao *nervoso* (além desse caráter mediador de que ambos compartilham). Os principais deles são a *dor de cabeça,* em que se arma uma correlação entre aquele órgão e o eixo da vida *nervosa,* e a

---

9 O *fígado* parece às vezes quase recompor nas representações das classes trabalhadoras, junto com o *coração* e o *cérebro,* a velha tripartição do *Timeu* de Platão. Referências etnográficas à sua importância encontram-se em Loyola *et al.,* 1977, pp. 121-2; Montero, 1983, p. 112; Queiroz, 1978, p. 50 e Brody, 1973, p. 30. Este último tece algumas considerações mais gerais sobre o sentido dessa categoria.

tonteira, igualmente comprometida com uma sensação de desequilíbrio experimentada na *cabeça* e transmitida à totalidade corporal.

O caráter mediador do *fígado* se configura não só pela citada intervenção entre digestão e *sangue,* mas também na sua própria qualidade de "filtro" do que vem fisicamente contribuir de fora à manutenção do corpo, assim como os *nervos* podem ser considerados como o "filtro" do que vem vivencialmente contribuir de fora à manutenção da *pessoa.* Essa homologia estrutural e hierárquica (na medida em que a relação *nervos*/pessoa encompassa a relação *fígado*/corpo) afirma-se muito claramente na correlação estabelecida entre elementos perturbadores "físico-morais", tais como são a *bebida* e os *tóxicos* (no sentido estrito), ao afetarem concomitantemente ambos os "filtros" da relação com o mundo extrapessoal. Como o *fígado* funciona com tais características, ele é extraordinariamente sensível aos *remédios* em geral, de que se diz freqüentemente serem inconvenientes por *atacarem o fígado.* Esse é, aliás, o motivo alegado para boa parte dos remanejamentos e reinterpretações das prescrições médicas (e agora me ocorre que essa possa ser também a razão da maior sintonia desse órgão com medicamentos caseiros ou "naturais", tal como referira, dada a sensibilidade do *fígado* às *drogas* em geral).

Essa característica faz com que se articule, aliás, um ponto de contínua tensão para o uso de *remédios de nervos* mais fortes, que são vistos como nocivos ao fígado e talvez, em parte por isso, freqüentemente qualificados pejorativamente como *drogas* e encarados como "perigosos" (há evidentemente outras questões envolvidas neste ponto, que examinaremos adiante).

A maior parte dos sintomas físicos do *nervoso* (e também da *fraqueza*), além de todos os sintomas morais, assim como alguns dos que remetem às perturbações hepáticas, estão relacionados com a *cabeça.* Parece expressivo de tal representação o peso simbólico de que se reveste a expressão *dor de cabeça,* que é não só uma recorrente e paradigmaticamente desagradável experiência física, como pode significar também, exclusivamente, uma perturbação moral ("Esse menino só me dá dor de cabeça"). O próprio *sono* é freqüentemente reduzido metonimicamente ao *descansar a cabeça* (tanto no sentido físico como no moral).

A *cabeça* é a representação genérica de uma sede ou centro vital, que se opõe nesse sentido ao *corpo,* que é por ela controlado ou dirigido. Ela abarca algumas seqüências semânticas articuladas pelas representações de *cérebro, mente, juízo* e *alma.*

A relação entre a *cabeça* e o *corpo* abarca algumas qualidades já referidas quanto ao *sangue* e diversas outras adiante examinadas no núcleo da "espacialidade". Devo relembrar de qualquer forma o seu caráter basicamente oponível aos elementos do *sangue* e do *quente* (além do caráter "branco" do *cérebro* ou *miolo,* contra o caráter "vermelho" do *coração;* como, por exemplo, em Ibañez-Novión, 1974, p. 163 e 1976, p. 16).

Embora haja uma razoável dose de referência ao conhecimento dos *miolos* de animais subjacente à imagem física que estas pessoas se fazem do *cérebro,* o tom de sua representação é tão abstrato quanto o da *cabeça* (em que a referência se urde menos sobre a imagem exterior dessa parte do corpo que sobre a sua misteriosa, densa e impalpável qualidade "interior"). A representação do *cérebro* abarca portanto não só uma certa "fisicalidade" interna à *cabeça,* como reduplica a sua impalpabilidade "moral"; talvez por consistir justamente na reificação da interioridade abstrata da categoria maior. A "fisicalidade" a que nos referimos importa na representação da *cabeça/cérebro* como um "órgão", à semelhança do *fígado* ou dos *pulmões* e passível portanto de intervenções as mais diversas. A recorrente expressão tirar *chapa da cabeça,* que designa um dos recursos médicos regulares e socialmente reconhecidos na carreira de uma perturbação físico-moral mais grave que o *nervoso* (mas que o pressupõe) é montada evidentemente sobre o *tirar chapa do pulmão,* popularizado pelas campanhas de prevenção à tuberculose (inclusive pela inclusão nas exigências ligadas ao *trabalho* com *carteira assinada*). Do mesmo modo, a utilização de *calmantes* (sobretudo dos mais "fortes", que podem estar associados ao atendimento psiquiátrico e ao *tirar chapa da cabeça*) tanto podem ser chamados de *remédios de nervos* como de *remédios pra cabeça,* uma vez que a *cabeça* é de algum modo o centro dos *nervos* (por homologia, em parte, com a relação reconhecida entre o *sangue* e o *coração*). Uma das causas a que se atribui comumente a ocorrência do *nervoso* é a *pancada na cabeça,* sobretudo quando sofrida na infância. Embora esse fenômeno possa incluir todo tipo de acidente fortuito — o que reforça a idéia física de um órgão suscetível de lesão anatômica com repercussões físico-morais — a sua ocorrência na infância acopla-se à série moral do *levar pancada* que, diferentemente do *apanhar,* carrega uma conotação de excesso e ilegitimidade promotores de perturbações.

Além da *dor de cabeça,* as categorias da *aflição* ou *opressão* (*pressão*) na *cabeça,* reiteram o lado físico dessa representação da *cabeça* (e são centrais na sintomatologia do *nervoso*) — por mais que possam ser envolvidas por avaliações ou classificações morais.

A idéia de *cérebro* subjacente à de *cabeça* pode eventualmente estar mais associada a um outro núcleo semântico dessa configuração: o da *mente.* Procuro resumir sob essa categoria todo um plano da representação da pessoa nesses segmentos sociais que compõe o segundo elemento da tríade das capacidades vitais que propus em outro trabalho (cf. Duarte, 1978, p. 162 e seg.): a "capacidade mental". Estão aí incluídas — por oposição às que compõem as capacidades "física" e "moral" — as qualidades que nós chamaríamos talvez de intelectuais e que, nesses segmentos, incluem a *memória,* a *inteligência,* o *raciocínio.* Enfatiza-se nessa capacidade — que só é ressaltada para o *homem* — uma ordem de atributos que releva em boa parte de uma condição "natural" ou "inata" (e, nesse sentido, fisicamente inscrita), embora reconhecidamente dependente das condições gerais do crescimento, do ambiente familiar, da luta pela vida e do *estudo.*

O *nervoso* infantil está freqüentemente associado a essa capacidade, ou melhor aos supostos desastres do seu crescimento, no sentido de uma avaliação da *atenção,* da *concentração,* da *habilidade manual* em que se espera reconhecer os sinais da plenitude mental que habilitará mais tarde a criança ao *trabalho* e/ou ao *estudo.*[10] Uma irrequietude ou apatia excessivas poderão (é claro que esses sinais são bastante complexamente avaliados e dependem também dos níveis mais ou menos altos de expectativa familiar) ser qualificados como *nervoso,* podendo sugerir o recurso a algum tipo de explicação ou terapêutica. Uma avaliação desse tipo não deixa de levar em conta o crescimento das capacidades "física" e "moral", mas é certamente centrada na criança sobre aquele outro nível; por oposição aos adultos, em que sobrelevará o julgamento pela capacidade "moral".

Cabe ressaltar que o *nervoso* está prioritariamente associado aos aspectos ativos dessas perturbações (o que eu referi como irrequietude) mas pode cobrir também os aspectos passivos (a apatia), como se estes fossem um *nervoso recolhido,* ou seja, que se volta para dentro e que pode a qualquer momento irromper com ainda maior violência. Um *nervoso en creux.*

Esta dimensão da capacidade "mental" pode ser expressa em uma série de avaliações montadas sobre as categorias da *cabeça* e das *idéias* em torno da oposição *bom/fraco.* Avaliações como essas só tendem a se expressar plenamente a partir do momento em que a criança começa a assumir os contornos da sua carreira moral como pessoa, ou seja, após um período em que as pequenas falências "mentais" deixam de poder ser qualificadas genericamente como *nervoso.* Dir-se-á, portanto, de alguém com reconhecida incapacidade "mental" que ele é *fraco das idéias* ou que tem a *cabeça fraca* (embora esta última locução já possa abranger também a incapacidade "moral"), por oposição a ser bom das *idéias* ou *ter boa cabeça.*

Esta última relação entre *idéias* e *cabeça* aparece em seguida no contexto de algumas das avaliações a respeito da *loucura* ou da *doença mental,* do modo expresso na locução "ter idéias demais na cabeça". A capacidade "mental" aparece aqui sob o prisma não da carência mas do excesso ou da falta de equilíbrio. É comum, aliás, que essa representação seja acionada para explicar a *loucura* de membros das classes superiores com que se vejam eventualmente às voltas ou de que tenham notícia, através da explicação de que foi *estudo demais.* Não creio que seja irrelevante para a premência de tal representação a percepção dos efeitos perturbadores sobre diversas pessoas de seu meio social de uma penosa carreira ascendente pelo *estudo* — o mais das vezes frustrada a meio caminho pelas notórias dificuldades aí reinantes para um tal tipo de desempenho. Conheci em Jurujuba e no Meio da Serra quatro casos (só um desembocando no sucesso da graduação como *médico*) em que o geral reconhecimento de uma *boa cabeça* e de uma tenacidade e esforço fora do comum e a minha observação de um dila-

---

10 Em outro trabalho procurei distinguir a noção de "crescimento" infantil encontrável nesses grupos sociais da noção de "desenvolvimento" encontrável nas classes médias (cf. Ropa *et al.,* 1984). O cerne da especificidade da segunda seria justamente a crença num plano "psicológico", onde se dão ou repercutem todos os eventos da vida infantil (e ulterior), que ganham, assim, uma significação muito peculiarmente articulada e progressiva.

ceramento entre a condição local e a referência parcial para fora coincidiam na atribuição comum de um acentuado *nervosismo.*

Embora a representação entre a *cabeça* e o *cérebro* englobe também a da capacidade "moral" (axiada em torno de categorias tais como *vontade, obrigação, juízo, responsabilidade* e *honra*), esta tende a afastar-se mais das mediações físicas com a sua sede abstrata, de forma que a examinaremos separadamente no último item deste capítulo, sob a rubrica da *responsabilidade.*

Embora já tenham sido feitas aqui referências à chamada síndrome do *quente/frio,* sobretudo no contexto das representações sobre o *sangue* e a *alimentação*[11], ela não parece deter nos grupos que estudei a importância que a literatura demonstra para outros grupos das classes trabalhadoras no Brasil. O *quente/frio* térmico (como no caso da *friagem*), relativo sobretudo às condições de trabalho, é de grande importância, mas não parece compor com o *quente/frio* qualitativo referente à "corporalidade" e à *comida* um sistema classificatório fundamental e abrangente. A oposição *corpo/cabeça* e a dinâmica diferencial do *sangue* realmente abarcam avaliações de um "calor" qualitativo que se confunde com a *força* e com a "capacidade física". Já no que toca à *comida* e aos *remédios* as oposições *pesado/leve* ou *forte/fraco* são mais significativas.

Uma indicação de Carlos Brandão de que "o alimento frio é tido como calmante para os nervos" (Brandão, 1976, p. 90), chama-me a atenção, porém, para o fato de que diversas das qualidades do *nervoso* possam relevar da associação *frio/branco/calma* em oposição a *quente/vermelho/nervoso* (coerentemente com o que referíamos a propósito do *sangue*). Efetivamente, o excesso do *calor* fabril é um dos elementos considerados como propiciadores do *nervoso,* embora a alternância súbita ou continuada entre *calor* e *frio* é que seja mais "perturbadora" por suas propriedades debilitantes (o que é coerente, aliás, com a lógica da síndrome, que é mais uma teoria da relação e equilíbrio entre os termos do que de sua mera oposição ou ação isolada). Do mesmo modo, alguns dos recursos terapêuticos "populares" para o *nervoso* poderiam haurir sua força simbólica daquelas associações. As fórmulas ou concocções *calmantes* utilizam-se prioritariamente de flores brancas (tal como na simpatia da rosa antes referida), de que é o paradigma a "água de flor de laranjeira" referida por informantes mulheres mais idosas. Também a referência às propriedades da lima (fruta associada nas tabelas tradicionais ao elemento *frio*) pode ser compreendida sob esse prisma, embora não a tenha visto efetivamente consumida (possivelmente por injunções de ordem prática).

---

[11] Reitero a importância da revisão da bibliografia estrangeira sobre a síndrome do *quente/frio* encontrável em Manning & Fabrega, 1973, p. 299 e da nacional encontrável em Maués & Maués, 1980, p. 36 e seg. Ocorrências etnográficas que merecem atenção encontram-se em Loyola *et al.,* 1977, pp. 112 e 124; Woortmann, 1978, p. 112; Brandão, 1981, p. 149 e Ibañez-Novión, 1974, pp. 97 e 163, e 1976, p. 35 e seg.

As recomendações supostamente calmantes de "banhos frios", do "não tomar sol na cabeça" e do "tomar ar" corroborariam a pertinência desse quadro, que repete, aliás, um número considerável das sugestões do "higienismo", reiterando a hipótese da difusão da configuração do *nervoso.*

Pode-se nesse contexto relembrar ainda a cadeia semântica do "não esquentar a cabeça", "cabeça fria" e "esquentado das idéias", que é, como vimos, intrínseca ao *nervoso.*

Estas referências à síndrome do *quente/frio* levam-nos a uma primeira aproximação da questão da "simpatia", de que os dois sentidos comuns hoje na língua portuguesa e correntes em meu campo recortam parte da significação abrangente. Efetivamente, tanto a idéia de certos recursos de intervenção "mágica" sobre o mundo (mormente sobre as doenças, perturbações e emoções), quanto a idéia da afinidade ou disponibilidade "afetiva" de que se cercam certas pessoas e as predispõem às relações ditas "pessoais" compartilham da representação de que os seres (animados, inanimados e sobrenaturais) podem obedecer a fluxos de atração ou repulsão entre si, que atualizam — para nos colocarmos num plano analítico — uma lógica classificatória abrangente, como explorou Lévi-Strauss de maneira radical em *O pensamento selvagem.* Todas essas questões de substância sobre que nos detivemos estão comprometidas em algum nível com uma representação "simpática", que, para além das efetivas correlações anatômicas ou fisiológicas, estabelecem nexos, fluxos ou influências entre os diferentes órgãos e humores corporais, entre esses e as diversas substâncias ingeridas ou de algum modo contactadas (*comida, bebida, remédios; ar, água, vento, cheiro, luz* etc.), entre as pessoas em suas relações sociais, entre as pessoas e determinados lugares ou ambientes, entre as pessoas e objetos ou práticas quotidianas ou rituais e, finalmente, entre as pessoas e entidades ou forças extraterrenas (sejam os *astros,* os *espíritos,* os *santos, deuses* ou *demônios*). Diversos aspectos de uma configuração relacional tão complexa serão abordados em separado nos recortes formais em que se pôde construir este capítulo. O que convém ressaltar neste momento é que, na medida em que os *nervos* correspondem a uma via "simpática" por excelência para a nomeação desses fluxos, devemos também deter-nos sobre a medida em que eles são percebidos como algo de "concreto" ou "físico", ainda que com características tais que se ofereçam às representações com uma tão notável flexibilidade e condutividade simbólica.

Como pudemos observar, a *cabeça* (e o *cérebro*) são encarados como uma espécie de sede ou órgão central em relação aos *nervos,* mas certamente de um modo bastante diverso do que descreve a moderna neuroanatomia.

Na realidade, como ressaltei em outra ocasião, não há propriamente a representação de um *sistema nervoso,* com as características tão nitidamente definidas do modelo erudito. Há, isto sim, a representação de uma rede de algum tipo de fio condutor espalhada por todo o corpo e que se acopla, num nível ligeiramente diverso, a algum tipo de força ou sensibilidade generalizada — e que ambos esses fenômenos encontram na *cabeça* um foco privilegiado, intenso e paradigmático. Boltanski chamava a atenção, na obra citada (Boltanski, 1979, p. 80) para a importância que podia ter para a representação dos *nervos* o reconhecimento, nas carnes animais de consumo, do que também entre nós se chama de *nervos* (filamentos esbranquiçados e resistentes entremeando e interligando *carnes, músculos* e *ossos*). Essa imagem está presente entre meus informantes e a ela me referi no Capítulo I como a representação do "nervo-tendão". Creio que se trata, porém, de um nível de percepção, que se, por um lado, confirma a concretude dos *nervos* (que não são nesse sentido uma entidade puramente espiritual ou moral) pouco acrescenta à possibilidade de sistematização abrangente de sua anatomia ou fisiologia. É possível, porém, que a idéia de "resistência" ou a cor "esbranquiçada" sirvam ao conjunto de valores simbólicos alocados aos *nervos* no sentido físico-moral (do modo como pudemos observar por exemplo no tocante às oposições *força/fraqueza* e *branco/vermelho*).

As representações que chamei de "nervo-motor" e de "nervo-sensibilidade" podem, em certas circunstâncias, oferecer sinais de fisicalidade, como nos casos citados da perda de locomoção ou do uso de um membro por se ter "cortado um nervo" ou da ferida ou dente com o "nervo exposto" ou "tocado". Mas ainda aqui é mais importante uma qualidade algo indefinida ou generalizada do que o reconhecimento de uma rede empírica de recepção ou transmissão de estímulos destinados e/ou oriundos da computação cerebral..

É essa qualidade algo indefinida ou generalizada, de que as representações do "nervo-motor" e do "nervo-sensibilidade" nos aproximam, que procuro em seguida observar, segundo o prisma do que chamei de questões de "espacialidade". Apresento-as divididas sob três rubricas que evocam outros tantos nódulos da configuração do *nervoso* antes analisados: "comunicação", "irritação", "obstrução".

NÓDULO DA COMUNICAÇÃO

O nódulo da "comunicação" é central para o sistema que examinamos. Os outros dois não representam na verdade senão subáreas do primeiro; duas dimensões de perturbação do que se poderia chamar de uma fisiologia "selvagem" da corporalidade. É dentro dele que tentaremos compreender as referidas dimensões de "condutibilidade", "força" e "motricidade" dos *nervos*.

A "comunicação" simpática abarca uma dimensão de "contigüidade" e outra de "movimento".

A "contigüidade" se aproxima mais das questões de "substância", ao compreender, por exemplo, a afinidade que prende o *sangue* ao *coração* e ao *corpo,* por oposição àquela que associa os *nervos* ao *cérebro* e à *cabeça* (de um modo, mais uma vez, exemplarmente hierárquico, na medida em que, em um primeiro nível, o *sangue* reina sobre o *corpo* — onde também há *nervos* — assim como os *nervos* reinam sobre a *cabeça* — onde também há *sangue;* mas, num segundo nível, os *nervos* reinam sobre a totalidade interna na mesma medida em que a *cabeça* reina sobre a totalidade corporal).

A dimensão do "movimento" implica dois fluxos básicos (o do *subir/descer* e o do *sair/entrar;* cf. por exemplo, Loyola *et al.*, 1977, pp. 112 e 115), assim como duas articulações espaciais (a do *cruzar* e a do *atravessar*).

A representação do *subir/descer* corresponde evidentemente a uma dinâmica mais interna, enquanto que o *sair/entrar* representa a interação com a exterioridade. Os dois fluxos se combinam, porém, em diferentes pontos de uma rede espacial total.

O movimento do *sangue* é nesse sentido exemplar, não só para nós que observamos esses valores, como para seus portadores, que parecem utilizar-se da idéia da circulação sangüínea e de algumas de suas características fenomenais mais notáveis para representar-se inúmeros outros planos de sua experiência da corporalidade.

O *sangue* é efetivamente visto como distribuído por todo o corpo, mas seu fluxo obedece a uma direção geral que é a da verticalidade do homem em posição ativa, reiterada pela representação do eixo *corpo/cabeça* como *inferior/superior* (a imagem física coincidindo no caso com a valorização hierárquica). O *coração* representa um mediador e bomba central a que se liga toda a rede das *veias* condutoras. Como havia referido, há nesse sentido uma correlação intrínseca entre o *sangue,* o *coração* e o *corpo* (no sentido estrito), por oposição à *cabeça.*

A mulher tem a especificidade de fazer intervir regularmente na comunicação sangüínea o movimento do *sair/entrar,* pelo mecanismo da menstruação. A interrupção de qualquer processo de "saída" é designada usualmente pela categoria *recolher* (usada também no sentido mais univocamente moral, como nas expressões *tristeza recolhida* ou *paixão recolhida*) mas, no caso da *menstruação,* o acréscimo de volume sangüíneo torna-se tanto mais perigoso porquanto pode *subir* e atingir o equilíbrio da *cabeça.* E já nos detivemos sobre as repercussões *nervosas* desse evento.[12]

O processo da alimentação, pelo contrário, se subordina fundamentalmente ao fluxo do *sair/entrar,* suas regularidades e acidentes, mas encompassa um subnúcleo do *subir/descer* no estágio intermediário da digestão, abrangendo tanto alguns fenômenos "gástricos" como a *azia,* o *vômito* ou as sensações penosas ligadas à *comida pesada* e seus efeitos sobre a *cabeça,* quanto outros mais diretamente associados ao *fígado* (embora aqueles também pressuponham sua intermediação) através da *bílis* desencami-

---

[12] No material de pesquisa de Lucy Manso há uma interessante referência de informante-mulher a um *derrame de nervos.* A analogia entre as duas "circulações" se organiza aqui pela superposição de um evento mórbido associado à *cabeça* e ao *sangue* com o elemento fundamental da *cabeça* (os *nervos*). Pode-se especular que, em se tratando do discurso de uma pessoa que vive intensamente uma conversão religiosa (cuja eficácia é medida em parte pela progressiva superação do *nervoso*), possa ou deva ser utilizada uma fórmula tão nitidamente "fisicalizante" (cf. Manso, 1980, p. 22).

nhada de sua trajetória inerte e acidentalmente emergente no fluxo do *sair/entrar* pelo *vômito de bílis.*

Seja como for, a analogia principal que se desenha entre o sistema do *sangue* e o dos *nervos* é a de uma "comunicação" abrangente que entrelaça as partes do organismo humano e regula as relações entre essa totalidade interna e a externa (num sentido análogo, mas mais abrangente, àquele referido entre a qualidade de "filtro" do *fígado* e dos *nervos*). Como já se pôde ressaltar, ambos esses circuitos de comunicação têm uma dimensão "físico-moral", em que o *sangue* é algo mais físico do que moral e os *nervos* algo mais moral do que físico, reconstituindo a oposição hierárquica que faz com que a *cabeça,* por ser também mais moral do que física, encompasse o corpo (mais físico, por sua vez, do que moral).

A "comunicação" *nervosa* tem duas dimensões ideacionais que me parecem remeter a essa analogia abrangente com a "comunicação" sangüínea.

A primeira é aquela a que nos referíamos como a de um sistema de fios ou condutos espalhados pelo corpo e remetidos à sede central da *cabeça.* Ela se consolida em parte pela idéia do "nervo-tendão" mas só ganha uma certa sistematicidade móvel ao se equiparar de algum modo ao sistema das *veias* pelas quais o *sangue* circula pelo corpo, estabelecendo um plano de intracomunicação global. Ressalte-se, porém, que em ambos os casos trata-se de uma representação que não enfatiza as mesmas questões sobre que a anatomia e a fisiologia científicas se debruçam, uma vez que importa menos a especificação interna e atomizada dos processos envolvidos que a sua capacidade de servir a uma percepção holista, hierarquicamente integrada e imediatamente explicativa do ser do corpo (e, mais do que isso, da *pessoa*).

A esse nível que chamamos, em outro momento, de "condutibilidade", acresce-se o segundo, o da qualidade que circula por esse sistema de comunicação. Reaparece aqui a categoria *força,* tão explícita para a configuração do *sangue;* mais implícita para a do *nervoso.* Pôde-se, no tocante às questões de substância, especificar as relações que vinculavam fundamentalmente o *sangue* e a *força* e também as que permitiam o deslocamento entre esse plano e o do *nervoso.* Como vimos, o estado de *fraqueza* (relativo ao *sangue*) oferecia uma mediação com os *nervos,* por permitir que, de algum modo, esses perdessem o seu caráter equilibrado normal, avassalando a constituição da pessoa. Vimos, do mesmo modo, como somente em um outro nível da experiência vital se podia falar então de uma *fraqueza nervosa,* ao procurar-se uma instância mais transcendente ou encompassadora de resposta ou solução às perturbações emergentes.

Embora a categoria *força* seja assim primordialmente associada ao domínio do *sangue,* ela pode aparecer sob uma forma "encoberta" ou englobada no domínio dos *nervos,* como demonstra a ocorrência do seu par de oposição, *fraqueza dos nervos.*

Acredito que haja uma impossibilidade lógica de ênfase direta em uma "força nervosa", dada a menor fisicalidade desse plano comunicativo, pelo menos em relação ao *sangue* (com a concomitante repartição hierárquica referida). Nesse sentido, o que poderíamos entender como uma "força nervosa" se aparenta muito mais com os planos das capacidades "mental" e "moral", tal como voltaremos a observar. No nível da corporalidade mais restrita, o equivalente à *força* (como princípio de intracomunicação) será antes a sensibilidade ou a motricidade, sobre que nos deteremos nos nódulos imediatamente seguintes da "irritação" e da "obstrução".

Entre os múltiplos acidentes que podem acometer os fluxos regulares do *subir/descer* e do *sair/entrar*, ressaltamos o do *recolher* e o do *subir à cabeça*, sem ter suficientemente enfatizado o ponto de articulação do *botar para fora*. Mais uma vez, deparamo-nos com uma categoria físico-moral, que pode designar tanto uma série de fenômenos associados aos processos fisiológicos normais e às doenças e mal-estares quanto às perturbações morais. No primeiro caso, encontra-se um notável núcleo de articulação das representações sobre as doenças, a respeito das quais a literatura é pródiga em informação (cf., por exemplo, Loyola *et al.*, 1977, pp. 112-115 e Queiroz, 1978, p. 52). Basta lembrar as referências positivas à *febre* e a certas erupções cutâneas, que se afiguram como a "saída" de algumas doenças, sob o efeito de determinadas terapêuticas. O *recolher*, nesse contexto, é particularmente perigoso, por representar a retenção inesperada das qualidades morbíficas no organismo.

No segundo caso, o *botar pra fora* é uma referência intimamente ligada ao *nervoso*, e, de certo modo, intrinsecamente terapêutica. Embora haja modos exacerbados de *botar pra fora* — como a *crise nervosa* — que serão em si mesmos sinais de um *nervosismo* excessivo (que não se esgotará possivelmente com essa descarga), são contínuas as referências ao caráter positivo dos modos mais regulares, que podem incluir uma *briga* ou *bate-boca*, o exercício de alguma atividade física desgastante ou apenas uma *boa conversa*. O primeiro modo não é nada raro no contexto da família (sobretudo quando há membros não-nucleares agregados à unidade doméstica), no da vizinhança ou no do trabalho (as indicações mais explícitas de *nervoso* masculino geralmente se dão por referência a uma discussão com os *patrões* ou com os *mestres* e *encarregados*). O segundo é muito mais vago, podendo incluir tanto a referência à *pelada* e à *farra* masculina (que não tem necessariamente uma conotação sexual), quanto a exacerbação de uma atividade doméstica ou a consecução de relações sexuais não-habituais. Uma senhora de Acari dizia que quando estava muito *nervosa*, bastava-lhe lavar um tanque cheio de roupas para se sentir melhor. Um senhor de Jurujuba, que me advertia contra os inconvenientes das *drogas* (*calmantes*), dizia que procurava "botar tudo pra fora" numa tarefa doméstica bem estafante antes de dormir. Em um dos contextos etnográficos, um rapaz que morava sozinho dizia ter recebido a visita de uma senhora, comadre e vizinha recém-enviuvada (sobre cujo *nervoso* viéramos conversando), que se declarara (a ele) muito "aliviada" com os bons resultados desse encontro (ainda que pudesse se tratar de mais um caso de bazófia masculina, teria que ser levado em conta, pelo menos como sinal das representações masculinas sobre as mulheres).

A questão da *boa conversa* se apresenta muito rica em meu material, não só pela experiência própria de tantas entrevistas seguidas de agradecimentos por se ter podido "botar tantas coisas para fora", como sobretudo pela peculiar experiência das pesquisadoras de Acari, que, por serem psicólogas e estarem preocupadas com a representação local a respeito do "atendimento psicológico", viram-se diretamente às voltas com a questão da *conversa* (a que se parecia associar o seu trabalho, por oposição aos *remédios* de *médico* ou *psiquiatra;* sem que, porém, afinal viesse a ser compreendido propriamente como um *trabalho*). Como elas puderam verificar (incluíram mesmo num roteiro para entrevistas abertas sobre o *nervoso* a pergunta: "Conversar ajuda?"), a importância concedida à *conversa* como recurso positivo à perturbação era grande e recorrente, sem que, porém, isso significasse qualquer proximidade com a representação "psicologizada" de uma "terapêutica" formal centrada no "discurso" e nas "emoções". A idéia de *conversas* com hora marcada e num contexto ambulatorial parecia particularmente esdrúxula, pelo que raramente tinham continuidade os "tratamentos" assim propostos. Essa experiência contrastava enormemente com a riqueza dos contatos informais posteriores que as pesquisadoras vieram a ter com suas informantes e, com a percebida e freqüentemente declarada sensação de uma contribuição efetiva ao alívio de uma eventual perturbação por força do efeito catártico das *conversas.*

Há ainda duas articulações espaciais a observar: a do *cruzar* e a do *atravessar.*

A representação do *cruzar* parece repontar de um espaço simbólico muito forte e amplo, de cujos sinais apenas nos poderemos aproximar, obedecendo ao roteiro proposto de percepção da construção da *pessoa.* Suponho que virtudes muito abstratas possam qualificar a idéia de uma interseção entre linhas de direção oposta, sugerindo ao mesmo tempo "centralidade" e "marginalidade", "composição" e "dissociação"; enfim marcas fortes ao serviço da elaboração simbólica. Há porém ainda a longa e fundamental referência à *cruz* cristã, à sua central pertinência tanto no plano mitológico quanto ritual, através de uma arraigada tradição.

As principais referências ao *cruzar* passam juntamente por um núcleo de práticas associadas às *rezadeiras* ou *benzedeiras* e que têm como objeto a cura de alguma perturbação ou doença sofrida, sobretudo, por crianças pequenas. O pequeno ritual da *reza* ou do *benzer,* a que pude assistir algumas vezes e dos quais recolhi diversas encantações tradicionais, envolve freqüentemente o caso do *ventre caído,* que tomo aqui como exemplo, por me parecer paradigmático em relação à lógica do cruzar.

O primeiro elemento, comum a todas as *rezas,* é a utilização do *sinal-da-cruz,* com a invocação das três pessoas da *Santíssima Trindade,* ora explicitamente no decorrer da encantação ora implicitamente no modo como o sinal se vai fazendo acompanhado do "em nome do Pai" (enquanto sob a mão fechada com o polegar estirado), "em nome do Filho" (assim vai a mão à esquerda), "em nome do Espírito Santo" (segue a mão para a direita). No caso do *ventre caído,* o *sinal-da-cruz* é feito nos pulsos e nos pés da criança, cruzando-se inicialmente da mão direita ao pé esquerdo e em seguida da mão esquerda ao pé direito. A mesma operação é repetida pelas costas, após o que se compara, juntando-se-os, os pés e os joelhos da criança. Supõe-se haver uma discrepância de medida entre os dois membros, que se procura simetrizar, enquanto se lhes apõe um novo *sinal-da-cruz*.

O elemento mais significativo que se parece poder aportar desse pequeno exemplo do *cruzar* é o de sua relação com uma "medida" ou "equilíbrio" corporal, a que a fórmula trinitária da unidade hierárquica serve como recurso reordenador (a *espinhela caída* envolve uma intervenção logicamente semelhante à descrita). Ele parece revelar assim um princípio de ordenação muito abrangente, em que a igualdade dos "membros" da cruz só se instaura e mantém sob a regência axial do valor Deus-Pai – (*cabeça*) – Totalidade. Reitera, além do mais, esse princípio "simpático" de uma comunicação estrutural entre os diversos planos de vida, do mundo e do "sobremundo", a que o *nervoso* serve em parte como veículo e sinal. Não me parece descabido lembrar que é comum a utilização de uma fórmula negativa do *cruzar* para designar a oposição a um dos sentidos vulgares atuais da *simpatia:* o "eu não cruzo muito com essa gente".

A articulação do *atravessar* (que mereceria uma análise conjugada com o *cruzar*) parece corresponder justamente à distensão ou deslocamento de algo em uma única direção, sem a contrapartida que a poderia tornar regular ou inofensiva.

Diversos testemunhos de perturbações referem-se a "atravessamentos" que podem ter uma referência muito concreta ("tenho uma veia do coração atravessada sobre um rim") ou mais puramente moral ("gênio atravessado"), sabendo-se, porém, que tais qualidades sempre correspondem a um estado ou situação "físico-moral". O discurso de referência à *veia atravessada* sobre o rim articulava-se, aliás, diretamente em torno de um múltiplo quadro de perturbações *nervosas.* A própria categoria *atravessado* é uma das que compõem o quadro dos sintomas "morais" do *nervoso.*

Creio pertencer logicamente a esta articulação a representação do *virado* ou *caído,* que obedece a uma lógica idêntica à do "atravessamento", apenas restrita ao movimento ou deslocamento auto-referido de um órgão ou elemento. A seqüência do *bucho virado,* do *oveiro virado* e da *cabeça virada* pode ter conotações decrescentemente físicas e crescentemente morais, sem que se perca em todo caso concreto aquele caráter abrangente sobre que venho insistindo. Parece fora de dúvida, porém (seguindo a lógica hierárquica antes definida), que a maior aproximação do *moral* corresponde em princípio a uma mais explícita e inarredável designação de perturbação *nervosa.*[13]

A categoria *caído,* que trato separadamente do *subir/descer,* por não corresponder a um acidente interno a um fluxo normal, já foi referida no

---

[13] Seria de se explorar as relações entre a idéia do *virar* associada aos órgãos do corpo e a do *virar* associado às fases da lua. Ambos são eventos representados como "físicos", tendo, porém, repercussões "físico-morais". Sobre a *virada de lua,* ver o item c deste capítulo.

tocante ao *ventre caído* e à *espinhela caída* (cf., a esse respeito, Ibañez-Novión, 1974 e Loyola *et al.*, 1977, p. 123) e corresponde do mesmo modo que o *atravessado* a um deslocamento irregular em direção única (pelo que é possivelmente tão dependente da terapêutica pelo *cruzar* e *medir*). Mais uma vez aqui a categoria pode ocorrer com um sentido mais puramente "moral", como se diz de uma pessoa que esteja *caída*, no lado "depressivo" da seqüência dos estados perturbados.

É preciso ressaltar que a análise destes fenômenos na rubrica da "comunicação" só tem sentido se levarmos em conta o éter "simpático" em que eles se desenrolam e cuja percepção só pode vir a se completar pelo exame da categoria *atacar*, veio central do nódulo da "irritação".

NÓDULO DA IRRITAÇÃO

Com efeito, a lógica do *atacar* faz esplêndida ponte entre a questão geral da comunicação simpática intrapessoal e um plano muito vasto de suas qualidades que estou resumindo sob o título de "irritação".

Como havia referido na comparação entre os níveis hierarquicamente imbricados do *sangue* e dos *nervos*, estes últimos pareciam fruir de uma qualidade mais intrínseca que a da *força* veiculada pelo *sangue* (ainda que esta lhe estivesse subordenada) e que, embora fosse igualmente pregnante, dela divergisse por uma menor fisicalidade. E, efetivamente, acredito poder chamar de "sensibilidade" a essa outra "força", assumindo sob tal categoria a sua multivocidade notória.

Já havia na verdade feito referência a este ponto ao chamar a atenção para o plano das representações sobre os *nervos* que chamei de "nervo-sensibilidade" (embora também aqui vá estar incluído o que lá chamava de "nervo periférico").

Embora a categoria "sensibilidade" me pareça ser a mais abstrata para designar esse nível dos fenômenos em exame, mantive-a sob a rubrica da "irritação", não só para garantir um certo e significativo paralelo com os nódulos em que desenvolvi a genealogia da configuração do *nervoso*, como para respeitar um pouco mais a categorização explícita dos informantes em que uma teoria da sensibilidade *nervosa* está imersa no discurso da *irritação* dos *nervos* ou pelos *nervos*.[14]

Como acentuava antes, a idéia do "nervo-sensibilidade" ressalta muito diretamente no contexto de uma avaliação da intensidade de certas

---

[14] Na verdade, o que tenho em mente ao fazer esta observação é que a mediação "físico-moral" exercida pela idéia de "sensibilidade", embora seja comum a esta versão da configuração do *nervoso* e às eruditas antes examinadas, não tem aqui as conotações da "interiorização", "privatização" e "individualização" que veio a ter naquele outro caso. Trata-se neste caso, portanto, de uma ênfase mais literalmente "físico-moral" (e por isso preferi subordiná-la à "irritação"), enquanto no outro caso a "sensibilidade nervosa" passou a constituir uma verdadeira "ética" (que é como a chama Foucault, na *História da loucura* – cf. Foucault, 1978, p. 285).

dores resultantes de ferimentos, de que se dirá terem *pego* ou *atingido* o *nervo,* assim como dos sofrimentos relacionados aos *dentes* (como no caso do *nervo exposto*). A essa "sensibilidade" correlacionada à *dor* física e de cujo espaço semântico também fazem parte de certo modo a *dor de cabeça* e aquelas que decorrem da chamada *úlcera nervosa,* acrescenta-se a idéia do "nervo periférico", ou seja, de uma "sensibilidade" difusa por toda a superfície corporal, um pouco como capacidade de recepção e reação a estímulos, um pouco como a experiência de fenômenos eletrostáticos, a que as sensações do *arrepio* ou do *formigamento* parecem conferir uma certa capacidade descritiva. Aliás, como dizia, a resposta a perguntas diretas sobre o *nervoso* implica freqüentemente o recurso a um gesto curioso, em que os dedos da mão se agitam rapidamente, apenas aflorando a pele dos braços.

Veja-se que essa tematização de uma sensibilidade periférica veicula a representação de uma relação generalizada da corporalidade com o seu exterior, o que se reduplica no plano "moral", através de uma "sensibilidade" de que também se reveste o espírito face aos estímulos exógenos. Mais uma vez, configura-se a qualidade "físico-moral" de uma representação constante do quadro desenhado, apresentando-se ao nível do concreto de forma imbricada. É assim, por exemplo, que a sensibilidade da *cabeça* (acometida por suas *dores*) e do aparelho digestivo (acometido por suas *úlceras*) será tanto física quanto moralmente *nervosa,* o que as etiologias localizadas precisarão, dependendo das propriedades de situação da emissão do discurso.

A sensibilidade nervosa assim examinada permite-nos compreender melhor a relação com o *sangue* e com o *fígado* antes abordada. À filtragem mais física propiciadora da *força* do *sangue* pelo *fígado,* sobreleva a filtragem mais moral empreeendida pelos *nervos.* A composição hierárquica entre os dois planos se rebate aqui de uma nova disposição. Os *nervos* centrados na preeminência hierárquica da *cabeça* sobre o *corpo* (sede do *sangue*) ocupam do mesmo modo uma preeminência do "envolvente" sobre o "envolvido", como se o *sangue* e a *força* correspondessem ao plano de uma maior "interioridade" subordenada ao plano de uma maior "exterioridade" regida pelos *nervos* e pela *cabeça.* Atente-se bem, no entanto, que se trata de um dos níveis de observação e desenvolvimento da configuração, que poderia parecer contraditório com outros sobre que ainda nos deteremos, caso tivéssemos que nos ater aos princípios de uma lógica linear.

Essa propriedade generalizante e encompassadora da sensibilidade é o veículo mais imediato da circulação simpática, justamente por tais características. Sua dinâmica implica a definição de dois pólos contrastivos: o da *irritação* e o da *resistência.*

Em primeiro lugar, a disposição de sensibilidade através dos *nervos* implica uma possibilidade contínua de perturbação que se chamará de *irritação.* Esta tanto poderá se manifestar como uma propriedade genérica dos *nervos,* cuja própria sensibilidade se exacerbará pelo excesso de estímulos ou como um efeito físico daí decorrente e transposto para um lócus determinado da pessoa. Esse é bem explicitamente o processo subjacente à representação da *úlcera nervosa* e de diversos tipos de "comportamento" *irritado* (*fumar* demais, *beber* demais, *brigar* etc.). Já no primeiro caso, a associação primordial entre os *nervos* e a *cabeça* não exigirá qualquer deslocamento, mas uma imediata co-instauração da *irritação* dos *nervos,* da *irritação* "moral" e de fenômenos de perturbação na *cabeça,* tais como as *dores, opressões, aflições, pressões* etc. É fundamental ressaltar que a qualidade físico-moral da sensibilidade propicia que a virtualidade de *irritação* seja desencadeada tanto por causas físicas quanto morais, separada ou concomitantemente.

A *irritação* decorrente do excesso ou inconveniência dessas causas ou estímulos tem como contrapartida a idéia da *resistência,* que guarda em relação àquela uma homologia literal. Face à sensibilidade poderíamos dizer que a *resistência* representa um pólo positivo, por oposição ao pólo negativo da *irritação.* Ou melhor, que a *resistência* enfatiza a possibilidade da sensibilidade não se deixar avassalar pelos estímulos, abrindo a guarda da pessoa; ao mesmo tempo em que o pólo negativo da *irritação* apenas designa um estado exacerbado de uma qualidade receptiva intrínseca à sensibilidade. Trata-se, assim, de uma totalidade inevitável, uma vez que a sensibilidade puramente resistente construiria sujeitos impermeáveis ao mundo, assim como a sensibilidade puramente irritável construiria sujeitos totalmente avassaláveis pelo mundo.

A homologia referida abarca primordialmente nossa cara dimensão físico-moral. A *resistência* tanto é uma qualidade dos *nervos* em si (lembremo-nos do que se dizia a propósito da "resistência do nervo-tendão"), quanto é uma propriedade moral da *cabeça* e da totalidade pessoal. Essa dimensão dos *nervos* é a mediadora exata entre seu plano próprio e o do *sangue.* Com efeito, as idéias da *força* e da *resistência,* pela sua similitude simbólica, compõem as duas faces da relação tal como já foi aqui explorada. Há um limiar pressuposto e encompassado de *força* pelo *sangue* (tanto físico quanto moral, ainda que primordialmente físico em comparação com os *nervos*), sobre o qual pode-se armar a *resistência* pelos *nervos* (tanto moral quanto física, embora primordialmente moral na comparação). Não me deterei aqui sobre os nódulos simbólicos da idéia de *resistência* física e moral, uma vez que os "físicos" podem ser facilmente percebidos por homologia aos que trabalhei em torno do *sangue* e os "morais" serão mais adequadamente abordados no item da "responsabilidade", no último segmento deste capítulo.

A ênfase no caráter "simpático" da sensibilidade, com seus corolários da *irritação* e da *resistência,* procurava justamente habilitar-nos à compreensão da lógica do *atacar.* Designa-se sob tal categoria os efeitos nocivos que podem ter os deslocamentos ou transposições entre os órgãos ou elementos corporais, a *comida,* os *remédios* e as emoções ou reações "morais" aos estímulos. As mais variadas direções e combinações podem ser assim compreendidas, sendo básica a representação de que há um sistema de mediações interno encompassador que permite a comunicação. Esse sistema é justamente o que viemos descrevendo em torno do *sangue* e dos *nervos.* Pode-se dizer, dessa forma, que uma *comida* ou *remédio atacou* o *fígado,* o que se poderia considerar como a fórmula mais imediata do pólo "físico" da configuração. Tal como havíamos visto, o *fígado* é o filtro direto do que vem de fora para o *sangue,* através da "digestão", mas também de uma via menos explicitamente concreta e só compreensível pela comunicação simpática corporificada em parte pelo *sangue.* Lembremo-nos nesse sentido do que já foi aqui exposto a respeito da toxidez em geral (como no caso do álcool ou das *drogas* e *remédios fortes*) e da *comida pesada.*

Deve-se lembrar que a esse plano interno do *atacar* corresponde uma dimensão também externa, da relação geral da pessoa com as fontes de perturbações ou doenças a que está exposta (e que também se rege antes por considerações "simpáticas" que "epidemiológicas" ou "clínicas", como observaremos em outro momento). É comum, portanto, dizer-se que uma *doença* específica *atacou* tal órgão diretamente, ou o corpo em geral (é particularmente usual a referência a ter os *pulmões atacados*), assim como referir-se a uma fonte de perturbação que tenha *atacado* a *cabeça* ("acho que foi a morte do pai que lhe atacou a cabeça"). Teríamos, aliás, neste último caso, o pólo oposto — mais exclusivamente moral — ao do "ataque" ao *fígado,* que considerávamos como o limite "físico" dos "ataques" transcorridos no plano da interioridade corporal.

Pois o que me interessa aqui desenvolver é o modo como se arma uma lógica interna do *atacar* desencadeada em certos nódulos por "entradas" físicas e morais. Resumindo, poderíamos montar um quadro em que teríamos no alto estímulos "morais" *atacando* a *cabeça* (e, portanto, diretamente os *nervos*) e embaixo estímulos "físicos" *atacando* o *fígado* (basicamente através do *sangue*), ao mesmo tempo em que haveria aberturas laterais intermediárias em que *doenças* ou fontes morbíficas *atacariam* pontos localizados do corpo, obedientes a trajetórias virtuais socialmente reconhecidas.

A partir desse quadro de entradas é que se passa a movimentar um fluxo complexo de relações internas balizadas pela *força,* pela "sensibilidade", pela *irritação* e pela *resistência.*

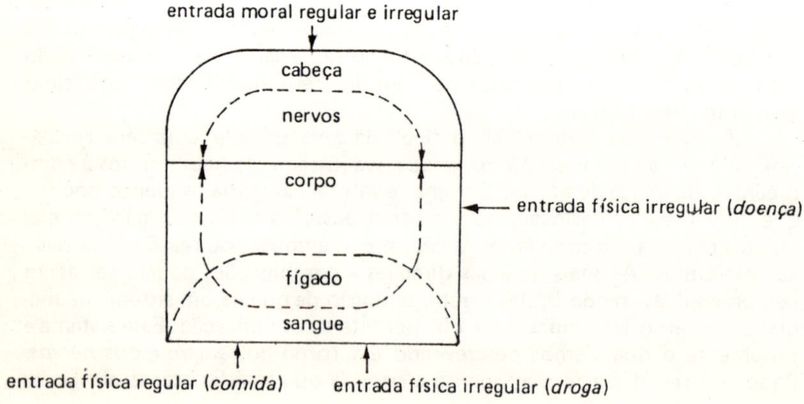

Cabe chamar a atenção em relação ao modelo proposto — talvez mais claramente analisável pelo quadro acima — que a intervenção sobre o *fígado* se aparenta com as intervenções laterais no sentido de que ambas incidem sobre a parte *corpo* da totalidade pessoa, face à qual só a parte *cabeça* pode receber intervenções diretas — pelo encompassamento envolvente que a caracteriza.

O fluxo do *atacar* abarca assim três situações básicas: 1) o ataque imediato à *cabeça;* 2) o ataque imediato aos órgãos ou elementos; e 3) ataque mediato ao *fígado.* Compõem-se em seguida sete outras situações (todas mediatas), que abarcam quase todas as direções possíveis entre as três situações iniciais ou desencadeadoras. A primeira é a que envolve o deslocamento da perturbação ou doença oriunda da situação *2,* sobre o *fígado* (por exemplo, "esse problema dos rins me atacou o fígado"). A segunda é a que se dá entre os próprios órgãos ou elementos em geral a partir de uma situação *2* (por exemplo, "esse reumatismo das pernas me atacou o coração"). Essas são as duas únicas situações que não envolvem os *nervos* por se darem intracorpo. A terceira situação é a que, a partir de uma situação *2,* vem atingir a *cabeça* (por exemplo, "a veia do coração atravessada sobre o rim me atacou o nervoso") ou "essa criança ficou assim atacada dos nervos, de tantos vermes". A quarta situação é a que tematiza os efeitos da situação *3* sobre a cabeça (por exemplo, "essa minha dor de cabeça é do fígado"). A quinta situação é a que se dá pelos efeitos do *fígado* sobre os demais órgãos e elementos (por exemplo, "o fígado não trabalhando, você já viu, ele fica sempre assim" [com "prisão de ventre"]). Finalmente, as duas últimas situações referem-se à influência das perturbações ou doenças da *cabeça* e dos *nervos* respectivamente sobre o *fígado* e sobre os demais órgãos ou elementos (por exemplo, "acho que tem o fígado opilado de tanta amofinação", ou "essa úlcera é de tanto se aborrecer").

Essas sete situações compósitas internas não têm o mesmo peso, além de se poderem combinar entre si; de modo que nem sempre se explicita uma causalidade tão linear como a que acabei de desenhar. É certo, porém, que o fluxo *cabeça/fígado* é o mais recorrente e axial, coerentemente com a posição estrutural que pudemos analisar. Além do mais, em apenas quatro das dez situações gerais dissecadas não intervém a representação dos *nervos* como mediadora do *atacar.* Nesse sentido é que podemos entender que, embora a qualificação de *atacado* possa ser aposta a diversos órgãos e elementos da pessoa, é só no tocante ao *atacado da cabeça* ou *atacado dos nervos* que se pode prescindir de especificação localizante, designando-se um estado global, encompassador: fulano é *atacado* ou está *atacado.* Lembremo-nos, do mesmo modo, que uma das formas de nomear a dramatização exacerbada no *nervoso* é a de *ataque* ou *atacação.* Nesse caso fica muito evidente a afinidade abstrata que entrelaça as duas categorias, como se o *atacar* se desse em estado puro, no seu próprio elemento, independente dos deslocamentos e localizações que ele normalmente permite pensar. Parece corroborar esta linha de interpretação o fato de que, tal como nas referências ao *atacado,* a ocorrência de *ataques* também pode se referir a outros súbitos transtornos corporais que sempre exigirão uma localização especificante. A ocorrência "pura" implicará necessariamente a representação de um *ataque de nervos* (embora sobre esta possa vir a se justapor uma outra de tipo "espiritual").

NÓDULO DA OBSTRUÇÃO

O último dos ângulos sob os quais podemos observar a construção intrapessoal pelo *nervoso* é o do nódulo da "obstrução". Como dizia, trata-se, propriamente, de um capítulo da questão da "comunicação", por cobrir o que se poderia designar como os "acidentes" dos fluxos regulares balizados pelas fronteiras da *força,* da *resistência* e da *irritação.* Ele representa também, nesse sentido, um ponto de interseção entre a "espacialidade" e a "substância", dimensões quase indiscerníveis dos fenômenos em que se expressa.

Obedecendo à lógica interna que viemos observando em torno do *sangue* e dos *nervos,* também as "obstruções" se ordenam prioritariamente sobre essa polaridade.

A instauração de uma perturbação ou doença *nervosa* é freqüentemente atribuída a "obstruções" que colocam em cheque os movimentos regulares e complementares do *subir/descer* e do *sair/entrar.* Já nos havíamos referido aos efeitos nocivos da amenorréia, no tocante aos fluxos da comunicação. Trata-se, efetivamente, de um exemplo paradigmatico da "obstrução", por abarcar não só os dois movimentos do *sair* e do *subir,* como por colocar em imediata comunicação o circuito do *sangue* e o da *cabeça,* através da representação de que o *sangue,* cuja saída foi obstruída, pode subir à cabeça, transtornando suas qualidades frias e brancas e afetando assim a própria essência dos *nervos.* Esse evento é simetricamente inverso ao que atribui à própria menstruação uma qualidade perturbadora. Neste último caso, porém, está em jogo o equilíbrio entre a *força* (de *sangue*) e a *resistência* (de *nervos*), em que esta última é afetada pela perda (ainda que regular) de parte daquela (entre outras conotações simbólicas de "poluição" e "liminaridade").

Os efeitos nocivos e perturbadores, tão freqüentemente atribuídos ao uso de *pílulas* anticoncepcionais e ao *ligamento de trompas,* está também vinculado a uma lógica da "obstrução", por se interromper neste caso virtualmente o fluxo oposto ao da *menstruação,* que é o do engravidamento. Em todos estes casos, lembremo-nos que está em jogo a lógica perturbadora maior que observamos sob a categoria do *recolher,* com todos os seus corolários de uma espécie de intoxicação interna, desencadeadora, nestes casos, dos fenômenos *nervosos.* A obstrução do fluxo da concepção feminina tem implicações "morais" muito mais intensas do que as que aqui apontamos sob o prisma da fisicalidade – e, mais uma vez, dificilmente se poderia afirmar que as representações dos informantes assim as separassem tão nitidamente. Como observaremos no item da "construção diferencial", a condição de maternalidade é tão intrínseca à identidade feminina nesses segmentos que as obstruções físicas à reprodução têm repercussões morais de profundíssimo alcance (sobretudo o *ligamento de trompas,* por seu caráter permanente).

Há também uma questão de "obstrução" que se coloca para o homem — sob uma lógica porém tão diversa. Trata-se, neste caso, da "ejaculação".[15] A continência prolongada é vista como perturbadora (e muito da jocosidade depreciativa de que se cerca aí a imagem dos *padres* se arma em torno desse tema). Há nesse sentido um *nervoso* própriamente decorrente da continência, sempre que algum constrangimento físico ou social impeça os recursos regulares de provimento desse fluxo (inclusive pela *masturbação*). De minha experiência etnográfica, recordo a referência a um caso de hospitalização com imobilização parcial, ou ainda os reiterados comentários sobre os períodos de isolamento prolongado e absolutamente desprovido de privacidade nos barcos de pesca. Essa representação tem como contrapartida a idéia de um possível "enfraquecimento" pelo abuso da ejaculação, que não é porém muito enfatizada, dada a alta valorização que é publicamente atribuída ao desempenho sexual ativo do homem. Essa idéia pode se manifestar sobretudo em relação ao adolescente, uma vez que se supõe estar sendo perdida sob essa forma parte da *força* que o estaria compondo enquanto sujeito em crescimento. Mesmo aí, no entanto, a afirmação precoce de virilidade tende a sobrepujar de muito a conotação negativa referida. É apenas nesse sentido que a masturbação pode ser considerada perigosa, uma vez que incide naquela condição "enfraquecedora", sem a contrapartida da afirmação pela conquista sexual. Não há, porém, na realidade — tanto quanto me fosse dado perceber — um verdadeiro tabu da masturbação. Há, isto sim, uma conotação moral pejorativa derivada da cobrança de um desempenho sexual ativo — que não estaria sendo, no caso, demonstrado.

Paralelamente à questão da ejaculação, há uma área pouco clara relativa ao que se poderia chamar de "satisfação sexual" ou, num sentido talvez mais restrito, de *orgasmo.* Como ela se confunde para o homem com a questão da ejaculação, vale a esse respeito o que examinávamos acima. No tocante à mulher, penetramos numa área cercada de segredo e ambivalência. Embora alguns testemunhos masculinos obtidos por mim (como o caso referido no contexto do *botar para fora*) e outros femininos obtidos pelas pesquisadoras de Acari permitam supor que haja uma representação segundo a qual as mulheres também "necessitem" de uma experiência que, ao modo da ejaculação, "descarregue" algo que poderia de outra forma ficar obstruído e provocar perturbações *nervosas,* creio que essa representação não só deve ser mantida subordenada pelos códigos mais restritos de privacidade e *respeito* que cercam a mulher, como — mesmo para os informan-

---

[15] Embora não tenha nenhuma evidência etnográfica própria (possivelmente porque não me ocorreu e não é muito fácil explorar o tema), creio que haja uma certa homologia subjacente entre o *sangue* e o *esperma* (como "sangue branco") — que se opõem, em um certo nível, como a "mulher" e o "homem". Essa homologia é explícita no material de Ibañez-Novión (1974 e 1976).

tes – ela deve circular num nível de pouca explicitude, dada a sua incompatibilidade com os rigorosos controles da *honra* de que se cerca aí a identidade feminina legítima.[16]

Há um segundo e último plano fundamental das "obstruções", a que nos referimos em parte no tocante à capacidade "mental". Trata-se das obstruções que se dão na *cabeça,* sob as múltiplas acepções que comporta essa categoria.

Retornamos, assim, à categoria das *idéias,* que tínhamos examinado sob o prisma do *ser fraco das idéias* ou do *ter idéias demais na cabeça.* Naquele contexto enfatizava-se, sobretudo, o aspecto da capacidade "mental", embora advertíssemos de sua grande imbricação com a capacidade "moral". Aqui, do ângulo das "obstruções", a imbricação é ainda mais nítida, sendo freqüentemente difícil discernir se a referência ao que desencadeia a perturbação tem uma ou outra daquelas qualidades.

Em um primeiro nível, como naquele que descrevemos a respeito do *estudo demais,* avulta o plano "mental". Encontram-se neste caso acusações que envolvem o que alguns informantes podem considerar como um excesso de preocupação "política", uma exposição demasiado ampla aos notórios perigos de que se cercou neste país nas últimas décadas o envolvimento em atos ou discursos de reivindicação. Dizer assim que "esse cara tem idéias demais na cabeça" pode se referir a uma "perturbação" desse tipo, freqüentemente associada à categoria *revoltado,* e que pode tanto acarretar avaliações mais benévolas de *nervoso* quanto a acusação mais pesada de *maluco.*[17] Deve-se ressaltar – antes de mais nada – que essas conotações pejorativas possíveis do envolvimento em reivindicações políticas não significam uma avaliação negativa do seu conteúdo ou qualidade (muito freqüentemente se dá o contrário), mas sim uma espécie de controle de uma relação ideal entre reação legítima e devida e meios de encenação e realização. Esse "realismo" que pode, a curto prazo (como me pareceu algumas vezes), parecer tíbio e injusto, leva em consideração porém uma série de determinações a que é menos atenta a nossa racionalidade individualizante. *Ter boa cabeça,* nesses casos, pode significar o estar-se levando em conta a imbricação do sujeito em sua rede de obrigações familiares e grupais e a inconveniência da assunção de atitudes que não advenham realmente de uma disposição coletiva ponderada.[18]

---

[16] Essas categorias e as questões de visão de mundo que envolvem (na direção da hierarquia, por exemplo) foram por mim exploradas em outro trabalho recente (cf. Duarte, 1984d).

[17] Sobre a categoria da *revolta,* tão importante nesses grupos sociais, ver a excelente análise de Alba Zaluar (cf. Zaluar, 1983c, sobretudo p. 151). Voltaremos a examiná-la em outro momento.

[18] Veja-se que estou falando de uma "participação política" exercida em certas ocasições e sob certas circunstâncias. No pólo oposto, tenho a informação pessoal de Maria Noemi Castilhos Brito sobre suas informantes operárias no Rio Grande do Sul, que associavam a experiência do *nervoso* à vida anterior à sua militância sindical.

A perda de um "equilíbrio" interno a que as "obstruções" podem oferecer um discurso explicativo passa, num segundo nível, por uma dinâmica mais propriamente "moral", no sentido do que nós chamaríamos de "emocional" (por oposição ao caráter "intelectual" do nível anterior). Uma boa parte das categorias constantes do quadro dos sintomas "morais" das perturbações encontra aí o seu sentido. Os *aborrecimentos,* as *amofinações,* os *problemas* apresentam-se não só em si mesmos como "obstruções" da vida, como se transpõem para a *cabeça,* obstruindo as *idéias* e causando a alteração ou *irritação* dos *nervos.* Observada a mesma moeda pela outra face, poder-se-á dizer que a perturbação *nervosa* altera as *idéias* e faz com que a *cabeça* fique "cheia" de *aborrecimentos, amofinações* e *problemas,* que poderiam, de outro modo, consistir em eventos regulares da luta quotidiana. Através da representação da *resistência* dos *nervos,* fecha-se assim o arco com as causalidades físicas antes examinadas, de tal forma que, entre o "físico" e o "moral", podemos vivamente discernir o conduto "simpático" dos *nervos.*

Essas duas extremidades da "obstrução" podem ser ainda observadas do ângulo dos fenômenos ligados ao que havíamos chamado de "nervomotor" por um lado, e dos que, sob diferentes nomes, se aglutinam sob a categoria das *doenças dos nervos,* pelo outro.

Efetivamente, os efeitos paralisantes de uma série de acidentes físicos são considerados como resultantes de um "corte" dos *nervos,* ou seja, do isolamento de uma parte do corpo dessa teia inconsútil de relações. No pólo oposto, as *doenças dos nervos* representam a avaliação de uma alteração substancial das qualidades intrínsecas desse elemento, dentre todas as que até aqui observamos. Essa categoria, que implica a condição genérica do *ser nervoso* (que, como vimos, se opunha ao mero *estar nervoso*), implica uma condição que é freqüentemente visualizável como um "corte" com algum plano de vida, projeto social, até o limite do "corte" máximo da *loucura,* paradigmaticamente representado pelo internado psiquiátrico. Sobre esse núcleo, porém, nos deteremos posteriormente.

Suponho que se possa ter feito aflorar, por sob a análise dessa dimensão "intrapessoal" do *nervoso,* a percepção da necessidade dos itens que se seguem. Em primeiro lugar, da qualificação diferencial da *pessoa,* que aqui aparecia refratada pelo menos do ângulo das identidades de gênero e de classe de idade. Em segundo lugar, das condições de vida interpessoal, em que a noção de "hierarquia" aqui pressuposta ganhará sua devida dimensão, e nos planos maiores em que se arma a luta pela reprodução social. E, finalmente, dos núcleos da "responsabilidade", da "loucura", do *encosto* e das "terapêuticas", de que nos aproximamos parcialmente e que observamos então sob um ângulo mais totalizante.

b) O *NERVOSO* E A CONSTRUÇÃO DIFERENCIAL DA PESSOA

Como afirmei ao introduzir ao plano da "construção intrapessoal", tratava-se de exercer ali um primeiro recorte instrumental, aproximativo, da importância do *nervoso* para a compreensão das identidades entre as classes trabalhadoras urbanas. Abordaremos agora um plano mais fundamental, mais instaurador, que nos permitirá talvez melhor perceber a distância que separa a representação da pessoa nesses segmentos daquela sobre que se arma nossa própria ideologia dominante. Distribuí este item ao longo de quatro núcleos, que nos fornecem uma especificação da identidade sob o prisma sucessivo do "gênero", da "classe de idade", da "situação" e da "qualidade".

Todos eles partem dessa instância básica da identidade trabalhadora que é a da *família,* naquele sentido forte e pregnante que lhe tem reconhecido a literatura e a que já me referi.

Como se enfatizava naquele momento, a referência à *família* como plano axial da identidade nas classes trabalhadoras funda-se sobre a sua condição de *valor,* antes e acima, portanto, de seu formato sociológico, de suas funções, de suas supostas falências e contradições. É contra essa condição do "Valor-Família" que procuramos perceber os específicos contornos do "Valor-Pessoa" no caso, particularmente, através dos modos e mecanismos como a configuração do nervoso lhe serve e compõe.

Observar a construção diferencial da Pessoa a partir do "Valor-Família" significa conceder atenção não apenas a seus aspectos estruturados, aos modos como se espelha numa classificação social, mas também ao seu caráter situacional e hierárquico, aos deslocamentos, inversões e ênfases com que lastreia o curso da vida social.

Isso é o que me parece facultar o recurso aos quatro prismas antes referidos do "gênero", da "classe de idade", da "situação" e da "qualidade": a observação da diferenciação da *pessoa* em suas múltiplas refrações e níveis a partir da família.

PRISMA DE GÊNERO

É grande a preeminência do prisma de "gênero". Com efeito, a oposição *homem/mulher,* expressa paradigmaticamente na oposição *marido/mulher,* oferece o eixo de articulação fundamental do "valor-família". A relação de complementaridade hierárquica em que se encontram os dois termos dessa oposição estabelece um patamar estruturante para múltiplas dimensões de vida desses segmentos sociais, tanto na direção mais "interior" quanto mais "exterior" (cf. meu artigo em colaboração com Ropa *et al.,* 1984).

Em princípio, podemos dizer que o elemento *homem/marido* engloba hierarquicamente o elemento *mulher,* no sentido de que este se apresenta subordenado àquele; "interno", em relação à sua maior "exterioridade"; "privado", em relação ao seu caráter mais "público"; "natural", em relação ao seu caráter mais "social".

Havíamos visto, por exemplo, no tocante à construção interior dos sujeitos, que a tríplice qualificação "física", "mental", e "moral" só se apresentava como um modelo ideal completo para o homem adulto, embora a última dimensão fosse tão fundamental para o homem quanto para a mulher. Nesse sentido, algumas especificações diferenciais entre o homem e a mulher haviam sido desenhadas no tocante à "corporalidade".

As qualidades de que se revestem os dois termos da unidade conjugal impõem-lhes condições diversas face às "perturbações", que iluminam as que também diferencialmente cercam o seu desempenho regular e quotidiano.

O "Valor-Família" abarca um certo número de qualidades distribuídas entre seus componentes e que lhe concedem sua preeminência enquanto foco de identidade social. Essa identidade compreende uma dimensão por assim dizer "pragmática", que pode ser traduzida pela noção de "reprodução social"; ou seja, de uma reprodução da sua condição de sujeitos sociais qualificados de um certo modo, cercados por certos valores. De uma maneira muito geral, pode-se dizer que se trata, portanto, de um programa de reprodução "físico-moral", por estarem aí implicadas não só a idéia da procriação e do provimento às condições de maturação física da prole (e, evidentemente, da manutenção física concomitante do casal e de outros membros eventuais da unidade doméstica), como a idéia de que essa reprodução "física" deve obedecer a certas condições culturalmente determinadas — o que, aliás, se apresenta para esses segmentos sociais (como para quaisquer outros) como uma única e mesma coisa; nessa inextricabilidade entre "fato" e "valor" em que se dá toda vida social concreta.

O binômio *marido/mulher* enfeixa e reparte de maneira significativa os compromissos e "tarefas" implicados naquele programa. E digo que o faz de maneira significativa porque é, em si mesmo, "didático", na medida em que a reprodução do seu modo de enfeixar e repartir é parte central da reprodução ampla a que me referia. É nesse sentido, um modo cultural estruturado e estruturante.

As citadas qualidades de encompassamento e exterioridade do elemento *homem* (passarei a me referir a ele desta forma, uma vez que a sua dimensão de *marido,* ainda que fundamental nos termos da definição do par de oposição, poderia parecer excluir a de *pai,* que lhe é igualmente inextricável) associam-no a esse plano básico da vida pública que é o do *trabalho.*[19] Masculino porque público, público porque masculino, o *trabalho* socialmente reconhecido como tal deve ser o que se acopla às duas "capacidades" eminentemente masculinas já tantas vezes citadas: a "física" e a "mental". Nesse sentido, o *trabalho* ideal deve comportar em algum grau o exercício de ambas as qualidades, sobrelevando às vezes uma à outra, conforme as situações concretas enfrentadas. Um *trabalho* deveria ser assim algo de eminentemente "manual" (para usar uma categoria nossa, um tanto ou quanto inadequada), ou seja, que comporta um engaja-

---

[19] Ver sobre as categorias *pai de família* e *chefe de família* a análise de Maria Rosilene Alvim (cf. Alvim, 1979, p. 106 e seg.). O artigo de Thompson sobre o tempo e a disciplina de trabalho no capitalismo é esclarecedor de alguns aspectos da constituição desse modelo de *trabalho/família* (cf. Thompson, 1967).

mento tal do sujeito em que sua *força* seja despendida. Mas deveria ser também algo que exigisse o desempenho da capacidade "mental", ora no sentido da destreza, *jeito, dom, habilidade,* ora no sentido mais abstrato da *inteligência, memória, esperteza* ou *saber* aprendido ou acumulado (cf., por exemplo, Duarte, 1978, p. 56 e seg.). As expectativas ligadas às "carreiras" trabalhadoras (o *ofício,* a *mestria,* a *profissão* etc.) constroem-se sobre uma ênfase crescente nesse segundo plano, sem se descolarem totalmente — e isso é fundamental — do primeiro, ou seja, da representação do *trabalho* como dispêndio da *força* corporal. Como se fosse um plano básico, a partir do qual pudesse ou não (tanto mais face às dificuldades objetivas enfrentadas) afirmar-se o segundo.

Essa dimensão formal da identidade masculina só ganha porem seu pleno sentido quando encompassada pela capacidade "moral". Com efeito, esse desempenho no *trabalho* pela *força* e pela capacidade "mental" só faz sentido enquanto meio e recurso do objetivo moral abrangente que é o da reprodução do núcleo familiar, pelo cumprimento do preceito da *obrigação* (cf. Duarte, 1978, p. 55 e seg.; Bilac, 1983, pp. 124-5 e Neves, 1977, p. 24). Essa categoria designa o corpo dos desempenhos ideais que compõem a identidade masculina adulta e plena e que pode ser resumida sob duas fórmulas recorrentes: o *manter o respeito* e o *botar comida dentro de casa* (cf., por exemplo, Alvim, 1979, p. 106; Neves, 1977, p. 24). O primeiro preceito é muito amplo e remete àquela condição de encompassamento e exterioridade a que me referi anteriormente. Isso significa que o *chefe de família* deve assumir as responsabilidades de representação externa da unidade doméstica, fazendo com que seus membros e seu espaço sejam *respeitados.* Essa representação e defesa, que inclui aspectos mais comezinhos como o da manutenção e reparos do aspecto e condições de habitação da casa, compreende não só uma "atitude" ou disposição ativa do *homem macho* mas também uma "condição" de "respeitabilidade", que envolverá o seu desempenho global como *trabalhador,* como *filho,* como *marido* e como *pai.* Nesse sentido, a "respeitabilidade" flui entre a sua condição externamente barganhada de *batalhador* e sua condição internamente garantida de responsável mais amplo pela "moralidade" doméstica. Este é o segundo sentido do *manter o respeito:* assegurar que a mulher e os filhos (e eventualmente outros agregados à casa) se desempenhem de forma legítima de seus respectivos papéis sociais. A vigilância sobre o comportamento feminino (tanto da mulher/esposa quanto das filhas) é particularmente ressaltável nesse contexto.

A manutenção do *respeito* está intimamente ligada àquele outro preceito que se pôde resumir na locução do *botar comida dentro de casa.* Embora a manutenção da alimentação básica dos membros da unidade doméstica seja efetivamente o que de mais explícito se acentua para a definição da *obrigação* masculina sob o seu prisma mais "objetivo" (cf. Zaluar, 1983c, p. 161 e 190), ela pode ser considerada como um símbolo dessa afinidade do papel masculino com a reprodução mais fundamental do grupo doméstico, um nível sem o qual todo projeto e luta se tornam vão. Lembremo-nos nesse sentido de como a representação sobre a *fome* (a que já me referi) é forte e onipresente nesses segmentos como personificação da ilegitimidade mais radical.

Embora a *obrigação* masculina recubra essa relação considerada ideal entre a *casa* e o *trabalho* (e este último tenha aquelas características mínimas antes apontadas), creio poder afirmar que a *obrigação* face à *casa* sobreleva à *obrigação* face ao *trabalho* em qualquer circunstância limite, uma vez que este é um valor instrumental, por assim dizer, em relação no "Valor-Família". Compreende-se, dessa forma, que para além daquele quadro um tanto ou quanto "apolíneo" do *trabalho* ideal (com o comprometimento das capacidades "física" e "mental") desenhe-se todo um quadro de valorização do *cara safo,* ou seja, aquele que, apesar de todos os notórios percalços enfrentados na luta quotidiana do *trabalhador* (desqualificação do *saber* operário, exploração exacerbada, desemprego etc.), continua, por meios mais ou menos legítimos ou legais, provendo à subsistência da família e mesmo, freqüentemente (no que só para um olhar muito distante pode parecer uma inconsistência), à sua reprodução moral pelo *respeito.*

Uma estrutura que aloca ao homem um tal caráter de exterioridade para a *casa* e que o associa, portanto, de certo modo, à *vida de rua* (a socialização dos *meninos homens* enfatiza muito claramente este ponto) comporta um potencial de ambigüidade muito alto que se torna tanto maior pela consciência perfeitamente clara, de que dispõem todos os homens em formação, dos extremados e tantas vezes baldados esforços e lutas com que se terão que haver para a consecução do ideal da *obrigação.* Creio, porém, que a ambigüidade estrutural já seria em si suficiente para promover diversos dos comportamentos masculinos que se apresentam como "desviantes" mesmo para eles, ainda que com ênfases diferentes conforme o ponto de vista da avaliação (sobretudo da diferenciação entre os homens e as mulheres). A tão discutida questão da matrifocalidade das classes trabalhadoras, armada sobre a evidência empírica de um grande número de unidades domésticas que sobrevivem sem a presença permanente do homem e freqüentemente sob uma sucessão de homens diferentes, poderia ser talvez melhor compreendida sob o ângulo dessa ambigüidade masculina que se traduz em uma efetiva e freqüente ambivalência, sobretudo no período da alta adolescência, ponto crucial de inflexão das trajetórias masculinas face ao projeto de *obrigação.* É fundamental relembrar neste contexto que os bairros de classe trabalhadora estudados apresentam espaços de sobrevivência para o homem isolado (solteiro ou separado), mas não para a mulher, que representa o próprio fulcro da *casa.*

O elemento polar da *mulher* encontra-se assim qualificado de forma muito diversa da do homem. Em primeiro lugar, ela é interna e privada, imbricando-se de maneira inextricável com o próprio sentido da *casa.* O mundo da *rua* é por ela atravessado apenas em direções muito cuidadosamente balizadas, ressaltando-se certas situações rituais de *passeio* ou *festa* e a freqüência aos espaços religiosos. O *trabalho,* aí representado sob a forma há pouco descrita no tocante ao ethos masculino, é um espaço que ela só pode ocupar de forma algo ilegítima (por mais freqüentemente que isso tenha de ocorrer).

Como já havia ressaltado, não há qualquer ênfase nas capacidades "física" e "mental" da *mulher,* embora ambas possam ser-lhes reconhecidas eventualmente em contextos específicos. O desempenho das tarefas domésticas e a gerência dos recursos familiares — compromissos que lhe são adstritos — não comportam o destaque à habilitação especializada, parecendo antes ser encarados como qualidades inerentes à condição feminina — notáveis apenas quando de sua eventual ausência ou insuficiência. Neste último caso é bastante provável, porém, que a carência seja localizada ao nível da capacidade "moral", que é a que constitui propriamente o corpo da identidade feminina.

De uma maneira meio externa e abrupta pode-se dizer que a capacidade moral corresponde ao que a linguagem comum designa como *honestidade* e ao que a tradição sociológica examina sob a rubrica da "honra". Corresponde nesse sentido à observância de um código de comportamento muito estrito, ligado sobretudo à evitação do contato com o mundo masculino, a não ser pela mediação do *marido* e dos familiares próximos ou em alguns contextos rituais definidos. A fidelidade conjugal é a característica mais óbvia desse código de comportamento, mas constitui na verdade apenas um limite dramático de um quadro simbólico bem mais abrangente. Com efeito, essa capacidade não se expressa apenas sob o modo de um sistema de evitações, mas também, e sobretudo, sob o modo positivo de um sistema de compromissos de que o aspecto mais notável é o da responsabilidade pelo desenvolvimento moral dos filhos, pela reprodução — graças ao "bom exemplo" e à inculcação explícita — do modelo ideal das pessoas em relação na unidade doméstica sob a égide de categorias tais como a *obrigação* e o *respeito.* Com essa atribuição feminina sobre a socialização, tanto dos meninos quanto das meninas, fica ainda melhor evidenciada essa preeminência moral da mulher e seu caráter axial para a reprodução da *casa.* Tem-se aí, nesse sentido, um pólo simbólico correspondente àquele que aloca ao homem primordialmente a reprodução "física" de todos os membros da *casa* no preceito do *botar comida dentro de casa.* Creio que se ressalta assim também, de maneira mais vívida, o caráter intrinsecamente complementar da oposição homem/mulher na composição do ente totalizador da *família,* tanto mais quanto se atente para o fato de que a instrumentalidade "moral" da mulher e "física" do homem acima descrita se inscreve em um quadro mais abrangente em que os sinais são invertidos. O *homem* é o verdadeiro representante "moral" maior do ente familiar (enquanto mediador de sua presença no mundo e responsável máximo do *respeito*), na mesma medida em que a *mulher* — sob este prisma — é a representante do que se poderia chamar de um pólo encompassado de "fisicalidade" (graças à sua condição de mediadora com o plano da "natureza" — seja através da procriação, seja através da *cozinha*).

Do que assim se apresenta pode-se discernir que não haja para a *mulher* uma "ambigüidade" como a que se apresenta para o *homem* (que é simultaneamente da *casa* e da *rua*). Isto não significa, porém, que não haja uma "inquietação" feminina com a atualização desse modelo, que pode eventualmente ser tão forte quanto a "ambivalência" masculina. Ocorrerá, porém, que a inquietação feminina se ordene especularmente à ambigüidade masculina, através do "cálculo" dos riscos enfrentados pela mulher num investimento em que o homem pode a qualquer momento "cair na rua", falecendo a seu compromisso de *obrigação.* Tal como para o homem, o período da alta adolescência se apresenta extremamente penoso, no momento em que a definição matrimonial é normalmente assumida. Intensíssima fonte de tensão para a mulher em todo esse período é o controle da *virgindade,* uma vez que ela deve enfrentar o universo masculino para poder garantir uma boa opção no mercado matrimonial (e deve fazê-lo com uma intensidade maior do que a de qualquer outro período regular de sua vida), mas em condições tais que se configuram como um verdadeiro teste de sua capacidade "moral", ou seja, no caso, de resistência ao defloramento pré-nupcial. Como o ethos masculino enfatiza, em princípio, a investida sexual indiscriminada e, por outro lado, a obtenção de um par pela mulher tem que passar por um processo de sedução que coloca em jogo os "atributos sexuais", temos armado um quadro de muito sutil negociação, nem sempre bem-sucedido. Será fundamental para a boa consecução do jogo a qualidade da *família* de que faz parte a *moça,* seja no sentido mais abstrato de seu "capital moral" (da maior ou menor legitimidade pública do *pai* e da *mãe*), seja no sentido da sua ativação instrumental, pela preservação do *respeito no namoro* graças à vigilância ou ameaça do *pai* ou dos irmãos homens.

Creio que se dispõe assim de um quadro mínimo das características da oposição homem/mulher que nos permite aceder à observação, sob esse prisma, do jogo das perturbações. O que nos cabe analisar depende tanto dessa linha de construção diferencial pelo gênero quanto do que vimos antes sobre a construção intrapessoal.

Inúmeros fios de entrada permitem-nos a aproximação a essas questões. A recapitulação de algumas das oposições estruturantes pode talvez ser útil. Há, em primeiro lugar, a da "exterioridade"/"interioridade", que atravessa, como vimos, tanto o plano intrapessoal quanto o intrafamiliar. Essa oposição pode conjugar-se ou transformar-se do mesmo modo numa outra entre *alto* e *baixo* ou "superior" e "inferior", como se via no tocante à dualidade *homem/mulher,* na representação hierarquizada entre o "cabeça do casal" e a "dona-de-casa".

Há em segundo lugar, na direção da oposição entre "físico" e "moral", as oposições entre *corpo* e *cabeça,* entre *sangue* e *nervos* e entre *força* e *sensibilidade* (com seus aspectos de "resistência" e "irritação"); além da tripartição das capacidades "física", "mental" e "moral", cuja organização é tão fundamental para a diferenciação de gênero.

Pode-se ver como, em um primeiro nível, a justaposição linear dessas diferentes oposições poderia nos oferecer o seguinte quadro:

— exterioridade		— interioridade
homem		mulher
alto (superior)		baixo (inferior)
cabeça		corpo
sensibilidade		força
moral	/mental/	físico
nervos		sangue

O exame desse quadro linear mostra-nos que ele não se coaduna com algumas das representações estudadas e não o faz justamente porque, a meio caminho do arrolamento das categorias, intervém um limiar de deslocamento fundamental que obedece à lógica maior do externo/interno. É com efeito, a partir da oposição *cabeça/corpo* que os sinais se invertem, na medida em que passamos aí do nível da "exterioridade" interpessoal para o da "interioridade" intrapessoal, ocorrendo uma inversão hierárquica homóloga à que descreve Bourdieu para a casa cabila em torno do papel do limiar/soleira (cf. Bourdieu, 1972, sobretudo p. 59).

O quadro inicial proposto transforma-se, portanto, desta forma:

— exterioridade		— interioridade	
homem		mulher	— exteri-oridade
alto (superior)		baixo (inferior)	
cabeça		corpo	
corpo		cabeça	— interi-oridade
força		sensibilidade	
físico	/mental/	moral	
sangue		nervos	

É fundamental para a compreensão desta inversão atentar para o fato de que, obedecendo à lógica segmentar da hierarquia, o par dominante da *cabeça* abarca um lado "mais cabeça" (e, portanto, mais "moral") e outro "menos cabeça" (e, portanto, mais "físico"). Observamos este ponto no item anterior e ele pode ser exemplificado de algum modo ainda neste momento na própria tríade do "físico"/"moral", na medida em que poderíamos considerar o que se apresentava como um elemento intermediário (o "mental") como o lado "mais físico", e, portanto, "mais masculino", do pólo encompassador da *cabeça.* A observação do último quadro pode permitir-nos acompanhar a lógica das "perturbações" do sistema.

Em primeiro lugar, pode-se verificar que, de um ponto de vista interior, os *nervos* sobrelevam ao *sangue* na *mulher,* o que permite compreender a representação genérica de uma qualidade mais *nervosa* da mulher por oposição ao homem. E mais *nervosa,* nesse sentido, por ter uma *sensibilidade* que se antepõe logicamente à *força,* embora pressuponha a idéia de uma *resistência* (que, como víramos, corresponde, de certo modo, a uma "força" na sensibilidade ou a uma "força moral"). Mais *nervosa,* ainda, por ser justamente mais "moral", mais próxima ou consentânea com a reprodução "moral" da *casa,* no sentido que pudemos observar. É por tal motivo, aliás, que em outro texto propus que se pudesse entendê-la quase que como o *nervo* da *casa,* assim como o homem é o seu *sangue* (cf. Duarte, 1982). Na mesma direção, poderíamos afirmar que ela é o *nervo* enquanto "interioridade" da *cabeça;* ao mesmo tempo em que o homem é a "cara", enquanto exterioridade e expressão pública da *casa* e da *cabeça.*

Sobre esse nível de virtualidade estrutural pode-se afirmar que há, em princípio, uma via de perturbação feminina que é interna e privada, enquanto há uma via de perturbação masculina que é externa e pública. Como se supõe que a "sensibilidade nervosa" seja basicamente da ordem do feminino e que se componha com a qualidade da "resistência" (que é também um controle moral) a mulher sofre a *irritação* sob um modo encoberto e privado, que se dramatiza sobretudo na *crise de nervos.* A *crise* pode se tornar pública, e quase sempre ocorre que o seja, mas sempre a partir da *casa,* do interior para o exterior, do quarto à sala, da sala ao portão, do portão à rua, num crescendo de gravidade e escândalo. É no limite o que se chamaria aí de *dar um show,* invadir a esfera pública com um comportamento contrário ao *respeito.*

A correlação com o público que a *crise de nervos* feminina dramatiza como efeito encontra-se como causa na freqüente perturbação nervosa de que é acometida a mulher que *trabalha.* Pois eis que neste caso o seu corpo de qualidades estruturais se vê ameaçado por uma condição anômala e incompatível: porque pública, porque externa, porque "antimoral".

Há, em oposição, como dizia, uma via de perturbação masculina que é pública e externa e que se articula sobre o plano paradigmático do *trabalho.* Como a prevalência da *força* supõe que no homem esteja encoberta a "sensibilidade nervosa" e que, por outro lado, ele seja o ente da exterioridade, sua *irritação* deve ser desde o início "para fora", no conjunto de comportamentos expressivos que se configura na *briga* eventual ou no ser *estourado.* Há portanto para o homem um limiar diferente de "perturbações". Embora se reconheça que os *nervos* estão na raiz desses comportamentos da *briga* e do *estouro,* não se tem ainda aí uma *crise de nervos.* Esta só será designada como tal em situações realmente limites, quando se tornar evidente o descontrole "interno" no desenvolvimento do evento. Pois esta é uma diferença fundamental da perturbação masculina e feminina: a que faz com que na mulher ela seja muito mais imediatamente associada à perda do "controle consciente", enquanto no homem essa perda é vista como mais rara e difícil. Creio que a composição eminentemente "moral" da mulher é o que autoriza essa exposição mais absoluta ao "descontrole", enquanto a tripla qualificação masculina torna mais inadmissível o avassalamento pela perturbação. É de se ressaltar que é sobretudo no contexto do *encosto* masculino que se chamará a atenção para a "manipulação consciente" do papel de *nervoso,* com as conotações positivas da "esperteza", naquilo que do ângulo dos agentes psiquiátricos se chama de "simulação".

Assim como o espaço público é "perturbador" para a mulher, sempre que se apresentar sob o seu modo ilegítimo obrigatório (pelo *trabalho* fora de casa), o espaço privado é "perturbador" para o homem, sempre que se apresentar igualmente de modo obrigatório e constante. Ou seja, em circunstâncias de doença ou desemprego, o homem se expõe ao *nervo-*

so não só pelo que essas condições em si já trariam de perturbador mas pela ilegítima condenação à *casa* que podem implicar. A própria mulher, que em tantos momentos se preocupa com a excessiva ausência masculina da *casa* (como perigo do *cair na rua*), veiculará então sua preocupação com "um homem trancado dentro de casa".

Uma dimensão importante destas questões é a de que, apesar de se construírem especularmente sobre uma estrutura básica e comum de identidade, há uma margem de leitura diferencial da sua atualização sob o prisma de cada um dos pólos da oposição. É assim, por exemplo, que na carreira da *doença dos nervos* diferentes ênfases podem ser encontradas na autoleitura masculina, na autoleitura feminina ou na leitura cruzada homem/mulher. É o sentido do que Andréa Loyola aponta em seu material sobre a causalidade pelo *trabalho* ou pelo *álcool:* a autoleitura masculina enfatizaria o excesso de *trabalho,* enquanto a leitura feminina do homem tenderia a denunciar o excesso de *bebida* (cf. Loyola *et al.,* 1977, p. 119).

A classificação das perturbações como *nervosas* também depende desta propriedade de situação intrafamiliar. A menção aqui feita ao limiar da *briga* e do *estouro* do homem assumia o ponto de vista masculino; quando, do ângulo feminino, bem se poderia vir a nomear esses eventos como *crises de nervos,* num relato posterior. Pode-se dizer que, de uma maneira geral o ethos da "externalidade" masculina sempre fará enfatizar menos a condição *nervosa* tanto para a mulher quanto para o homem (e menos ainda para ele), enquanto que o ethos da "internalidade" feminina fará enfatizar a condição *nervosa,* tanto para o homem quanto para a mulher (mas sobretudo para ela).

Esta questão das identidades cruzadas é porém muito ampla para que possamos aqui aprofundá-la, tanto mais porquanto é um aspecto setorial do prisma da "situação", sobre que ainda nos deteremos.

PRISMA DE CLASSE DE IDADE

O prisma da "classe de idade" oferece-nos o fio analítico seguinte para o exame da construção diferencial da pessoa.

Há aqui uma oposição fundamental que é a do "mais velho"/"mais novo" e que, sob o modo paradigmático da relação pais/filhos, se faz reger pelo já referido valor ideal do *respeito.* Esta categoria enfatiza aqui, porém, o reconhecimento da preeminência hierárquica entre as classes de idade, que, mesmo no âmbito familiar, é apenas uma entre diversas de suas facetas.

À *família* que estamos observando pode-se aplicar certamente a qualificação de "adult-centered" que Gans propunha para a classe trabalhadora do West End de Boston, por oposição à "child-centeredness" das classes médias em geral (cf. Gans, 1962). O *respeito* é fundamentalmente o reconhecimento de uma plenitude de identidade que só é atingida pela ultrapassagem da idade adolescente, pelo casamento e pelo nascimento de filhos; ou seja, pela assunção das responsabilidades e da dignidade, inerentes à condição de uma *família* nova. Crianças e jovens encontram-se subordenados nos núcleos familiares e são pessoas apenas em um sentido relativo e expectante. As pessoas qualificadas como *velhas* não se habilitam de forma substancial ao *respeito.* O que se lhes deve não é senão a continuidade da identidade conquistada como adultos e o reflexo, para os jovens, da atitude que os adultos têm em relação a eles. O que quero enfatizar é que não há uma valoração intrínseca da ancianidade (positiva ou negativa) como se pode encontrar em tantas culturas. Há, como disse, uma valoração positiva da senioridade que se completa na condição "adulta" e que passa, tanto para o homem como para a mulher, pela boa condução do trem doméstico, sob a égide do quadro de valores antes desenhado. Assim como pode haver para o homem uma valoração pelo acesso à plenitude da condição de *trabalhador* (com os valores que resumi na "capacidade mental"); que é porém, como afirmava, fundamentalmente encompassada pela condição anterior (de bom *chefe de família*).

Em um quadro tão centrado na qualidade pessoal dos adultos não é de se surpreender que seja sobre eles que se tematize fundamentalmente as "perturbações". É claro que há um problema genérico da seleção dos informantes, que tendem a ser antes os adultos (como foi o caso em Jurujuba), os velhos (como foi o caso no Meio da Serra) ou os dois segmentos (como ocorreu no caso de Acari). O número de jovens informantes é restrito por diferentes motivos, entre os quais, possivelmente, se contam qualidades do pesquisador e de sua identidade nesses locais, mas também a relativa indisponibilidade em que se encontram esses sujeitos para a situação de entrevista. Há, porém, considerável massa de "observação" em todos os casos tanto sobre os jovens quanto sobre as crianças (e para estas, sobretudo em Acari). O que ressalto, porém, é que, para além dessas constrições da experiência etnográfica, paira realmente um "valor" cultural maior, compartilhado por todos os segmentos de idade e que consiste na atribuição de preeminência à condição adulta.[20]

Há, de qualquer forma, um modo particular de permeação do discurso das perturbações sobre essas pessoas diferenciadas face ao eixo adulto.

Em relação à criança, havíamos observado que uma ênfase fundamental recaía nas dimensões do crescimento das capacidades "física" e "mental". Não queríamos dizer com isso nem que essas dimensões pudessem ser genericamente extricadas da "moral", nem que o fossem nesse caso particular. Trata-se antes de uma questão de ênfase — expressão que acabei de usar — e que aloca o acesso à "moralidade" (com seus corolários de "responsabilidades", *juízo* etc.) antes a transições mais bruscas e bem demarcadas do que à nossa representação de uma continuidade progressi-

---

[20] Tenho em mente, para formular desta maneira minha questão, sobretudo, a comparação com os segmentos intelectualizados das classes médias, em que os informantes adultos têm uma disponibilidade de atenção muito viva e acesa para questões relativas às crianças, seu desenvolvimento interior etc. Sobre esse ponto há considerações explícitas em meu texto em colaboração com Ropa *et al.,* 1984.

va, linear e acumulativa que conserva em seu processo de construção marcas prístinas, originárias e indeléveis (que habitam o espaço do que chamamos de um "psiquismo" ou instância "psicológica"). Isso não quer dizer tampouco que a construção "moral" da criança não deixa de ser encetada muito cedo no processo de socialização, como ocorre em toda cultura, mas antes apontar para o modo não-explícito e não-teorizante com que se dá essa construção.[21] Os grandes momentos de transição encontram-se em torno das estratégias de entrada no processo de trabalho "regular" e no *serviço militar,* para o homem, e nas negociações matrimoniais para ambos os sexos. É só então que estará propriamente em avaliação o *juízo* dos sujeitos.

A nomeação de estados de perturbação *nervosa* nas crianças abarca um amplo leque de causalidades que se dispõem ao longo do *continuum* "físico-moral". O exemplo máximo do pólo "físico" desse leque é o dos *vermes* ou *bichas,* que, embora considerados mais ou menos intrínsecos à condição infantil, constituem pela sua exacerbação uma ameaça globalizante. Em primeiro lugar, por uma conotação de "irrequietude", em que, à parte o efetivo mal-estar que algumas verminoses possam acarretar, parece estar em jogo uma associação entre o fervilhar ou pulular de *vermes* (em situações tão freqüentemente observáveis fora do corpo humano) e a condição do estar *sem sossego* que qualifica esse *nervoso* infantil.[22] Em segundo lugar, pela já recorrente representação de que os *vermes* roubam a *força* da criança, expondo-a, portanto, àquela virtualidade do *nervoso* que se associa à *fraqueza* física e corporal. E, finalmente, por esse máximo transtorno que é o dos *vermes subirem à cabeça.* Creio que a eventual expulsão de *vermes* pela boca e pelo nariz permite que se ancore dessa forma a representação de um estado em que a partilha entre *corpo* e *cabeça* (com todos os corolários examinados do *subir/descer*) se vê ameaçada pela ocupação por um elemento desassossegante e debilitante da própria sede dos *nervos* e do controle amplo da pessoa. Uma das categorias constantes do quadro dos sintomas "morais" do Capítulo I é a de *alvoroçado* (ou *esvoroçado*) que se pode aplicar tanto genericamente às condições *nervosas* quanto especificamente aos *vermes* (ali onde se expõem, pelo excesso, à visibilidade exterior), ocasião em que o alvoroço passa a ser também um *nervoso.*

Um ponto que se coloca bem a meio caminho do *continuum* é o da *pancada* (e sobretudo da *pancada* na *cabeça*) sofrida na infância, e sobre ela já tive de me deter no item anterior, porque aparece antes no contexto da causalidade do *nervoso* adulto do que do *nervoso* infantil. Cabe de qualquer modo relembrar que estava em jogo nesse contexto uma repre-

---

[21] Explorei levemente essa questão no tocante à *criação de passarinhos,* como inculcação da "ética de provedor" a que se refere Alba Zaluar, em minha dissertação de mestrado (cf. Duarte, 1978).

[22] Há informação etnográfica paralela a esse respeito em Loyola *et al.,* 1977, p. 114; Figueiredo, 1979, p. 13 e Jesus, 1983, pp. 63 e 70.

sentação de causalidade física, pelo dano infligido ao equilíbrio corporal ou à própria sede dos *nervos,* mas também de causalidade moral, pelas conotações ilegítimas da *pancada* (cf., por exemplo, Alves, 1982, p. 71), face ao regular e "necessário" *bater/apanhar.*

Essa conotação ilegítima da *pancada* sofrida pelos filhos em casa — com a designação concomitante de seus efeitos perturbadores — introduz-nos, sob o seu aspecto "moral", à gama mais elaborada de causas do *nervoso* infantil. Trata-se de uma série de eventos que qualifico como "relacionais", e que têm, portanto, uma conotação predominantemente "moral". Esses eventos se desencadeiam no interior das relações familiares e nomeiam todas as instâncias de crise ou subversão de seu desempenho ideal. O primeiro e mais grave é o da morte de um ou dos dois pais, sobretudo quando ocorrida sob os olhos da criança ou em circunstâncias inesperadas ou trágicas que magnifiquem o poder simbólico de tal perda. O segundo é o do afastamento da criança em relação à *mãe,* seja quando esta abandona a unidade doméstica[23], seja quando a criança é confiada ou "doada" a outra família do mesmo espaço social ou entregue como "empregada" muito cedo a famílias *bem de vida.* O afastamento da figura paterna é muito menos enfatizado como drama propiciador da perturbação infantil, coerentemente com os valores que pudemos examinar a esse respeito, tanto mais porquanto não é nada raro que haja substituições bastante rápidas do *homem da casa.*

As perturbações decorrentes da ação paterna estão menos associadas a esse seu desempenho omissivo (mesmo porque a *mãe* é obrigada a assumir, *nolens volens,* os encargos da reprodução ampla da casa) que a um desempenho comissivo ilegítimo, ou seja, quando o pai se mantém presente mas viola as regras de reciprocidade e *respeito,* batendo na mulher, gritando e brigando excessivamente (comportamentos que se representam como associados fundamentalmente ao excesso de bebida). Como esse tipo de comportamento não é nada raro, pelo menos em alguns períodos da vida de sujeitos submetidos permanentemente à ameaça de não-reprodução, compreende-se melhor a atitude diferencial face à ausência masculina, que pode ser em muitos momentos desejada pela família, como mal menor.

A atribuição do *nervoso* infantil à *gritaria, briga* ou *pancadaria* entre os pais prende-se, porém, menos freqüentemente, aos casos extremos e bem polarizados que ao mau desempenho da "relação" entre os pais, ou

---

23 Embora o tema do homem que abandona a casa tenha uma preeminência pública e estatística inegável, há um tema doloroso e mais discreto da mulher que abandona a casa (como esposa e/ou como mãe). Ele está na raiz, por exemplo, das carreiras morais do *vagabundo* (cf. Duarte, 1978) ou do *mendigo* (Delma Neves chega a chamá-lo de "mito de origem", tal sua recorrência no discurso de seus informantes *mendigos* — cf. Neves, 1977, pp. 6, 10 e 25). O livro-depoimento de Francisca Souza da Silva traz preciosos subsídios à observação dessa dramática ocorrência, em diversos planos vivenciais (cf. Silva, 1983).

seja, não apenas em função de impropriedades do desempenho de cada um, mas em função de uma desarmonia abrangente do todo familiar. Devo ressaltar mais uma vez que os efeitos perturbadores de tais eventos não são encarados como algo que se inscreve num plano de elaboração interior e razoavelmente autônomo como o que nós representamos sob a rubrica do "psicológico", mas nessa franja de inter-relação entre o "físico" e o "moral" que representam a *cabeça* e os *nervos*. A representação do *mau exemplo* (como subversão do *respeito*) está intimamente colada nesses casos à representação de um efeito de inscrição física, pela sensibilidade e pela irritação, nesses sujeitos que ainda não teriam desenvolvido plenamente o seu potencial de "resistência".

Ainda sob esse prisma relacional pode-se incluir as representações a respeito de eventos perturbadores no período da *gravidez*, do *parto* e da *amamentação*. São extremamente freqüentes as referências a um *nervoso* infantil que decorre da exposição da mãe a genéricos traumatismos físicos ou morais sofridos em tal condição (cf., por exemplo, Holanda & Sampaio, 1979, p. 35). São, porém, particularmente enfatizados (em parte por serem mais freqüentes, em parte por serem mais ilegítimos) os que se pode atribuir à agressividade paterna ou à sua falência em prover a mulher de certas condições de tranqüilidade num período considerado "delicado" de sua vida e propício, em si mesmo, à perturbação *nervosa*.

A nomeação de uma condição *nervosa* infantil comporta graus e ênfases muito diversos, em função das propriedades maiores do grupo familiar (de sua condição "moral" diferencial), em função de avaliações interfamiliares que examinaremos sob o que chamei de prisma de "situação" e ainda em função da relação de cada criança com as qualidades pessoais dos pais e de seu modo de *criação*, que examinaremos sob o prisma da "qualidade". Haverá ainda dimensões especificantes relativas à explicabilidade religiosa e à curabilidade religiosa ou médica que só enfrentaremos nos tópicos correspondentes dos dois próximos itens desta Seção. O que é válido, aliás, para todos os recortes que, sob o prisma do "gênero" ou da "classe de idade", estamos por enquanto estrategicamente operando sobre a teia imbricada da vida social dos grupos de classe trabalhadora.

Alguma coisa já foi dita em outros contextos a respeito das perturbações experimentadas pelos jovens ou adolescentes —, ou para usar as categorias locais, pelos *rapazes* e *moças*. Podemos, neste momento, ter uma visão mais nítida da especificidade dessa condição social na medida em que comparamos o que foi dito a respeito da identidade adulta e da identidade infantil nesse espaço cultural.

Na realidade, a demarcação de uma passagem brusca para a condição de *pessoa* surge aí com uma nitidez que é exclusivamente decorrente da comparação com os modos e ritmos desse processo nas classes médias. Essa comparação suscita costumeiramente dois tipos de avaliação. Ora se fala de uma "adultização" da infância reinante nas classes trabalhadoras e decorrente em boa parte da entrada prematura no mercado de trabalho (sobretudo dos *meninos* e *rapazes*), ora se fala de uma ausência da adolescência nesses grupos, face ao ideal de liminariedade lúdica que a caracteriza nas classes médias. Efetivamente, pode-se falar dessas duas características, mas elas me parecem excessivamente "negativas", porque presas em demasia aos nossos valores.

Do ponto de vista de nossos observados, o que ocorre é a sensação de uma exposição brusca ao desafio de ser *adulto,* mas que tem tanto aspectos positivos quanto negativos. Não é raro que o desejo de *trabalhar* seja muito precoce (do nosso ponto de vista), sobretudo em contextos como os de Jurujuba e do Meio da Serra em que havia a possibilidade de fazê-lo junto ou próximo ao pai, avô, tios ou outros parentes. A expectativa do casamento entre as moças arma-se também muito cedo, a não ser nos casos mais raros em que uma certa disponibilidade econômica da família e uma certa disposição "pessoal" permitam o prolongamento do ciclo escolar (incompatível com a assunção da condição de dona-de-casa). Essa dimensão positiva está ligada à alta valorização da condição adulta, como acesso à identidade plena e legítima e pode se associar tanto à intenção efetiva de contribuir para a melhor reprodução da *casa, ajudando* nas despesas, quanto, por outro lado e ao mesmo tempo, de instituir uma margem de "liberdade" face à rigorosa autoridade paterna. O primeiro aspecto é mais expressável na trajetória dos *rapazes* e o segundo na trajetória das *moças,* que se vêem freqüentemente a essa altura da vida como excessivamente tolhidas pelo controle familiar (cf., sobre este ponto, Salem, 1981).

Essa vertente "positiva" da passagem pelo trabalho e pelo casamento à condição adulta é nuançada por uma complexa série de problemas. Havia-se descrito particularmente o contexto dramático em que se desenrola a exposição da *moça* no mercado matrimonial e as infinitas fontes de perturbação que daí podem decorrer. Um dos casos mais graves de perturbação *nervosa* observados pela equipe de Acari era o de uma *moça* que, empregada em uma *casa de família,* estivera exposta à sedução de um rapaz que lá habitava. Suas *crises nervosas* comportavam manifestações delirantes acentuadas, por sob as quais repontava essa referência. A própria representação de que essa família lhe fizera algum tipo de *trabalho* ou enfeitiçamento — uma entre muitas das representações que envolveram o caso durante seu desenvolvimento — não deixava de designar, implicitamente, essa fonte disruptora.

Isso não significa que o *rapaz* também não esteja exposto a perturbações decorrentes das manobras pré-nupciais. Paralelamente à incitação à agressividade sexual indiscriminada, corre um ideal de *respeito* e *amor* à mulher "escolhida" que pode esbarrar em frustrações eventuais. É uma fonte regular do *nervoso* juvenil masculino a representação da *coisa de mulher,* que pode ser vista como determinante de muitas trajetórias de renúncia e falência.

Uma outra dimensão perturbadora pode ser a da descontinuidade do *estudo.* Havíamos observado a pregnância desse valor como acesso a uma condição mais legítima face ao mundo em geral e particularmente face ao mundo exterior, em que ele reina como uma das marcas de força, ao lado do *dinheiro.* Boa parte das vicissitudes da *luta* cotidiana são atribuídas à falta do *estudo,* não apenas no sentido do asseguramento de um trabalho mais qualificado ou estável, mas no de um controle mais acentuado das condições maiores da sobrevivência. As dificuldades da luta com os patrões, da obtenção de documentos, do enfrentamento da prepotência burocrática e policial, do controle da economia doméstica, do acesso a instituições de apoio ou aos serviços públicos, da resistência enfim às expropriações quotidianas da dignidade são sempre associadas ao não ter tido *estudo* — não ter nas mãos os instrumentos que eles percebem ser tão habilmente manipulados pelas classes superiores.

É notável como é rara a associação de problemas internos a uma carreira de *estudo,* no sentido, por exemplo, das ambivalências produzidas nos filhos da classe trabalhadora norte-americana pela exposição aos valores que informam a socialização "letrada" (cf. Sennett & Cobb, 1972), uma vez que são aqui extraordinariamente raros os casos em que esse *estudo* ultrapassa o nível do que ainda se chama aí de *ginásio.*

A inquietação tem, porém, amplo campo nesses anos em que, às vésperas da assunção da plena condição familiar (quando se interrompe qualquer veleidade desse tipo), tentam alguns jovens conciliar o *trabalho* masculino ou os afazeres domésticos femininos com o aproveitamento do que lhes podem oferecer os precários cursos noturnos que freqüentam; cansados, carentes de material didático e divididos, nessas horas suspensivas, pelo interesse no *namoro* e por tantos cuidados presentes e futuros.

Sob tais condições de precariedade *a priori* conhecidas não é de surpreender, portanto, que não haja conexões explícitas de perturbações *nervosas* com a má condução ou descontinuidade do *estudo.* Ele aparecerá em múltiplos casos como um dos aspectos de uma luta maior e de suas falências, mas não como detonador ou móvel suficiente do processo.

Mais imediatos serão os efeitos do *trabalho,* tanto para o *rapaz* quanto para a *moça.* No caso desta, o mais freqüente é a situação do "emprego doméstico", que apresenta características perturbadoras notáveis, por alguns motivos que já foram examinados no tocante à relação da identidade feminina com o *trabalho* e por muitos outros que examinaremos no próximo item, sob a rubrica da "vida interpessoal". Também os aspectos genericamente perturbadores do *trabalho* masculino serão apreciados nessa oportunidade. Apenas um pequeno nódulo merece consideração em separado neste contexto, por se prender de maneira mais explícita à condição da classe de idade. Trata-se da exposição do *rapaz* às primeiras situações de trabalho formalizado, ou seja, de sua integração em equipes ou grupos dentro de unidades de produção complexas. Tanto no caso do trabalho nas *traineiras* de Jurujuba quanto naquele desenvolvido nas *fábricas* têxteis associadas ao Meio da Serra, constituem-se (ou constituíam-se, no segundo caso) grupos de interação exclusivamente masculinos onde impera um ethos muito particular, fruto da confluência entre a "cooperação" implicada tanto no postulado genérico da solidariedade do grupo de pares quanto nas condições específicas do processo de trabalho (*equipes, turnos, seções* etc.) e a "competição" igualmente implicada nesses dois planos. Como explorei em outros trabalhos (cf. Duarte, 1978 e 1981), essa conjugação entre "cooperação" e "competição" é muito própria da sociabilidade masculina e tanto mais intensa pelo dinamismo que encerra esse jogo de contínua afirmação/construção de solidariedade e de contínua tentativa de afirmação de uma identidade pessoal forte e contrastiva (cf. sobre este ponto, Machado da Silva, 1969 e Willis, 1978).

Na análise que pude desenvolver sobre o caso das *traineiras* de Jurujuba, fruto de uma observação muito próxima (impossível no caso do Meio da Serra), essa confluência se desenrolava no contexto de um espaço fortemente hierarquizante, em que, sob diversos eixos, aglutinavam-se oposições entre "superiores" e "inferiores". Esse complexo jogo hierarquizante tinha, porém, um pressuposto mais abrangente, mais básico, que era o da plena identidade masculina. Fosse em que ponto estivesse, sob algum ângulo das *pecking-orders* da vida *embarcada,* era fundamental para cada sujeito demonstrar-se capaz de jogar o jogo, de deter os instrumentos físicos, mentais e morais que o habilitavam à competição *interpares.*

É precisamente sobre esse ponto que se desenha a experiência profundamente desafiadora dos jovens neófitos. Um código de relações jocosas muito bem armado cobra do *rapaz* que pela primeira vez se apresenta, desarmado e não-qualificado, à arena do *trabalho*, um desempenho complexo a que não tem condições de responder no plano da prática mas a que deve responder imediatamente no plano verbal, verdadeira liça de contínua avaliação/socialização dos valores masculinos. A vítima mais exposta é a que não se apresenta coroada de nenhuma das três capacidades a que viemos fazendo referência. Não ser *forte* pode ser compensado por ser ágil de pensamento e ação ou vice-versa. Não ser *forte* ou ágil pode ser compensado por já estar casado ou já ter filhos (o que é raro para menores de dezoito anos); assim como não deter essa qualificação "moral" pode ser compensado por aquelas outras capacidades. Mas não ter nenhuma delas (pelo menos no nível em que os adultos *tarimbados* e *safos* as detêm) é estar exposto a uma cobrança contínua e implacável, que pode se transformar em um estigma duro de suportar e transponível para o plano geral da identidade do sujeito (dada a proximidade, nesses dois casos estudados, dos circuitos do trabalho e da habitação).

A qualificação do paciente de um tal estado como *nervoso* não especifica entre causa e efeito. Tanto se pode dizer que o rapaz ficou gago na hora de responder a uma provocação porque estava *nervoso,* como se pode dizer que ficou *nervoso* porque lhe aplicaram tal ou qual peça. É um desses casos em que a categoria do *nervoso* se apresenta com sua plena qualidade simbólica de condição de pensar a relação "físico-moral" antes e acima de sua qualidade referencial substantiva. Lembremo-nos, porém, de que esse *nervoso* está associado à ausência ou incapacidade de afirmação da identidade plena, no sentido do que examinamos sob o prisma da "construção intrapessoal".

Essas condições examinadas da criança e do jovem apresentam características decorrentes da posição de cada sujeito dentro do "grupo de siblings", ou seja, da sua posição na seqüência dos *filhos* que compõem uma unidade doméstica (que podem não muito raramente incluir "meios-irmãos").

Essa qualidade diferencial é bastante importante, não só pelas nuanças de identidade em que implica cada posição na interação sempre muito intensa entre os *irmãos*, como pela possibilidade de valorações diferenciais pelos membros adultos da família sobre cada posição em particular (cf., sobre este ponto, Salem, 1981, pp. 69 e 87).

Essa valoração segue pelo menos duas vias estruturais: a que opõe *filhos homens* e *filhas mulheres* e a que qualifica diferencialmente os *filhos(as)* mais *velhos(as)* e os(as) *caçulas*. Em nítido contraste com a ideologia das classes médias, que procuram cuidadosamente oferecer-se uma imagem igualitária dos filhos, encontramos nesses outros segmentos uma assunção bem explícita da diferença e da hierarquização.[24] Tem sido comentado na literatura o papel preeminente dos filhos mais velhos, que a partir de uma certa idade podem assumir o papel de um pai ausente, em continuidade com a associação que já em condições normais lhes acomete algumas atribuições "paternas". As filhas mais velhas obedecem a uma associação semelhante com as mães, tornando-se em alguns casos substitutas permanentes e imprescindíveis. Isso ocorre sobretudo nos casos de doença incapacitante da mãe, incluídas aí as *doenças dos nervos*. Não é raro que essas filhas mais velhas, ainda depois de casadas, continuem, no caso de residência próxima (o que é um valor muito desejado), prestando uma assistência muito íntima e forte à sua unidade doméstica de origem.

Não é de surpreender, face a um tal investimento, que a falência dos filhos(as) mais velhos(as) na afirmação de sua plenitude "moral" seja particularmente escandalosa; embora um deslocamento sutil para os filhos seguintes possa ir se afirmando à medida que se avolumam os sinais daquela falência.

Com os filhos mais novos ocorre investimento diverso. Essa sua condição faz com que sejam mantidos por mais longo tempo sob esses ternos cuidados que só costumam ser dispensados às crianças até o nascimento do irmão seguinte. A concomitante atenção dispensada por uma irmandade freqüentemente grande e que, nos níveis mais altos de idade, já vai entrando na condição adulta, faz com que a identidade do *caçula* seja, em princípio, marcada por sinais fortemente distintivos e que perdurarão numa maior dependência do grupo familiar por longo período e, quiçá, por toda a vida.

Isso não quer dizer que os *filhos do meio* sejam propriamente desinvestidos. Não é mesmo impossível que por alguma razão idiossincrática alguns deles venham a se habilitar à condição de "filho preferido" por um dos pais ou — o que é mais freqüente — por outro dos membros agregados da unidade doméstica (um dos avós, por exemplo). Não é tampouco raro, por outro lado, que seja dentre eles que saiam alguns dos filhos colocados

[24] Uma informante em Jurujuba comentava as diferenças entre seus filhos e me dizia que "os filhos são como os dedos de uma mão". Os atributos concomitantes de diferença, reciprocidade e complementaridade ficam bem expressos nessa cálida imagem.

para criar em outras unidades domésticas (sobretudo de parentes próximos), por força das circunstâncias próprias do "ciclo de desenvolvimento do grupo doméstico", que examinaremos em seguida.

Esse é um aspecto da construção diferencial da identidade nesses segmentos que mereceria uma atenção muito mais minuciosa, impossível neste momento. O quadro mínimo apresentado visa apenas apontar para certas condições em que se desenvolvem vias de "perturbação" cuja especificidade remete às propriedades de posição no "grupo de siblings". É assim que o *nervoso* infantil me parece tender a se manifestar entre os *filhos do meio* e sobretudo em um deles, que se apresenta, às vezes, quase grosseiramente como um "bode expiatório" familiar, podendo vir a trilhar uma carreira nitidamente "desviante". Contrastivamente, os filhos mais velhos estariam mais propensos a um *nervoso* juvenil, por força da responsabilidade muito mais intensa de que se recobre sua assunção da identidade adulta e — possivelmente — da ambivalência de que se reveste sua dupla *obrigação* com a família constituída e com a família de origem (sobretudo na ausência ou incapacidade parcial de um dos pais). Trata-se nesses casos, evidentemente, de uma potencialidade estrutural, passível de reordenações decorrentes dos fatores múltiplos que viemos examinando.

O que me parece mais intimamente ligado a essas potencialidades de "perturbação" é o que há pouco relacionei ao "ciclo de desenvolvimento do grupo doméstico". A seqüência do grupo de filhos é um aspecto de um plano de desenvolvimento da vida da *casa* que é muito amplo e envolve uma dramaticidade diferencial básica dos tempos domésticos. Não necessariamente no sentido de grau, mas no sentido de modo — uma vez que cada "fase" desse desenvolvimento apresenta seus desafios próprios e suas próprias margens de "perturbação".

A qualificação diferencial dos filhos é assim, em parte, um aspecto dessa questão maior, uma vez que cada um e a seqüência de todos se constroem *pari passu* com a construção da identidade coletiva da *casa*. A própria amplitude da seqüência de filhos reflete em parte as condições dessa construção, embora seja notório que a decisão a respeito de cada nascimento não seja o efeito de um cálculo que associe linearmente a restrição da natalidade às "dificuldades" ou "crises"; mas freqüentemente, pelo contrário, possa constituir uma espécie de "poupança" física e moral, comprometida com as expectativas da reprodução legítima da *casa* (com as características antes apontadas).

De qualquer modo, essas *dificuldades* afetam de modo particular a construção da identidade dos filhos, conforme o período de idade em que os encontre — e sobre isso tivemos alguma notícia, por exemplo, no tocante às "perturbações" decorrentes da *briga, gritaria* ou *pancadaria* entre os pais e sobre os filhos. É uma propriedade notável dessa relação entre a identidade dos filhos e a dos pais a da reprodução de certas carreiras morais, que permite a determinação nesses segmentos de freqüentes dinastias de "sucesso" ou "miséria" moral, o que examinaremos, porém, em outro tópico, por ser uma questão apenas transversal à da diferenciação no "grupo de siblings".

A condição de *velho* representa a última linha a desenvolver sob o prisma da "classe de idade". Algumas observações tinham sido feitas a respeito dessa identidade, ressaltando-se na ocasião a inexistência de uma valoração substantiva sobre que se ancorasse. Devo ressaltar agora, por outro lado, que a inexistência desse valor não implica em uma desqualificação social. Pelo contrário, é freqüente que o observador de classe média se surpreenda com a alta "integração" dos velhos nesses segmentos, o que decorre em boa parte da co-habitação com os filhos adultos, tão contrária aos valores de "autonomia" da unidade doméstica que vêm permeando nossos segmentos.

O que é necessário ressaltar é que esse aspecto de sua vida familiar não é um traço isolado de uma possível "benignidade", mas uma das manifestações do quadro do "Valor-Família" de que resumi alguns dos aspectos. A *obrigação* e o *respeito* não balizam apenas a relação entre os cônjuges e entre pais e filhos, mas é muito mais abrangente e recobre a designação de responsabilidade muito vivas para com as *pessoas do seu próprio sangue,* mormente para com os pais, em cujo caso a dimensão de "reciprocidade" intrínseca a toda ordem hierárquica se torna bem explícita e verbalizada.

Esse "valor" não se atualiza, porém, de maneira linear. A *obrigação* e o *respeito* para com os pais idosos que importe na sua convivência com a unidade doméstica de um dos filhos ou filhas não abole as fortes tensões que decorrerão da prática quotidiana da regência do lar e do fato de que, evidentemente, os pais residentes são *sogros* em relação ao outro cônjuge e *avós* em relação aos filhos do novo casal. Essa relação é fonte permanente de tensões mais ou menos explícitas, ao mesmo tempo em que é prezada pelas suas conveniências práticas (auxílio nos afazeres domésticos, compartilhamento das atenções a crianças pequenas, aconselhamento e orientação nos embaraços quotidianos ou até mesmo contribuição à renda familiar através de *pensões* ou outros recursos). É de notar neste caso que a mais freqüente fonte de tensões é a que se dá entre a *dona-de-casa* e a sogra residente, uma vez que se enfrentam neste caso, no plano da interioridade doméstica, duas "tradições" e dois "poderes" conflitantes. O padrão ideal é nesse sentido o de residência dos pais com a filha, uma vez que a possível fonte de tensão entre homem e sogro é diluída pela sua pequena convivência obrigatória. Além do mais, é mais raro que o homem velho tenha de compartilhar a residência com os filhos(as), o que pode ser atribuído a três motivos: o de que parece haver uma tendência estatística nesses segmentos à morte anterior do cônjuge masculino; o de que, estando os dois cônjuges vivos, a unidade doméstica ainda pode sobreviver, mesmo já tendo saído de casa todos os filhos; e, finalmente, o de que o homem idoso viúvo (que é aí aparentemente mais raro) ainda tem possibilidades de constituição de uma nova *casa,* pelo menos infinitamente maiores que a da mulher idosa e viúva.

Um certo *nervoso* é considerado quase como intrínseco à condição de *velho.* Isto é estruturalmente compreensível no quadro de uma perda das capacidades plenas da identidade adulta, mas sobretudo ressaltado pelos informantes no que toca à deterioração das condições "físicas" e "mentais" (cf. Loyola *et al.*, 1977, p. 125). As mulheres velhas, porém – e sobretudo as que se encontram na condição inconveniente de co-habitação com a *nora* – tendem a enfatizar os aspectos "morais" dessa deterioração, na perda de sua condição de *dona-de-casa,* de regente dos destinos internos de uma unidade doméstica. Ainda mais uma vez as mulheres tendem a se autoqualificar mais facilmente como *nervosas,* enquanto para os homens essa é uma qualificação eminentemente exógena, a não ser que tenham passado pela "carreira" explícita de *doente dos nervos* em sua vida adulta, e seja nesse caso estratégica a ênfase no *nervoso* contra os aspectos pejorativos da categoria de *maluco* (a que se viram possivelmente expostos e que procuram exorcizar, sobretudo face ao pesquisador).

Essa condição *nervosa* básica é porém amplamente marcada pelas condições de vida em que se encontram, seja no sentido material, seja no sentido moral e relacional. No primeiro caso, uma condição de penúria física será "moralmente" contrastada com uma vida de lutas e sacrifícios, que é vista como incompatível com os seus parcos e dolorosos resultados. No segundo caso, uma condição de constrangimento moral será contrastada com a dedicação e sacrifícios despendidos na criação dos filhos, e também incompatível com as *humilhações* agora sofridas.

No caso das mulheres, uma infinita tematização do *nervoso* fornece os discursos mais explícitos sobre a sua qualidade "físico-moral". Boa parte dos depoimentos que me permitiram a análise da "construção intrapessoal" são provenientes da fala de mulheres idosas, o que pode ser atribuído a três causas: em primeiro lugar, a de serem *mulheres,* estruturalmente comprometidas com a área da saúde e doença, assim como com a das terapêuticas e da religião; em segundo lugar, a de serem *velhas* e estarem, portanto, não só habilitadas por um longo saber "de experiência feito" como por se colocarem com um certo distanciamento em relação ao seu papel social e, portanto, a muitas situações de vida que não poderiam ser tão claramente explicitadas (e muito menos para um pesquisador homem) à época de seu desencadeamento; e, finalmente, por estarem expostas, no despojamento da identidade social e na decadência progressiva de sua condição física a uma ausculta mais aguda sobre o significado de seus processos "pessoais". Isso se torna tanto mais vívido quanto mais for a essa época precária a sua filiação religiosa ou, pelo menos, a sua possibilidade de cumprimento de obrigações ou devoções rituais. Neste caso, como em todos os outros, refiro-me a uma tendência razoavelmente recorrente, uma vez que há um bom número de mulheres idosas entrevistadas que, apesar de se referirem ao seu *nervoso,* não pareciam tão preocupadas em especular sobre a sistemacidade dos fenômenos experimentados, sobretudo – como dizia – quando uma lógica religiosa mais unívoca lhes encompassasse a reflexão.

O *nervoso* dos *velhos* apresenta-se, portanto, com um aspecto antes crônico que agudo. Não há mais lugar aqui para as *crises de nervos,* para as amplas manobras que, no mundo adulto, veremos divergindo ou convergindo no recurso ao consumo de *calmantes fortes,* ao *encosto* no INPS ou às instâncias religiosas. O estado de decadência da capacidade mental que qualifica os *esclerosados* não é associado explicitamente no discurso ao *nervoso,* embora, ante as perguntas do pesquisador, se afirmasse tratar-se de uma perda do *juízo,* da *mente,* da *memória,* que tinha lugar, de algum modo, na *cabeça* e que afetava dessa maneira os *nervos,* como se podia ver no eventual tremor dos membros, no descontrole dos sentidos e das funções fisiológicas. É notável porém como esse limite de apagamento da pessoa prescinde da ênfase explícita no discurso do *nervoso,* como se, na verdade, essa instância tão decisiva da reflexão sobre a vida já se fosse apagando antes mesmo da própria vida. Como veremos, processo semelhante ocorre na transição aos estados mais radicais da *loucura,* quando o apagamento das capacidades vitais se apresenta como tão forte que prescinda de um discurso sobre as *relações* — foco central da articulação do *nervoso.*

Creio que alguma coisa desse sentido de apagamento das *relações* e, portanto, do próprio sentido de uma elaboração densa do discurso do *nervoso* transparece na quase absoluta falta de referências à *aposentadoria* e à *menopausa* como momentos ou circunstâncias propiciadoras de "perturbações". Indagar sobre isso na verdade só me ocorreu pela inevitável e sempre subjacente comparação com as classes médias — onde esses momentos são cercados de consideráveis atenções e genericamente investidos de um potencial negativo e disruptor.[25]

Nesses segmentos, pelo contrário, a *aposentadoria* é um precioso bem, que pode ser cobiçado desde muito cedo como estratégia final do recurso ao *encosto* e que, sob sua forma regular, vem propiciar alguns anos de relativo desafogo e remanso a vidas tão duramente desgastadas na luta quotidiana. Os homens *aposentados* verbalizam seu gosto em não fazer nada (cf. sobre este ponto, Caldeira, 1981, p. 20), sancionando-o com o registro e memória do *trabalho* longamente despendido. No Meio da Serra esse discurso ganhava um sabor muito particular, pois todo o bairro parece em alguns momentos — e sobretudo a partir da conversa nessas rodas de velhos ao sol — estar assim aposentado, aos pés das ruínas da fábrica velha.

Sobre a *menopausa* não disponho de quase nenhuma informação. As pesquisadoras de Acari tampouco registraram qualquer referência particular aos seus efeitos sobre a condição pessoal e a literatura é perfeitamente muda a respeito. É bastante provável portanto, que esta interpretação que a coloca ao lado da *aposentadoria* masculina esteja correta e que a representação do envelhecer não contenha aí, como entre nós, as conotações de perda da identidade "individual" que tão arduamente cultivamos. Creio que é mesmo neste contexto que se pode melhor compreender o que antes afirmava a respeito da preeminência da idade adulta e de sua articula-

---

25 Em toda a bibliografia consultada só encontrei duas associações da *menopausa* ao *nervoso.* Uma explícita nas tabelas anexas à tese de Simone Soares (cf. Soares, 1982, p. 102) e outra, bastante elíptica, no livro de Carolina de Jesus (cf. Jesus, 1983, p. 76).

ção fundamental sobre o eixo da identidade familiar e de sua reprodução legítima. A velhice coloca os sujeitos além de qualquer luta pela identidade. Suas famílias cresceram bem ou mal, pior ou melhor; não há muito mais a fazer senão regozijar-se ou lamentar-se pelo resultado desses esforços e fruir dos bons frutos ou tentar minorar os efeitos dos maus. É claro que as mulheres ainda trabalharão por muito tempo, após a menopausa, nos afazeres domésticos, assim como elaborarão grandes discursos sobre sua condição "intrapessoal" e sobre as negociações quotidianas tantas vezes dolorosas com o pessoal de sua casa. Tudo isso se dará, porém, como que entre parênteses, em uma clave diversa daquela em que labutaram como *donas-de-casa,* senhoras de um projeto relacional denso.[26]

PRISMA DE SITUAÇÃO

A questão da "construção diferencial da pessoa" pelo *nervoso* leva-nos a ascender no momento a um outro nível de abstração, a que chamei de "prisma de situação". Utilizo-me desta categoria inspirado pela riqueza heurística de que a revestia Evans-Pritchard, ao colocá-la em ação contra as perspectivas substancializantes da identidade social na Antropologia, ao lado da categoria de "segmentariedade" (tal como já expliquei anteriormente). Para ser plenamente fiel à inspiração original, não seria possível falar em separado de um "prisma de situação e segmentariedade", uma vez que essa constituiria uma propriedade de grande abstração, subjacente a todo e qualquer prisma sob que se observasse os fenômenos sociais.

Creio porém que, à parte esse modo mais instrumental e genérico, posso utilizar-me dessa categoria para designar uma dimensão da experiência vital das classes trabalhadoras em que a perspectivação situacional se evidencia com maior explicitude e que seria impossível nomear com o nosso acervo habitual de noções mediadoras.

Essa dimensão já se encontrava embutida na análise dos "prismas" anteriores, sobretudo quando enfatizávamos, sob os sistemas de representações abrangentes, a existência de um olhar "feminino" e de um olhar "masculino", ou de um olhar dos "adultos" e de um olhar dos "velhos". Com efeito, é já dentro da *casa* que se apresentam os primeiros exemplos desse caráter dinâmico e relacional das identidades para que apontam "situação" e "segmentariedade". É mais difícil, porém, ressaltá-las nesse contexto, dada a necessidade em que se encontra o analista de demonstrar aí — pois é aí que se expressam paradigmaticamente — os limites estruturais (identidades contrastivas, pares de oposição hierárquica) a partir dos quais podem mover-se as "identificações".

---

[26] Não se pode deixar de lembrar a conveniência de uma comparação com a velhice de mulheres de classe média estudada por Myriam Lins de Barros, onde há a preocupação explícita em preservar o sentido "individual" das existências pessoais (cf. Barros, 1981).

Quando se enfatizava a importância da posição no "grupo de siblings" e do momento do "ciclo de desenvolvimento do grupo doméstico", para as inflexões diferenciais da trajetória de construção das identidades, caminhávamos um pouco a cavaleiro sobre a fronteira entre as duas óticas. Pois tínhamos em mãos, por um lado, referências "duras", enrijecidas na idéia de "posição" ou de "momento", mas tínhamos também a possibilidade de perceber que um *filho mais velho* foi por algum tempo assemelhável ao *caçula,* enquanto filho único (assim como cada um dos *filhos do meio,* durante um certo período). A coincidência de uma determinada fase do crescimento e acesso à condição adulta de cada filho com um determinado ponto de curva do projeto doméstico e com sua singularidade positiva ou negativa também permitia que se percebesse consideráveis possibilidades de nuançamento das "posições" que não se poderia certamente esgotar neste contexto analítico.

As relações cruzadas entre os diferentes personagens da *casa,* a ênfase maior ou menor em tais ou quais de suas propriedades estruturais e o deslocamento desse conjunto ao longo das "situações" (que implica deslocamentos previsíveis dos próprios "papéis" dos personagens) também relevam desta dimensão analítica que nos permitiria ver de um modo extraordinariamente mais heurístico o que, de um ponto de vista substancialista, poderia em tantos momentos apresentar-se como "exceções" ou "contradições". O que nós poderíamos chamar de "alianças" intradomésticas é, por exemplo, na verdade, a expressão dessa preeminência da "situação" e da "segmentariedade", de tal modo que, sob um determinado prisma e em um determinado momento, cada sujeito pode ser ao mesmo tempo aliado e opositor de diversos outros, para diversos fins. É claro que, assim como essa lógica é balizada por princípios estruturantes abrangentes, haverá certos limiares ou pontos de aglutinação que tenderão a ser mais pregnantes e a se apresentarem como mais fixos e totalizantes. É o caso, por exemplo, dos filhos "expiatórios" a que me referi no item anterior, cuja identidade desviante poderá ser longamente barganhada até atingir um ponto de consenso social em que a reversibilidade ou flexibilidade do papel tenda a se estancar no estigma.

Observar o *nervoso* sob tal ótica exige justamente que se comece a explorar a sua fronteira estigmatizante. E será fundamental, para tanto, que se amplie o quadro das referências identificatórias do nível "intrafamiliar" para o que chamarei, instrumental e sucessivamente, de níveis "interfamiliar", "intralocal" e "supralocal". A arbitrariedade aparente desse recorte dissolve-se ante a preeminência dos níveis da "família" e da "localidade" para as identidades nas classes trabalhadoras.

Quando me refiro à fronteira estigmatizante do *nervoso,* invoco algumas das categorias que apareciam nas pistas do Capítulo I sob as entradas relacionadas naquele momento aos "discursos médicos" (a seqüência que ia de *louco* a *complexo* e o grupo da *doença dos nervos*) e aquela que nos apresentava a oposição entre *ser* e *estar nervoso.* O esmiuçamento desse campo semântico é objeto de outro item deste capítulo, mas é necessário avançar desde já que o discurso sobre as perturbações apresenta uma fronteira mergulhada nas condições regulares da vida e uma outra que se estende na direção desse próprio apagamento da condição vital que se configura aí sob a categoria limite do *louco*. De um certo ponto de vista, poder-se-ia organizar uma seqüência entre as duas fronteiras que iria do *estar nervoso* ao *ser louco*, passando progressivamente pelo *ser nervoso*, estar *doente dos nervos* e ser *maluco*. A condição do *estar nervoso* representa o pólo menos grave de perturbação e não serve propriamente a uma qualificação diferencial dos sujeitos. A condição do *ser louco* representa o pólo mais grave — e não habilita na verdade tampouco a uma qualificação operacional, pois designa uma situação limite, quase mítica para meus observados, um estado de alteridade absoluta. Mas sobre este ponto voltarei mais adiante. Basta-nos, por enquanto, enfatizar que as possibilidades de interqualificação efetiva nesses grupos — no que toca a esse eixo das perturbações físico-morais — restringe-se às três categorias intermediárias (*ser nervoso, doente dos nervos* e *maluco*), a alguns outros termos equivalentes a *maluco* (como *pinel, não ser bom da bola, débil mental* etc.) e a uma série de meios tons (literalmente nas expressões *meio nervoso* ou *meio maluco*).

É claro que em relação a este ponto, como a todos os demais, o eixo físico-moral está embutido em interavaliações que incluem uma dimensão exclusivamente física e outra exclusivamente moral, além de se imbricar com o plano das qualificações de ordem explicitamente "religiosa".

A idéia central da associação entre a interqualificação dos sujeitos e a situação/segmentariedade é a de que as identidades decorrentes do primeiro termo não são fixas mas dependem das propriedades formais do segundo termo, ou seja, deslocam-se segundo o "contexto" ou "situação" e segundo a "posição" num segmento social que se define em contraste com o segmento do sujeito em relação ao qual se está estabelecendo a identificação.

O que quero dizer com isso foi muito bem percebido por Sonia Pacheco Alves, em seu trabalho citado, na favela do Escondidinho — RJ, quando explicita uma lógica que se poderia resumir na equação *nós/nervosos* X *eles/malucos* (cf. Alves, 1982, p. 60). Isso aparecia no seu material com muita explicitude na oposição ao "supralocal" ao se dizer que ali naquela favela não havia *malucos*, mas apenas naquela outra, mais acima, contra a qual sua identidade se recortava. Essa oposição no eixo físico-moral era solidária com uma outra mais exclusivamente moral, que encontrei igualmente em ação em meus três grupos pesquisados e que se poderia resumir do mesmo modo na equação *nós/bons* X *eles/maus* (no que procuro resumir uma infinita gama de oposições tais como *nós/trabalhadores* X *eles/marginais, nós/civilizados* X *eles/brabos* etc.). Ressalto, porém, que essa lógica não se restringe à dimensão "supralocal", mas atravessa todas as demais e tem uma qualidade estruturante muito forte.

Creio que, de um certo modo, o material de Sonia Alves também nos permite perceber o lado mais "situacional" desse exemplo de que se ressaltava o aspecto "segmentar". É que seus informantes, pelo que se depreende de sua exposição, tinham bem nitidamente em conta a sua identidade de *psiquiatra* e deviam considerar conveniente enfatizar apenas a *maluqui-*

ce externa a todo o grupo, antes que as nuanças internas de sua oposição com o *nervoso*. Compreender-se-ia, assim, que, em função da "situação" de entrevista com um personagem tão forte e especificamente marcado, fosse articulada uma e não outras das virtualidades muito complexas permitidas por seu sistema de classificação e pela dinâmica de sua vida quotidiana.

A equação do *nós/nervosos* X *eles/malucos* pode nos servir, portanto, desde o nível identificatório mais fechado (o da *casa*) até o mais aberto (aquele que oporá a "localidade abrangente" ao "mundo de fora"). Duas vertentes se apresentam conjugadas na identificação em todos esses níveis: a "benignidade" situacional e o "pertencimento" segmentar. É assim que uma mulher poderá se referir a um neto como *nervoso* e à nora como *maluca*, por força de uma identificação positiva com o primeiro e negativa com a segunda, no contexto de uma avaliação intradoméstica. A mesma mulher poderá se referir à *nora* como *nervosa* e à vizinha como *maluca*, por sobrelevar neste caso (em princípio; pois há noras e noras, assim como vizinhas e vizinhas) o "pertencimento" doméstico face às relações intralocais. Ainda em outra situação, a mesma mulher poderá dizer, como as informantes de Sonia Alves, que ali não há *malucos*, só na outra rua, ou no outro lado de qualquer coisa que se ofereça como sinal para as fronteiras da identidade local. É possível ainda que essa hipotética mulher se refira a si mesma como *nervosa* na conversa com o pesquisador e que — para se referir ao drama de um antigo *encosto* com internação (quando deve ter manipulado mais ou menos explicitamente uma autoqualificação de *maluca*) — ela faça uso de um termo que lhe pareça mais "letrado" e "neutro" como por exemplo na expressão: "Acho que era uma *psicose*". No contexto dessa mesma referência passada, ela poderá dizer que quase ficou *maluca* no contato com os *loucos* (ou com os *malucos de verdade*) durante sua internação.

Esse fio complexo das qualificações pelo discurso do *nervoso* interage com a seqüência "religiosa" e com a seqüência "moral" (no sentido estrito) de uma maneira sistemática. Há nesse caso duas vias possíveis: a dos sujeitos para quem as qualificações religiosas têm um sentido realmente totalizador (sobretudo agentes religiosos ou fiéis no período de adesão intensa) e a dos sujeitos para quem essas qualificações não são no momento totalizantes.

No primeiro caso, a dimensão moral (estrita) é imediatamente subordinada à classificação religiosa e a dimensão físico-moral sofre uma subordinação parcial, através de especificações sobre o que é *espiritual* e o que é *do corpo* ou *da carne*. Poder-se-á nesses casos dizer que tal pessoa não é *maluca*, nem *nervosa*, nem *má*, mas apenas sofre os efeitos de tal ou qual manifestação "espiritual". A preeminência desse código tende a obliterar a dimensão "local" da situação/segmentariedade para substituí-la por uma dimensão "ética" (a de quem se converteu ou não, acredita ou não, cumpre ou não com suas obrigações rituais etc.). Em um caso de Jurujuba, um dos *rapazes* de uma família crente era visto como *tomado por Satanás* (o que se comentava na sua frente), mas se considerava difícil a cura, por enquanto, dada sua indisposição em freqüentar o templo. Os sofrimentos *nervosos* de uma senhora vizinha eram vistos como decorrência de suas antigas ligações com a *umbanda* e se achava absolutamente hilariante que o sogro de uma das filhas casadas, que era antes considerado como um sujeito *muito ruim* tivesse *rolado* no templo, revelando a realidade espiritual de sua idiossincrasia moral. Já os vizinhos não-crentes dessa família não tinham dúvidas em considerar o rapaz como *débil mental* ou *maluco* (as nuanças entre essas categorias serão examinadas em outro ponto), decorrendo certamente em parte essa ênfase negativa da distância "moral" em que aquela família se colocava face aos não-crentes, partícipes, sob outro ângulo, de sua identidade "local".

No segundo caso (o da não-adesão religiosa intensa), as qualificações "físico-morais" são fundamentais e interagem com as qualificações "morais" segundo uma lógica em que se privilegiará as segundas sobre as primeiras sempre que se procurar produzir ou expressar um distanciamento redobrado em relação ao sujeito avaliado. A mulher que, no exemplo anterior, nomeava o neto perturbado como *nervoso* e a nora perturbada como *maluca* poderá, em outra situação, afirmar que esta última "não é *maluca* não, ela é *é ruim*". O que se poderia reproduzir em qualquer dos outros níveis, embora apenas nessa direção negativa.

Esse efeito de distanciamento pelo deslocamento do plano físico-moral para o plano exclusivamente moral ancora-se evidentemente na questão da "responsabilidade" pessoal, cuja plenitude é diminuída na primeira tópica, por pressupor algum tipo de causalidade que escapa à volição. Vê-se, portanto, que a avaliação exclusivamente "moral" (neste sentido estrito) opõe-se estruturalmente às avaliações "religiosas", ou melhor, às avaliações remissivas às religiões de possessão (justamente as que comportam nesses grupos as tais adesões intensas), por pressuporem também estas uma suspensão parcial da "responsabilidade" pela intervenção "espiritual" direta. Podemos supor que haja assim três planos de avaliações, portadores, cada um deles, de um leque de categorias positivas e negativas e que eles têm gravidades diferenciais por se ancorarem sobre valores distintos: o plano das "religiões de possessão", o plano "físico-moral" e o plano "moral". Creio que é possível afirmar, porém, que os limites negativos de gravidade de cada um dos três (o "possesso", o *maluco* e o *mau*) avançam, cada um um pouco, em relação ao anterior, de tal modo que a qualificação de um sujeito como *mau* é genericamente mais grave que a de *maluco* e esta, por sua vez, mais grave que a de "possesso". Em um caso como o da avaliação de um sujeito que tivesse cometido um crime perverso nesses grupos poderiam ser acionados todos os três planos de qualificação, em função das propriedades de situação/segmentariedade "local" ou "ética" do avaliador, mas sempre seria mais grave e cobradora a que se escorasse exclusivamente no plano "moral": "não tem essa de maluco, esse cara é é bandido mesmo".

Em uma colocação como esta, ressalta mais uma vez o caráter mediador do plano "físico-moral" do *nervoso;* no caso, entre o plano das avaliações da religiosidade de possessão e o plano moral estrito. Num certo sentido, poder-se-ia dizer desse plano "físico-moral" que expressa uma "relacionalidade" mediana ou quotidiana, entre a "hiper-relacionalidade" das avaliações do plano referido de religiosidade (que qualificam as pessoas sob uma dimensão mais explicitamente holista) e a "extra-relacionalidade" das avaliações do plano moral estrito (em que se pode qualificar as pessoas sob uma dimensão mais "individualizante" ao determinar seu distanciamento do quadro relacional-moral envolvido naquela "situação"). Parece possível supor que o próprio plano "físico-moral" apresenta no seu limite negativo um ponto de ruptura dessa "relacionalidade" que o sustenta. A passagem do *maluco* "situacional/segmentar" ao *louco* substantivado é armada sobre a oposição entre um estado grave de perturbação que se encontraria ainda imbricado nas relações sociais e um estado que, por se colocar além de qualquer relacionalidade, escaparia às próprias demarcações significativas do discurso físico-moral do *nervoso.*

O que encontramos como um efeito produzido de distanciamento através da qualificação moral negativa nos níveis de relação intensa (intrafamiliar e intralocal) parece surgir como um efeito necessário quando se ultrapassa esses níveis e se tem que qualificar pessoas "de fora", ou seja, isoladas da teia relacional efetiva. Não parece regular que se possa lançar mão do discurso "físico-moral" para falar de *patrões, políticos, artistas,* enfim, das figuras públicas do mundo que encapsula a vida das classes trabalhadoras. Para essas caberiam antes as avaliações "morais", freqüentemente usadas de um modo tão polarizado que suscita a impressão de um "maniqueísmo" exacerbado. A única exceção é a da categoria *maluco* (usada nesse sentido do *maluco de verdade,* que equivale à categoria do *louco*), mas que só parece passível de utilização quando as informações sobre essa pessoa de fora se apresentam aglutinadas em um pequeno drama, ou seja, quando se apresentam inseridas num quadro relacional, por mínimo que seja. Mesmo nestes casos, porém, o *gossip* sobre as figuras públicas tende a ser construído, primordialmente sobre o eixo "moral". É evidente que, no caso dos avaliadores se situarem a partir das religiosidades totalizantes, também o mundo de fora é passível de qualificação segundo as categorias desses discursos; embora isso nem sempre se dê, conforme o nível ou situação em que se coloque a questão ou móvel de avaliação. Nestes últimos casos, retorna-se ao modelo antes referido das avaliações de moralidade estrita.

PRISMA DE QUALIDADE

Temos, enfim, de nos deter sobre um espaço de questões que resumi sob a rubrica da "qualidade", na falta de mais adequada expressão.

Trata-se, na verdade, de reenfocar, com mais particular ênfase, um certo nódulo de representações sobre a *pessoa* que subjaz à determinação das perturbações e que atravessa os três prismas anteriores da "construção intrapessoal", "da construção diferencial da pessoa" e da "situação/segmentariedade". Posso resumi-lo na oposição entre *sangue* e *criação;*

que nos apresenta, portanto, a uma configuração balizada por um limite "físico" e um limite "moral" (por mais nuanças que venhamos a encontrar dentro desse *continuum*).

Chamar de prisma da "qualidade" a esse material procura acompanhar uma pista da própria representação desses grupos que veriam nos pontos que iremos analisar o que mais explicitamente se poderia chamar de "qualidades pessoais", ou seja, que não relevam daqueles grandes eixos classificatórios examinados sob o prisma da "construção diferencial da pessoa" (embora, sob o enfoque analítico, estejam com eles imbricados), apresentando-se sob a forma de pontos de aglutinação de identidades na interseção das linhas da "construção intrapessoal" e de algumas das que relevam da "vida interpessoal" (objeto do próximo item deste capítulo).

Na linha da "construção intrapessoal", encontra-se o pólo do *sangue;* que se qualifica como mais "físico" apenas por oposição ao pólo da *criação,* já que se reduplica em dimensões "morais", inclusive na seqüência de qualificações do *temperamento* ou *gênio.* Trata-se, portanto, de um plano da "qualidade" pessoal que se pode resumir na categoria local do que é *de nascença,* do que se apresenta à interpretação social como marcas originárias, relacionadas em parte ao que poderíamos chamar de "hereditariedade".

Nas linhas que decorrem da "vida interpessoal" encontramos o que se qualifica como mais "moral" face ao pólo do *sangue:* a *criação.* Este plano de "qualidade" enfatiza igualmente um período originário e instaurador que se pode resumir numa categoria complementar à de *nascença:* a do que é de *berço.* Neste caso, porém, o limite temporal máximo tende a distender-se até a entrada na fase adulta através das representações sobre o *estudo,* a *civilização* e a construção da capacidade "moral".

Já tínhamos podido observar anteriormente a complexidade de que se reveste a categoria *sangue* nesta formação cultural. Havia-se explorado, porém, sobretudo sua dimensão "física", no quadro da construção intrapessoal, em sua relação com a *força,* com a *cabeça,* e com a qualificação diferencial entre homem e mulher.

Embora tenhamos aqui essa categoria novamente colocada no pólo "físico" de uma oposição com a categoria "moral" da *criação,* reponta sua qualificação verdadeiramente "físico-moral", corroborando o que observávamos antes como o seu pertencimento a um grupo de categorias de mediação de que compartilha o espaço justamente com o *nervoso.*

É na verdade bastante difícil a análise de categorias desse tipo, que, à semelhança do *mana,* talvez sejam antes, como diz Mauss, "as idéias dessas idéias", do que uma categoria "racionalmente" quadriculável. É, porém, possível e necessário construir-se os limites de sua mediação, o modo como oferecem ao pensamento recursos de organização e operação do mundo.

Essa representação do *sangue,* tomada em oposição à *criação,* está intimamente presa à representação sobre a família. Esta, por sua vez, é também uma categoria "físico-moral", na medida em que, no que toca à constituição de seus sujeitos componentes, abarca tanto o *sangue* quanto a *criação.* Em sua relação com *família, sangue* é, portanto, o lado mais físico, ainda que ele próprio seja físico e moral. Do mesmo modo, em outro nível, a *família* se poderá apresentar como mais "física", por oposição à *escola,* ou ao *trabalho* ou à *igreja.*[27]

A "consangüinidade" subjacente à representação da *família* não parece compor um quadro semelhante ao que descreve Ovídio de Abreu Filho para famílias de classe média (cf. Abreu Filho, 1980 e 1981). O que esse autor ressaltava era a existência de uma complexa relação entre consangüinidade e afinidade, expressa em parte pela oposição entre *raça* e *moral,* entre "herança" do pai e "herança" da mãe, e que qualificava a ideologia patrilinear dominante (sobretudo evidente na questão do *nome de família*). Entre os segmentos de classe trabalhadora estudados, embora a "moral", como vimos, esteja igualmente associada ao pólo feminino da unidade doméstica, não parece haver uma representação diferenciante das heranças paterna e materna na construção social dos sujeitos.[28] A categoria da *família,* quando utilizada no sentido abrangente (e não no sentido estrito de "unidade doméstica") pode abarcar tanto a patrilinhagem, quanto a matrilinhagem, não havendo uma ênfase regular na oposição entre esses dois grupos virtuais. É claro que se poderá falar do *lado da mãe* ou do *lado do pai* ou de *parentes por parte de mãe* ou *por parte de pai,* mas o nível desse tipo de explicação não parece ser estruturante.

Creio que um dos pontos de diferenciação fundamentais em relação ao citado exemplo de representações de classe média é a acentuada irrelevância do *nome de família.* Embora a nominação siga os padrões dominantes de ênfase e preeminência do nome paterno, o *sobrenome* dificilmente é utilizado para a qualificação pessoal, sendo mesmo bastante raro o seu uso quotidiano. É claro que isso está associado à quase total impossibilidade de constituição de um "capital social", que se expresse na valorização do *nome de família,* pelo menos nos termos em que essa capitalização se estrutura nas classes médias e superiores. Isso não quer dizer que tenhamos aí mais um exemplo dessas "expropriações culturais", que em outros níveis se poderia detectar. Pelo contrário, creio que o que está em jogo é uma representação realmente diferente da relação entre sujeito e família, que, por estar menos comprometida com a visão individualizante de um "mer-

---

[27] No que se repete essa propriedade geral da relação entre o "físico" e o "moral" nessas representações que é a da preeminência hierárquica ou encompassamento do segundo sobre o primeiro termo. É assim que cada nível "físico-moral" se subordina, como lado "físico", a um nível "físico-moral" superior, sendo impossível a fórmula oposta. Esse esquema encontra talvez seu limite superior na representação sobre Deus e a natureza, como expressa a seguinte frase de uma informante: "Contra a natureza ninguém pode, né. Contra a natureza só Deus".

[28] O material de Ibañez-Novión sugere uma sistematicidade nessa "herança" diferencial dos princípios paterno-masculino e materno-feminino que não encontrei em meu material. Isso pode se dever tanto a diferenças culturais entre os grupos estudados, quanto a diferenças entre os tipos de informantes utilizados ou entre métodos e ênfases de pesquisa (cf. Ibañez-Novión, 1974 e 1976).

cado" de prestígio pessoal (para o qual se manipula as referências ao nome de família), antes enfatiza uma lógica de pertencimento imediato e operacional.

Essa lógica é a da presença do sujeito em um corpo de relações que não é mediado pela abstração do sobrenome, mas que se expressa em uma rede ativa e concreta de complementaridade e reciprocidade. A *família* abrangente é composta pelos parentes de ambos os *lados* com quem as unidades domésticas mantêm relações efetivas. Essas relações são sempre pensadas de um modo muito substancial e são envolvidas pela representação de que deveria haver um certo recobrimento entre família e localidade, ou seja, que se deveria conviver o mais proximamente possível com as *casas dos parentes.* Isso não quer dizer que a distância geográfica (que parece cada vez mais se impor pelos constrangimentos da migração e pelos da neolocalidade no escasso e precário espaço de que dispõem na trama urbana moderna) anule esse pertencimento. Pelo contrário, faz-se grandes esforços em manter contato com parentes que *moram longe,* através de visitas, ou mesmo longas viagens. Há, porém, sempre um toque de ilegitimidade nessa "distância" e um grave e permanente anseio de re-união, que se procura ingentemente propiciar através de iniciativas concretas. Costuma ser ressaltada pela literatura uma certa ênfase matrilocal nessas estratégias e ela é coerente com tudo o que vimos a respeito da íntima relação que mantêm entre si a *mulher/mãe* e a *casa,* mas, embora eu possa corroborar essa ênfase, acredito que ela não corresponda a uma representação que privilegie a matrilinhagem na definição da *família* abrangente. O que ocorre é que, paralelamente à ênfase matrilocal, há um certo privilégio à endogamia local, coerente com aquele ideal de uma correspondência geográfica da consubstancialidade familiar.

É apenas sob o prisma desse ideal que se configura a representação de alguns "troncos familiares": quando é possível retraçar esse pertencimento ao mesmo tempo "consangüíneo" e "local" ao longo de mais de duas gerações. Essa identidade não remete porém tanto a uma afirmação de diferença desses "troncos", mas antes à sua relação com a identidade local maior. Isso é sobretudo notável nos bairros mais antigos, mas já se pode perceber também em bairros novos como Acari. A representação do "tronco familiar" só é assim ativada no contexto de afirmação da identidade local, da ênfase nessa qualidade quase "comunitária" de vida sobre que se parecem ancorar fortemente as identidades "pessoais" nesses grupos. Essa dimensão maior da identidade social nas classes trabalhadoras foi em parte tematizada sob o que chamei de "prisma de situação", expressando-se numa lógica contrastiva e hierárquica que privilegia o seu *lugar* contra os que imediatamente se lhe opõem e contra o mundo extralocal em geral.

Mesmo nesses casos, não é comum a referência ao nome de família (embora isso possa ocorrer em alguns casos em que o "tronco" ganhe uma profundidade e extensão muito grandes), prevalecendo a lógica relacional a que me havia referido e que se expressa exemplarmente no modo de referência por nomes próprios articulados. Esse modo, que se atualiza quotidianamente em referências do tipo "João de Laura" ou "Maria de Silvino", aparece também nos "troncos", utilizando-se de referências a um ancestral "forte" (vivo ou falecido). É assim que se falará da "família de Caboclo de Lúcio" ou da "família de Erotides", sabendo-se que nestes casos se está acionando um núcleo de identidade que se apresenta como claro para as representações locais, como moeda corrente para os mapas de relações ali articulados. O pertencimento a esses "troncos" é plenamente bilateral, de tal modo que nos bairros menores e mais antigos se possa dizer que há até bem pouco tempo "tudo aqui era uma família só". Essas representações, enfim, constituem o pano de fundo para que se observe a diferenciação pela qualidade do *sangue*.

Esse *sangue* herdado bilateralmente pelos sujeitos é o veículo do pertencimento maior à *família* e se arma sobre a representação de uma descendência "física", sobre a qual não devem pairar dúvidas. O que ele carrega, porém, é toda a herança "moral" dessa *família* ou, pelo menos, um corpo complexo de "virtualidades" morais. Expressões como "é porque é do mesmo sangue", "puxou ao. . ." ou "saiu ao. . ." podem certamente referir-se a traços fisionômicos, a características físicas, mas esses mesmos traços ou características já estarão carreando associações morais, ao estabelecer pontes de identificação com alguma daquelas virtualidades referidas, consubstanciadas em algum dos ascendentes diretos ou laterais. Compõe-se aí, portanto, um desses limiares de "qualidade" pessoal, que se irá articular com tantos outros, mas que permanecerá sempre como um código de leitura possível e significativo. É o que Andréa Loyola chama de "predisposição" (preferindo com toda justiça essa expressão à de "hereditariedade"), ao mesmo tempo em que enfatiza seu duplo caráter "espiritual" e "físico" (cf. Loyola *et al.,* 1977, p. 98; sobre este mesmo ponto, Alves, 1982, p. 64 e Salem, 1981, p. 90).

Esse caráter "físico-moral" manipula (como também percebe aquela autora) as virtualidades da categoria do *sangue* em sua relação com a oposição *forte/fraco.* Evoco para tanto tudo o que foi dito aqui no contexto da "construção intrapessoal", sobretudo no tocante ao *sangue fraco* ou ao *sangue ruim,* que estabelecem a mediação com as perturbações e a vida *nervosa.* Como explorei em outro momento, há uma ênfase mais explícita na construção das capacidades "física" e "mental" das crianças (e sobretudo dos meninos), mas essas capacidades já se vão construindo sobre marcas "morais", que são as de sua *família* abrangente ou específica. As capacidades "morais" de cada um dos pais serão particularmente levadas em conta, havendo, como disse, uma verdadeira "expectativa de estigma" a cercar os filhos de pais moralmente desqualificados. Os sinais de fraqueza física ou mental poderão ser atribuídos àquele *sangue* tornado *fraco* ou *ruim* na carreira dos genitores e assim transmitido aos filhos. Esta é a dimensão básica do *nervoso* infantil e, eventualmente, do seu deslocamento para qualificações mais fortes, como as de *maluquinho* ou *pinelzinho* (respeitada a lógica do "prisma de situação", tal como o defini).

A definição do que é *de sangue* é fronteiriça à do que é de *nascença.* Esta última categoria não se confunde, porém, com a anterior, sendo, na verdade, um pouco mais ampla. Nesse sentido, tudo o que é de *sangue* é de *nascença*, mas nem tudo o que é de *nascença* é de *sangue*. Não creio que se possa definir apenas substancialmente as qualidades das duas categorias, uma vez que o seu emprego dependerá dos níveis ou situações de emissão das qualificações, que exigirão ou não a ênfase nas "predisposições" herdadas. Parece haver, porém, de qualquer forma, a possibilidade inscrita nesse código de nomear uma certa "qualidade" pessoal que não releva da construção moral pela *criação* (embora possa ser por ela afetada), nem se restringe à mera atualização das predisposições pelo *sangue*. É a área de categorias tais como as de *temperamento* e *gênio*. Seria realmente esse o plano em que se poderia encontrar o que de mais "pessoal" qualifica os sujeitos desses grupos. E digo propositalmente "pessoal" e não "individual", porque não só esse plano se encontra sempre encompassado por diversos outros, mais relacionais e holistas, como também porque ele próprio não autoriza a determinação da singularidade contida no Valor-Indivíduo, mas antes, pelo contrário, determina de um modo quase "físico" (tudo o que é de *nascença* tem um pouco esse caráter) uma classificação dos sujeitos que se anteporá ao plano da *luta* e da *responsabilidade* pessoais.

Essa classificação faz uso de um amplo leque de adjetivações que podem ser resumidas na oposição entre *bom* e *ruim* para *gênio* e entre *calmo* e *nervoso* para *temperamento*. A relação que guardam essas categorias com as "perturbações" fica desde logo muito evidente no fato de que sua invocação se dê primordialmente no contexto de avaliações morais negativas (pois, mesmo quando explicitamente positivas, estão ou bem respondendo a uma potencial avaliação negativa do mesmo sujeito ou bem estabelecendo o contraste com outro sujeito negativamente qualificado). Isso fica tanto mais claro se atentarmos para o fato de que o seu uso não adjetivado já carrega por si mesmo uma conotação negativa, sobretudo no que toca ao *gênio* ("ele tem muito gênio") (cf., por exemplo, Manso, 1980, p. 26).

Aparentam-se ambas as categorias, além do mais, com o *nervoso* por serem, como ele, "físico-morais". Como disse, porém, a sua qualidade física é bem pouco explícita, na medida em que não se podem ancorar em nenhum ponto da geografia corporal e nem tampouco em uma instância própria e específica como é a do "psiquismo" das representações psicologizadas.

Há uma pequena distância a separar porém o *gênio* do *temperamento*, que já repontava nos pares de adjetivações com que propúnhamos resumir sua múltipla utilização. É só a *temperamento* que se pode acoplar a qualificação de *nervoso*; enquanto é só para *gênio* que se pode atribuir a categoria puramente moral do *ruim*. Isso significa que, do ponto de vista da argumentação desenvolvida, *temperamento* é levemente mais "físico-moral" do que *gênio*; aproximando-se este último termo antes do pólo moral ou espiritual. Essa diferença pode ser talvez atribuída às marcas da história dos dois termos, pois são bastante óbvias as pristinas marcas "espirituais" de *gênio*, enquanto são bastante intimamente ligadas à história do próprio *nervoso* as marcas "físico-morais" de *temperamento*. Pudemos referir anteriormente o seu deslocamento da teoria humoral e da configuração da *melancolia* para a versão "caracterológica" das representações "físico-morais" novecentistas, dentro da configuração do *nervoso.*

Esta questão do "temperamento *nervoso*" / "temperamento calmo" enfeixa diversos fios da análise aqui conduzida, correspondendo a um dos planos de atualização dos fenômenos *nervosos:* aquele que, por oposição ao *estar nervoso* e à *crise de nervos,* se nomeia como o *ser nervoso.*

Essa qualidade *nervosa,* esse *ser nervoso* dos sujeitos pelo *temperamento* obtido de *nascença* só é substantivo do ponto de vista de nossa classificação abstrata, uma vez que sua utilização entra no quadro das propriedades de situação/ segmentariedade que vimos reger, com sua lógica móvel, todo o espaço das qualificações "morais" e "físico-morais". Isso não quer dizer evidentemente que, do ponto de vista dos classificadores, a categoria não se apresente como uma evidência concreta mas sim, que, do ponto de vista analítico, podemos vê-la flutuar como pólo positivo naquele espaço semântico balizado, no pólo negativo, pelas categorias do *maluco* e do *ruim.*

As determinações do sujeito pela *nascença* abarcam, além das "predisposições" pelo *sangue* e das virtualidades classificatórias pelo *temperamento* e pelo *gênio,* um plano mais "cosmológico", mais comprometido com os eixos encompassadores da visão do mundo estudada. Esse plano, por sua vez, comporta três dimensões de abstração crescente, a que correspondem graus de manipulação decrescente (o que é muito importante para a sua relação com as "perturbações" e seus recursos "terapêuticos").

A primeira dimensão é a que poderíamos chamar de qualificações "religiosas", por operarem com categorias oriundas de sistemas religiosos específicos. A questão das relações do *nervoso* com a "religião" é muito ampla, vindo a ser examinada sob diferentes ângulos nos dois próximos itens. O que interessa aqui é a franja dessas relações que permite que se compreenda mais especificamente esta construção diferencial da pessoa pelas "qualidades". Mesmo esse ponto, porém, é bastante complexo e as pistas disponíveis não permitem compor um quadro completamente sistemático.

O primeiro núcleo dessas pistas é o que se dá a partir da categoria do *batismo* católico.

Essa instituição tem uma considerável importância nesses grupos por ser o ritual que formaliza os *compadrios,* recurso relacional cheio de repercussões para as estratégias de identidade e reprodução social (cf. sobre este ponto, Caldeira, 1981, p. 23 e Duarte, 1978, p. 101 e seg.).

Possivelmente, em função dessa importância e por pressupor algum tipo de ênfase ritual onerosa, ele tende a se realizar em fases mais tardias da infância do que aquelas que se supõe adequadas nas classes médias. No material de Acari parecia haver mesmo uma tendência a fazer aproximar esse momento dos sete anos, o que não pode deixar de chamar a atenção, etnograficamente, para a possível confluência com a importância que detém essa idade para o começo da construção da identidade religiosa pessoal na umbanda. Chama a atenção também, de qualquer forma, para aquela valoração diferencial da infância sobre que me detive em outro momento.

Foi observada ainda em Acari a presença da representação de um estado "fora da graça" para os não-batizados que se tematizava sobretudo no caso de crianças mortas imediatamente após o parto. Em um caso específico, a mãe que descrevia uma ocorrência desse tipo oscilava entre se preocupar com esse estado "pagão" da alma de sua criança já falecida e se consolar pelo fato de que, como não chegara a mamar, talvez não se tivesse exposto à mácula do mundo. É por tal motivo que hesitei em falar de uma representação do "pecado original", pois a idéia assim veiculada certamente se afasta do modelo católico oficial daquela instituição.

É notável, de qualquer forma, que esse estado "fora da graça" pareça justificar em algumas ocasiões o recurso ao batismo como "terapêutica" para uma situação de *fraqueza* da criança, exposta a sucessivas doenças e, pelo menos em um caso, a freqüentes dores de cabeça, um dos sintomas centrais das perturbações "físico-morais".

A frágil pista acima invocada da distância que mediaria entre a *nascença,* no seu sentido literal, e a entrada no mundo pela amamentação, permite-nos talvez a aproximação à idéia do *de berço* a que havíamos feito breve referência. Ela aparece no material etnográfico e na literatura com dois sentidos aparentemente díspares. O primeiro é o do *médium de berço,* quando se enfatiza a presença no sujeito de uma "qualidade" espiritual diferencial desde aquele momento instaurador da entrada no mundo; o segundo é o da demarcação da diferença de pessoas que detêm sua qualificação social desde a origem; que são, de tal ou qual forma, *de berço.*

Aqui interessa-nos sobretudo o primeiro sentido, já que o segundo promove uma significativa e muito explícita mediação com o tema seguinte da *criação.*

Essa primeira dimensão, a das "qualificações religiosas", diferenciava-se das outras determinações cosmológicas justamente por sua maior instrumentalidade e flexibilidade. Com efeito, seja no caso do *batismo* católico, seja no caso da *mediunidade,* seja no do uso de promessas ou "dedicações" de crianças a entidades do panteão católico, ou ainda no caso dos *batismos* protestantes ou das "adesões" pentecostais, o que ocorre é que, embora se pressuponha que a qualificação religiosa básica venha inscrita desde o *berço* (nesse sentido em que propusemos vê-lo ligeiramente diferenciado da *nascença*), há uma gama bastante ampla de recursos rituais para conduzir essa determinação básica numa direção conveniente face aos constrangimentos do mundo ou à intervenção dos princípios ou entidades espirituais malignas (o *pecado,* o *diabo,* um *encosto* ou um *trabalho*).[29]

---

[29] Este é um dos pontos mais fascinantes e menos articulados dos muitos que irradiam desta pesquisa sobre "pessoa" e "perturbação" nas classes trabalhadoras: o da relação das identidades quotidianas com as identidades provenientes ou associáveis ao universo "religioso" da umbanda. Sabe-se que há aí um sistema complexo e multifacetado de elaboração da "qualidade" pessoal dos sujeitos por referência aos códigos *de santo.* Veja-se que já em Bastide — esse nome central da pesquisa sobre as chamadas religiões afro-brasileiras — era fundamental a preocupação com a "construção so-

Além do mais, embora a qualidade espiritual possa ser considerada como inscrita desde a "entrada no mundo" do sujeito, ela só parece ganhar uma realidade eficaz a partir de um limiar posterior de consolidação da identidade, justamente aquele em que se começaria a prenunciar a "capacidade moral" plenamente expressa na condição adulta. Nesse sentido, não só se corroboraria minha observação da ênfase maior nas capacidades "física" e "mental" da *criança*, como esta dimensão das qualidades "espirituais" se distinguiria por seu caráter eminentemente "moral", face às qualidades herdadas pelo *sangue* e às do *temperamento* e *gênio* (estas, por sua vez, mais "morais" que as do *sangue* em sentido estrito).

A segunda dimensão do citado plano "cosmológico" de "qualidades" pessoais é a que se refere ao sistema do *horóscopo*, bastante conhecido e consultado nesses grupos, sobretudo pelas mulheres e pelos jovens.[30] Chamo-o "cosmológico" por constituir um código totalizante de classificação e orientação no mundo, embora exerça essa totalização de um modo subordinado que mereceria ser melhor conhecido nos diversos segmentos das sociedades modernas. O sistema do *horóscopo* tematiza já em suas fórmulas mais abstratas, mas sobretudo em sua atualização quotidiana, grupos de qualidades preferenciais para cada *signo* (e suas especificações mais complexas) que podem permitir a leitura das condições de cada sujeito em si e de sua relação com os diversos níveis ou reinos da vida. Nessas qualidades diferenciais estão incluídos tópicos que podem interagir com a nomeação/interpretação das "perturbações", nas suas formas mais leves ou "regulares" (ou pelo menos, quando se está em uma tal "situação" em que convenha enfatizar sua menor gravidade ou peso). É desse modo que se poderá

---

cial da pessoa", com aquilo que ele chamava de "castelo interior". A literatura em torno dessa questão é realmente vastíssima. Alguns textos consultados fazem referências explícitas à construção dessa identidade pessoal por "qualidades" religiosas diferenciais. Penso particularmente em Maggie & Contins (1984), Montero (1984, sobretudo p. 11) e Birman (1980, p. 100 e seg. e 1982). A recente dissertação de Márcio Goldman (1984), que só pude consultar muito rapidamente, está voltada bem diretamente sobre essa questão. Há uma tendência nessa literatura em geral que dificulta sua incorporação a um estudo como o que estou realizando: a de restringir a observação da construção da identidade ou da pessoa ao meio, espaço ou nível religioso. A relação entre essas identidades e as não-religiosas (profanas, quotidianas etc.) me parece vir merecendo uma observação menos sistemática na literatura. Da pequena parcela dessa bibliografia que pude consultar no decorrer desta pesquisa, avultam a meu ver — como esforço de não se prender àquela estanquização — os trabalhos de Yvone Maggie (o já citado, em colaboração com Márcia Contins — 1980 — e seu *Guerra de orixá* — 1975). Gilberto Velho faz referências genéricas ao que estou aqui comentando em seu artigo sobre a crença em espíritos, utilizando-se da expressão "tipologia psicológico-moral" (cf. Velho, 1984b, p. 13). Patricia Birman se refere em um de seus textos citados à questão do *médium de nascença* (cf. Birman, 1980, p. 101).

30 Há alguma informação sobre este ponto — muito insuficientemente pesquisado e conhecido em geral — no trabalho de Eclea Bosi sobre leituras de operárias (cf. Bosi, 1977, p. 94 e seg. — sobretudo as tabelas 6, 7, 9 e 10).

dizer que tal ou qual pessoa é assim *agitada* por ser de *Áries* ou tal outra assim *lesa* por ser de *Câncer.*

Essa é uma área porém cuja relevância para estas questões me escapou durante a maior parte do período de campo, de modo que só pode merecer aqui uma referência muito passageira. É certo, de qualquer modo, que ela compõe uma das dimensões da construção das qualidades diferenciais da pessoa pela *nascença,* uma vez que o quadro das determinações zodiacais é suposto desenhar-se em função do momento preciso do nascimento. Também é certo que esta é uma dimensão de uma flexibilidade diversa da que é própria dos modelos "religiosos", uma vez que não comporta qualquer possibilidade de manipulação "mágica" ou "ética", mas sim o recurso a um sistema complexo de "interpretações".

A terceira e última dimensão é bastante abstrata e difícil de nomear, embora eu possa pressenti-la em ação sob tantas manifestações de meus observados, corroboradas por informações da literatura.

Encontram-se aí categorias tais como *sorte, dom, estrela, destino* e *Deus.* Todas elas se referem a um plano de determinação máxima, que pode ser invocado quotidianamente para preencher "lacunas" de significação, mas pode também ser regularmente utilizado para dar conta de qualidades mais permanentes de certos sujeitos e de sua relação com a vida.

Além do mais, guardam todas elas uma forte relação com a *nascença,* lida evidentemente *a posteriori,* conformando o que se poderia chamar de uma leitura "predestinatória" da vida. Há inúmeras locuções em que se invoca diretamente essas categorias ou o seu sentido geral, associando-as ora ao verbo *nascer,* ora a expressões totalizadoras do tempo da vida pessoal como *sempre* e *nunca.* Há óbvias diferenças entre essas categorias. *Estrela,* por exemplo (que pode aparecer nas locuções *boa estrela* ou *má estrela*) se aparenta com a dimensão zodiacal no pressuposto de correlações significativas entre o "cósmico" e o "humano". O seu uso porém não é aparentemente distinto do de *sorte, dom* ou *destino,* todos comprometidos com a visão de um mundo ordenado por distribuições diferenciais de valor, em relação às quais os sujeitos podem se ver como pior ou melhor aquinhoados (ou assim ler a "diferença" dos outros). *Deus* é evidentemente uma categoria mais complicada, podendo o seu uso ser restringido, em certos casos, às versões religiosas específicas. Creio, porém, que muito freqüentemente constitui uma categoria em tudo semelhante às anteriores, a não ser pelo modo "personalizante" de que se reveste a sua referência no discurso e pelo decorrente tom "voluntarista" de que se cerca sua invocação. Veja-se que se fala de *ter sorte, ter um dom* ou *ter um destino;* enquanto, em relação a *Deus* diz-se *confiar em Deus, se Deus quiser, graças a Deus* etc.

Esta é, portanto, uma dimensão altamente "moral" da visão de mundo estudada, mas, por prescindir quase absolutamente de qualquer possibilidade de propiciação e intervenção, apresenta-se com uma rigidez quase "física", confundindo nossa dicotomia em seu plano mais alto e abstrato. É nesse mesmo plano que veremos oportunamente sua convivência com a categoria *natureza.*

Eu próprio, em um trabalho anterior (cf. Duarte, 1978, p. 67 e seg.), e Teresa Caldeira (cf. Caldeira, 1982a, p. 208 e seg. e 241) apresentamos análises da relação desse tipo de categorias com as que, como o *trabalho* e a *obrigação,* enfatizam o lado comissivo da luta pela vida nas classes trabalhadoras. Teresa Caldeira explora porém, ainda mais, a relação que essas categorias guardam com a visão da hierarquia social e, sobretudo, com a oposição entre *pobres* e *ricos.*

Este último ponto, porém, já nos transporta à outra vertente do "prisma de qualidade", aquela que procuramos sintetizar sob a categoria da *criação.* Ou melhor, transporta-nos para um plano de mediação entre as determinações ditas do *sangue* e da *nascença* e as que doravante examinaremos como da *criação.*

Já anteriormente havíamos observado que a categoria de *berço* remetia em parte à interação com a vertente da *criação,* na acepção a que me referia como "de demarcação da diferença de pessoas que detêm sua qualificação social desde a origem; que são, de tal ou qual forma, *de berço.* Ou seja, como uma espécie de "destino social"; por onde nos entroncamos, portanto, com aquela outra pista, da associação entre as categorias do tipo *sorte, destino* e *estrela* com a visão da hierarquia social.[31]

Colocar estas questões num plano de mediação entre *sangue* e *criação* é uma estratégia analítica que se justifica pelo fato de, do nosso ponto de vista, encontrarem-se tais determinações entre uma inscrição "cosmológica" (da *nascença*) e uma inscrição "sociológica" do *ambiente.* Essa estratégia obscurece porém, acredito, a maneira como são efetivamente acionadas as categorias do *de berço, sorte, destino* e *estrela,* que não é absolutamente linear e não parece privilegiar uma oposição nítida entre aqueles níveis. Ocorre neste caso, como em tantos outros núcleos dessas representações, uma relação "situacional" entre "físico" e "moral", que permite ênfases diferenciadas em aspectos de uma configuração altamente elástica.

É assim que, tanto como a ordem mais física do *sangue* se encontrava carregada de determinações "morais" (que nós chamaríamos de "sociais"), assim também esta ordem tão eminentemente "social" (para *nós*) da percepção da estratificação ou dominação é envolvida pela aura "moral", em sua vertente mais substantivante, mais "cosmológica".

O critério da *sorte/destino/estrela* atravessa as demarcações intralocais, articulando-se com todos os outros observados planos e prismas em que se constroem as leituras da "diferença" e atravessa a fronteira com o extralocal, vindo a tematizar em parte essa outra diferença tão grave e permanente, que opõe o *nós* e o *eles,* os *pobres* e os *ricos* (sob um ângulo classificatório) ou os *fortes* e os *fracos* (sob um outro ângulo classificatório). É assim que, em certas situações de discurso, se poderá falar sobre as *pessoas de berço,* aquelas que, por força de sua *nascença* em *berço de ouro,* se

---

[31] Veja-se a interessante ocorrência dessas categorias no discurso de um dos mendigos informantes de Delma Neves: "Se eu nasci em berço de miséria, tenho que ficar na minha. A sorte nunca passou por perto de mim (. . .)" (*apud* Neves, 1977, p. 16).

encontram legitimamente qualificadas a ocupar o pólo forte e encompassador da hierarquia social. É óbvio que essa representação se enovela com uma série de outras que esmiuçaremos no item seguinte da "vida interpessoal" e que apresentam recursos à expressão dos aspectos ilegítimos daquela hierarquia.

Voltando, portanto, à exploração das vias simbólicas da construção diferencial da pessoa intralocal (pelo "prisma da qualidade"), vemo-nos às voltas com o que é propriamente da ordem da *criação.*

Esta ordem tematiza de maneira direta a construção da "capacidade moral", embora pressuponha encompassadas as construções "física" e "mental". Creio poder encaminhar seu exame por três fios condutores: o do *ambiente,* o do *estudo* e o da *civilização.*

Todos três designam qualidades relativas à *família* de origem do sujeito ou, pelo menos limiares de qualidades dessas famílias só em relação aos quais se podem desenhar suas qualidades "pessoais". Nesse sentido, não há descontinuidade entre o plano da *criação* e o do *sangue;* uma vez que neste último, do mesmo modo, uma certa "predisposição" pessoal ordenava-se sobre as marcas "físico-morais" da família progenitora. No caso da *criação,* porém, fica muito mais nítida a imbricação inarredável entre família e localidade, sobre que já pudemos nos deter em outras ocasiões. Com efeito, assim como a identidade da *pessoa* só pode ser vista em articulação, em relação, com a *família,* também esta só em articulação e relação com o local pode ver desenhada sua própria e específica identidade. O *ambiente* familiar só é de tal ou qual maneira e só conforma mais ou menos os sujeitos, em função da qualidade de que se supõe cercado em contraste ou continuidade com a pretendida identidade local.

Há porém, evidentemente, valores sobre os quais se axiam essas determinações de qualidade do *ambiente* e sobre elas já dispomos de considerável informação. A lógica do *respeito* e os princípios da complementaridade e reciprocidade compõem o seu eixo mais abstrato, consubstanciado nos preceitos da *obrigação* masculina e da honra feminina. A atualização maior ou menor desses princípios e preceitos compõe um certo "capital moral" que é em parte, como vimos, "herdado" das unidades familiares de origem de cada cônjuge, "compartilhado" com o conjunto das unidades componentes da família em sentido amplo, e partícipe, ele próprio, de um outro conjunto, moralmente recortado, de vizinhança e localidade. A *fome,* a *bebida* e a *pancada* são os espantalhos reificados da falência desse modelo bastante constritivo.

Observamos assim neste momento, sob o ponto de vista oposto, o mesmo quadro fenomenal de que procedem as demarcações de bom número de "perturbações" em geral e do *nervoso* em particular. É, na verdade, esse ambiente familiar que, traduzido na lógica das relações "físico-morais", tanto conformará as condições do *sangue* dos filhos, como balizará a sua *criação* posterior. Pois, mesmo neste último caso (o da *criação*), estará pressuposto algum tipo de inscrição "física", através das qualidades de sensibilidade/irritação que permitem aos *nervos* mediar a exterioridade/interioridade dos sujeitos.

É freqüentemente importante para a auto-representação do maior ou menor colamento entre o ideal e a prática a referência a qualificações diferenciais de ethos religioso. Os casos de conversão ou intensa participação de um dos membros podem, inclusive, obedecer a uma lógica de reafirmação ética ou mágica daqueles valores familiares ameaçados.

O *estudo,* a cuja importância já fizemos referência, prende-se sob vários ângulos ao *ambiente:* seja no tocante ao maior ou menor *estudo* anterior dos pais, seja no tocante ao "estímulo" ou "disponibilidade" propiciado aos jovens pelos seus maiores, seja no tocante a sua competição com o lazer dos grupos juvenis (masculinos) da localidade (caso em que a maior ou menor exposição aos *perigos* das *drogas* assume particular relevância). Como vimos, o valor do *estudo* é fortemente instrumental, justificando-se exclusivamente pelas melhores condições de enfrentamento do mercado de trabalho ou da *luta* pela sobrevivência em geral. Em princípio, portanto, tratar-se-ia de uma experiência positiva, contrária ao mundo das "perturbações". Pudemos, no entanto, apreciar como a sua "exacerbação" (face aos limites de sua valorização local) ou o conflito entre a tentativa de obtê-lo e a precariedade das condições imediatas de reprodução abrem também em torno da atualização desse valor uma considerável área de "perturbação".

Há, enfim, essa condição tão peculiar que procuro resumir na categoria *civilização,* que encompassa a idéia de um *bom ambiente* e de algum *estudo,* para qualificar qualquer espaço social, desde uma família, até um bairro, uma cidade ou toda uma região. Ela pode opor-se a uma ampla seqüência de categorias negativas como do *interior, do mato, brabo, índio* etc. Sob todas suas formas sobressai a dimensão positiva de alguma coisa do que chamamos significativamente de "urbanidade" (no seu duplo sentido) e que tem um forte compromisso com a idéia de "progresso" e "modernidade".

Uma tal representação subordina sua atualização à dinâmica geral do que chamei de "prisma de situação/segmentariedade" mas axia-se certamente sobre um certo limiar de valores tais como os que arrolei. Trata-se porém, em todo caso, de uma das dimensões da representação sobre a *cidade* e o que lhe é próprio, vez que, como veremos no item seguinte, há toda uma outra vertente negativa, observável sob o tópico geral dos "males da civilização". Teremos então sob nosso exame as dimensões "perturbadoras" desse mais alto nível diferenciador da *criação* que é o da exposição às qualidades próprias da modernidade urbana.

Observada assim a relação entre o *nervoso* e a "construção diferencial de pessoa" passaremos ao terceiro item deste capítulo, no exame desse círculo ainda mais aberto de determinações que é o da "vida interpessoal".

C) O *NERVOSO* E A VIDA INTERPESSOAL

Seguindo a estratégia analítica em que procurei envolver a questão da identidade e suas "perturbações" nas classes trabalhadoras urbanas, observaremos agora uma dimensão mais abrangente em relação às duas imediatamente anteriores: a do que chamei de "vida interpessoal". É preciso reiterar mais uma vez o caráter profundamente artificial ou analítico desta demarcação, uma vez que ela se imbrica com as demais na vivência de meus informantes de uma maneira que espero possa ficar clara ao longo do conjunto deste trabalho. É particularmente evidente que o item da "construção diferencial da pessoa" tematizava "relações interpessoais" e que a própria "construção intrapessoal" não poderia ser concebida senão dentro dos quadros dessas relações; que são com efeito o seu verdadeiro lugar, o lugar dos valores e classificações sociais instauradoras da própria idéia de "pessoa" aí vigente.

Quando tratei, porém, da "construção diferencial da pessoa", procurei explorar o nível dessas relações que se instaura e desenrola em torno da *família/localidade* e de sua grave preeminência. Ou, talvez mais exatamente, procurei observar o material a partir do nível da *família/localidade* em uma direção interna, explorando os múltiplos fios que entretecem a "identidade pessoal" com a "identidade familiar" e a "identidade local".

Neste outro momento, procedo como se meu olhar, partindo do mesmo ponto de observação, se voltasse na direção externa, naquela em que talvez se visualize mais costumeiramente, no senso comum sociológico, a chamada "reprodução social". Estarão aí contempladas, neste sentido, sucessivamente, as relações com o "trabalho", o "poder" e a "religião". Procedendo dessa forma, porém, torna-se necessário realocar certas marcas do nível da identidade familiar/local, só a partir das quais se poderá — conforme proponho — entender a relação que guarda com aqueles grandes níveis da "vida interpessoal".

Eis, portanto, que este item se dividirá em três planos. O primeiro, comprometido com a referida realocação das marcas da identidade familiar/local. Chamei-lhe, por motivos que logo se esclarecerá, de "plano relacional básico". Ao segundo, que se distende sobre as questões da "supralocalidade", do "poder" e do "trabalho", chamei de plano "extra-relacional"; o que seria um rótulo abusivo, caso não se levasse em conta que só é assim designado em função de sua articulação com o "plano relacional básico". O mesmo reparo é válido para o rótulo afixado ao terceiro plano, o de "hiper-relacional", onde se tematiza questões ligadas às determinações mais totalizantes de tipo "religioso". É necessário ressaltar desde já que alguns aspectos dessa "vida interpessoal" relativos à "supralocalidade", ao "trabalho" e à "religião" serão reexaminados sob um prisma diferente no item seguinte, em torno das questões da "responsabilidade", da "loucura", do *encosto* e das "terapêuticas".

Assim definido, este item certamente parecerá excessivamente ambicioso ao pretender abarcar, afinal de contas, a totalidade ou a quase totalidade das dimensões da vida social das classes trabalhadoras. Coerentemente com minha proposta, elas só aparecem aqui, porém, como necessárias à análise na medida em que se apresentam como dimensões significativas da construção social da pessoa nesses grupos, na medida em que balizam certas experiências da identidade e das "perturbações". É assim necessária a abrangência, tanto quanto a especificidade do enfoque de cada um dos planos. Este será, além do mais, o momento em que se poderá aportar à discussão não só a determinação "afirmativa", "perturbadora" ou "antiperturbadora" de cada um deles, mas também o modo como a literatura acadêmica e os discursos eruditos em geral (médicos e religiosos, sobretudo) se utilizam parcialmente dessas determinações, constituindo o que chamei de "reducionismos" recorrentes. O reducionismo "psicológico-sexualista" (I), que se arma sobre o tema das "insatisfações" afetiva e sexual, será observado contra o pano de fundo das efetivas determinações perturbadoras do "plano relacional básico". Os reducionismos pelos "males da civilização" (II) e pela "exploração/expropriação" (III) encontrarão seu lugar no "plano extra-relacional", a propósito, sucessivamente, das efetivas determinações perturbadoras da "supralocalidade" e do "poder/trabalho". Finalmente, o reducionismo "religioso" (IV) (que pode ser "interconfessional" ou "religioso X médico") acrescentará inteligibilidade às questões envolvidas no assim nomeado "plano hiper-relacional".

PLANO RELACIONAL BÁSICO

Especificar os diferentes planos analíticos da "vida interpessoal" em torno da categoria "relação" é intencional e significativo. Com efeito, faz-se necessário voltar a ressaltar a preeminência do modo "relacional" de construção das identidades nesses grupos, contra o modo "individualizante" do pólo cultural que se lhe opõe. E falar em "relação", neste sentido e contexto, não é falar apenas de uma contrastividade instauradora, mas de hierarquia e valor, de reciprocidade e complementaridade. É esta, aliás, a razão pela qual se concede um caráter básico à relacionalidade do nível familiar-local, pois, segundo minha proposta, é aí que se aglutinam, expressam e consolidam — e daí que se irradiam — aquelas marcas de visão de mundo. Já foi possível, aliás, aportar alguma demonstração desse ponto no tocante ao modo como se concretiza nesse nível a identidade social (a partir do material da "construção diferencial da pessoa").

A qualidade hierárquica das relações familiares e locais, armada sobretudo em torno dos eixos de oposição homem/mulher e adulto/criança, pressupõe, como disse, reciprocidade e complementaridade. Isso significa que há sempre em jogo a noção de uma certa "totalidade" (que pode ser sobretudo — e paradigmaticamente — a unidade doméstica) e que essa totalidade é composta por termos que se opõem assimetricamente e cuja inter-relação se funda sobre uma reciprocidade de prestações nunca fechada ou igual, assim como sobre uma complementaridade simbólica e comportamental. Assim são — tal como antes foi descrito — as relações que unem no *casal* o homem e a mulher e as que juntam, na *casa,* pais e filhos.

A atualização desse modelo ideal do "plano relacional básico" comporta duas dimensões de tensão e perturbação. Podemos defini-las instrumentalmente como uma dimensão endógena e uma dimensão exógena.

O que estou chamando de dimensão endógena consiste em certos nódulos estruturais, que se poderia considerar como decorrentes da própria lógica do sistema. Eles já apareceram, aliás, aqui, de modo descritivo, na análise das perturbações associáveis ao "gênero" e à "classe de idade". O caso mais notável é o da oposição entre os ethos masculino e feminino e toda a margem de ambigüidade e ambivalência de que se reveste o seu enfrentamento na tarefa de construção do ideal da *casa.* Como enfatizei naquela ocasião, a lógica que faz associar o *homem* à *rua* faz também ameaçar permanentemente a complementaridade de que se deveria revestir o seu papel na *casa,* podendo-se mesmo dizer que, de um certo ponto de vista, o homem é aquele que é "expulso" da casa e que constituirá redes de relações sociais paralelas e mono-sexuais que reforçarão a diferenciação de ethos, podendo assumir, freqüentemente, um caráter agressivo e "marginal".[32] É rico o repertório de exemplos etnográficos sobre as múltiplas formas que podem assumir essas redes masculinas extradomésticas. Podemos evocar aqui a *street-corner society* de Foote-Whyte (1973) e os *peer-groups* de Gans (1962), assim como as análises sobre o *pub* inglês em Hoggart (1973) e sobre o *botequim* carioca em Machado da Silva (1969). Eu próprio me detive sobre as instituições da *farra* e da *pelada* no espaço de Jurujuba (que apresentam exatamente aquelas características) em trabalhos anteriores (cf. Duarte, 1978 e 1981a). Essa afirmação de um espaço masculino extracasa tem uma forte imbricação com o próprio espaço do *trabalho,* sobretudo naqueles casos em que, por circunstâncias diversas, se acentue ou preserve a mono-sexualidade dos trabalhadores. É o caso da *pesca* em Jurujuba (e meus citados trabalhos tematizavam a íntima relação que unia os princípios da hierarquia, colaboração e competição no *trabalho* e na *rua*), assim como é o caso da sociabilidade masculina nas escolas técnicas de filhos de operários metalúrgicos na Inglaterra estudados por Willis (1978). Em todos os casos citados, embora esteja supostamente preservada a permanência do estatuto masculino na *casa* e, portanto, a própria permanência do modelo complementar da *casa* (a que o homem serve com o *salário* obtido no trabalho), há uma boa margem de tensão; conflito e perturbação decorrente da própria dinâmica dessa diferenciação de gênero e ethos. O ponto substantivo mais recorrente parece-me ser o da *bebida,* que, mesmo quando consumida com a preservação da *responsabilidade* no *trabalho,* é encarada pelas mulheres como um sinal de gravíssimo perigo. Lembremo-nos, nesse sentido, da referência aqui feita à questão de Andréa Loyola de que as mulheres desses grupos sociais tenderiam a apresentar com mais freqüência que os homens a *bebida* como um dos elementos de-

[32] A idéia da "expulsão" masculina, tão contrária às representações conscientes dos grupos estudados e também às dos pesquisadores, em geral me foi sugerida em uma conversa com Maria Luiza Heilborn a propósito de sua dissertação de mestrado (cf. Heilborn, 1984) sobre a sociabilidade da pequena classe média do subúrbio carioca. Creio que o conceito de "cismogênese" de Bateson possa dar uma idéia do tipo de problema para que estou procurando apontar (cf. Bateson, 1967).

sencadeadores de perturbações masculinas do tipo do *nervoso*. Uma análise significativa do modo como as mulheres vivenciam a relação com o homem nesse modelo encontra-se em artigo de Tania Salem, no tocante ao que a autora chama de "determinação de gênero" (cf. Salem, 1981, p. 59 e seg.), mas sobretudo, especificamente, quanto à "imagem do homem" em suas pp. 75 e seguintes. Alguns dos discursos transcritos em sua argumentação apresentam; inclusive, diretamente expressões da configuração do *nervoso* no quadro dessa tensão entre homem e mulher (cf. Salem, 1981, p. 78).

A diferenciação do ethos masculino por articulações extracasa vincula-se também, por outro lado, ao espaço oposto ao do *trabalho:* o das quadrilhas, grupos de delinqüência etc. A experiência etnográfica de Acari, por exemplo, onde há a presença de um forte grupo desse tipo, apresentava significativos exemplos da ansiedade das mães em relação aos filhos homens, uma vez que a *rua*, que seria o lugar estrutural da afirmação de sua masculinidade social, apresentava a permanente ameaça de sugar para a rede marginal aqueles de quem se esperava virem a se tornar trabalhadores/chefes de família. No Meio da Serra e em Jurujuba, onde essa ameaça não é tão imediata e próxima, também já se fala do crescente perigo que cercava os rapazes em suas primeiras incursões no mundo da *rua* extralocal.

Veja-se que a esta altura da análise já estamos operando com os dois planos para cuja importância relacional se havia apontado inicialmente: o da oposição homem/mulher e o da oposição adulto/criança (ou jovem). Pois evidentemente eles se imbricam de maneira necessária, oferecendo mesmo à nossa observação um ponto nodal básico que é o da alta adolescência, ou seja, o do período de transição para o mundo adulto, onde se busca atingir a plenitude do modelo homem/mulher na constituição de uma nova *família*, de uma nova *casa*. Esse período, sobre cuja dramaticidade já nos havíamos debruçado, apresenta, em relação às questões que se acabava de levantar, duas faces complementares de que é o rapaz/Homem o principal paciente. Uma face "para dentro" que é a da disposição/capacidade de assumir a condição de *chefe de família*, e uma face "para fora" que é a da disposição/capacidade de assumir a condição de *trabalhador*. Embora a vivência de cada drama em particular prescinda dessa divisão, faz-se necessário operá-la analiticamente, pois tem condicionamentos diferenciais importantes. O que chamei de dimensão endógena abarca essas duas faces, através da questão da diferenciação dos ethos, mas a face "para fora" (a do *trabalho*) articula-se evidentemente de maneira muito direta com condicionamentos externos à lógica relacional básica. As condições, viabilidades e modalidades de inserção no mercado de trabalho, com os constrangimentos de que se cerca notoriamente, têm um peso fundamental no desencadeamento e ordenação desse processo dramático. É evidente que, nesse sentido, esses condicionamentos repercutem sobre a face "para dentro"; embora, sob outro ponto de vista, se possa dizer que a atitude face a esses condicionamentos externos (pelas condições da inserção no mercado de trabalho) também é dependente da maior ou menor consistência do projeto da face "para dentro" (a da constituição de uma nova e adequada *família*).

A literatura sobre as formas que assumem as estratégias "desviantes" a partir do núcleo dramático apontado é muitíssimo mais restrita que aquela citada sobre a relação entre o ethos masculino e os seus espaços de interação socialmente legítimos. O artigo de Alba Zaluar (1983b) sobre a lógica do *ferro* e do *fumo* nas "classes populares urbanas" tem assim sua importância intrínseca consideravelmente acrescida. Embora ela afirme que "o processo através do qual o jovem opta pela vida de trabalhador ou pela vida de bandido ainda não tem um quadro completo na história trágica das famílias de trabalhadores urbanos pobres" (Zaluar, 1983b, p. 255), o material que analisa contribui de maneira fundamental para desenhar os contornos da questão. Gostaria de chamar a atenção para alguns pontos intimamente ligados ao que se examinava aqui. Em primeiro lugar, a autora nos apresenta, através do discurso de informantes engajados na trajetória desviante, a ordenação de um verdadeiro modelo alternativo ao do *trabalho*, em que este perde as conotações positivas tão fundamentais no modelo geral de identidade social aqui descrito, passando a ser qualificado como *escravidão* e conferindo aos que se lhe submetem a condição pejorativa de *otário*.[33] Ocorre porém que esse modelo alternativo não subverte na verdade o modelo maior de relacionalidade, pois, como demonstra a autora, ele continuará sendo regido por um "código moral" (cf. Zaluar, 1983b, p. 261) em que estarão em jogo não só lealdades intragrupais como honra e *respeito*. É significativo, nesse sentido, que o *respeito* seja devido justamente aos que compartilham de seu espaço familiar-local e também, mais genericamente, a todos os que são considerados como *trabalhadores*.[34]

Creio que este é um exemplo radical da preeminência da lógica relacional apontada e da sua íntima ligação com os valores da *família*, do *local* e do *trabalho*. A experiência etnográfica de Acari não só corrobora as informações de Alba Zaluar como aporta um foco ainda mais vivo de reafirmação dessa lógica. Trata-se do fato de que o grupo "marginal" dominante nesse local exerce sobre todo o bairro um verdadeiro poder de polícia, e um poder de "polícia de costumes", que age sobre o comportamento dos homens locais no sentido de uma permanente defesa do "Valor-Família".

---

33 Creio que pudesse ser estimulante comparar essa representação de um aspecto *escravidão* do trabalho denunciado por gente que dele se afasta (numa trajetória "desviante") e a de um aspecto *cativeiro* denunciado por trabalhadores que permanecem submetidos plenamente às injunções do trabalho fabril — como é o caso estudado por José Sérgio Leite Lopes em uma usina de açúcar pernambucana (cf. Leite Lopes, 1978, pp. 58, 83 e 189).

34 A tese de Alba Zaluar aprofunda estas questões para além do artigo que estou citando. Só pude consultá-la após a redação deste item, pelo que não é incorporada à discussão (cf. Zaluar, 1983c).

Deve-se ressaltar ainda que, tanto no caso do trabalho de Zaluar quanto no do grupo de Acari, aparece muito vivamente a preeminência da lógica da reciprocidade, embutida no código hierárquico maior. Com efeito, a maior ou menor legitimidade de que se possam revestir esses "acordos" entre *trabalhadores* e *bandidos* (que são evidentemente motivo de lentas e dolorosas barganhas, dramas e ambivalências) parece fundar-se no preceito comum de que os dois mundos trocam entre si certos favores: respeito e defesa do mundo local e *trabalhador* pelos *bandidos*; respeito e sigilo pelos *moradores* e *trabalhadores* em relação à vida e prática daqueles. A ilegitimidade da violação desse código é denunciada não só pelos moradores/*trabalhadores* como pelos grupos "marginais" organizados que procuram punir rigorosamente os transgressores. A cobrança dessa mesma lógica relacional é a que nos permitirá ordenar mais adiante em uma certa direção a visão que têm esses grupos dos espaços da vida extralocal que iremos examinar no plano dito "extra-relacional".

A apresentação desse quadro estrutural e abstrato serve apenas para percebermos os limites maiores em que se enovelam essas "histórias trágicas", a cada passo das trajetórias, mas, sobretudo, de maneira exemplar, no momento crucial da entrada na vida adulta. Um exemplo muito vívido dos embaraços que se articulam nesse período de vida é o que nos é aportado pelo discurso do informante presidiário de José Ricardo Ramalho em seu livro sobre o "mundo do crime" (1979). Ao narrar sua história de vida, o informante detém-se com muita intensidade sobre um drama que o envolveu logo muito jovem em seu contato com uma família que representava certamente para ele toda a vertente afirmativa e positiva do modelo. A falência da boa relação aí mantida, em parte em função da sua participação em um grupo de jovens que já devia desempenhar pequenas atividades ilegítimas, é considerada explicitamente pelo narrador como ponto de inflexão de sua trajetória na direção de uma vida "marginal". Veremos no próximo item, em torno dos nódulos da "responsabilidade" e do "trabalho", como se arma a complexa classificação, expressa nesse discurso, das diferentes possibilidades de "solução" para os impasses das trajetórias masculinas, lidas sob o prisma situacional do "não-otário". Aparecerá aí, inclusive, a previsão, ligeiramente deslocada das demais, da "perturbação" institucionalizada sob as formas do "sofrer das faculdades mentais", da "fraqueza de memória", da "mente com distúrbios" (cf. Ramalho, 1979, pp. 194, 215, 230).

Como se havia afirmado anteriormente, o drama da trajetória de afirmação ou negação da família é tão igualmente intenso quanto estruturalmente diverso na vivência feminina. Uma vez que o seu papel "interior" não comporta uma ambigüidade estrutural (pelo menos no sentido da que é experimentada pelo homem entre a *casa* e a *rua*), a mulher veicula quase toda sua experiência de tensão através da figura masculina, o que fica muito bem demonstrado no citado artigo de Tania Salem (cf. Salem, 1981, sobretudo p. 78). É mesmo sobretudo em relação a ela e ao modo como ordena seu discurso sobre as "perturbações" que se pode falar de uma dimensão "exógena", no sentido de que as disrupções da boa norma familiar parecem brotar de circunstâncias externas e não imediatamente depreensíveis do modo de estruturação doméstico. Há nesse sentido todo um discurso sobre "perdas relacionais" que constituem a fonte mais regular de causas auto-apontadas como geradoras de *nervoso*. O exame das tabelas anexadas à tese de Simone Soares, arrolando as causas da "doença" *nervosa* apresentadas em entrevistas realizadas no consultório de um psiquiatra, demonstra muito bem a preeminência que detém para as mulheres (pelo menos enquanto causa "principal" ou "oficial") a perturbação das relações familiares. Das 44 entradas, 21 referem-se diretamente a eventos que podem ser cobertos pelo descumprimento das obrigações do *marido* (excesso de bebida, pancada, abandono etc.) ou pela morte/acidente ocorrida com os pais, filhos ou marido. Das 29 entradas de pacientes homens, apenas três têm uma qualidade relacional direta (e, mesmo aí, são muito mais genéricos; tais como "preocupação com os filhos" ou com a "família"), enquanto 15 entradas são referentes a questões ou problemas do *trabalho* (cf. Soares, 1980, p. 101 e seg.).[35]

O problema é, na verdade, mais complexo do que podem nos transmitir informações tabuladas, porque, como acentuei, a própria acessibilidade dessas questões ao discurso masculino e feminino é diferenciada, além de estarem sempre em jogo propriedades do contexto de informação (sobretudo do confronto entre as identidades do informante e do pesquisador). Nesse sentido, a observação etnográfica apresenta uma constante possibilidade de "perturbação" relacional masculina, cristalizável sobretudo no "abandono pela mulher". Ocorre porém que as carreiras em que essa causa é apresentada como disruptora tendem a ser dos *vagabundos* ou *mendigos*, homens para quem a realidade balizada pela família e pelo trabalho foi transtornada pelo acesso a uma condição desviante mais radical até do que a dos *bandidos* (para quem a reprodução familiar pode continuar sendo uma dimensão pertinente e importante de vida). A *bebida*, nesses casos, é assumida de maneira plena e não só deixa de ser escondida pela referência às causas pelo *trabalho*, como se articula diretamente com as "perdas relacionais" referidas. Esse tipo de carreira, que manipula também o código do *nervoso*, dificilmente apareceria no contexto de uma pesquisa em ambulatório psiquiátrico, uma vez que não há mais qualquer expectativa de "terapêutica" ou de "manipulação" do sistema previdenciário a ser acionada nem pelo sujeito nem por sua família (que já não se configura mais como unidade doméstica em torno de uma *casa*) (cf. Neves, 1977).

O mesmo sentido disruptor e promotor de perturbações físico-morais pelas "perdas relacionais" no âmbito familiar-local pode ser reconhecido a certos aspectos da experiência da "migração". Justamente por haver essa tão forte valoração da superposição do recorte familiar com o local e por não existir uma migração que não seja de algum modo "familiar" (ou seja, que não atenda à lógica de uma reprodução familiar, mes-

---

35 Esse tipo de correlação é reiterado nas tabelas de Bassit & Bento (1980). Há observações explícitas a esse respeito em Figueiredo, 1979, p. 12.

mo quando aparentemente se apresente como deslocamento de sujeitos isolados) a possibilidade de falências desse projeto ideal é muito grande, face às condições adversas em que se desenrola (cf. Durham, 1978 e Figueiredo, 1979).

A efetiva importância do bom andamento desse "plano relacional básico", através da condução da reprodução social da família em seu contexto local, e a gravidade das perturbações físico-morais que podem advir de sua fragilização ou falência não autorizam, porém, sua transmutação linear em uma problemática "psicológico-sexualista", redutora tanto da especificidade dos códigos culturais em que se armam essas perturbações quanto da complexidade de que se revestem sua causalidade e sua atualização. Esse é o sentido do que apontara anteriormente como o "reducionismo I" no campo do *nervoso* e da vida interpessoal (cf. Duarte, 1984b e 1984d; Ropa *et al.* 1983).

A presença desse reducionismo é muito fluida e atravessa diversos contextos discursivos com pesos e intensidades variáveis. Ela se encontra, além do mais, freqüentemente associada à presença dos outros reducionismos (sobretudo do da "exploração/expropriação"), como veremos.

O modo mais banal de expressão do reducionismo "psicológico-sexualista" é o que pode ser observado paradigmaticamente no texto de Muraro sobre a "Sexualidade da Mulher Brasileira" (1983). Considerava-se aí o *nervoso* como uma "definição pré-psicológica da neurose" (Muraro, 1983, p. 258), ligado à "histeria" e a uma "insatisfação sexual" que estaria operando a "nível inconsciente" (*ibid.*, p. 48). Essa "histeria" era, no mesmo texto, considerada como fenômeno advindo de uma "repressão corporal e sexual" (*ibid.*, p. 48). O principal problema de uma colocação como essa, à parte sua infidelidade à própria teoria psicanalítica, é o de tomar o vasto universo da expressão do *nervoso* (cuja complexidade estamos paulatinamente explorando) como fenômeno único e unívoco que pode ser imediatamente convertido à linguagem da psicopatologia. Mas é igualmente grave que essa conversão seja vazada nos moldes de uma visão do "funcionamento psíquico" muito mecânica e etnocêntrica, que exclui a possibilidade de ordenação de outros modelos de pessoa (e, portanto, também de "sexualidade") dentro das sociedades "modernas". O valor que parece operar por trás desse etnocentrismo é o das versões "libertárias" do senso comum "sexualista" moderno analisado por Foucault (1977) e que tem evidentemente um forte e genético compromisso com a ideologia individualista de cuja hegemonia se tem aqui falado. O fato de esse etnocentrismo se utilizar de uma linguagem "psicologista" é, portanto, bem compreensível, dada a solidariedade que também essa linguagem (como se viu a propósito da "configuração psicológica") guarda com aquela ideologia.

O mesmo tipo de redução é encontrável, com uma terminologia mais "moderna", numa breve passagem de Fremontier (1980):

> Como se espantar com o fato de que Brigitte, como tantas outras mulheres de nossa pesquisa, sofre das doenças do *recalque?* Ela *"somatiza".* "Tomo", diz ela, "tranqüilizantes de vez em quando, remédios para a coluna, para os intestinos. . .". E seu ma-

rido não se engana: "O seu caso, são sobretudo os nervos que dominam. . . (Fremontier, 1980, p. 53 – grifos meus).

É, porém, evidentemente no discurso dos médicos (psiquiatras e não-psiquiatras) que esse reducionismo se expressa de forma mais inevitável. Dois trabalhos de cientistas sociais dão indiretamente voz a esse discurso, sem relativizá-lo. O primeiro é o de Marcos Queiroz, sobre representações de doença e cura no litoral de São Paulo, onde se pode encontrar a seguinte formulação:

quanto à *doença dos nervos* que a maioria das mulheres e alguns homens afirmam sofrer, é interpretada pelos médicos como *neurose,* baseando esse diagnóstico em três motivos. Em primeiro lugar, porque na aldeia a mulher seria tratada como um "burro de carga" pelos homens que depositam, sob a sua responsabilidade, as mais árduas tarefas da divisão sexual do trabalho, em segundo lugar, *pela prática generalizada do coito interrompido como método anticonceptivo, deixando a sua libido insatisfeita,* finalmente, porque desde a introdução da presença de turistas na aldeia, ela se compararia com um outro tipo de mulher melhor tratada e mais conservada (Queiroz, 1978, p. 86 – grifos meus).

O segundo é o de Bila Sorj, que trata do processo de trabalho na indústria metalúrgica em Minas Gerais. Nele podemos ler que

como se vê pelo quadro (. . .), as *doenças mentais* envolvem a maioria relativa dos casos. Segundo um médico da Secretaria de Saúde, as *doenças psíquicas* são hoje o maior problema encontrado entre a população dos bairros operários. *As relações sexuais do trabalhador com a sua mulher* são reduzidas ao máximo devido ao desencontro de horários e ao cansaço físico após uma jornada de trabalho (. . .) Este problema é ainda agravado pela *insegurança do casal de tratar um problema considerado tabu.* Segundo este médico, a *impotência sexual* entre trabalhadores jovens é um caso hoje comum na classe operária. Ademais, o *contato com os filhos é precário,* o que é fonte de inúmeros *desajustes* (Sorj, 1981, pp. 89-90 – meus grifos).

Ressalte-se desde logo a presença nestes dois trechos dos reducionismos a que me referi como II e III, atrelados ao que se pôde chamar especificamente de "psicológico-sexualista". Ficam agora mais claras algumas das características deste último. Em primeiro lugar, a "psicopatologização" expressa nas categorias "neurose", "doenças mentais", "doenças psíquicas" – todas referidas aos fenômenos que, no texto de Queiroz, ainda são introduzidos sob a categoria da *doença dos nervos* e que sofrem, com essa categorização, aquele efeito de achatamento a que me referia há pouco. Em segundo lugar, o estabelecimento de uma correlação linear entre as perturbações "psíquicas" e o "mau funcionamento" da vida sexual ("coito interrompido", "impotência", "relações sexuais. . . reduzidas ao máximo" etc.) através da idéia de "insatisfação", por exemplo, da "libido". Já se havia ressaltado como esse "sexualismo" é um "psicologismo"; mas podemos ver agora, além do mais, outras intromissões do "psicologismo" que não as diretamente "sexuais", sobretudo na transcrição do trecho de Bila Sorj. Ambas essas intromissões reiteram o arraigado etnocentrismo do discurso médico. A primeira é a suposição de um efeito complicador da perturbação pela "insegurança" advinda do "tabu" do sexo ou do "tratamento" de seus problemas. A segunda é a da suposição de "desajustamentos" decorrentes da "precariedade de contato com os filhos". Em ambos os casos, a "realidade" efetiva de problemas sofridos ao nível das relações interpessoais (entre cônjuges, pais/filhos, pacientes/médicos, fiéis/sacerdotes etc.) fica recoberta pela versão e valor com que esses "problemas" são traduzidos para a lógica da cultura individualizada dominante — através dos pressupostos "psicologistas". Creio que pode haver sobre esse ponto um embaraço que convém esclarecer. Quando denuncio um reducionismo desse tipo não desqualifico necessariamente os diversos discursos "psicológicos" (mais ou menos competentes, articulados etc.) e suas pretensões universalistas; na verdade, isto, neste momento, não me interessa. O que me interessa é demonstrar como a aplicação desses discursos pelos agentes eruditos sobre as representações e práticas desses outros grupos sociais empana a sua singularidade, a sua modalidade cultural própria. Observei, aliás, já em um texto citado que esse efeito reducionista poderia ter um interesse apenas acadêmico (e digo "apenas" não em sentido desqualificante; pois que esse interesse envolve questões fundamentais para as ciências sociais), se não estivesse permeando intervenções sociais diretas e poderosas, como é, por exemplo, a do "atendimento médico" (clínico ou psiquiátrico) sob todas suas formas.

Creio que é, nesse sentido, necessário discutir um pouco mais, por exemplo, a questão da "sexualidade". Quando afirmo que as fórmulas resenhadas na bibliografia configuram um reducionismo "psicológico-sexualista" das perturbações "físico-morais" desses grupos estudados, não quero dizer que essa população seja "assexuada" ou que não reconheça em seus próprios termos "problemas" relacionados à atividade sexual. Muito pelo contrário, quando falei dos diversos problemas "relacionais", adstritos ao gênero e à classe da idade, deixei claro estarem em jogo justamente questões daquele tipo. O que é necessário ressaltar é que no caso, por exemplo, dos ditames antagônicos da contenção para a *moça* e da exacerbação para o *rapaz* não estão em jogo "repressões" ou "liberações" genéricas (que só fazem sentido a partir da ideologia individualista-psicologista), mas sim modos particulares, específicos, culturalmente determinados de exercitar práticas sociais que envolvem a "sexualidade". É só contra o sentido abrangente e estruturado desses modos que emerge o sentido localizado dos "problemas" com o "sexo". É evidente que em tal contexto, porém, o discurso sobre esses "problemas" será completamente diverso do que entre nós se expressa, assim como será diversa a necessidade de invocar o seu nome e diversa a representação sobre sua relevância na vida dos sujeitos. As poucas informações etnográficas disponíveis sobre esse tema já foram aliás apresentadas nos itens anteriores desta seção, embutidas na análise de questões centrais da identidade e reprodução desses grupos.

É apenas em relevo sobre esse plano básico relacional que se podem desenhar os contornos dessas grandes áreas de experiência social (e de sua relação com as perturbações) a que chamei — intencional e imprecisamente — de "plano extra-relacional". De forma intencional, porque creio ressaltar melhor dessa maneira a preeminência do plano anterior da relacionalidade familiar-local. De forma imprecisa porque — como se procurará demonstrar — esse plano justamente não deveria ser "extra-relacional" na representação desses grupos, mas continuar, como esfera apenas mais vasta, a expressar e a se reger pela relacionalidade localmente qualificada.

PLANO EXTRA-RELACIONAL

Este é aliás o ponto analítico central para a demonstração que a seguir se conduz sobre o modo como os diferentes níveis da vida interpessoal se imbricam com as identidades e suas perturbações: o de que a representação que esses grupos se fazem de coisas como a "cidade" e sua "civilização", o "poder" e o "saber", ou, mesmo ainda, o mundo do "trabalho", se arma sobre uma matriz hierárquica (em que são fundamentais "reciprocidade" e "complementaridade") e que é só a partir dela que se pode entender os diferentes jogos de maior ou menor legitimidade com que se posicionam face a suas características concretas e aos numerosos e graves embaraços e impasses decorrentes de sua subordinação a essa "extralocalidade".[36] Quando formulo a questão nestes termos reconheço o perigo de reificação de uma polaridade "interno"/"externo" que pudesse fazer sugerir que esses grupos se constituem como enclaves "tribais" face ao mundo "moderno" e "dominante". É claro que isso seria sociologicamente inadmissível, uma vez que a existência desses dois mundos é o resultado de um mesmo e longo processo histórico em que sua polaridade é fundamental e instauradora, ou

[36] A questão da "reciprocidade" que é aqui encarada como um dos aspectos fundamentais da cultura hierárquica — ou melhor, como um de seus concomitantes abstratos intrínsecos — aparece recorrentemente na literatura, mas sob modos analíticos muito diversos entre si (além de diversos do meu modo de compreendê-la). Como exemplo dessa diversidade, cito três autores. O primeiro é Roberto da Matta, que inclui explicitamente a "reciprocidade" entre as características da hierarquia, que ele associa no contexto brasileiro ao código da *casa* (cf., sobretudo, da Matta, 1983a e 1983b). O segundo é José Sérgio Leite Lopes que apresenta material etnográfico precioso sobre a lógica da "reciprocidade" entre os trabalhadores por ele estudados relativamente a questões do mundo do *trabalho* (sobretudo em torno das categorias *consideração* e *falta de consideração,* cf. Leite Lopes, 1978, pp. 55 e 193). O terceiro é Patricia Birman que faz uma longa e cuidadosa discussão da categoria "reciprocidade" e de questões etnográficas a ela referidas no contexto das crenças e práticas religiosas umbandistas (cf. Birman, 1980, p. 123 e seg.). Essa autora associa o valor da "reciprocidade" ao mecanismo "sociológico" da patronagem, atribuindo à prática daquele valor na esfera religiosa o sentido de uma "pedagogia da patronagem". Nossas análises discrepam fortemente a partir daí. O que eu considero como um aspecto de uma configuração cultural mais ampla (embutido, desde o plano relacional básico que é a *família,* em todos os níveis da vida trabalhadora), é considerado por ela como efeito de uma inculcação ideológica um tanto especiosa e negativa, porque associada à "dominação" e à "subordinação".

seja, que, assim, nesse formato, estão dadas as próprias condições de reprodução das formações sociais hoje dominadas pelo modo de produção capitalista. Reitero, porém, nesse sentido a argumentação segundo a qual essa "realidade" sociológica não é transparente para nenhum de seus agentes e é "opaca" de modo diverso para cada um deles. A importância do que procuro afirmar neste trabalho depende fundamentalmente desse ponto, pois é só em função dele que tem sentido procurar demonstrar como se arma a "modalidade" diferencial de representação da vida "moderna" pelos grupos de classe trabalhadora urbana. A "realidade" da oposição "interno"/ "externo" é uma realidade segundo essa representação e é nessa qualidade que se oferece à nossa comum observação e análise.

Retornando ao ponto com que procurava introduzir e balizar este segmento, creio poder afirmar que a experiência da "desqualificação", do "desprezo", da "dominação", da "exploração", de todos, enfim, os perversos efeitos da posição desses grupos naquele quadro sociológico, são vivenciados e refletidos através daquela referida matriz hierárquica, o que faz com que se apresentem com uma tonalidade muito própria e bastante discrepante da que nossas representações aí imaginam reinar ou dever reinar. E, quanto a isso, refiro-me não tanto às representações "reacionárias", que simplesmente negam ou justificam por diferentes critérios aqueles efeitos, mas antes às representações "progressistas", que ao tentar percebê-los, conectá-los, analisá-los e denunciá-los acabam freqüentemente — para além de sua louvável intenção — por obscurecer seu modo interno de percepção e elaboração.

Proponho, nesse sentido, que os efeitos "perturbadores" atribuíveis a esses planos da vida interpessoal devem-se antes à maneira como ferem a lógica sempre pressuposta da reciprocidade/complementaridade do que às pesadas propriedades substantivas ou intrínsecas de cada um. É assim que após a observação desses planos de perturbação por uma não-reciprocidade sociológica (basicamente os "males da civilização", o "poder" e o "trabalho") far-se-á necessário observar a perturbação advinda de uma "não-reciprocidade" por disrupções vistas como intrinsecamente negativas, tais como a *guerra,* os *incêndios,* os *acidentes* e, de uma certa forma, toda *morte* violenta ou dramática.

Há uma ampla informação em meu material, e na literatura consultada, sobre as representações da *cidade,* ou, melhor dizendo, do *viver na cidade.* A primeira impressão que causa ao observador é a de uma total ambigüidade, pois tanto se pode encontrar sua apologia e defesa quanto denúncias quase apocalípticas. E isso não só no discurso dos informantes migrantes mas também no dos que vivem há gerações na periferia metropolitana. Boa parte desses discursos tematiza certas qualidades do *viver na cidade* que interferem, segundo eles, fortemente nas condições físico-morais dos sujeitos, promovendo ora seu melhor desempenho, ora sua exposição às perturbações *nervosas.*

A vida urbana é genericamente oposta à vida no *interior,* na *roça,* no *mato,* no *Norte,* o que se constrói evidentemente para um grande contingente desses grupos sobre a experiência direta da migração para os grandes centros. É uma oposição porém muito mais ampla e disseminada, ocorrendo com a mesma intensidade entre aqueles que (como em Jurujuba, sobretudo) se encontram há gerações habitando a periferia metropolitana. Teresa Caldeira diz adequadamente dessa oposição fazer parte "de um estoque simbólico de um conjunto de moradores pobres, compartilhado na família ou na vizinhança, e que pode ser utilizado por qualquer um, inclusive por quem não conhece o mundo rural" (Caldeira, 1982b, p. 2). É de se ressaltar inclusive que ela repete uma imagem de estratificação resumível no par centro X periferia e que é aplicada do mesmo modo à representação que se fazem esses bairros de sua relação com o *centro* urbano e com os bairros afluentes (que mesmo quando não geograficamente "centrais" assumem essa qualidade por sua preeminência e privilégios sociais).

O primeiro e mais recorrente traço das representações positivas da *cidade* é o de sua oferta de *trabalho* e é claro que essa positividade só se desenha no contraste com um *interior* mais vazio, carente e ilegítimo. Os discursos que denunciam o desemprego, as más condições de trabalho, a exploração dos regimes fabris ou a insuficiência dos salários não contradizem aquela valoração, antes daí se nutrem para tornar mais ilegítimos todos esses males, desencadeados num espaço social que deveria oferecer, pelo seu dinamismo, pluralidade e intensidade, as melhores condições de reprodução social.

Essa representação do urbano metropolitano como lugar privilegiado de reprodução pela amplitude e pluralidade do mercado de trabalho é parte de uma outra algo mais abrangente: a que opõe o *atrasado* ao *moderno.* O valor alocado a essa "modernidade (*sensu stricto*) é assim, em primeiro lugar, compreensível pelos dois aspectos daquele critério: o de que o mercado de trabalho urbano e moderno é mais amplo e o de que é mais plural, ou seja, oferece uma margem de "liberdade" que é prezada substancialmente. Mas a esse primeiro critério acrescem-se três outros que permitem compreender a conexão negativa entre o *interior* e o *atraso.* Trata-se da existência na *cidade* de maiores recursos médicos, de maiores possibilidades de *estudo,* e desse maior *movimento* que os jovens sobretudo enfatizarão como qualidade do urbano. Em todos esses três casos repete-se a dupla qualidade relativa ao trabalho: um valor de quantidade e um valor de pluralidade, de liberdade.

Ao se falar das qualidades negativas do *viver na cidade* é como se se falasse da disrupção ou distorção escandalosas daqueles prezados bens da "quantidade" e da "liberdade". Assim, é como se o primeiro valor tornasse mais absurdo que na *cidade* as pessoas viessem a sofrer de *má alimentação,* na disrupção da expectativa de fartura. Assim como é penoso que venham a sofrer do *barulho,* da *poluição sonora,* da *correria,* como distorções das benesses da *civilização.* Do mesmo modo, o segundo valor é distorcido pela ameaça da *bebida* e do *tóxico* e contraditado pela *violência* crescente e limitadora. A especificidade das condições de vida em Jurujuba e no Meio da Serra é justamente a de constituírem ilhas de considerável preservação contra esses malefícios (mais de uns do que de outros), o que habilita seus moradores à construção de identidades sociais muito afirmativas e defensivas (cf. Duarte, 1983b), por compartilharem plenamente da representação de todos os citados perigos.

Há um último ponto de negatividade do *viver na cidade* que em minha pesquisa só encontrei manifesto no discurso de um dos migrantes do *interior* (Minas Gerais) absorvidos pelo trabalho e casamento à população do Meio da Serra e que ocorre também em transcrição de entrevista com um migrante do *Norte* no trabalho citado de Teresa Caldeira (cf. Caldeira, 1982b, p. 4). Trata-se da denúncia do "anonimato", da "desconfiança" generalizada; enfim, da falta de reciprocidade nas relações pessoais ao passar-se da *roça* ou da *cidade pequena* para a *cidade* propriamente dita. Dizer que aí "ninguém te dá o seu valor" ou que "ninguém confia em ninguém" expressa da maneira mais direta possível essa ausência de reciprocidade que eu apontava como central para todo este núcleo de representações. É, aliás, a mesma que irá presidir à relação entre a vida local e a vida extralocal, plano em que se reduplica a oposição *interior/cidade.* A localidade (*bairro, pedaço* etc.) é assim ao mesmo tempo "moderna" e "urbana" face ao *interior,* assim como é "atrasada" e "menos urbana" face ao *centro* metropolitano.

Todas essas qualidades negativas do urbano compõem um quadro de *preocupações* decorrentes do modo de vida aí experimentado ou sofrido e esses "males da civilização" aparecem reiteradamente na etiologia local da emergência das perturbações *nervosas,* tanto genérica quanto especificamente. Genérica ou especificamente no tocante às causas: pode-se falar das *preocupações* advindas da vida urbana ou da *poluição,* da *violência* etc. Genérica ou especificamente no tocante às manifestações: pode-se falar em tese da *má alimentação* sofrida na cidade ou de como tal ou qual pessoa é *nervosa* em decorrência de uma *fraqueza* infantil associável à carência alimentar.[37]

Sobre o modo como essas preocupações engendram as perturbações *nervosas* remeto ao primeiro item deste capítulo, aquele dedicado ao "*nervoso* e à construção intrapessoal"; pois já nos deslocaríamos aí de plano analítico.

A questão da perturbação pelos "males da civilização" é tematizada pela literatura relativa às condições de vida das classes trabalhadoras, podendo configurar em alguns casos o que chamei de "reducionismo II". Quero designar assim as análises que substantivam excessivamente essa exposição das classes trabalhadoras aos efeitos nocivos da urbanidade, ora atribuindo-lhes valores que não são os que efetivamente presidem ao seu modo de vivência e representação por aqueles grupos, ora conferindo-lhes um caráter isolado, desentranhado da pluricausalidade em que os estamos aqui tentando compreender.

---

[37] O trabalho de Sonia Alves apresenta um rico material etnográfico sobre essa relação entre os "males da civilização" e o que ela chama de "doença mental". Há ali exemplos da maior parte das categorias envolvidas nestas considerações (cf. Alves, 1982, p. 73 e seguintes; sobretudo 74).

Essa questão oferece-se à observação sob duas versões principais: a da "migração" e a da "modernização". A primeira é a que observa os efeitos da urbanidade sobre populações que se deslocam em direção às metrópoles; a segunda é a que observa aqueles efeitos sobre populações que, sem se deslocarem, oferecem-se à intervenção progressiva dos valores e práticas associadas à modernidade urbana.

Na recente citação de um trecho da dissertação de Marcos Queiroz, em que ele se referia às interpretações médicas do *nervoso* em uma localidade "caiçara", a referência ao fato de que as mulheres locais poderiam estar ficando mais *nervosas* por se compararem com as mulheres "urbanas" que cada vez mais freqüentavam seu espaço social é um minúsculo exemplo desse "reducionismo" em sua segunda versão: a da exposição a uma mudança cultural perturbadora e exógena (cf. Queiroz, 1978, p. 86). O livro de Brody sobre as "forças sociais e a doença mental" no Rio de Janeiro na década de 60 pode se apresentar como um exemplo da primeira versão, na medida em que concede à "migração" um estatuto desmapeador básico, sobretudo pela invocação das então muito correntes teses a respeito da "origem rural" das classes trabalhadoras urbanas brasileiras e do obstáculo que representariam as "sobrevivências" daí decorrentes para a articulação de uma visão mais "moderna" do mundo (Cf. Brody, 1973, sobretudo p. 220 e segs.). É claro que em relação a essa questão como um todo há uma literatura ampla, complexa e, hoje, bastante crítica, cuja invocação ultrapassaria porém de longe os limites desta argumentação.

Essa questão (e o reducionismo que sobre ela se arma na literatura) deve ter ressaltada sua universalidade no quadro das sociedades capitalistas modernas, com suas intrínsecas características de "industrialização", "urbanização", "modernização" etc. Pudemos observar, aliás, como o nódulo dos "males da civilização" constituiu uma das peças da longa elaboração em torno da configuração do *nervoso* do século XVIII até os nossos dias.

Como um entre centenas de exemplos de mediações entre esse nível mais abstrato da questão da relação entre a *cidade* e as perturbações *nervosas* e o nível mais etnográfico e local, pode-se evocar o trabalho de Rotondo sobre "Problemas Psicológicos e de Saúde Mental resultantes da urbanização, segundo casos estudados no Peru". Essa análise desenvolveu-se sobre material resultante da aplicação de um questionário médico padronizado (norte-americano, evidentemente) às populações de uma "comunidade rural" e de um "bairro urbano" de formação recente e marcado por acentuada privação de recursos visando "estudar a influência provável dos meios urbano e rural sobre certos aspectos da saúde mental" (Rotondo, 1962, p. 249). Suas conclusões confirmam, nos termos em que a questão é aí colocada, o pressuposto inicial do artigo, segundo o qual:

> cabe determinar a freqüência de certos sintomas psíquicos, de certas reações emotivas e de certas atitudes em termos de relações pessoais, que podem ser conseqüência do fenômeno da urbanização, do aumento da população das cidades e dos modos particulares da vida social e individual no meio que daí resulta (*ibid.*, p. 250).

Creio que fica bem caracterizado neste trecho o tema da "patologia" urbana e moderna, muito diretamente ligado, no caso, a uma variante do "reducionismo psicológico-sexualista" que é a da universalização das nosografias psiquiátricas. Todo o artigo é assim montado sobre uma cadeia de correlações lineares entre "patologia mental" e "patologia urbana", que obscurece tanto o sentido específico que poderiam ter para cada um desses grupos (ou para segmentos deles em "situação") os "sintomas" detectados pelos "questionários", quanto o que poderiam ter os diferentes aspectos negativos da vida mais ou menos urbana ou moderna. É assim que o nosso tema da "falta de reciprocidade" aparecerá transmutado em uma "deficiência no que toca às relações pessoais e à resistência aos choques" expresso em "sintomas" tais como "ansiedade social" e "desorganização rápida do pensamento e da ação sob o excesso de pressão no trabalho" (*ibid.*, p. 252). Ou ainda os temas da *preocupação* e da *correria* poderão ser lidos como uma "sensação de fadiga face ao menor esforço, talvez ligada a uma doença debilitante crônica com neurose do tipo astênico ou depressivo" (*ibid.*, p. 256). Tudo isso levará portanto à reiteração do postulado de uma "influência patógena de fatores ou de condições próprias das grandes cidades" (*ibid.*, p. 256).

A invocação desse exemplo procura servir à demonstração dos embaraços a que podem levar análises comprometidas com leituras unilaterais e mal mediatizadas do complexo fenômeno das perturbações físico-morais das classes trabalhadoras. Pode-se pressentir, porém, por trás de tantos escolhos metodológicos e analíticos, a pulsação da intensa vivência de problemas desse tipo nas populações estudadas, que, como as que se oferecem à nossa observação, devem incluir em suas representações uma efetiva (mas localizada) referência aos efeitos perturbadores do *viver na cidade.*

O segundo plano "extra-relacional" que se recorta ao nível da "vida interpessoal" é o do "poder". Nomeia-se dessa forma uma área restrita do que poderia ser considerado teoricamente como tal (ou como campo de expressão do "político", em seu sentido mais abrangente). O mais óbvio reparo é o de sua separação da questão do *trabalho,* a que está intimamente ligado não só nas teorias a respeito da sociedade moderna como nas próprias representações desses grupos sociais. Quanto a esse ponto portanto este recorte é mais um artifício analítico (decorrente do fato de que há alguma especificidade a ser observada sob cada uma das duas rubricas), que se tentará remediar pela referência cruzada.

Não é tão óbvio que a questão do "poder" seja colocada como extrarelacional (ou "extralocal"), quando uma certa perspectiva analítica recomendaria reconhecer sua ação ao nível da própria localidade ou da própria família. Neste caso, porém, é o critério da representação dos informantes que sobreleva, uma vez que há aí uma distinção muito forte entre o plano interno e o externo e é na relação entre esse *lá* e *cá* que se nomeará uma ordem específica de questões que não há como introduzir senão sob a rubrica do "poder". Além do mais, a esse respeito, o presente procedimento é em si mesmo expressivo da hipótese maior antes levantada segundo a qual esses grupos têm uma visão de mundo predominantemente "hierárquica", que se expressa de modo primordial na vivência da família/localidade e que está na base da leitura que se fazem de suas relações com o mundo "externo". A questão do "poder", em seu sentido mais abstrato, não poderia ser, portanto, cobrada desse espaço social senão através da intermediação dessa visão "hierárquica" de mundo.

O que está enfim em jogo neste momento são as representações que, sobre aquele limiar básico do *dentro/fora,* ordenam os pares de oposição do *pobres* X *ricos,* do *fracos* X *fortes* e do *sem estudo* (ou *leitura*) X *estudados* (ou *doutores*). Os termos desses pares guardam — até um certo ponto — homologia entre si, constituindo um quadro básico ordenável da seguinte maneira:

dentro	:	*pobres*	:	*fracos*	:	*sem estudo*
fora		ricos		fortes		estudados

Apresentado porém o quadro dessa forma, é preciso atentar para o fato de que as três colunas valorativas têm níveis de pertinência ou aplicabilidade diferenciais, podendo-se encontrar ao nível do discurso modos extraordinariamente complexos de se deslocar entre as diferentes colunas, entre as possibilidades de valoração diferencial dentro de cada coluna, entre as possibilidades de jogo com elementos misturados das diferentes colunas e, finalmente, entre todos esses recursos combinados.[38]

Essas possibilidades de deslocamento obedecem porém a dois eixos articuladores ou núcleos de valor. O primeiro é o da identidade positiva de *trabalhadores* com que se qualificam os membros desses grupos e com que se emblematizam suas unidades locais (o mundo *de dentro* ou *do lado de cá*). O segundo é o do referido caráter hierárquico dos pares de oposição acima, que implicam "legitimidade" pela "complementaridade" e "reciprocidade" (cuja disrupção — como há pouco se propunha — é que promoverá a percepção/denúncia de planos de "ilegitimidade"). Este caráter hierárquico implica inclusive que a seqüência de oposições possa ser freqüentemente expressa também pela oposição *alto/baixo,* sobre cuja importância simbólica já me detive.

A interseção entre esses dois valores oferece-nos um quadro estrutural que pode se desdobrar por uma lógica "situacional-segmentar". Assim, por um lado, percebe-se que a posição *pobre/fraco/sem estudo,* que tem um sinal "menos" face à posição que se lhe opõe termo a termo, pode assumir um sinal "mais" quando se dirige, por assim dizer, para o seu interior. Isso significa que um informante que se vê como *pobre/fraco/sem estudo* sob a ótica de sua situação no conjunto da sociedade poderá dizer

---

[38] Para todas essas questões encontro corroboração explícita e inestimável no material etnográfico e analítico presente no artigo seminal de Ruth Cardoso sobre "representações da sociedade e do poder" entre "favelados" de São Paulo (cf. Cardoso, 1978) e na seqüência de trabalhos de Teresa Caldeira em torno da mesma questão (cf. Caldeira, 1979, 1982a e 1982b), embora minha interpretação em termos de "hierarquia" e "reciprocidade" certamente se afaste dos modelos analíticos dessas autoras.

que *pobre mesmo* ou *fraco mesmo* é aquele outro, mais abaixo de si, face ao qual ele se qualifica sob a categoria positiva de *trabalhador. Trabalhador, honesto* e *limpo* serão assim sinais diacríticos positivos que permitirão estabelecer segmentações infinitas no quadro de uma oposição aos *mendigos, malandros* e *bandidos* (a própria categoria *favelados* poderá ser, assim, às vezes utilizada) (cf. Cardoso, 1978, p. 40; Caldeira, 1979, p. 10 e Caldeira, 1982a, p. 227 e seg. e p. 234). É preciso lembrar que o valor alocado à categoria *trabalhador* é muito mais amplo do que pode à primeira vista parecer, uma vez que subsume, na verdade, aquele conjunto de valores maiores que observamos como inextricáveis à idéia da identidade e reprodução pela *família*. É nesse sentido que o uso da categoria *trabalhador* evoca imediatamente nesse contexto *honestidade, limpeza,* ter uma *casa* para morar; enfim, portar os sinais da vida de *obrigação* e *respeito* implicadas na *família* e representadas pela disposição dos *homens* em prover à reprodução moral pela reprodução física dependente do *trabalho* (cf. Salem, 1981, p. 58 e Zaluar, 1983c).

Se o valor referencial do *trabalhador/família* é assim visto como distribuído diferencialmente no segmento *pobre/fraco/sem estudo,* a transposição para o plano mais abrangente parece se ordenar apenas pelo critério da "distribuição diferencial", uma vez que justamente a posição que neste caso terá o sinal positivo não se qualifica pelo *trabalho.* Teresa Caldeira me parece resumir muito bem a dificuldade em nomear um critério substantivo para essa diferencialidade abstrata ao dizer acreditar

> que quando os entrevistados usam as palavras 'rico' e 'pobre' sem adjetivações é porque estão fazendo referência a uma imagem mais ampla que têm de si mesmos: *ser pobre* ou *ser rico* significa ter de fato essências diferentes (Caldeira, 1982a, p. 208).

Ocorre porém, repetindo a locução da autora, que essa oposição aparecerá quase sempre "com adjetivações", ou seja, embutida em "situações" ou níveis de atualização em que inúmeras mediações importantes intervêm.

Em um primeiro nível de generalização, pode-se dizer que o termo *com estudo* (e seus equivalentes) se reveste de uma legitimidade intrínseca maior que a dos outros dois, podendo mesmo concretamente servir a uma especificação contrária aos *ricos,* categoria que se reveste, por oposição, de uma máxima possibilidade de ilegitimidade (cf. Caldeira, 1982a, p. 232). Não posso aqui explorar as múltiplas implicações dessa valoração que se liga em parte ao que já se pôde discutir a respeito do valor do *estudo* para os próprios membros desses grupos, como recurso propiciador de melhores condições de vida; mas que tem certamente também a ver com a questão da *civilização* examinada no item anterior (cf. Zaluar, 1983c, p. 11).

O termo *rico* que, como disse, parece oferecer uma máxima possibilidade de ilegitimidade, permite porém consideráveis especificações. Assim, se por um lado, é possível enfatizar que "todo rico é ladrão", que a riqueza só pode ser obtida por meios desonestos (uma vez que o *trabalho,* que qualifica os *pobres,* nunca se apresenta como levando a ela), também é possível distinguir entre os *ricos mesmo* (pode haver inúmeras expressões para designar essa posição, sendo notoriamente pejorativas as de *tubarão* – cf. Cardoso, 1978, p. 40; *rato* – cf. Duarte, 1978, p. 113; e *barão* – cf. Caldeira, 1982a, p. 226 e Haguette, 1982, p. 94) e os *bem de vida* ou *que têm seus recursos* – o que serve em geral bem diretamente para distinguir o pesquisador, no momento de entrevista, de tudo aquilo que se vinha severamente denunciando. Mas é possível também que essa distinção entre *ricos* mais legítimos ou ilegítimos se articule sobre o critério da *nascença,* sob a forma positiva do *rico de berço* ou *rico de família* (cf. Caldeira, 1982a, p. 211), o que se articula com questões já discutidas a propósito da construção diferencial da pessoa. A utilização desse critério "naturalizante" de legitimação da riqueza pela "atribuição" em detrimento da "aquisição" parece reiterar a hipótese da qualidade basicamente hierárquica dessa visão de mundo, ao desprivilegiar a "mobilidade social" associada à ideologia individualista.[39]

É possível, em outro nível, encontrar-se representações – vazadas, neste caso, em termos muito genéricos – de uma legitimidade da oposição *ricos/pobres* que se funde na imagem de um mundo de diferenciação e reciprocidade estruturantes. Os depoimentos transcritos às pp. 213 e 227 da dissertação de Teresa Caldeira (*in* Caldeira, 1982a) são exemplares a esse respeito, ao se indagarem de como poderia ser pensado um mundo em que não se oferecesse esse critério de identificação ou de como poderia funcionar,

---

[39] Em trabalho anterior, analisei como o processo de diferenciação social que levara alguns *pescadores* a se tornar capitalistas *armadores* resultava de um processo muito complexo, em que entravam, em sua maior parte, fatores motivacionais próprios à lógica da reprodução dos "pequenos produtores" e fatores conjunturais econômicos muito específicos (que lá com toda justiça se chamava de *sorte*). Não havia qualquer sinal de uma motivação específica para a "acumulação capitalista", desejos acendrados de "ascensão social" ou qualquer traço de *entrepreneurship* (cf. Duarte, 1978). Embora se trate do estudo de um caso muito específico, creio que se poderia corroborá-lo com numerosas referências etnográficas esparsas. Os pesquisadores norte-americanos que aqui trabalharam freqüentemente aportam contribuições importantes, dado o seu constante interesse ou atenção a uma questão central do seu senso comum cotidiano e acadêmico. Suas conclusões assumem, porém, freqüentemente uma conotação negativa, apesar dos esforços de relativização. Apenas como exemplos, lembremos o que Kottak chamou de "structure of equality" em seu estudo da comunidade de Arembepe (BA), e que consistia numa espécie de desestímulo ativo e generalizado à diferenciação social, à acumulação econômica ampliada (cf. Kottak, 1966). Os Leeds, sempre muito perceptivos, formulam a questão de um modo bem mais próximo do que estou querendo propor: "The value is not necessarily to move into some other evaluative level, stratum, or class (. . .) of the society, but often, simply to lead a full and comfortable life within the existing known framework" (Leeds & Leeds, 1970, p. 256). A mesma idéia reaparece em outro ponto desse artigo (*ibid.*, p. 261).

uma vez que não houvesse *ricos* que pudessem "ajudar" os *pobres* ou *pobres* que pudessem trabalhar para os *ricos.*[40]

Esse tipo de discurso, em que a expectativa de reciprocidade se expressa de modo positivo, é porém de raríssima emergência face à volumosa massa de discursos em que aparece de modo negativo, ou seja, embutida nas denúncias de sua não-efetivação, de ruptura dessa identidade complementar com pesos e fluxos diferenciados de *obrigações.*

De uma maneira geral, esses discursos tendem a jogar com diferentes planos do mundo extralocal, do mundo dos *fortes,* que permitirão tematizar de uma maneira dinâmica a questão da legitimidade e da ilegitimidade. A oposição mais usual é a que se faz entre o *Governo* e os *ricos,* mas pode haver distinções também entre diferentes instâncias do "poder político", como entre o *Presidente* e os *políticos* ou o *Governo* e a *polícia.* Essas distinções permitem que se opere com "tríades" semelhantes às que descreveu Lygia Sigaud no tocante à visão de mundo de trabalhadores rurais da *plantation* açucareira de Pernambuco (cf. Sigaud, 1974). Como naquele caso, opera-se de forma que o elemento mais alto ou encompassador detenha um sinal positivo, por oposição ao elemento intermediário, marcado por sinal negativo. É assim que se poderá falar que as prestações do *Governo* aos *pobres* são interceptadas ou inviabilizadas pela intervenção dos *ricos,* que passam, nesse caso, a monopolizar os recursos públicos. Essa representação pode ser agravada face à expectativa de que o *Governo* devesse ter uma função quase "redistributiva", repassando aos *pobres* o que cobra do excesso dos *ricos.* Ou ainda agravada quando essa intervenção dos *ricos* passa a ser vista como um conluio ou como uma interceptação do próprio espaço do *Governo.* É o que permite que se fale de *governos* melhores ou piores, que atentam mais ou menos para suas *obrigações* de defender e ajudar os *pobres.*[41]

A expectativa de reciprocidade pode se vazar num discurso genérico sobre a *justiça,* que o *Governo* não faz reinar no país e de cuja ausência são os *pobres* os que mais se ressentem, justamente por serem os mais *fracos* e necessitados (cf. Caldeira, 1979, p. 7). Essa *injustiça* é uma ruptura da reciprocidade na medida em que, como tão freqüentemente se diz nesses grupos sociais, os *trabalhadores* cumprem com seus deveres, tanto no sentido amplo de se desempenharem de sua função básica de *produtores* (cf. Duarte, 1978, p. 55 e seg.) como no sentido estrito de pagarem seus impostos, respeitarem as leis etc. É nesse sentido que se pode entender a *revolta* analisada por Alba Zaluar em seu artigo já citado (cf. Zaluar, 1983b, sobretudo, p. 268) ou presente ainda no discurso do informante-presidiá-

---

[40] Também os depoimentos de trabalhadores cearenses transcritos no livro de Tereza Haguette sobre "o mito das estratégias de sobrevivência" são expressivos dessa legitimidade (cf. Haguette, 1982, pp. 94/95).

[41] Sobre essa expectativa de reciprocidade e sobre a sua constante quebra, veja-se observações e depoimentos significativos em Cardoso, 1978, pp. 42 e 43; Caldeira, 1979, p. 3; Caldeira, 1982b, pp. 14, 20 e 21 e Haguette, 1982, p. 92.

rio transcrito no livro de José Ricardo Ramalho (cf. Ramalho, 1979, pp. 186 e 193).

Um outro modo de operar a oposição entre *pobres* e *ricos* é o de tematizar uma espécie de "compensação simbólica" ou "inversão hierárquica" localizada, através da qual o sinal positivo reverte em favor dos *fracos* e *pobres* enquanto detentores de uma riqueza "moral". Nesse modelo, os *ricos* são qualificados como *maus, egoístas, pão-duros,* carentes de *sentimentos,* enquanto os *pobres* são *bons, prestativos, mão-abertas* e cheios de solidariedade e *sentimento.* Essa "inversão", como se vê, nada mais faz que reafirmar estrategicamente o valor central do modelo hierárquico da "reciprocidade" face à reiterada negativa do pólo externo dos *ricos* em desincumbir-se do seu papel ideal. O sinal negativo "moral" dos *ricos* ao mesmo tempo "explica" a impossibilidade de atualização do ideal de reciprocidade e ressalta a legitimidade intrínseca deste último, garantida pelo compromisso moral dos *pobres.*[42] Algumas histórias exemplares correntes nesses grupos falam de pessoas *muito ricas* que "perderam tudo" e *enlouqueceram* ou vieram a se reaproximar da fé religiosa, fazendo *promessas* que sempre incluíam algum de tipo de *caridade* ou renovação dos votos de solidariedade para com os *pobres.* O atual prédio da igreja de Jurujuba tem sua construção creditada a uma história desse tipo, em que a intervenção sobrenatural propiciou a restauração da reciprocidade ideal.

Este plano da "extra-relacionalidade" pelo "poder" não implica diretamente uma dimensão de perturbações, à diferença dos demais; embora ele se encontre subjacente tanto ao tema da *civilização* quanto ao do *trabalho.* Na verdade, apesar de sua profunda gravidade reconhecida pelos informantes, creio poder afirmar que ele constitui o plano da "externalidade" em sua forma paradigmática, o que implica que sua intervenção sobre a vida desses grupos não possa ter repercussões diretas sobre o desempenho "físico-moral". Os efeitos "perturbadores" das relações de "poder" só serão assim reconhecíveis através das marcas reproduzidas no mundo da *cidade* e do *trabalho,* ali onde a vida quotidiana experimenta na carne a falta de reciprocidade que ela pode reconhecer, especulativamente, como jungida a esse plano maior de expressão da sua diferença/identidade no mundo.

E é justamente do *trabalho* que cabe se aproximar em seguida. Ou melhor, da vivência do mundo do *trabalho* e de suas repercussões sobre a identidade e a perturbação desses grupos sociais. De um *trabalho* que se oferece por um lado como base de referência mais substantiva de sua identidade e que se reveste, por outro lado, da mais pesada carga de ilegitimidade perturbadora.

Pôde-se observar reiteradamente como a identidade pelo *trabalho* abarcava na verdade a referência ao núcleo de reprodução social aí reinante

[42] Mais uma vez a etnografia de Teresa Caldeira deve ser invocada, pela riqueza de material que aporta à reflexão sobre este ponto, embora nossas interpretações divirjam sensivelmente (cf. Caldeira, 1982a, sobretudo pp. 222 e segs.).

que é o da *família*. Nesse sentido o *trabalho* aqui examinado recobre — por assim se dispor na representação dos informantes — não apenas experiência estrita dos processos de trabalho mas as vivências correlatas e integradas do *desemprego*, do *salário*, dos *direitos*, do *dinheiro* e da *fome*.

Os caminhos e modos de perturbação por questões afetas a esse nível da reprodução social constituem certamente uma das dimensões mais cruciais dos fenômenos do *nervoso*, na medida mesmo em que esse é um dos níveis mais cruciais da *vida* e da *luta* desses grupos sociais. Num sentido muito abrangente, portanto, toda a literatura etnográfica, interpretativa e estatística sobre o *nervoso* tem alguma relação com as questões aqui desenvolvidas, pois aqui, mais do que em relação a qualquer outro ponto, se expressa a correlação muito íntima que se vem demonstrando entre um certo modo de construção social da identidade (gente que se vê como *trabalhadores*), um certo modo de inserção nos regimes de reprodução social dos grupos que compõem as sociedades modernas (classes trabalhadoras urbanas) e um certo modo de experimentar, nomear e lidar com perturbações (o *nervoso* em suas múltiplas manifestações e implicações).

Mais uma vez — como em todos os outros planos — impõe-se aqui essa qualidade "físico-moral" das perturbações *nervosas*, que se faz enovelarem numa mesma rede totalizante de significação desde o sofrimento pelo excesso de *calor* em uma fábrica às duras avaliações pela mulher do empenho do marido em se desincumbir de sua *obrigação*.

Reaparece também aqui, com todo vigor, esse outro princípio com que se vem encaminhando a análise das relações "extralocais" que é o da preeminência de uma visão hierárquica do mundo nesses grupos sociais, que faz com que expressem uma recorrente expectativa de reciprocidade e complementaridade, cuja também recorrente ruptura (por força de sua inserção subordinada em um mundo regido pelas regras "individualistas" solidárias do desempenho do modo de produção capitalista) torna incomensuravelmente mais ilegítimas e perturbadoras suas condições imediatas de sobrevivência.

A ordenação da análise também aqui representa um incômodo desafio, face a esse caráter entranhado com que se apresentam os diferentes ângulos da vivência do *trabalho*. O recorte inicial — por ser o mais consentâneo com as linhas de ordenação das representações envolvidas — será o da diferenciação de gênero, embora alguns dos pontos relativos à perturbação no trabalho masculino se espraiem sobre a perturbação no trabalho feminino.

Teremos a oportunidade de apreciar, ao cabo deste tópico, o que chamei de "reducionismo III"; presente em muitas análises que, ao denunciarem os concretos e gravíssimos efeitos das presentes condições de reprodução social das classes trabalhadoras, atribuem-lhes, explícita ou implicitamente, a condição de causa necessária e suficiente para a complexa proliferação de perturbações aí sofridas.

Os primeiros pontos a observar são os que se referem mais explícita e diretamente ao processo de trabalho e suas condições perturbadoras. Esses pontos aparecem sobretudo em discursos masculinos sobre o trabalho, uma vez que, como se viu, há uma intimidade estrutural básica entre o *trabalho* e a identidade masculina, enquanto que o discurso feminino tende a embutir os efeitos do processo de trabalho numa percepção mais abrangente de sua vida social.

Na citada dissertação de Simone Soares aparecem no corpo do trabalho e resumidas nas tabelas finais (cf. Soares, 1980, p. 101 e seg.) referências específicas aos seguintes fenômenos próprios do processo de trabalho e promotores de perturbação *nervosa:* o *trabalho noturno,* o *calor,* o *barulho,* o *excesso de peso,* o *excesso de trabalho* (no sentido tanto da intensidade quanto da extensão de jornada de trabalho) e diferentes tipos de combinações entre esses fenômenos. Pedro Gabriel Delgado faz referência a um rico material relativo a essas questões em pesquisa de Edith Silva[43], distribuído segundo as entradas da "extensão da jornada de trabalho" do "ritmo de trabalho", do "ambiente físico do trabalho", dos "riscos do trabalho", da "responsabilidade pelo trabalho" e da "tensão institucional", transcrevendo também expressivos trechos de entrevistas em que o *nervoso* aparece explicitamente associado aos pontos do *barulho* (cf. Delgado, 1983, p. 111), dos "riscos" (*ibid.,* p. 113), dos "riscos" associados ao excesso de trabalho (*ibid.,* p. 113), e do *trabalho noturno* ou *dobra de turno* (*ibid.,* p. 116). Além do mais, todos os sintomas arrolados por Delgado como significativos de uma "síndrome de fadiga crônica", supostamente decorrente dessas desgastantes condições do processo de trabalho, coincidem quase que termo a termo com uma série de sintomas do *nervoso* citados em meus quadros. O *trabalho noturno* e o *excesso de trabalho* aparecem também associados à *doença dos nervos* em uma transcrição do discurso de um operário *encostado* na obra de Andréa Loyola (cf. Loyola, 1977, p. 119). Bila Sorj, em seu artigo citado, chama a atenção para os efeitos perturbadores do *trabalho por turnos,* que, nos seus próprios termos "é uma fonte constante de *pressão nervosa* aos operários e não raramente causa uma série de *distúrbios nervosos*" (*in* Sorj, 1981, p. 87 — grifos meus). Na tese de Paula Montero há uma referência singular à representação da ingestão de substâncias tóxicas como propiciadora do *nervoso* no discurso de um ex-ascensorista, que se referia ao *pó de ferrugem* desprendido do velho maquinismo em que trabalhara longamente (cf. Montero, 1983, p. 120).

Em minha própria pesquisa, eram reiterados os testemunhos de perturbação por condições do processo de trabalho na pesca de traineira, na indústria de enlatamento de pescado e na indústria têxtil. No primeiro caso, sobressaíam o caráter noturno do trabalho (que lhe é praticamente intrínseco), o isolamento prolongado na vida *embarcada,* a imprevisibilidade do *ganho* (uma vez que o salário é aí dependente da quantidade e valor do produto obtido e comercializado e não do tempo de trabalho despendido) assim como os riscos inerentes ao enfrentamento dos perigos do mar (cf.

---

[43] Trata-se de um texto inédito a que não tive acesso: "Saúde Mental e Condições de Trabalho — Relatório de pesquisa em desenvolvimento", CNPq/USP — 1982.

sobretudo Duarte, 1978). Nos dois outros casos, sobressaía a correlação entre a perturbação e o barulho, o mau cheiro (que na fábrica de enlatamento significava na verdade a absorção de um "elemento tóxico"), a exposição a alternâncias súbitas entre calor e frio e o perigo das máquinas (em certos setores da indústria têxtil).

Esses dados etnográficos referem-se, sobretudo, a condições de trabalho em indústrias de tecnologia mais tradicional, sendo de se supor que outras correlações sintomáticas possam ocorrer em setores industriais mais "modernos", em que a intensidade da mecanização promova, por exemplo, o tipo de perturbação assim descrito por Marx em 1867:

> Ao mesmo tempo em que o trabalho mecânico superexcita até o último grau o *sistema nervoso,* impede o jogo variado dos músculos e comprime toda a atividade livre do corpo e do espírito. A própria facilidade do trabalho se torna uma tortura, no sentido de que a máquina não libera o operário do trabalho, mas sim despoja o trabalho de seu interesse (Marx, 1973, p. 105 [L. 1º, Seção IV, Cap. XV] – grifo meu).

Todo esse quadro de correlações sintomáticas aparece no discurso masculino como a área privilegiada do seu *nervoso* e está nesse sentido muito associado ao *encosto* no INPS, sobre o qual nos deteremos porém apenas no próximo item.

Se observarmos mais detalhadamente esses discursos, podemos compreender de um modo privilegiado como operam, na sua relação com o mundo exterior, os modos de percepção da pessoa descritos no tocante à "construção intrapessoal". Em todos os casos trata-se de situações em que o *corpo* é submetido a processos de "enfraquecimento" ou "desequilíbrio" que repercutem sobre os *nervos* (naquela sua qualidade de mediadores do exterior e do interior) ou em que a pessoa é diretamente afetada na *cabeça* pela *irritação* ou suspensão da *sensibilidade nervosa.* De um modo geral, esses processos se combinam em cadeias complexas, em que múltiplos nós podem ser – ao sabor das situações e dos contextos discursivos – ressaltados como desencadeadores privilegiados. Tanto mais porquanto, como ressaltei, imbricam-se com tantas outras das aqui dissecadas instâncias ou limiares propiciadores de perturbação.

O *sono* ganha nesse contexto aquela dimensão privilegiada para que já apontei como critério de avaliação do melhor ou pior estado físico-moral da pessoa. O *trabalho noturno* ou por *turnos* afeta de maneira direta o seu desempenho socialmente definido como legítimo, provocando tanto "enfraquecimento" quanto "irritação" que podem se traduzir em perda da atenção e da disposição, aumentando a gravidade do excesso de trabalho e a tensão pela exposição aos riscos. Os outros fatores, por sua vez, podem acarretar um *sono alterado* ou mesmo a perda do *sono,* o que é do mesmo modo, um sinal e uma causa de reiterado *desânimo* ou *irritação.*

O discurso do *nervoso* permite, como sempre, que se nomeie as conexões entre fatores e sintomas nas mais variadas direções, preservando a sua imbricação totalizada sem o impedimento das apropriações explicativas necessárias à expressão discursiva desses complexos fenômenos. É assim que se pode dizer que tal ou qual fator *atacou os nervos* ou que em função de tal ou qual conjunção *deu aquele nervoso,* assim como se pode dizer que o *sono alterado* é um resultado do *nervoso,* ou sua causa possível. Do mesmo modo, tanto o *estouro* ou a *crise* decorrente da *irritação* são sinal de um *nervoso,* quanto o desânimo ou o sono no trabalho são um sinal de um relaxamento indevido dos *nervos,* expostos a desafios tão extremos ao equilíbrio físico-moral da pessoa.

As manifestações específicas no discurso feminino sobre a perturbação pelo processo de trabalho concentram-se sobre os pontos do *barulho,* do *excesso de trabalho* ou sobre o trabalho realizado em condições tais como o *resguardo,* no material constante da dissertação de Simone Soares, resumido em suas tabelas finais (cf. Soares, 1980, pp. 102/103). Na dissertação de Jane Beltrão, realizada com operários do mesmo setor produtivo (o beneficiamento da castanha no Ceará) aparece, além do *barulho,* o tema do *susto* (que é uma figura bastante recorrente de designação de fenômenos de perturbação ocorrentes em períodos de "fraqueza" da mulher) diretamente ligado aos riscos do processo de trabalho e à sua irrupção súbita e grave. São citados como fontes de *susto* desencadeadoras de *problemas de nervos, doença de nervos, doidice da cabeça, leseira* ou *desmaios* os choques elétricos, os desabamentos e as explosões das caldeiras (cf. Beltrão, 1979, p. 42). O *barulho,* o *mau cheiro* e os perigos das máquinas apareciam em meu material sobre o trabalho feminino nas fábricas enlatadoras e na indústria têxtil (cf. também, Pereira, 1981, p. 201).

Como havia dito anteriormente, a freqüência dessas referências diretas é muito menor nos discursos femininos, superadas quase sempre por avaliações mais globalizantes do processo de perturbação. São significativos os discursos transcritos às pp. 71 e 78 do artigo de Tania Salem (1981) em que o *aperreio* e o *nervoso* aparecem no contexto das relações entre o homem e a mulher, face à cobrança por parte desta de um desempenho efetivo do marido que possa prover à subsistência doméstica. Nesse contexto, o *nervoso* tanto pode ser o da mulher, ameaçada pela falta de dinheiro em casa, quanto o do marido, imprensado entre seus reclamos e as dificuldades de efetivação de seu papel de mantenedor básico.

Deve-se ressaltar que, mesmo no caso das referências específicas às condições do processo de trabalho, há uma intermediação básica pelas representações da condição feminina. A quebra do resguardo, os problemas decorrentes da gravidez e manutenção dos vínculos de trabalho, o desempenho de tarefas consideradas incompatíveis com a menor *força* da mulher, a exposição da sua constituição mais *sensível* ou *nervosa* a excessos (de todos os tipos) reforçam apenas a ilegitimidade radical de que se cerca o trabalho feminino fora de casa. São dessa forma magnificados, por sua dimensão moral específica, problemas que já sob um ângulo estritamente físico poderiam ser considerados como extremamente graves.

É evidente que este quadro aqui descrito passa por situações de trabalho feminino muito diversas, no contexto brasileiro, em que se apresentarão especificidades importantes, que suponho poderem ser em princípio compreendidas a partir dos marcos simbólicos delineados em minha proposta.

Há uma área específica – a do trabalho como *doméstica* – sobre a qual obtive alguma informação esparsa, tanto no contexto de minha pesquisa de campo quanto no de conversas com cientistas sociais interessados na questão. O trabalho como *doméstica,* sobretudo na situação limite da *doméstica* residente no local de trabalho, parece favorecer uma alta visibilidade da questão das perturbações *nervosas* das mulheres desses grupos sociais, não só pela importância numérica da categoria, como pelo fato de promover situações dramáticas freqüentemente desencadeadas dentro do próprio espaço das classes médias e superiores e – mais exatamente – dentro do seu espaço doméstico ou privado. É compreensível, portanto, que esse seja um dos modos mais freqüentes pelos quais as perturbações *nervosas* vêm a aparecer como notícia de jornal, vertidas embora em uma linguagem descritiva totalmente diversa daquela em que esses fenômenos fazem sentido para seus próprios pacientes. Uma pequena notícia publicada no *Jornal do Brasil* em 29.05.1983 sob o título de "Doméstica em crise quebra TV, rasga sofá e da janela 'chove' máquina e talher" ilustra bem um tipo de ocorrência bastante freqüente (ainda que nem sempre tão pública), descrevendo uma situação que seria certamente qualificada pela paciente e pelos membros de seu grupo social como uma *crise de nervos* e que é chamada pela "patroa", segundo o jornalista, de "um acesso de loucura". Trata-se no caso de uma moça de 15 anos, o que envolve tudo o que dissemos a respeito da perturbação *nervosa* nessa classe de idade feminina.

O ponto especificante principal dessa condição de trabalho parece ser o do isolamento da mulher de seu espaço social e o do confinamento em uma situação muito ambígua (porque feito num espaço que é estranho, mas, de algum modo, também "doméstico") que faz com que grandes expectativas de reciprocidade (quase sempre rompidas) convivam com uma quase total impossibilidade de afirmação da identidade por um tempo, um espaço e um comportamento próprios. É significativo que os depoimentos de dirigentes de Associações Estaduais de Empregadas Domésticas feitos junto à Comissão de Trabalho e Legislação Social da Câmara Federal (parcialmente citados em uma notícia publicada na edição do *Jornal do Brasil,* de 29 de maio de 1983) enfatizem de forma muito dramática esses aspectos "vivenciais" da condição de trabalho de suas representadas, no momento em que defendiam reivindicações trabalhistas específicas. Uma delas afirma textualmente que "é preciso atacar as causas desses *nervosismos* que sofrem as domésticas" (grifo meu).

O relato de quem passou por essa experiência e a descreve e avalia *a posteriori* tende a enfatizar significativamente a "relação" mantida com os *patrões* (sobretudo com a *patroa*), que podem ser qualificados como *bons* ou *maus,* na medida da "reciprocidade" mais ou menos propiciada. Essa é uma área em que, por muitos motivos (que mereceriam uma análise simbólica muito mais minuciosa e urgente de ser feita), essa expectativa de "reciprocidade" sobre que venho insistindo se manifesta de modo mais explícito. É claro que isso se deve em boa parte ao fato de que essas relações de trabalho são regidas por uma legislação especial que preserva a sua ambigüidade de "relação pessoal"/"relação contratual de trabalho"; de modo que a barganha por prestações não-salariais conserva um caráter pelo menos tão importante quanto aquela decorrente das obrigações trabalhistas. Mas creio que seja igualmente importante que – pelo menos do ponto de vista das trabalhadoras – se trate de uma relação "entre mulheres" (sobretudo), para quem a visão hierárquica, complementar, deveria possivelmente ser ainda mais unívoca que para os homens, pelas razões estruturais apontadas em outros momentos.

As propriedades perturbadoras dessa relação são sobretudo notáveis no caso das *domésticas* jovens, em idade de casar, uma vez que as características de um trabalho desse tipo não só as submetem a uma sistemática limitação do seu acesso ao mercado de casamento como as expõem a situações ambíguas e perigosas na interação com jovens de outros grupos sociais ou com jovens de seu mesmo grupo social não mediadas pelo controle familiar ou comunitário. Um dos casos mais dramáticos de *doença dos nervos* observados em Acari resultava de uma situação desse tipo. A possibilidade de perturbação é fortemente agravada nos casos em que a moça foi entregue a uma família *para criar* desde menina, tornando-se na verdade uma *empregada* dilacerada por fortíssimas ambigüidades (cf. como testemunho pessoal de tal situação, Silva, 1983), que tendem a atingir um ponto de crise no período socialmente associado à possibilidade do casamento e constituição da própria família.

Como se havia afirmado anteriormente, o espaço de identidade/perturbação pelo *trabalho* não abarca apenas a referência às questões intrínsecas ao processo de trabalho, mas ao conjunto de questões mais imediatas da reprodução social, deles diretamente dependentes. Apresentam-se aí as questões do *emprego/desemprego,* do *salário,* dos *direitos* e, mais genericamente, do *dinheiro* e da *fome.* A fala do rapaz de Acari presente na transcrição que serve de epígrafe a este capítulo é um exemplo da associação dramática e radical que em certos contextos se pode fazer entre o *nervoso* e esse sinal da máxima negatividade da reprodução social que é a *fome.*

Duas das quatro *crises de nervos* masculinas que ouvi descritas em Jurujuba prendiam-se à ruptura das prestações consideradas como devidas pelo *armador* ao pescador de sua *companha,* quando este se encontrasse em dificuldades num período de *pescaria fraca* (ou seja, de não recebimento do anômalo "salário" aí vigente). A suspeita de que o *armador* estivesse "tirando os nove fora", ou seja, roubando nas contas complexas em que se enovela o cálculo dos "salários" individuais, constituía um dos motivos de *irritação* mais surda, passível de transformação em um *estouro, briga* ou *acesso de nervos* assim que qualquer outra insatisfação se viesse agregar a tão ilegítima circunstância. Veremos no próximo item o sentido diferencial que guarda, no corpo das estratégias de sobrevivência desses trabalhadores, o desencadeamento da *irritação* no sentido da *briga* ou do *acesso.*

A falta de dinheiro pode se apresentar como perturbadora de forma genérica, como no caso de um dos discursos transcritos na tese de Teresa

Caldeira ("quando ele está sem dinheiro, ele fica muito *nervoso*" – *apud* Caldeira, 1982a, p. 256) ou associada ao perigo da *fome*, como é freqüente no texto de Carolina de Jesus.

Neste último caso, tanto se pode dizer que a ameaça da fome *dá nervoso* como que a sua experiência direta torna o sujeito *nervoso*. A associação imediata entre *fome* e desempenho de um *trabalho* desgastante é evidentemente um caso limite, bem descrito por uma das informantes de Simone Soares: "Eu trabalhava na fábrica me alimentando só com garapa de banana e meio pão e trabalhando o dia inteiro. Eu *acabei meus nervos* assim. . ." (Soares, 1980, p. 51 – grifo meu).

O caso dessa trabalhadora de *castanha* é apenas um exemplo de particular brutalidade de uma situação recorrente e moralmente insuportável: a da coexistência do desempenho máximo da obrigação *pelo trabalho* com a ausência de condições de reprodução legítima; ou seja a da ruptura daquela reciprocidade que se supõe dever reinar entre os que *trabalham* e os que *ajudam*, num mundo de *justiça*. É o que veiculava a informante de Tania Salem que contrapunha o excesso de trabalho à experiência contínua do *não ter coisas* (cf. Salem, 1981, p. 65) ou ainda o trabalhador ouvido nos seguintes termos por Teresa Caldeira: "A gente trabalhar pros outros só leva desvantagem: trabalha, trabalha, chega no fim do mês *passa nervoso*. Já passei um *nervoso* lá, não sei como não me mandaram embora" (Caldeira, 1982a, p. 272).

A grave realidade de que se cercam as relações entre o *trabalho* e a reprodução social e as perturbações físico-morais sofridas pelas classes trabalhadoras têm merecido a necessária denúncia de cientistas sociais e de profissionais da saúde. Essa denúncia transparece em referências mais breves, mediadas por interpretações médicas, nos trabalhos sociológicos de Bila Sorj e de Marcos Queiroz (cf. respectivamente, Sorj, 1981, p. 89/90 e Queiroz, 1978, p. 86), oferece-se como fio original de toda a exploração analítica em trabalhos como os de Simone Soares e Pedro Gabriel Delgado (cf. Soares, 1980 e Delgado, 1983), ou serve para relativizações necessárias e pontuais da empáfia classificatória de médicos e psiquiatras, como se pode bem exemplificar no seguinte trecho de Hésio Cordeiro:

> Um comentário adicional deve ser feito a respeito da categoria diagnóstica "doença mental". O diagnóstico psiquiátrico tem limites muito imprecisos, variáveis social e culturalmente. A imposição de um rótulo ao "paciente", caracterizando-o como "louco" ou desviante significa, com freqüência, um mecanismo de exclusão ou afastamento do processo de trabalho daqueles que manifestam as conseqüências da intensidade e do ritmo da jornada de trabalho, da rotina e da dominação a que estão submetidos. A legislação da Medicina é indispensável para ocultar os determinantes últimos daquele sofrer (Cordeiro, 1981, p. 24).

Chamei de "reducionismo III" à permanente possibilidade de operar de maneira excessivamente linear com essas relações, transformando o quadro das perturbações *nervosas* em um mero reflexo da "expropriação/exploração" a que são submetidos os grupos de classe trabalhadora. Esse procedimento promove freqüentemente uma reificação dos fenômenos aqui examinados, substituindo as figuras "psicopatológicas" por figuras "sócio-patológicas" achatadas. Acho conveniente repetir que não se trata de negar a gravidade dos "sofrimentos" que se apresentam sob a forma das perturbações *nervosas* nem de negar sua íntima conexão com violentas formas de "expropriação/exploração" (basicamente relacionadas ao lugar que esses grupos detêm nas relações de produção vigentes numa sociedade capitalista). Trata-se, isto sim, de afirmar a complexidade de que se reveste a experiência desses fenômenos aí e a qualidade simbólica muito diversa pela qual se ordena e desenrola.

As transcrições do livro de Rose Marie Muraro aportadas à discussão do reducionismo "psicológico-sexualista" são na verdade um exemplo de combinação das reificações associadas aos dois reducionismos, o que o torna particularmente notável.

Como se havia previsto no início deste item relativo ao *nervoso* e à vida interpessoal, pode-se observar a esta altura um nível de "extra-relacionalidade" perturbadora não redutível às três entradas da *cidade,* do "poder" e do *trabalho.* Encontram-se aí incluídos graves eventos disruptores da vida que, por mais que se encontrem embutidos em circunstâncias sociais, apresentam-se envolvidos por uma qualidade "aleatória" e quase "mágica". Creio que a categoria do *acidente* expressa bem a ordem de realidade de que revestem essas experiências sociais, contra a "essencialidade" das perturbações ou distúrbios mais "previsíveis" ou "explicáveis". Já no material sobre o *trabalho* apareciam assim eventos fronteiriços, como os que, advindos das condições fabris, são comumente chamados de "acidentes de trabalho". Manifestavam-se ora sob sua forma mais "previsível", na preocupação com os "riscos" intrínsecos a cada um dos processos de trabalho envolvidos, ora sob uma outra forma (essa já mais próxima do que aqui procuramos enfatizar): a que a etiologia do *susto* entre os trabalhadores da *castanha* alocava às explosões das *caldeiras* e aos desabamentos dos barracões fabris (cf. Beltrão, 1979). No corpo dos "males da civilização" ou da *cidade,* também os eventos creditados à *violência* poderiam aproximar-se dessa ordem de realidade, assim como os "acidentes de trânsito". Em ambos os casos, porém, a "acidentalidade" comporta uma certa dose de "previsibilidade" que, se não torna menos dramáticas ou perturbadoras as ocorrências, coloca-as, por assim dizer, em discurso de uma maneira diversa da que qualifica os grandes acidentes ou infortúnios.

Compreende-se assim como *acidentes* mais "puros" eventos tais como os *incêndios,* os *desabamentos,* as *enchentes* e – singular e paradigmaticamente – a *guerra.* São costumeiras entre meus informantes histórias que vinculam a emergência ou recrudescimento de graves perturbações *nervosas* a acidentes dos três primeiros tipos. O grande *incêndio* de um *circo* em Niterói, ocorrido há algumas décadas em condições particularmente desafortunadas, foi mais de uma vez invocado como explicação para a condição de dois ou três *malucos* que, à época do trabalho de campo em Jurujuba, eram notórios no local ou mesmo em todo o Grande Rio. Dois sérios deslizamentos de terra ocorridos naquele local no mesmo período, provocando a destruição de barracos e casas, provocaram um acentuado recurso ao discurso do *nervoso* para qualificar as perturbações, de múltiplos níveis de gravidade, que acometeram suas vítimas sobreviventes.

É claro que tais eventos são perturbadores por sua concretude imediata — como portadores de *morte,* mutilação, perda total ou parcial dos escassos bens vitais à reprodução — mas são sobretudo manifestações de uma "disrupção" violenta da ordem do mundo, de uma "subversão" dos mecanismos regulares da sobrevivência; homólogas portanto em um nível quase cósmico à "disrupção" ou "subversão" da ordem que, ao nível social, procurávamos entender sob a regência do princípio hierárquico, holista, da "reciprocidade".

Os termos em que se vazam os relatos sobre esses acontecimentos operam freqüentemente com categorias semelhantes a algumas das que qualificam as rupturas da ordem intra-societária. *Injustiça,* por exemplo, é uma expressão que pode fazer ponte entre a aparentemente indiscriminada ação desses eventos e sua ocorrência no espaço das classes trabalhadoras — quando se vêem como gente já tão sofrida, que não mereceria suportar outros flagelos além daqueles a que, quotidianamente, se submete. Mesmo as manifestações não muito raras de percepção desses eventos sob a égide de uma explicação totalizante como a da *vontade de Deus* apenas reiteram àquele postulado de uma expectativa de ordem e justiça, alocável no caso ao mais encompassador e incognoscível dos desígnios superiores.

A *guerra* não se apresentaria certamente a essas populações brasileiras atuais como um acidente concreto se não estivessem ainda vivos tantos *pracinhas, ex-combatentes* da Segunda Guerra Mundial e não pertencesse boa parte deles às classes trabalhadoras. Os que conheci alocavam grande peso a essa identidade e, mesmo quando não tivessem tido experiência direta de combate, reconheciam como desencadeadora ou acirradora de seu *nervoso* a vivência daquela condição. A expressão *neurótico de guerra* era utilizada às vezes num sentido genérico, embora nunca como autodesignação. Quando expliquei a um de meus informantes mais íntimos o sentido de minha pesquisa, ele — como *ex-combatente* — achou que eu devia conduzi-la sobretudo nessa direção, tentando explorar e conhecer o universo de seus companheiros, através de contatos com a *Associação dos Ex-Combatentes* e com a *LBA* (que mantém uma relação assistencial muito intensa com aquele outro órgão). Cheguei a fazer alguns investimentos nessa direção, abandonados pelos motivos descritos na Introdução.

É claro que, a esta altura, o discurso dessas pessoas sobre o seu *nervoso* ou sua *doença dos nervos* envolvia um número enorme de questões, outras fontes de perturbação, acidentes de vida os mais diversos que se agregavam, nas trajetórias particulares, à experiência comum de *ex-combatentes.* Não era assim muito claro o peso exato que ela detinha na constituição desse *nervosismo,* que implicava freqüentemente a passagem por períodos de internação psiquiátrica. Creio poder discernir dois níveis principais de ordenação desssa identidade "perturbada": o primeiro era mais propriamente o da vivência dos "riscos" e perigos do serviço de guerra, sobre os quais não me parece necessário dizer muito, a não ser enfatizar que eles eram experimentados por jovens recém-entrados no período crucial de afirmação de vida antes analisado, o que tornava certamente ainda mais "disruptora" essa inesperada e absolutamente incompreensível situação. As histórias de vida retêm o grande desespero que representava para eles e suas famílias a interrupção, naquele momento, da carreira de um filho que começava a *ajudar em casa,* de um noivo ou recém-casado que começava a *montar sua casa.*

O segundo nível é o do que cerca o retorno à vida normal. Acredito que, à parte as dificuldades regulares de desempenho da sua reprodução social legítima (possivelmente agravada já então pelas "perturbações" advindas do primeiro nível dessa experiência), se tenha tornado muito importante — e se tenha nutrido inclusive do clima de "heróis de guerra" com que foram inicialmente recebidos — uma expectativa de "reciprocidade" ainda mais acirrada do que aquela que considero básica para sua visão de mundo. O discurso desses homens enfatiza uma luta constante pelo aproveitamento dos recursos especiais de sobrevivência que uma legislação posterior lhes facultou obter e que, aparentemente, sempre foram menores, mais escassos ou difíceis de manter do que esperavam. Gravíssimos ressentimentos, nesses casos, se agregam àqueles que regularmente se apresentam nos discursos dos trabalhadores de sua idade, dos que se encontram na faixa dos aposentados, dos que se afastam, mais ou menos bem-sucedidos, do tempo magno de sua *luta.*

Não fossem esses motivos suficientes para suscitar uma freqüência muito mais alta de perturbação *nervosa* entre essas pessoas, ter-se-ia ainda de considerar que a identidade de *ex-combatente* permitia, de alguma forma, que se tornasse mais explícita ou mais "legítima" a perturbação masculina, que é sempre cercada — como venho ressaltando — de constrangimentos simbólicos muito fortes. Creio que, inclusive — à medida que se difundia a representação dos "neuróticos de guerra", diretamente vivenciada no próprio convívio na *Associação* —, tornava-se mais cabível ou previsível que as dificuldades da reprodução social desses homens pudessem se expressar nos moldes do *nervoso* e, sobretudo, no de suas formas mais públicas e dramáticas (*crises de nervos, encostos, internações* etc.); na medida em que as conotações estigmatizantes desses comportamentos eram ligeiramente atenuadas ou até mesmo socialmente "previstas" por aquela identidade original.

PLANO HIPER-RELACIONAL

Inclui-se neste item, finalmente, a apresentação do material relativo ao que chamei de "plano hiper-relacional". Essa designação procura enfatizar como aquela "relacionalidade" básica para a visão de mundo desses grupos (e presidente até mesmo à interação com as grandes instâncias supralocais da *cidade,* do "poder" e do *trabalho*), encontra aqui sua expressão mais extrema, um pouco no sentido daquele postulado de uma "exigência de um determinismo mais imperioso e mais intransigente" com que Lévi-Strauss qualificou o pensamento mágico (cf. Lévi-Strauss, 1970b, p. 31).

A representação das perturbações abarca uma série ampla de correlações desse tipo totalizante, inclusive as de caráter explicitamente "religioso". Sob elas desenha-se o perfil de um valor de "ordem", que já transparecia nas representações intrapessoais, nos diferentes planos de relações interpessoais e, talvez com maior clareza, no núcleo de representações exemplificado pela categoria da *justiça,* no tocante à esfera "extra-relacional" do "poder". A "ordem" a que me refiro se apresenta, às vezes, sob espécies mais substantivas, como no caso da *paz* e do *sono,* e se oferece certamente sob a forma da *calma,* da *tranqüilidade,* como o pólo contrastivo (ou, talvez antes como um limiar quase sempre inatingível) face à realidade das perturbações, à vida *nervosa* (cf., por exemplo, Alves, 1982, p. 80). De um ponto de vista mais abstrato devo enfatizar que essa representação de "equilíbrio" e "ordem" não tem, porém, as qualidades de indiferenciação e igualdade que parece implicar. As descrições já feitas do equilíbrio "corporal" e do equilíbrio "político" — assim como a que se seguirá, de um equilíbrio "cósmico" ou "religioso" — exigem qualificações de complementaridade e reciprocidade entre elementos e níveis diversos, que se veio justamente resumindo sob a idéia da "hierarquia".

A referida série de correlações totalizantes, qualificadas por esse princípio subjacente de um equilíbrio hierárquico, pode ser ordenada analiticamente em algumas entradas ou recortes operacionais. A primeira articularia questões atinentes a uma certa ordem da "natureza". A segunda articularia questões atinentes a uma ordem mais propriamente "sobrenatural". Entre elas haveria alguns fenômenos que se poderia considerar como "fronteiriços", por guardarem alguma coisa de uma ordem "natural" e de uma ordem "sobrenatural", sendo, porém, notável que envolvessem da maneira a mais direta uma relacionalidade interpessoal. Teríamos finalmente uma articulação muito abstrata e abrangente e que abarcaria talvez, num nível de realidade mais difícil de expressar, ao mesmo tempo *Deus* e a *natureza* — assim como as idéias da *Sorte* e do *Destino.*

As correlações da ordem da "natureza" se manifestam em perfeita continuidade com as diversas questões abordadas ao fim do item da "construção diferencial da pessoa", em torno das qualificações "cosmológicas" do *horóscopo.* Naquele caso, tratava-se de observar como operavam as qualificações desse tipo para a determinação de diferenças entre as pessoas, sua identidade e seu potencial ou forma específica de exposição às perturbações. Aqui, como lá, trata-se de observar como é concebida uma ordem de interação complexa entre a vida humana e a natureza, sobretudo nesse plano tão encompassador dos fenômenos "planetários" ou dos que a eles se encontram de algum modo associados.

Como já me detive sobre a relação que mantêm as determinações zodiacais com a visão da pessoa e de suas perturbações, resta apenas um outro ponto a ser aqui observado. Trata-se da *lua,* do modo como se apresenta em quatro "fases" e de sua reconhecida relação com as *marés.* Todo o material a esse respeito provém de minha própria experiência etnográfica e não pude aprofundá-lo da forma desejável, pelo que suponho poder apresentar uma sistematicidade própria muito mais complexa do que a que posso abstrair dos fragmentos obtidos ao longo da pesquisa sobre as perturbações.[44]

A representação de uma influência da *lua* sobre a Terra, as plantas, o mar, e as pessoas é bastante generalizada e abarca uma série de situações mais ou menos regulares, tais como plantio, colheita ou poda de plantas alimentícias ou ornamentais, a menstruação e o parto, o corte do cabelo etc. Em Jurujuba, a prática da *pesca* acrescenta enorme peso a essa representação, na medida em que marés, ventos, correntezas, temporais, comportamento das espécies capturáveis, toda uma série, enfim, de dimensões cruciais desse trabalho é de algum modo associada às fases da *lua* e sobretudo à passagem entre as fases (a *virada da lua*) (cf. Duarte, 1978).

Essa correlação abarca também o comportamento humano, supondo-se (e de um modo que se encontra presente na linguagem quotidiana) que as variações do *humor* possam ser explicadas ou, pelo menos, lidas analogicamente, segundo o princípio de regular variação da *lua*.

Parece-me que efetivamente o modo mais regular de expressão dessa correlação seja o meramente analógico — o que seria de qualquer maneira interessante e incorporável. Há situações porém em que a correlação é enfatizada de modo mais substantivo e enfático, estabelecendo-se uma direta mediação entre a *virada da lua* e o desencadeamento ou acirramento de determinadas situações "físico-morais". Isso ocorreu em diversos momentos na referência à acentuação das características de pessoas consideradas fortemente ou intrinsecamente *nervosas*. Na verdade, como a invocação desse ponto sempre se deu naquela situação, já aqui descrita de referência "pejorativa" ao comportamento de terceiros, a qualificação invocada era a de *malucos*, que na *virada da lua* se tornavam *agressivos* ou manifestavam sinais de *crise* (tinham *entrado na lua* ou *estavam de lua*).

É claro que sob tal determinação hiper-relacional avulta o aspecto simbólico da periodicidade das fases lunares, que serve à expressão das oscilações notórias por que passa o comportamento das pessoas *perturbadas* ou *nervosas*. O mesmo mecanismo deve estar na raiz do recurso à categoria *maré* (bem menos generalizado) para expressar essas mesmas alterações de comportamento. Neste caso, porém, a referência só ocorreu em situações quotidianas, não necessariamente associadas a uma intensa condição *nervosa* ("Fulano está *de maré* hoje"), embora apontando para um comportamento de algum modo perturbado ou *irritado* (cf. Duarte, 1978, p. 71).

---

[44] À exceção do seguinte e fascinante excerto da história de vida de Francisca Souza da Silva, relativo às pessoas que, no meio rural fluminense, eram consideradas como *lobisomens*: "(. . .) têm o tempo em que ficam *nervosos*, emburrados, não conversam e com a fisionomia dura. Diziam que era *'volta de lua'*" (Silva, 1983, p. 17 — grifos meus).

As correlações que chamei de "fronteiriças", nos termos do recorte aqui operado, se caracterizam justamente por envolverem ao mesmo tempo — e quase com idêntico peso — mediações da "natureza", "sobrenaturais" e "interpessoais". É claro que não constituem fenômenos isolados, que apresentassem tais características de um modo substantivo e discreto. Serão antes pontos de interseção muito móvel das linhas de forças mais abrangentes, distendendo-se ao longo de um espaço extremamente flexível e passível de outros modos de observação e análise. A questão do *susto,* por exemplo, que repontara no item anterior, encontra-se mais distante do pólo "sobrenatural", mediando a "natureza" socialmente qualificada da *mulher* e fenômenos ora mais "extra-relacionais" (como as explosões e desabamentos no espaço fabril), ora mais "interpessoais" (como uma briga de vizinhos ou a morte de um parente). Já a questão do *encosto* (não o do INPS, mas o "espiritual") parece, como veremos, mediar de um modo muito peculiar a dimensão "interpessoal" e a dos fenômenos mais plenamente alocáveis à ordem "sobrenatural".

As figuras desse espaço intermediário são basicamente as do *quebranto, mau-olhado, feitiço, trabalho* e *macumba.* Trata-se em todos os casos de fenômenos de significação complexa, que não cabe aqui analisar em si, mas apenas observar do ângulo de sua relação com a representação das perturbações e do *nervoso* (cf. sobre algumas dessas categorias, Queiroz, 1978 e Birman, 1980). A qualidade comum a essas figuras é, nesse sentido, a de que algumas pessoas podem sofrer diversos tipos de problemas, traduzíveis freqüentemente sob o modo das perturbações físico-morais, ocasionadas pela mobilização — intencional ou não — por parte de outrem de forças "mágicas" ou "sobrenaturais".

Um exemplo desse tipo de relação — sob a forma de perturbações alocáveis à morte ritual, por uma vizinha, de uma galinha preta — aparecia como um dos poucos sinais detectados no trabalho de Sonia Alves de uma causalidade "espiritual" para as perturbações *nervosas* e a *loucura.* Aparecia assim mesmo embutido em um discurso local deliberadamente "cético" (que suponho ser em boa parte devido à identidade de *psiquiatra* da pesquisadora) e transposto para a boca de terceiros (cf. Alves, 1982, p. 67).

Paula Montero transcreve um fragmento de discurso de um informante ("atabaqueiro-pedreiro") que é de meridiana clareza:

> A pessoa faz mal pra gente, a gente sente, porque a gente começa a ficar *nervoso,* desentende dentro de casa. Bom, isso daí é uma parte do que a gente sente. A gente sente também que o corpo da gente não tá normal, a gente também não tá normal na mente da gente direito (*in* Montero, 1983, p. 184 — grifo meu).

A clareza deste pequeno trecho não se encontra apenas no reconhecimento de que uma intervenção "sobrenatural", operada em função de uma relação interpessoal conflituosa, produz perturbações, mas no fato de demonstrar que o *nervoso* é mediador desse processo ("a gente começa a ficar *nervoso*") e que ele abarca uma "anormalidade" comum do *corpo* e da *mente,* ou seja, exatamente o que se vem chamando de uma perturbação "físico-moral". Ele contém inclusive a referência muito direta-imediatamente posterior ao *nervoso* — à perturbação das relações domésticas ("desentende dentro de casa"), ou seja, à intervenção particularmente perigosa sobre esse nível básico da identidade/reprodução, em torno de cuja importância se ordena boa parte de minha argumentação.

Nas tabelas de causas da *doença nervosa*, colocadas em anexo à dissertação de Simone Soares (que considero também fortemente orientadas pela situação de entrevista, com a presença de um psiquiatra e no contexto de internação), aparece a menção de uma paciente à "macumba que botaram nela" (cf. Soares, 1980, p. 103). O livrinho recentemente publicado com textos e desenhos de pequenos escolares da Favela da Rocinha (RJ) inclui a seguinte "estória" de uma menina de 5 anos de idade:

> A mulher maluca já puxou o cabelo de Patrícia.
> Roubaram o ventilador dela, mas ela pegou de volta.
> Ela é maluca porque foi macumba que fizeram pra ela.
> Ela foi para o hospital (*apud* Freire *et al.*, 1983).

Meu material etnográfico contém numerosos exemplos de correlações desse tipo, freqüentemente nomeadas como *feitiçaria, feitiço* ou *macumba,* mas também situações mais fluidas (ainda que sempre dependentes de um código relacionado à "umbanda") em que se pode incluir a ambígua referência feita à vizinha de uma informante que esta considerava como *maluca,* meio *alucinada* ou num estado em que "não sabia o que fazia", aparentemente devido a alguma infração ritual ou exposição a forças "sobrenaturais" que não podia controlar. Como eu ressaltava, a própria informante se considerava *nervosa* por esse motivo, em função de alguma "solidariedade" ou "participação" com a vizinha, que — fosse de caráter profano ou sagrado — configurava plenamente essa associação entre a perturbação "físico-moral", a dimensão "sobrenatural" e a vida interpessoal que aqui se examina. Um outro caso, que parecia remeter a uma história muito longa de incompatibilidade social e espiritual (que incluía explicitamente tanto *ciúme* quanto um *trabalho* feito contra a informante) configurava uma situação de tabu do nome pessoal de uma irmã, para evitar o desencadeamento de algum tipo de poluição religiosamente definida. "Fico *nervosa* só de falar nessas coisas" — dizia essa pessoa — ao descrever as penosas perturbações sofridas em decorrência dessa relação.

Antes de passar à questão do *encosto,* que se encontra, a meu ver, no limite entre esses fenômenos e outros em que o elemento "sobrenatural" ganha uma intensidade mais radical, acho conveniente ressaltar a importância que teve para minha argumentação a conclusão de um artigo de Simone Guedes sobre "umbanda e loucura" resumida no seguinte trecho:

> ... a Umbanda desloca a poluição para as relações entre os indivíduos. Relações poluídas, poderíamos dizer, em última instância, são a causa última da "anormalidade" (ou não serão elas a própria anormalidade?). Por isto a Umbanda não trata com *loucura* (na Umbanda não há "psicopatia"), problema situado numa mente individual, mas com *Perturbação,* que envolve uma relação. E por isto a sua teoria

está repleta de referências à comunicação: "O Exu é um mensageiro", "a comunicação entre espíritos se dá por aproximação e afastamento", "é preciso haver sintonia. . .". É, não uma teoria da loucura, mas uma parte de uma teoria da comunicação e interação entre os homens (Guedes, 1974, p. 97).

Creio que essa afirmação da qualidade basicamente relacional da "perturbação", que é demonstrada ao longo do artigo, pode ser ampliada do nível da "umbanda" (onde talvez, porém, se afirme de uma maneira mais paradigmática – cf., por exemplo, Birman, 1980, p. 120) para toda a vivência das classes trabalhadoras, encontrando-se também na base de representações associadas a outros discursos religiosos.

Esse é, assim, o sentido da "hiper-relacionalidade" que atribuo à ordem de fenômenos aqui observada. Pois, mais do que a "relacionalidade" enfatizada por Simone Guedes (que seria um atributo mais amplo da visão de mundo das classes trabalhadoras), encontramo-nos aqui com uma exacerbação dessa "relacionalidade", no pressuposto de uma íntima conexão entre os planos da Pessoa, da Natureza e da Sobrenatureza.

Essa hiper-relacionalidade está, portanto, tão presente sob a ordem de fenômenos há pouco examinada (em que as relações interpessoais se apresentam de maneira mais imediata) como sob aquele que se começará a examinar a partir do *encosto* (em que as relações são mediadas por forças ou seres "espirituais" ou "sobrenaturais").

O *encosto* (ou *mal de encosto*) aparece na tese de Marcos Queiroz como propiciador genérico de "doença", sendo de se supor que inclua em sua sintomatologia as perturbações *nervosas* sobre que o autor se detém em outra parte do trabalho (cf. Queiroz, 1978, p. 97 e pp. 48, 86 e 96; respectivamente). Esse fenômeno é descrito como a presença na vítima do espírito de um parente morto interessado em vir "buscá-la". O autor considera que esta representação seja devida à entrada mais ou menos recente de cultos "espiritistas" na área estudada. No artigo de Simone Guedes o *encosto* aparece explicitamente no discurso de um de seus informantes "umbandistas" e é correlacionado de forma direta ao sofrimento de *perturbações mentais* (que ele distingue da *loucura* em geral):

Há casos de loucura com origem física com os quais a Umbanda nada tem a ver. A maioria, entretanto, são problemas espirituais – o encosto de um espírito na vítima. A mediunidade não desenvolvida ou paralisada provoca perturbações mentais (. . .) (*apud* Guedes, 1974, p. 93) (cf., sobre essa categoria na umbanda, Birman, 1980, p. 86 e seg.).

A situação assim reconhecida como *encosto* aproxima-se bastante da vulnerabilidade a *maus fluidos* a que se refere uma das informantes de Paula Montero, associada à *fraqueza* pessoal (o que exige a lembrança dos íntimos vínculos já aqui expostos entre essa condição e o *nervoso*), à questão do "desenvolvimento mediúnico" e à relacionalidade familiar:

Em casa eu sou a mais fraca porque sou média e não quero desenvolver. Então todos os maus fluidos me pegam. Eu sou a salvação lá de casa, porque tudo vem pra cima de mim. Se não fosse assim a casa não ficava de pé (*apud* Montero, 1983, p. 175).

É muito amplo o espectro de questões que temos de observar a partir deste momento. Em primeiro lugar, podemos explorar as representações mais "oficiais", expostas por agentes religiosos, que racionalizam, ordenam e realimentam as representações comuns da relação estabelecida através dos *nervos* entre a vida pessoal e o mundo sobrenatural.

O modelo mais abstrato e articulado com os saberes eruditos do *nervoso* com que me deparei é o de Armond, transcrito e comentado na tese de Zélia Seiblitz (Armond, 1978, *apud* Seiblitz, 1979). Como se verá, ele ecoa os textos de divulgação médica citados na primeira parte do Capítulo III, reiterando alguns dos temas e nódulos em que se pôde perseguir a construção da configuração do *nervoso,* reelaborando-os em função do princípio religioso que postula. Zélia Seiblitz aponta explicitamente para os elementos que discrepam da anatomia oficial contemporânea (cf. Seiblitz, 1979, p. 84) e seria sem dúvida extremamente interessante analisar em que medida estas discrepâncias se ordenam sobre princípios e categorias de algumas daquelas fórmulas da configuração examinadas no Capítulo III.

O tema da "totalização" e o nódulo da "comunicação" aparecem claramente nos seguintes trechos:

> De todos os elementos que constituem o corpo humano (células, tecidos, órgãos, aparelhos e sistemas), desempenhando tarefas e papéis específicos sempre complementares, o mais complexo no que se refere às funções e atividades do espírito encarnado é o *sistema nervoso.* Ele coordena todas as atividades orgânicas, conduzindo sensações e idéias para o espírito e do espírito, serve como elemento adaptador do organismo às condições do momento. O corpo físico não gera a vida ou a força motora dos movimentos, mas recebe-as dos centros de força do perispírito e absorve-as do meio em que vive por intermédio da pele, dos alimentos e da respiração. O *sistema nervoso* é o veículo de recebimento dessas forças, e, além de armazená-las em órgãos apropriados (plexos e centros de força), finalmente as distribui oportunamente a todos os órgãos internos, segundo as necessidades momentâneas de concentração e dispersão, locais ou gerais, visando sempre a emancipação do equilíbrio orgânico, seu ritmo funcional e sua harmonia interna (Armond, 1968; *apud* Seiblitz, 1979, p. 82).

Este é o modo básico ou "positivo" dessa intermediação "físico-moral" do *sistema nervoso.* É dentro de sua lógica que se desenvolverá a explicação das perturbações, dos modos negativos de sua reprodução. Assim, a explicação de um dos informantes de Simone Guedes:

> A maioria das *manifestações de ordem nervosa* correm por conta de Exu ou dos Eguns (espíritos dos mortos). São influências espirituais. Os Eguns provocam estas alterações devido à inimizade com a vítima (de vidas anteriores) ou por terem sido induzidos ao mal. Aqueles Eguns que se lembram de inimizades de vidas anteriores não conhecem a lei do perdão: são atrasados. Agem da seguinte forma: aproximam-se da vítima e começam a lançar-lhe fluidos negativos no pensamento, pois o *cérebro* é uma usina geradora de energia negativa ou positiva — atuando por vibração. Havendo sintonia entre a vítima e o espírito mau, dá-se a obsessão (presença de *idéias fixas*), que é a adesão do perispírito (vestimenta do espírito para se locomover) do Egum no perispírito da vítima. A comunicação se dá por aproximação e afastamento. O corpo perispiritual do indivíduo grava o mal (. . .) Fluidos negativos permanentes formam ovóides dos quais se criam as larvas astrais. A presença de ovóides e o pensamento

negativo criam as larvas astrais que agem sobre o indivíduo e sugam todas as substâncias alimentícias de tudo o que ele come, *enfraquecendo-o.* O indivíduo muda completamente. O lançamento de ovóides se dá principalmente durante o período de *repouso* (*apud* Guedes, 1974, pp. 92-93 – grifos meus).

À parte a relacionalidade fundamental que cerca a representação do desencadeamento do processo de perturbação (a *inimizade,* o não-*perdão*), esse discurso remete a diversos pontos já aqui apreciados e correlacionados à lógica do *nervoso.* Veja-se que as "manifestações de ordem nervosa" são associadas ao mesmo tempo ao *pensamento* e ao *cérebro,* e que a *obsessão* se apresenta sob a forma de *idéias fixas,* desembocando em um processo de *fraqueza* física, pela vampirização "espiritual" da substância de sua comida (ou de sua *força*). É notável ainda que seja considerado como particularmente vulnerável a essa intervenção sobrenatural o período de repouso sobre cuja importância – sob a espécie do *sono* – já se insistiu. O contínuo deslizamento entre o "físico" e o "moral" que viemos considerando como característico do universo do *nervoso* ganha aqui uma dimensão mais ampla do que a de sua base articuladora, por se ordenar segundo as determinações da hiper-relacionalidade religiosa.

Creio que possa ser interessante contrapor neste momento o modelo do *encosto/obsessão,* tal como descrito por "teóricos" da umbanda, com o modelo da *possessão* encontrado no livro de um pastor pentecostal dedicado justamente à "desmistificação" da umbanda.

O *nervosismo* – diz o pastor Macedo – é um estado patológico caracterizado por *distúrbios do sistema nervoso.* Os demônios também se alojam no *sistema nervoso* do homem, para daí poderem dominá-lo completamente; dirigir-lhe os passos, as emoções, e até as palavras. Na verdade, eles sempre começam por *atacar os nervos* e em seguida vão chamando outros espíritos para se alojarem em outras partes do corpo. Nos *nervos* eles fazem as pessoas se irritarem facilmente, fazendo que elas briguem e até mesmo se matem (. . .) São muitos os casos de pessoas que *ficam nervosas* ao ponto de fazerem algo que em *sã consciência* não fariam. Os espíritos demoníacos têm causado tragédias incríveis por intermédio do *sistema nervoso* das pessoas (Macedo, 1982, pp. 60-61 – grifos meus).

Embora este modelo seja bem menos complexo que o anterior, o pressuposto fundamental da mediação pessoa/espírito pelos *nervos* ou pelo *sistema nervoso* permanece inalterado. Também permanece inalterada a qualidade "físico-moral" dos fenômenos referidos, uma vez que os *nervos* são considerados como uma entre outras "partes do corpo" e, ao mesmo tempo, como uma parte cuja subversão faz com que se perca a "sã consciência" dos atos. Essas duas características do modelo de *possessão* apresentado se reproduzem na série de "doenças" que o pastor considera como seus sinais:

Existem algumas doenças que caracterizam a possessão. Durante os anos do meu ministério, tenho notado que os sintomas são sempre os mesmos. Segue abaixo uma lista de dez sinais de possessão:

1. nervosismo
2. dores de cabeça constantes

3. insônia
4. medo
5. desmaios ou ataques
6. desejo de suicídio
7. doenças que os médicos não descobrem as causas
8. visões de vultos ou audição de vozes
9. vícios
10. depressão (Macedo, 1982, p. 56).

Tirando-se o item 6 (que não apareceu em meu material, mas é culturalmente previsível no quadro de perturbações "físico-morais" graves[45]) e o item 7 (que é um "sinal" indireto, que se apreciará no próximo item) e ainda substituindo-se "vícios" por *bebida* ou *tóxicos* e "depressão" por *cansaço, leseira* etc., temos em mãos na verdade os quadros descritivos do *nervoso* apresentados no Capítulo I e examinados paulatinamente ao longo deste capítulo. Mais uma vez, porém, esse discurso do *nervoso,* com toda sua complexidade, serve à articulação de um modelo "religioso" de pessoa, que eleva as suas características fundamentais a uma outra dimensão ontológica. Este ponto, porém, só poderá ficar mais claro adiante.

Um outro nível de apreensão dessas relações entre o *nervoso* e a hiperrelacionalidade é o do discurso das pessoas com forte adesão religiosa, a respeito dos sinais que antecederam esse estado ou mesmo que o propiciaram. O meu material etnográfico encontra um sólido eco no material aportado por Paula Montero, em sua tese de doutorado; pelo que lhe farei sucessivas remissões.

Logo de saída, é notável como a maior parte dos sinais de perturbação passa a ser considerada ou designada como *manifestação* ou *aviso* da condição espiritual posteriormente assumida e em nome da qual fala o informante. Esses sinais ou sintomas podem ser "morais", mas nunca deixam de ter alguma "fisicalidade"; repetindo mais uma vez as entradas relativas ao *nervoso* no quadro V do Capítulo I. Toda essa informação é filtrada fundamentalmente pela experiência de um "alívio" ou "cura" propiciado pela carreira "religiosa", o que terá algumas repercussões importantes sobre o próprio estatuto do *nervoso,* como se verá adiante. Esses sinais incluem, assim, a par das mais variadas designações de estados morais (reconhecíveis no quadro VI do Capítulo I), referências a *desmaios* (cf. Montero, 1983, p. 123 e 173), *insônia* (*ibid.,* pp. 123 e 133), *friagem* ou *arrepio* (*ibid.,* pp. 130 e 173), *dor de cabeça* (*ibid.,* p. 134) ou *dor de estômago* (*ibid.,* p. 133). Esses sinais morais e físicos são mediados por caracterizações mais abrangentes de *estado de nervo* (*ibid.,* pp. 123 e 173), *nervosia* (*ibid.,* p. 123), *estar meio nervoso* (*ibid.,* p. 130), *nervo* (*ibid.,* p. 173) ou, simplesmente, *nervoso* (*ibid.,* p. 134). A questão da *fraqueza* aparece freqüentemente nesses discursos, com toda aquela dupla qualidade física e

---

[45] A questão do *suicídio* só aparece, no material consultado, em Carolina de Jesus (cf. Jesus, 1983, pp. 67, 113 e 179). Também consta do folheto de oferta de cura religiosa que aparece aqui como ilustração (ver p. 142).

moral que se teve a oportunidade de examinar. Uma das informantes de Paula Montero, que parece ter uma posição social ou "instrução" algo superior (é qualificada como "secretária") faz uso de um modelo explicativo mais elaborado, do tipo "letrado" antes descrito para a umbanda, referindo-se à questão do desenvolvimento da mediunidade, ao "campo aberto", "qualidades de imã" etc. (cf. Montero, 1983, p. 133).

Embora o recurso ao discurso do *nervoso* seja tão essencial para a descrição do processo que parece ao informante desembocar necessariamente em sua conversão ou adesão, a qualidade mais substantiva desse próprio *nervoso* passa a ser negada, uma vez que a mediação físico-moral, pela nova e forte ênfase no pólo "espiritual", tende a se deslocar ou a ser mesmo substituída por um discurso de "causalidades" mais nítidas e opostas: a do *espírito* e a do *corpo.* Em numerosos discursos sobre esses processos, encontramos o relato de como uma longa e penosa trajetória de consultas e exames médicos (em que são incluídos os psiquiatras) resulta no reconhecimento de que os problemas sofridos não têm nada de "físico" ou de que não há nada de errado na sua *cabeça;* o que é reiterado ou, na verdade, apenas assim reconhecido pelo informante quando recorre com êxito à instância religiosa. Em outros casos, reconhece-se — com a chancela do saber médico — causas físicas para tais problemas, mas se as subordina ao poder "espiritual", acreditando em sua cura. É o caso do informante de Paula Montero que afirma ter sido detectada uma *lesão de sangue* em sua *cabeça,* curada depois de ter seguido o *"espiritismo".* É interessante que ele começa o seu relato dizendo que já na escola sempre "ficava *nervoso".* Mais adiante porém descarta a interpretação familiar de que tinha *problema de nervo* ou *memória fraca,* em nome, certamente, de uma explicação "espiritual" para sua perturbação (cf. Montero, 1983, p. 142). É um exemplo perfeito do que eu procurava demonstrar acima a respeito do deslocamento do *nervoso.* Esta questão já foi, aliás, abordada, quando afirmei que a preeminência do *nervoso* como discurso físico-moral só se mantinha em "situações" não contagiadas por uma forte adesão religiosa. Nesses últimos casos, a flexibilidade e capacidade articuladora do discurso do *nervoso* fica subordinada e diminuída ante uma articulação mais holista e também mais "rigorosa", por assim dizer — que preenche a maior parte de suas funções. Esse deslocamento do *nervoso* se faz evidentemente na direção oposta à da pressão "espiritual", tornando-se todos os seus fenômenos, em tal situação, mais "físicos", ou, pelo menos, mais redutíveis a uma causalidade "física". Mesmo assim, como vimos no discurso dos intelectuais umbandistas citados por Zélia Seiblitz e Simone Guedes e também no do pastor Macedo, a referência ao *sistema nervoso* pode ser fundamental e, embora tenda a ter acentuada a sua condição de parte do corpo humano (como se ressaltou naquela ocasião e fica patente no próprio uso da locução *sistema nervoso,* bastante rara entre os informantes comuns), guarda ainda consideráveis conotações morais.

É interessante observar — embora se desloque um pouco o fio da argumentação — que as igrejas cristãs estabelecidas tendem a ordenar de uma maneira bastante diversa a relação entre o "físico" e o "moral" e o peso e lugar das perturbações. De uma maneira muito geral — uma vez que se trata de um universo extremamente complexo — essa tendência se expressa na bifurcação do plano "moral" em um plano mais estritamente "moral" e outro mais estritamente "espiritual", conjugada a uma quase total dissociação deste plano "espiritual" estrito de qualquer coisa que se assemelhe a uma "doença" ou "perturbação". Nesse sentido, a vítima de tais problemas não deverá jamais atribuir-lhes uma causa espiritual, embora possa solicitar e aguardar a genérica benevolência das entidades sobrenaturais para o seu consolo ou cura.[46] Do mesmo modo, as perturbações deverão ter causas "físicas" (alocáveis aos cuidados médicos) embora condições morais em sentido estrito possam estar aí envolvidas. Os discursos assim ordenados aproximam-se das representações dominantes na sociedade moderna, podendo apresentar, inclusive, manifestações dos mesmos reducionismos observados aqui, sobretudo no tocante aos saberes acadêmicos. O reducionismo "psicológico/sexualista", o reducionismo pelos "males da civilização" e o reducionismo pela "exploração/expropriação" podem ser encontrados em discursos atuais da Igreja Católica, por exemplo, sem muita

[46] De um ponto de vista geral referem-se a esta questão Durkheim e Foucault (cf. Durkheim, 1968, p. 613 e Foucault, 1975, pp. 75-6). Andréa Loyola transcreve um depoimento de um pastor batista entrevistado em sua pesquisa, que é bem expressivo dessa partilha "ética" entre o "físico" e o "moral" (cf. Loyola, 1982, p. 30). Os discursos da Igreja Católica se ordenam todos sobre essa nova lógica — influenciada pelo racionalismo individualista. Os folhetos do culto a Nossa Senhora da Cabeça (a que fiz referência na Introdução) têm uma óbvia preocupação em "des-magicizar" a referência à *cabeça*. Um "almanaque" católico recente inclui a seguinte informação sobre as perturbações físico-morais, sob o título de *O "mal do século"*: "De repente, tudo começa a girar à sua volta. Além da tonteira, você sente falta de ar. Por mais amena que esteja a temperatura, o suor é permanente. No entanto, não há sinal de doença. Provavelmente você estará sofrendo de distúrbio neurovegetativo, um mal bastante comum na época presente, principalmente nos grandes centros, onde a vida agitada provoca tensões, angústias e ansiedades nas pessoas, submetendo-as às vezes a insuportáveis pressões. O *sistema de vida vegetal* no homem (ou seja, um sistema de vida que ele tem de exercer sem um controle consciente e que lhe permite, por exemplo, estar dormindo e continuar vivo) é interligado ao *sistema nervoso*. Daí a expressão neurovegetativo. Os sintomas mais comuns são: nervosismo, palpitações, mãos frias, insegurança, sonolência, falta de memória etc. Para voltar ao equilíbrio neurovegetativo são importantes duas coisas: a prática de esportes (ou longas caminhadas) e a correção dos hábitos de vida (comer em horas certas e devagar, viver ao ar livre, combater o sedentarismo ou a vida parada)" (*in* Guimarães, 1983, p. 47). Encontramo-nos aí em pleno discurso "higienista", veiculando uma das versões oficiais da configuração do *nervoso*. É interessante ressaltar que já há segmentos da Igreja Católica que considerariam ultrapassado esse discurso; aproximando-se mais ainda do individualismo ao lançar mão da "psicanálise" ou da configuração do *psicológico*. A comparação do trecho citado com os que já aqui examinamos, extraídos da doutrina espírita ou umbandista (*apud* Seiblitz, 1979 e Guedes, 1974), bem revela a diferença de concepção da relação entre a religião e o mundo e, particularmente, da relação entre o "corpo" e o "espírito".

dificuldade. É de se supor que esse seja um corolário quase inevitável daquela bifurcação entre "moral" e "espiritual" e daquela dissociação entre o "espiritual" e a perturbação pessoal que tão nitidamente afastam essas representações das que qualificam o universo cultural das classes trabalhadoras urbanas.

É ainda em torno deste plano de hiper-relacionalidade que se pode encontrar o que chamei de "reducionismo IV". Trata-se, neste caso, da atribuição do desencadeamento das perturbações à intervenção de uma instância religiosa, ou de práticas a ela associadas. Em nosso caso, são os cultos "afro-brasileiros" que padecem dessa acusação, sistematizada no discurso médico-psiquiátrico de Nina Rodrigues e disseminada até hoje de forma mais ou menos grosseira em diversos segmentos letrados da sociedade. O artigo já citado de Simone Guedes (1974) descreve com grande clareza o modo de articulação desse reducionismo, desde *As collectividades Anormaes* de Nina Rodrigues [1939] até artigos de jornal da época de sua pesquisa [1972]. O ponto central dessa representação é o da desqualificação do valor propriamente "religioso" dessas experiências e sua redução à manifestação de "loucura", "doença mental", "histeria" — esgotando-se neste caso, na medida da sofisticação do acusador, as diversas nosografias psiquiátricas. É claro que o reducionismo propriamente dito reside na atribuição do desencadeamento das perturbações (lidas sob esse prisma "psiquiátrico") à prática ou exposição a tais cultos, considerados como "pseudo-religiosos", expressão de "fanatismo", "superstição" etc. É significativo que esse reducionismo seja manipulado pelas religiões cristãs, em apoio à sua tradicional repulsa àqueles cultos, considerados como "feitiçaria" ou coisas do "demônio". O já citado livro do pastor Macedo expressa nos seguintes termos essa articulação ideológica:

> Os *maiores médicos* do Rio de Janeiro já chegaram à conclusão que o *espiritismo* é a maior fábrica de *loucos* que existe. Infelizmente, alguns aproveitadores ou sensacionalistas ainda dão ênfase a esta pouca-vergonha, indo nos programas de televisão e rádio, bem como nos jornais, dando apoio à patifaria e imundície que está por detrás disso tudo (Macedo, 1982, p. 58 — grifos meus).

É interessante observar que, manipulada por agentes religiosos locais, essa representação desencadeia uma apropriação muito singular, em tudo distante dos princípios originais que norteavam o reducionismo citado. Podemos encontrar assim três níveis em que permanece pertinente a equação *macumba/loucura* (para utilizar os termos mais negativos que resumem cada coluna): o nível do discurso "médico-psiquiátrico", o nível do discurso do "agente religioso" e o nível da representação de um *crente* recém-convertido, por exemplo. Em cada um dos níveis, porém, o sentido da díade se apresentará diverso, obedecendo aos princípios maiores de articulação das ideologias de cada segmento social envolvido.

O primeiro nível — articulador do reducionismo — considera como substantiva e concreta a realidade patológica da "loucura" e desqualifica a "macumba" como uma prática social perversa que "induz" à patologia mental através da "simulação" e da "sugestão".

O segundo nível — que compete com a umbanda, no mercado religioso, procurando enfatizar sua maior pureza ética — utiliza-se do argumento desqualificador do primeiro discurso, negligenciando a questão da realidade da "loucura" (que é, porém, ainda invocada) e introduzindo um terceiro termo que é o do "demônio", considerado como verdadeiro agente dos processos sobre que se voltam.

No terceiro nível — o do recém-convertido a uma seita pentecostal — desaparece totalmente a suposta realidade da "loucura" e, à desqualificação da "macumba" como ilusão, se substitui a sua qualificação como realidade perigosa, porque envolta por poderes sobrenaturais malignos.

Para o que nos interessa mais fundamentalmente, este terceiro nível é apenas uma das múltiplas inflexões que pode assumir a visão de mundo das classes trabalhadoras a esse respeito — e se a ressaltamos é para fazer contrastar mais claramente a distância dos princípios ideológicos envolvidos nos dois pólos de observação da díade religião/perturbação. Já ressaltamos aqui que — em um certo sentido — há uma representação de *loucura* presente nesse espaço cultural, que pode ser invocada concomitante ou alternativamente ao discurso do *nervoso* e aos discursos "religiosos". Sobre isso, porém, as questões da "loucura", da "responsabilidade" e das "terapêuticas" se entretecerão no próximo item.

d) O *NERVOSO* COMO MEDIAÇÃO "FÍSICO-MORAL"

Como me havia proposto, tentarei reordenar neste último item a construção/observação dos fenômenos do *nervoso* por um ângulo diverso seguindo uma certa fieira de recortes alternativos. Seria mesmo conveniente que a totalidade da informação etnográfica até agora aportada retornasse assim iluminada pelos novos focos, ganhando a densidade multidimensional gradativamente perdida sob a grade anterior. É claro, porém, que não será possível fazê-lo. Embora retorne necessariamente a referência a tantos e tantos pontos da demonstração, deixar-se-á vasto espaço à memória e interesse do leitor benévolo em acrescer às conexões e hipóteses ou do que esteja animado em vislumbrar contradições ou alternativas esclarecedoras.

Supus em um dado momento da concepção do trabalho que pudesse recortar do material etnográfico alguns belos exemplos, fragmentos de discurso ou observação registrados, que viessem ilustrar e — por assim dizer — guiar cada um dos quatro tópicos seguintes. Era suposição razoável, dado serem esses tópicos superponíveis a quatro recortes importantes da própria vivência e representação dos informantes — e não apenas tópicos do interesse acadêmico ou analítico. Ocorre porém com o material do *nervoso* que seja ubíquo, que não se deixe sintetizar em núcleos temporalmente coesos, pelos muitos motivos que sucessivamente — desde a Introdução — se vêm desdobrando ante nossos olhos. Por mais rica e densa que seja uma entrevista, por mais abrangente e complexo que seja um caso (uma história de vida construída, por exemplo) eles dificilmente se adequariam àquela função por dois motivos: primeiro, por não respeitarem os recortes adotados, ou melhor, por necessariamente imbricá-los dois ou três – ou todos – entre si; segundo, por não conterem todos os desdobramentos e implicações possíveis de cada recorte, em obediência e demonstração da complexidade de níveis e situações em que se viu desfraldar-se a lógica do *nervoso.*

Se não servem, porém, como guias, hão de servir certamente como longas epígrafes, suscetíveis de fazer evocar associações que me eximo desde logo de esgotar. Serão além do mais muito díspares em qualidade etnográfica, como a demonstrar a tenuidade particular de que se reveste a informação sobre o *nervoso,* assim como sua abrangência e ubiqüidade.

FOCO DA "RESPONSABILIDADE":

Porque eu já naufraguei e depois que tive esse barquinho já tive a pique também. Tive uma pescaria longa, e quando fui embarcar o vento caiu. Aí soltei o resto, fechei a coisa e vim, vim, vim, quando cheguei aqui já em Itaipu, o vento foi cada vez arrochando mais, eu já me vi perdido. Um dos meus garotos tava lutando, brigando pros outros fazer, pra não se encostar, e tanto ele fazia tanto brigava com os outros. Aí chegou um ponto que esmoreceu de brigar com os outros. Aí nem ele fazia, nem brigava com os outros pra fazer (. . .) O meu mais velho preparou um vasilhame grande de plástico, de 60 litros, com tampa e sobretampa. Ele jogou a água toda fora, botou a tampa e a sobretampa e nós vínhamos. Água dentro, água fora. Tinha hora que os pneus boiavam dentro do barco. E eu só dizia pra eles: há de ser o que Deus quiser. O homem do leme não agüentou, eu vim pro leme e dizia: calma, calma, há de ser o que Deus quiser, estamos indo devagar mais estamos indo. Depois de estar aqui no norte em Itaipu fui obrigado a dar lá em Copacabana pra poder entrar por lá pra chegar aqui. Quer dizer que lá no mar todo mundo estava vencido, naquela crise nervosa e eu estava calmo. Aonde arranjei tanta calma, não sei explicar. Ou calma ou responsabilidade. Eu sozinho e meu garoto mais velho. Ele fazia uma coisa, eu fazia outra. Quando cheguei em casa, me deu aquela crise nervosa que eu sentei e eu chorei até passar aquela crise nervosa. Lá no mar Deus me deu forças pra lutar até que venci, graças a Deus" (Entrevista gravada com um *pescador pequeno, crente* não-praticante, de meia-idade, em Jurujuba).

Boa parte da tematização do *nervoso* passa direta ou indiretamente pela questão da "responsabilidade", que é tão vital para nossos observados sujeitos quanto para a teoria da pessoa moderna (cf., por exemplo, Mauss, 1973 e Berofsky, 1973).

O *nervoso* apresenta aqui, mais do que nunca, suas qualidades de vetor "físico-moral", permitindo o deslizamento entre as "determinações" de múltipla ordem que constrangem o desempenho dos sujeitos e sua *vontade.*

Há em torno dessa questão todo um novelo de categorias imbricadas, cujo sentido se interpenetra quando o olhamos apenas como um quadro unidimensional. É possível, porém, detectar algumas pistas de distribuição de sentido que nos recolocam face a esquemas anteriormente propostos para a compreensão do modelo de pessoa aí vigente.

É assim que o que se chamava de "capacidade moral" tem uma afinidade mais próxima com as categorias da *responsabilidade,* da *obrigação,* da *vontade* e da *coragem*. Já o que se chamava de "capacidade mental" parece mais próximo de categorias tais como *juízo, mentalidade* ou *controle;* assim como a "capacidade física" fornece o limiar básico de categorias tais como *resistência, força* e *disposição,* que irão servir a idéias ou compor locuções físico-morais. Este é porém apenas um pequeno engate inicial, uma vez que todos os "prismas" e "planos" antes referidos fazem com que se refratem de maneira bastante complexa essas associações. A mesma situação ocorre com as categorias negativas correspondentes àquelas outras, tais como *moleza, fraqueza, memória fraca, mente fraca, preguiça* ou *sugestão,* que — nessa ordem — parecem encaminhar-se do "físico" para o "moral", permanecendo porém igualmente dentro dos limites da flexibilidade "físico-moral".

Como se pôde também observar anteriormente, o englobamento do físico pelo moral (no sentido estrito) pode corresponder, em um outro nível, a um englobamento do "físico-moral" pelo "religioso" (que é "moral" no sentido lato). Nesse sentido, em muitos casos, a área que seria mais aproximável do que Mauss chamava de "Pessoa Moral" — um dos aspectos da representação moderna do Indivíduo — acabará por se subordinar a uma determinação hierárquica mais ampla, no sentido do que aqui se examinou como o "hiper-relacional".

Alguns pequenos núcleos de análise de material etnográfico em torno dessa questão podem ser evocados como exemplos. Delma Neves trata da questão do *controle* e do *descontrole,* tão importantes para qualificar certos limiares de responsabilidade, sobretudo para a mulher e a boa gerência da unidade doméstica (da adequação entre gastos e renda) (cf. Neves, 1977, p. 25). José Sérgio Leite Lopes aporta uma contribuição vívida à própria e explícita categoria *responsabilidade* no contexto do trabalho na usina de açúcar, na relação com a maquinaria e com o processo de trabalho como um todo (cf. Leite Lopes, 1978, p. 27). Eu mesmo também abordei a responsabilidade masculina face ao trabalho sob a categoria do *fazer por onde* em minha dissertação de mestrado, tendo também aí analisado a categoria da *obrigação,* que costuma designar a responsabilidade masculina pela reprodução da casa (cf. Duarte, 1978). Sonia Pacheco Alves tem informação concentrada em torno das categorias *mente fraca, memória fraca* e *débil mental* (cf. Alves, 1982, p. 53). Alba Zaluar faz uma boa análise da categoria negativa *sugestão* (ligada à *mente fraca*) em Zaluar, 1983c, p. 208.

O conjunto das categorias que pude associar à "capacidade mental" — sobretudo *pensamento, juízo, mentalidade, mente, memória* — é muito recorrente e tem qualidades de intermediação físico-moral tão importantes quanto o discurso do *nervoso;* embora exclusivamente no tocante a este ponto da responsabilidade. É assim que todas aquelas categorias se encontram associadas ao *cérebro,* à *cabeça;* constituindo porém — por assim dizer — o seu lado mais moral (face aos *nervos*).

Há uma série de ocorrências particularmente integradas desse conjunto no discurso do presidiário entrevistado por José Ricardo Ramalho — o que pode ser atribuído ao esforço que parece perpassar os trechos citados de enfatizar uma vitória da *responsabilidade* e da *vontade* sobre as determinações da carreira "criminosa" com vistas a um projeto de recuperação. Esse discurso contém, aliás, uma verdadeira teoria abrangente das trajetórias do homem de classe trabalhadora, vistas sob o prisma do "mundo do crime" e que se vai expondo da seguinte maneira ou na seguinte ordem: primeiro são distinguidos os quatro caminhos de desvio contra a vida de trabalhador, ou melhor, de *necessidade:* o *mendigo,* o homem que abandona uma família por outra, o *suicida* e o que "comete delitos" (cf. Ramalho, 1979, p. 191). Em seguida há o "elogio" do homem que permanece lutando com a vida regular de *necessidade,* de quem é dito ser o verdadeiramente *corajoso* (*ibid.,* p. 192). Estas classificações se dão no contexto da distinção entre o crime por *revolta* e o crime por *necessidade.* Mais adiante, essas duas categorias (e, portanto, aqueles cinco caminhos referidos) se antepõem — enquanto atos "conscientes" — aos que, "inconsciente", podem ser atribuídos ao *sofrimento das faculdades mentais* ou à *mente com distúrbios* (*ibid.,* p. 194).[47] A ênfase radical que esse discurso aloca estrategicamente à *vontade* faz com que, mais adiante, ainda apareçam no mesmo segmento, aglutinadas, as locuções *força de vontade, poder da mente, força da mentalidade.* Suas referências finais aos exames "psicológicos" e "psiquiátricos" a que tinha sido submetido procuravam justamente indicar que devesse ter sido provado que nada se encontrava "atacando sua mentalidade" e que ele pudesse retornar ao mundo da "responsabilidade" civil (vale o duplo sentido).

A lógica do *nervoso* permite que essas categorias cheias de ambigüidade ganhem um fio condutor generalizado e sistemático, utilizável sobretudo como alternativa "positiva" de classificação em situações "negativas". Trata-se nesses casos fundamentalmente da aplicação da lógica que apreciamos sob o "prisma de situação" (no item anterior). Há dois exemplos úteis no material de Simone Soares: no primeiro caso, a informante diz que "não é eu que quebro as coisas, é meu nervoso" (cf. Soares, 1980, p. 96); no segundo, comenta: "o pessoal diz que atacação de nervo é preguiça. Por isso quero um atestado do médico pra provar que não é preguiça" (*ibid.,* p. 98).

De uma maneira geral, este tópico da responsabilidade mediada em sua falência pelo *nervoso* constitui apenas uma introdução aos tópicos seguintes da *loucura* e do *encosto,* que o pressupõem subjacente a seus dois diferentes ângulos de observação e ordenação da vida.

---

[47] É nesse contexto que faz sentido a referência aos *vinte e dois* (cf., por exemplo, Alves, 1982, p. 53), homóloga à que em tantos outros casos faz uso dos números dos artigos do Código Penal para significar o tipo de crime ali cominado. O art. 22 do Código Penal é o que prevê a inimputabilidade pela "inconsciência" do ato criminoso. Diz em seu *caput:* "É isento de pena o agente que, por *doença mental* ou *desenvolvimento mental incompleto ou retardado,* era, ao tempo da ação ou da omissão, inteiramente incapaz de entender o caráter criminoso do fato ou de determinar-se de acordo com esse entendimento" (grifos meus).

A questão da *crise nervosa,* que aparece no discurso transcrito, pode ser encarada, por enquanto, como a manifestação mais aguda ou dramática do *nervoso,* servindo e articulando as qualidades gerais que a este se atribuiu. No caso do pescador contando seu acidente, trata-se de justificar a "fraqueza" de homens trabalhadores: em primeiro lugar a dos seus companheiros ainda durante a luta; em segundo, a sua própria, posterior, acompanhada desse choro tão inadequado à imagem ideal masculina. Veja-se que, no relato do período de luta contra a tempestade, o que se opõe à *crise nervosa* é uma qualidade ou condição que ele hesita em definir: "calma ou responsabilidade?". Caso eu não conhecesse muito bem esse informante e as condições gerais de sua vida, poderia supor que se opusessem aí uma versão mais "físico-moral" de pessoa e perturbação representada pela *calma* e uma versão mais "ético-abstrata", representada pela *responsabilidade.* Não é esse, porém, o sentido em que é utilizada essa categoria. Na verdade ela expressa, isto sim, a relação diferencial muito própria, que tem o *pescador pequeno,* o *mestre,* com sua *pescaria* e sua *companha.* Sua *responsabilidade* é a responsabilidade-obrigação de um pai para com sua casa e seus filhos. É por isso, aliás, que a atitude dos *companheiros* não é depreciada totalmente, mas mantida no limbo da *crise de nervos.* Em quaisquer outras circunstâncias se qualificaria bem mais negativamente sua atitude. O "filho mais velho", herdeiro da *mestria,* aparece como intermediário entre os dois planos, agindo de acordo com a responsabilidade de quem será um dia o dignitário, subordinado, porém, ainda à figura maior de seu "pai-patrão".

Não fiz ainda referência aqui à figura que mais regularmente se associa à falência da "responsabilidade" masculina: a *bebida.* Delma Neves aporta informações interessantes a esse respeito no tocante aos *mendigos-biriteiros* por ela entrevistados num centro social de atendimento. Um deles comenta: "esses carregadores de caminhão, pessoal da prefeitura, de limpeza, de manhã *bebe para dar força.* Mas demais enfraquece, fica com os *nervos abalados,* aí perde. Mas tem que ter um *estimulantezinho*" (*apud* Neves, 1977, p. 20 — grifos meus). Aí se evoca uma múltipla conexão: a do papel "estimulante" de que se pode revestir efetivamente o álcool para muitos tipos de trabalho (sobretudo os mais pesados e menos qualificados); a dos efeitos físicos "enfraquecedores" que esse falso "fortificante" produz, agindo sobre a mediação físico-moral dos *nervos* (que ficam *abalados*), e a dos efeitos morais com que esse enfraquecimento repercute sobre a totalidade da pessoa (" (. . .) aí perde"), fazendo brotar a "irresponsabilidade" dentro desse lugar por excelência da responsabilidade que deveria ser o trabalho.

FOCO DA "LOUCURA":

D. Lia é uma mulher branca, de seus 45 anos, casada, com um filho de 13 anos e uma filha adotiva de 5 anos, preta. Ela tem medo de que a menina se torne uma *à-toa* e também mostrou preocupação que os meninos maiores a peguem para *fazer bestei-*

ra. (. . .) O seu filho é doente, já foi internado na Clínica das Amendoeiras por *problema nervoso* durante três meses. Quando ele se irrita, tem *acessos,* dá murros, quebra tudo e avança em cima dela. Ela acha que o marido também é nervoso e que passou isso para o menino durante a gravidez. O marido bebe um pouco. No exame pré-natal, a médica pediu exames dela e do marido. Ele fez o primeiro exame e não quis fazer mais. A doutora disse que seu filho ia nascer doente e "é por isso que ele é assim". Antes de ficar grávida ela dizia para o marido que ele não fizesse um filho, pois ele nunca mais iria ter *sossego* na vida. E ela diz que isso é verdade: eles não têm sossego. Ela tem medo do *mau exemplo* que o filho possa dar para a menina. Ela já está sendo afetada, tem algumas reações iguais a ele e está sonâmbula. Ela quer conseguir um lugar para deixar o menino, mas onde ele estude. "Ele é muito inteligente, desenha muito bem, é capaz de desenhar uma de nós só de olhar". Perguntamos se ela achava que conversar podia ajudá-lo. Seu filho, que escutava a nossa conversa, gritou de dentro da casa que não. Ela explicou que já o levara a uma *psicóloga.* Mas ela acha que ajuda: "Uma orientação, uma palavra amiga é sempre bom". Ela tem raiva do filho ser assim, mas, às vezes, *entende,* porque ele não tem culpa. "O problema dele é no cérebro, é de nascença". A gravidez foi muito tumultuada, o marido brigava muito com ela, que ficava nervosa, e isso afetou o menino. Pediu que indicássemos um lugar para interná-lo. Dissemos que era muito difícil, que não conhecíamos nenhum bom. Ela disse que andava muito nervosa. Uma pessoa que trabalha no santo precisa de alguém que a escute, para desabafar. Ela ouve muitos problemas dos outros, muita desgraça e precisa de alguém que a ajude, que a entenda. O marido seria essa pessoa, mas nem isso ela tem dele. Para D. Lia, "o nervoso é aquele que não tem sossego, vive irritado". Ficam assim por causa do ambiente, falta de compreensão, ambiente onde as pessoas não se entendem e brigam. Não acredita em médico. Às vezes um bom chá de alpiste é melhor que muito calmante. Já o maluco é coisa mais de família, herdada. No final da entrevista, dissemos a ela que havia psicólogos no nosso centro de atendimento e que ela poderia levar o filho lá, se quisesse. Ela ficou quieta. Perguntamos se ela achava que não ia adiantar. Respondeu que o filho precisava era tomar algum remédio para ficar mais calmo, porque o caso dele não tem jeito, "é coisa de cérebro". Depois disse que "uma palavra amiga é sempre bom, dar uns conselhos" (. . .) Seria tão bom se o marido conversasse conosco e nós disséssemos para ele que, quando uma pessoa casa, deve assumir a mulher, o filho. . . queria levar o marido e o filho para conversarem conosco, mas nos parecia que seria para dizermos a eles o que ela gostaria de dizer. Para dizermos ao filho que ele precisava estudar, senão não iria conseguir se casar. E, para o marido, dizer que uma mulher precisa de conversa, carinho, atenção. . . Nenhum deles apareceu para nos procurar" (do "Relatório" de reconhecimento dos *centros de umbanda* de Acari, feito pela equipe referida, quando seus membros ainda trabalhavam como psicólogas no local. As entrevistas eram feitas com os pais e mães-de-santo — como D. Lia — visando apreender se havia uma representação de oposição entre "doença mental" [*da cabeça, dos nervos*] e "doença de espírito" — como se ordenava).
("Relatório sobre Nervoso" — Grupo de Pesquisa de Acari).

A questão da "loucura" constitui um dos aspectos mais sutis do sistema de perturbações físico-morais aqui examinado. Creio que a razão dessa qualidade possa ser alocada à profunda discrepância vigente entre a substantividade ideal de que se cerca a idéia da *loucura* e a quase absoluta relatividade de que se cerca a sua aplicação a casos concretos, à designação de sua atualização. Refiro-me, evidentemente, ao uso e representação dessa categoria e de tudo o que lhe é adrede na cultura das classes trabalhadoras. Embora eu creia que o seu estatuto e significado na cultura das classes superiores seja também bastante mais ambíguo e complexo do que postulam as múltiplas teorias eruditas disponíveis e conflitantes, há uma diferença fundamental a afastá-las: a já referida ausência na primeira cultura da representação de uma "instância psicológica", que tende, na segunda, a se avocar a condição de solo dos fenômenos desse tipo. Essa diferença faz com que o modo de representação vigente nas classes trabalhadoras apareça como "confuso" ou "contraditório" aos olhos dos segmentos permeados pela configuração monista do *psicológico.*

A relatividade que cerca a aplicação do rótulo de *louco* ou *maluco de verdade* já foi objeto de análise explícita em outro momento. Os dados fundamentais para sua compreensão são o de que há um corpo comum de categorias relativas às perturbações físico-morais que se escalona segundo um critério de "gravidade" ou "negatividade" crescentes e o de que, à sua utilização nos casos concretos, preside uma lógica plenamente situacional-segmentar. É assim que a seqüência *estar nervoso/ ser nervoso / estar doente dos nervos / ser maluco / ser louco* pode resumir uma gradação de estados "perturbados" que vai da quase "normalidade" da primeira locução à absoluta anormalidade da última (sinal de ausência em relação ao mundo, de afastamento da relacionalidade que sustenta os sujeitos). As categorias centrais — e suas múltiplas alternativas — são as que servem às qualificações habituais, as que se oferecem para a auto ou interclassificação no tocante às perturbações físico-morais. Posso resumir o argumento anteriormente desenvolvido, citando o princípio situacional do *nós/nervosos* X *eles/malucos.* Nessa equação se resume uma lógica simples, mas que permite deslocamentos complicadíssimos e uma aparência inicial de absoluta assistematicidade.

É claro, porém, que subjaz a essa lógica situacional-segmentar uma certa ordem de fenômenos sobre os quais ela pode justamente se organizar e distender, uma certa fenomenologia da "perturbação". Creio que ao longo do trabalho se pôde ir delineando, sobretudo, os sinais do *nervoso* mais regular, mais quotidiano — confundível com toda a ampla gama dos problemas que acometem a vida desses grupos sociais. No Capítulo I, os quadros dos sintomas físicos e morais do *nervoso* arrolam as categorias que presidem a uma microfenomenologia (sobretudo à auto-ausculta e avaliação de sinais).

O nervoso lindeiro à *loucura* pode ter passado por uma conjugação qualquer de um punhado daqueles sintomas mais ou menos percebidos ou enfatizados. Ele se qualificará, porém, quase necessariamente por uma demonstração pública da "perturbação" — ou, mais exatamente, por uma reiterada demonstração pública dessa "perturbação". Isso inclui as figuras do *ataque, atacação, acesso* ou *crise,* que se relacionam com os temas da *agressão,* do *espetáculo* (*show* ou *peça*) e da "inconsciência". Com efeito, é possível que uma *crise nervosa* não apresente nenhuma dessas três características (como as do discurso transcrito do *pescador*) e, nesse caso, não será uma *crise* grave, não fará desencadear qualquer associação com o pólo da *loucura.* Do mesmo modo, pessoas podem ser "agressivas" ou "escandalosas" – por um lado – ou perderem a consciência – por outro – sem que esses comportamentos sejam sequer qualificados na seqüência do *nervoso.*

O que parece realmente compor aquela pública demonstração de uma *grave crise, acesso* ou *ataque* é a conjugação da *agressão* ou do *espetáculo* (ou dos dois juntos) com a "inconsciência" total ou parcial dos atos praticados. Como a "inconsciência" não é uma qualidade palpável (embora possa ser "visível"), abre-se aí mais uma vez o gancho da não-substantividade, já que caberá ao ator e à sua assistência definirem – com maior ou menor consenso – se é ou não visível aquela impalpável qualidade. A recusa, aliás, em reconhecer um caráter "inconsciente" a algum comportamento desse tipo pode obedecer a interesses diametralmente opostos: seja que se queira assim desqualificar moralmente o personagem, acusando-o de uma mistificação; seja que se queira assim desqualificar a gravidade do evento, reduzindo às proporções de uma simples *crise de nervos* o que já poderia ser encarado por outrem como um *acesso de loucura.* A informante do texto em epígrafe, que abranda certamente sob o rótulo do *nervoso* as perturbações do filho, refere-se aos *acessos* e à *agressão,* mas não enfatiza a "inconsciência"; antes – em outro contexto – procura contrabalançar com a referência à *inteligência* a *capitis deminutio* de que vê ameaçado o garoto. Carolina de Jesus, sempre cética e crítica em relação a suas vizinhas, denuncia de modo recorrente o lado exclusivamente *espetáculo* (ou seja, "consciente") de seus *ataques* (cf. Jesus, 1983, pp. 76, 93, 116 e 153).

É interessante relembrar, aliás, que estas avaliações mais estritas da questão da *loucura* se inserem no quadro antes tentativamente exposto da superposição parcial e sucessiva das ordens de avaliação "religiosa", "físico-moral" e "moral" das perturbações físico-morais. Ou seja, que um mesmo comportamento desse tipo será tão mais severamente cobrado – porque pressuposta aí a ação da "responsabilidade" – quanto menos possível, provável ou conveniente for a invocação de uma explicação ou sentido "religioso" (na verdade, quero me referir ao sentido específico de "espiritual"). As avaliações explicitamente formuladas pelo código do *nervoso* são mais uma vez aqui mediadoras. Isso significa que um comportamento com determinadas características inabituais poderá ser alternativamente qualificado como um *espetáculo* (do ângulo mais "malévolo") ou como uma "experiência espiritual" (de um ponto de vista mais "benévolo"). Entre as duas qualificações polares todo um contínuo de locuções com a categoria *nervoso* permitirão uma notável "manipulação" das identidades em situação.

Se a justificativa para uma qualificação benévola é a da suspensão da consciência e da responsabilidade do sujeito e, para uma qualificação malévola, as da plenitude dessa consciência e dessa responsabilidade, há ainda um modo simetricamente inverso de qualificar essas posições: com efeito, a ausência de consciência e de responsabilidade por um *ataque* pode também qualificar a *loucura;* assim como a presença da consciência e da responsabilidade sob tal comportamento pode — nas circunstâncias especiais do *encosto no INPS* — significar uma louvável esperteza. Resumindo:

(+)		(–)
"experiência espiritual" – consciência – responsabilidade		*espetáculo* + consciência + responsabilidade
(–)	(+ ou –)	(+)
loucura – consciência – responsabilidade	*crise de nervos* + ou – consciência + ou – responsabilidade	*encosto* (com "encenação") + consciência + responsabilidade

É claro que nenhuma das quatro possibilidades dispõe de uma realidade absoluta, havendo múltiplos modos de transposição de uma para outra, de confusão de limites ou de conflitos de classificação. O *encosto* será examinado no próximo tópico — e com ele suas relações com o quadro desenhado. A relação entre a "experiência espiritual" e o *espetáculo* e a "experiência espiritual" e a *loucura* são um objeto importante da vida e do pensamento religiosos, e também se oferecem como tema fundamental a quem se interesse por desqualificar o universo religioso como um todo ou algum dos múltiplos recortes em que ele se apresenta hoje aos nossos observados (sobretudo interconfessionalmente). A relação entre *loucura* e *espetáculo,* além de abranger parte das possibilidades de atribuições e qualificações diferenciais das perturbações dentro desses próprios grupos sociais (nos limites do espectro de comportamentos associáveis ao *nervoso*), é um tema central da inquietação dos agentes médicos em torno do *encosto.*

Em todos esses intricados cruzamentos, uma linguagem comum serve de mediação: a do *nervoso;* paralela, subjacente ou alternativa a qualquer uma das possibilidades de avaliação ou qualificação das perturbações.[48]

As religiões de possessão ou de transe que se oferecem à participação das classes trabalhadoras urbanas tematizam formalmente as fronteiras (mais ou menos nítidas) entre o tipo de perturbação compreensível enquanto experiência "espiritual" e aquele outro que — nomeável então

[48] Um exemplo bem vívido é aportado por uma informante de Simone Soares: "Raimundo pegou uma fraqueza, e sem dinheiro e sem emprego, juntou tudo na cabeça e está achando difícil uma solução, eu não acho que ele seja doido, ele apenas teve uma crise e quebrou tudo dentro de casa, uma vizinha me disse: tira uma ficha clínica de emergência psiquiátrica que isso é *nervo*" (*apud* Soares, 1980, p. 77).

como *loucura, doença mental, problemas no cérebro* — supõe a intervenção dos saberes médicos ou médico-psiquiátricos. O artigo já citado de Simone Guedes sobre "Umbanda e Loucura" é um texto fundamental sobre tal questão no tocante à umbanda (cf. Guedes, 1974). O *Guerra de orixá*, de Yvonne Maggie (1975), inclui um interessante relato etnográfico do suposto "enlouquecimento" de uma mãe-de-santo e das complexas relações desse evento com questões abstratas e quotidianas da reprodução de um centro de umbanda e de seus membros. A tese de Paula Montero e o artigo de Lucy Manso oferecem dados sobre a visão retrospectiva de informantes intensamente comprometidos respectivamente com a umbanda e com o pentecostalismo a respeito das perturbações *nervosas* antes sofridas — que passam em um certo sentido a constituir premonições da "experiência religiosa" (cf. Montero, 1983 e Manso, 1980). Nesse ponto, porém, já estamos em parte avançando sobre o foco das "terapêuticas".

Como se verá no tocante ao *encosto*, a utilização do "benefício-saúde" por *doença dos nervos* não corresponde necessariamente à unívoca experiência "positiva" prevista no quadro anterior. Uma dose de ambigüidade altíssima cerca o recurso ao *encosto*, e a *internação* em que tem freqüentemente que implicar é uma experiência grave e cheia de repercussões; mesmo para quem supusesse, desejasse ou eventualmente declarasse ter dela feito um uso instrumental.

Nesse último caso parece ser fundamental a questão da preservação de uma diferença face aos *loucos* ou *malucos de verdade* que são, em princípio, justamente aquelas pessoas que escaparam à relacionalidade e são por isso mantidas na reclusão hospicial. A tese de Simone Soares é muito rica em informação sobre esse tipo de experiência, em que se juntam a expectativa de um auxílio ao *nervoso* efetivamente experimentado, a preocupação e denúncia do caráter "enlouquecedor" das *drogas*, do "isolamento" e do convívio com os *loucos;* e — em alguns casos — a esperança de escapar à armadilha, obtendo a *aposentadoria* por *doença dos nervos* sem tornar-se efetivamente *louco.*

Esse caráter limite externo da loucura reponta em uma significativa referência de Herbert Gans ao modo como se dão as "doenças mentais" nos grupos de classe trabalhadora por ele estudados:

> Ao invés da melancolia há um comportamento de atuação; a neurose é rara; e as dificuldades que não podem ser superadas terminam ao contrário em uma crise psicótica, expelindo o indivíduo inteiramente do grupo (Gans, 1962, p. 102).

Trata-se, sem dúvida, de uma peça etnograficamente perspicaz, vazada através de recursos descritivos profundamente etnocêntricos — porque amparados numa suposta univocidade dos conceitos "psiquiátricos". A primeira locução — que opõe *melancolia* a *comportamento de atuação* — significa simplesmente que, como se veio aqui explicando, os modos culturais privilegiados de perturbação nesses grupos sociais são os que se dão de forma comissiva, comportamental e pública. Embora haja formas "depressivas" (como o referido *nervoso recolhido*), essas não configuram paradigmaticamente a experiência da perturbação (mas sobretudo da perturbação grave ou da *loucura*). Esse parece ser o mesmo sentido da curiosa referência à raridade da *neurose*. Se considerarmos que essa categoria tem um sentido de senso comum que lhe aloca o papel de perturbação preferencial e paradigmática das terapêuticas "psicológicas" (sobretudo "psicanalíticas"); que apresenta, nesse sentido, um formato bastante peculiar de sintomas (ansiedade, distúrbios de "pensamento", "insatisfação afetiva" ou "sexual") e que, sobretudo, não implica habitualmente o recurso à *internação*, trata-se certamente de alguma coisa em nada semelhante ao modo com que se vivencia uma perturbação físico-moral de gravidade "média" nas classes trabalhadoras. A expressão final a respeito da *crise psicótica*, seguida de *internação*, parece se referir exatamente aos *ataques* e *crises* (públicos, agressivos e inconscientes) que se acabou de observar como parte integrante da fenomenologia da *loucura*.

Há algumas subquestões adredes à questão geral da *loucura*. A primeira é a da seqüência semântica que pode ser resumida na categoria *débil mental*, que inclui, freqüentemente, a referência à *disritmia* e à *epilepsia*. Estão incluídos nessa rubrica os casos de desenvolvimento mental nitidamente insuficiente e alguns tipos de perturbação (sobretudo de tipo depressivo ou omissivo), desde que detectados na infância ou desde a infância. Estes casos não deixam de ser cobertos pelo discurso do *nervoso*, embora a ênfase "física" seja aí talvez ligeiramente mais intensa (o *cérebro*, a *chapa da cabeça*, o *eletro*, o *exame* etc.). A ausência de agressividade afasta claramente esse grupo do pólo da *loucura*, embora as fórmulas mais leves lhe possam ser eventualmente aplicadas (*maluquinho*, *pinelzinho*, *meio maluco* etc.). Não pude acompanhar ou ter informação clara sobre a trajetória de crianças e jovens que encontrei nessa situação. É provável que possam vir a ter alguma inserção social discreta à sombra de parentes (dependendo da gravidade do caso) ou que sejam a fonte parcial de uma categoria sobre a qual ainda não me referi: a dos *malucos* "locais". Tanto em Jurujuba como no Meio da Serra havia regularmente um ou dois *malucos* reconhecidos com uma condescendência especial pelos moradores, apesar de ostentarem os sinais negativos da "vagabundagem", do não terem casa e do serem exemplarmente sujos. Podiam ou não ser gente oriunda do local e se habilitavam à convivência no bairro pela total ausência de agressividade (apenas verbal, às vezes) e pela disponibilidade em prestar pequenos serviços desagradáveis em troca de comida ou peças de roupa usada (em todos os casos que conheci, tratava-se, sobretudo, de manipular o lixo, que é sempre um grave problema em lugares inatendidos pelos serviços regulares e domiciliares da companhia pública). Em muitas ocasiões pude verificar que as opiniões abstratas ou genéricas sobre os *loucos* nunca incluíam esses *malucos* "locais".

Havia, aliás, também uma considerável ambivalência em relação aos *hospícios* e à *internação*. Embora a necessidade desse tipo de instituição se depreendesse de sua visão dos *loucos* mantidos isolados (há, sobretudo no material de Acari, freqüentes referências a internações solicitadas pela família, com a possível interveniência da polícia), teme-se e acusa-se o procedimento dos seus responsáveis, a violência dos métodos de "tratamento" e o mistério dos critérios psiquiátricos. É claro, porém, que aí se misturam também as situações de *encosto*, em que a ambivalência é multiplicada pela ambigüidade da situação desencadeadora.[49]

FOCO DO ENCOSTO:

Mais uma vez Roberto fez referência à conveniência de se ir junto à Associação [dos Ex-Combatentes] conversar com o pessoal, por que lá é que eu iria encontrar o material de que eu precisava. Havia lá o pessoal da LBA que ajudava para diversos fins. Fez menção aos processos de aposentadoria que mereciam um interesse especial e uma luta muito complicada e longa para atingir, embora a condição de "ex-combatente" — segundo ele — permitisse ou supusesse certas vantagens sobre os demais trabalhadores. Fez intervir nesse ponto uma rememoração do Hospital do Exército onde estivera outrora internado (creio que havia uma designação especial para o setor psiquiátrico, que não retive, apesar de reconhecer que ele já me contara antes histórias sobre essa — ou essas — internações) [verificar onde sua mãe fez referência às dificuldades por que passou a família enquanto Roberto estava internado]. Não percebi inicialmente o nexo entre os dois assuntos sobre que flutuou a conversa de Roberto. A televisão estava ligada e N. me consultou várias vezes sobre o seu dever de casa — única interrupção de nossas conversas usualmente admitida por Roberto. Ele falou longamente sobre os sofrimentos e humilhações sofridos no hospital (de modo que lembrava sua descrição do que voltaria a enfrentar depois de 64) e disse que o pessoal entrava *nervoso* e saía *maluco* daquele lugar, que ele era muito nervoso, mas que havia muita gente pior que ele. E que isso se poderia verificar na Associação; que alguns conhecidos certamente me contariam suas vidas, embora a gente devesse ir com calma, porque eram muito desconfiados. Creio que ponderei ou perguntei se haveria condições de conversar ou "fazer entrevistas" nesse lugar sobre tais assuntos. Roberto — com habitual perspicácia — disse que era um lugar muito bom porque as pessoas estavam lá para tratar desses assuntos graves de suas vidas e porque era sobre isso que ficavam falando o tempo todo. Mas que talvez fosse melhor se eu entrasse em contato com o pessoal da LBA, porque eram eles que encaminhavam os pedidos. Como P. perguntasse se o tio A. também tinha passado por lá e Roberto lhe respondesse que não, que ele tinha se *encostado* direto no INPS, tive a impressão súbita de finalmente compreender uma série de eventos da vida de R. que sempre me haviam parecido obscuros, enquanto se processavam alguns anos antes. Sua complicada "aposentadoria" devia ter passado pelo *encosto* ou por alguma coisa equivalente no seu caso, dada a especificidade de sua carreira profissional e de sua condição de *ex-combatente.* (. . .) À tarde, no quintal ao lado do poço, Roberto me perguntou se eu também tinha problemas de. . . de *nervos.* Como eu lhe dissesse que sim, recomendou-me não tomar drogas — ou perguntou antes se eu as tomava? — "Eu, quando estou *alterado,* assim de vez em quando, trabalho bastante pra cair na cama de cansado."

---

49 A percepção ambivalente mais freqüentemente expressa sua face negativa, como se pode ver no título e texto deste cordel nordestino de Gilberto Marques (s./d.):

"Não vou mais tomar nem chope / Seja de noite ou de dia / Pois podem me desconhecer / E essa farra que eu fazia, / Talvez venha a se transformar, / Num sonho que não tive / Em coisa que não queria, / Ser interno de repente / Em Hospital de Psiquiatria"

(*Loucurá S/A ou A Fábrica de Doidos e o Dr. Zezinho*)

(do meu "Caderno de Campo" em Jurujuba; em torno de um informante muito querido, a respeito de cujo caso fiz várias referências, inclusive as da Introdução, sobre a Associação dos Ex-Combatentes e a LBA).

Múltiplas referências esparsas ao *encosto* por *doença dos nervos no INPS* (ou no *Instituto*) foram feitas até aqui. A importância etnográfica desse fenômeno foi, como já pude acentuar, um dos motivos de meu interesse pelo *nervoso* e o fio condutor das primeiras informações registradas e dúvidas agitadas.

Há poucas mas variadas referências bibliográficas sobre o tema. As teses de Simone Soares (1980) e de Pedro Gabriel Delgado (1983) encontram-se praticamente centradas em situações de *encosto.* Há breves referências de tipo antropológico nos trabalhos de Sonia Alves (1982), Delma Neves (1977) e Lucy Manso (1980). Apreciações não-convencionais ou "progressistas" dos problemas subjacentes ao *encosto* por parte de profissionais da área médica encontram-se em Holanda & Sampaio (1979) e Cordeiro (1981); além de aparecerem em todas as estatísticas e análises de dados sobre licenças e aposentadorias concedidas pelo sistema oficial de assistência médica e previdenciária. É interessante que dos três trabalhos mais sistemáticos e amplos dois sejam fruto de pesquisa conduzida por psiquiatras (ainda que com um interesse e cunho sociológicos): os de Pedro Gabriel Delgado e de Sonia Alves. O terceiro, embora realizado por uma antropóloga, foi conduzido dentro da instituição psiquiátrica e muito próximo ao trabalho do psiquiatra José Jackson Sampaio (o Sampaio de Holanda & Sampaio, 1979). É evidente que essa intimidade com o espaço psiquiátrico é inevitável, na medida em que se trata de um fenômeno decorrente (pelo menos em sua forma atual) do formato de que se cercam o sistema previdenciário e médico como um todo e os serviços médico-psiquiátricos em particular. Delgado parece concentrar boa parte de sua argumentação contra este sistema de produção de "loucos" instrumentais (lembremo-nos do título da tese de Soares: *Enlouquecer para Sobreviver*), sobre a debilidade do nosso regime assistencial e, particularmente, sobre a inexistência de um "auxílio-desemprego". Soares chama a atenção para aspectos mais específicos do funcionamento da prática psiquiátrica nos atendimentos públicos, para certos detalhes ou exigências legais que fazem com que uma situação já por si viciosa se torne ainda mais "irracional" e "patogênica". A verdade é que, por mais bem-intencionada, progresista e formalmente racional que seja a política e a prática da política de "saúde mental" no país, parece absolutamente impossível que ela "se adeque" às necessidades da população das classes trabalhadoras, por motivos que vão desde contradições próprias ao campo "psi" (inclusive no tocante à definição da "psicopatologia") até contradições intrínsecas àquela "necessidade" (como vimos no item anterior) passando pelos graves problemas de "comunicação" entre os dois códigos decorrentes da distância cultural aqui descrita.

Não me foi possível aprofundar um estudo da história do *encosto* — que teria exigido um garimpo de informações legais e oficiais enormemente opacas. Posso supor, com base nas histórias de vida de meus informantes e em percepções vagas e generalizadas, que o formato e importância atuais da instituição são coetâneos ao regime previdenciário unificado.[50] Isso se deve evidentemente a características legais abstratas, mas sobretudo, à violenta "despersonalização" dos serviços que parece ter implicado esse evento para um ponderável segmento das classes trabalhadoras. Os pescadores, por exemplo, não cessam de lamentar a perda dos serviços a que tinham acesso específico (o IAPM – Instituto dos Marítimos – e a Policlínica dos Pescadores), referindo-se com reconhecimento e carinho a tais ou quais médicos e funcionários. Pelo que se conta em tais circunstâncias (no que pode haver alguma dose de idealização do passado), podia-se obter de relações pessoais bem cultivadas consideráveis e necessárias *vantagens* em situações de perturbação ou crise – o que é muitíssimo mais improvável com o regime burocrático centralizado atual, de tão vastas dimensões.

Seja como for, o *encosto* hoje envolve três situações-base: a *licença* (o "auxílio-saúde"), a *internação* e a *aposentadoria* (no caso, a "aposentadoria por invalidez"). As três entretêm uma relação complexa, não só pelas características e exigências da legislação, como pela maneira como as encaram, valorizam e procuram manipular os trabalhadores. O grande valor é o da *aposentadoria* (cf., por exemplo, Manso, 1980, p. 30), embora certamente a "clareza" de um "projeto" no sentido de sua obtenção não esteja presente no início do recurso ao *encosto* em uma crise de vida dramatizada numa crise de *nervos.* Também é verdade que a carreira moral iniciada com um *encosto* pode ser infletida para fora do caminho da *aposentadoria por nervoso.* Uma variante de tipo religioso sempre é possível, assim como o puro e simples rearranjo da vida de luta quotidiana (propiciado por um emprego mais estável, a chegada dos filhos à idade de contribuírem para a reprodução doméstica ou outro qualquer evento benfazejo).

Para quem, como eu, observou o *encosto* do ponto de vista da vida quotidiana, da *família* e da *casa,* muita coisa da dramaticidade das *internações* "instrumentais" escapou. A tese de Simone Soares já nos apresentara, porém, com grandes detalhes os meandros ambíguos e ambivalentes dessas situações em que se pode, como dizia meu informante, "entrar nervoso e sair maluco".[51] O próprio estatuto dessa "instrumentalidade" é – como já

---

[50] Os seis grandes Institutos de Aposentadoria e Pensões que dividiam desde 1954 a assistência médica e previdenciária aos trabalhadores (excetuados os "públicos" e os "rurais") foram unificados efetivamente no INPS em decorrência do Decreto-Lei nº 72, de 21 de novembro de 1966. Essa unificação já decorria de uma política iniciada em 1960, com a Lei Orgânica da Previdência Social (Lei nº 3807, de 26/8/1960). Desde então ocorreram várias modificações organizacionais no sistema previdenciário que não alteraram, porém, sua unicidade básica.

[51] A dramaticidade dessas situações fica completamente empanada e assume às vezes, sem dúvida, contornos cômicos quando descontextualizada em questionários. Numa

procurei expressar — extremamente ambíguo: a encenação da loucura nesse universo só se autoriza numa situação de tanta gravidade real quanto é real o *nervoso* ressentido. Os sintomas estão ali, as causas do mesmo modo. Que se possa canalizar tudo isso num esforço de restauração das condições de reprodução apenas magnifica a ansiedade de obviar os efeitos assustadores a longo prazo da *internação*. Os primeiros períodos nessa condição podem ser experimentados como uma bem-vinda suspensão do desespero quotidiano: entre os informantes de Simone Soares cita-se o prazer da fuga literal da fome ou da fuga do espetáculo da fome da família; entre os de Delma Neves está presente a avaliação de um limite extremo de sobrevivência na penúria regular da mendicância (cf. Neves, 1977, p. 71).

É em momentos posteriores que passam a assustar as *drogas*, a convivência com os *malucos de verdade* (que são apenas geralmente os "outros" *malucos*), a distância da família. Os cálculos se reiniciam complexos ou desesperados: foge-se das *internações*, mobiliza-se os recursos médico-burocráticos[52], simula-se talvez agora a "normalidade".

Do ponto de vista de quem consegue estar fora, fruindo de uma *licença* ou *aposentadoria*, armam-se outras imagens, oscilantes entre o estigma da *loucura* e o troféu da *esperteza*, dependendo do êxito geral do projeto de vida e da disposição ou "distância estrutural" dos circunstantes avaliadores. As locuções *maluco por conveniência*, *ter carteira de maluco* (cf., por exemplo, Alves, 1982, p. 58) ou *ter carteira psiquiátrica* (cf., por exemplo, Montero, 1983, p. 142) fazem parte dessas circunstâncias finais.

A internação psiquiátrica de membros das classes trabalhadoras não é sinônimo evidentemente de uma carreira de *encosto*. Ela pode provir de numerosas situações de cuja complexidade espero ter podido dar uma idéia. O *encosto* é, porém, um fenômeno qualitativa e quantitativamente impressionante. As estatísticas disponíveis são habilmente analisadas por Vaissman (1983, p. 97) para demonstrar a alta incidência de situações em que se pode supor estar em jogo esse modo de lidar com as perturbações para sobreviver e lhes sobreviver.

FOCO DAS "TERAPÊUTICAS":

Um problema é quando a gente tem a vida sofredora e tudo vem para nós passarmos pela fase difícil, então tudo acontece, eu não tinha problemas de nervos. Eu não sentia problema de nervos em mim. . . Então o meu filho era o mesmo que é hoje. Então

---

pesquisa de "epidemiologia clínica psiquiátrica" conduzida em Messejana, no Ceará, em algum momento depois de 1980, um informante assim respondeu à pergunta "Por que interrompeu o tratamento psiquiátrico?": "Porque conseguiu ser aposentado" (cf. Fé & Sampaio, s./d., p. 27). Um outro justificou ter escolhido para internação o hospital local porque "o Hospital de Messejana é do Estado e pode ser que nas eleições aposentem a gente" (*ibid.*, p. 28).

52 Uma informante de Simone Soares declara que "é tanta papelada que dá vontade de desistir de ser louco" (cf. *apud* Soares, 1980, p. 94).

depois ele usou de uma diferença, né!. . . E eu vi ele acompanhado de uma pessoa que eu não achava que era capacidade pra ele. . . Peguei a dá conselho a ele: "Meu filho, você não queira estar com aquela pessoa." "Nada mãe, que nada". . . E eu notando que o menino ficando muito leviano de mim, e ficando muito rebelde. . . (Dá novo "conselho" ao filho). . . Então ele me respondeu uma palavra grosseira. . . Eu tirei a sandália e disse pra ele: "Sem-vergonha me respeite, sou sua mãe". . . (Iniciam-se agressões entre eles com objetos que são jogados. Algumas vizinhas mandam chamar a filha que intervém favorável à mãe). . . Então eu disse pra ela (filha): "Mas minha filha, meu filho nunca foi assim. Isso tudo é Satanás". . . Mas quando eu soltei essa palavra ele levantou-se de lá e foi em cima de mim: "Satanás é a senhora. A senhora é que é um Satanás de rabo" (Em seguida trava-se uma luta corporal entre eles). . . A última história que eu sei contar é aí. . . eu não sei de mais nada. . . Eu não sei se anoiteceu, eu não sei se dormi. . . Eu sei que quando foi no outro dia, conta ela (filha), conta os vizinhos. . . (Que a entrevistada devastou o quintal derrubando a machado todas as árvores frutíferas, sendo a filha avisada pela vizinhança). . . Então quando ela chegou, ela conta que disse assim: "Mamãe, a senhora está nervosa". . . (A mãe ataca a filha com um pedaço de madeira, e ela foge. Continua a crise com a mãe destruindo os alimentos e objetos da casa). . . já tinha derrubado tudo, com aquela multidão ali, ninguém chegava perto. Então foi que a dona Celina disse: "Mas tanta gente tá deixando a mulher se acabar?". Eu já tava dentro de casa, acabando com tudo. . . Sei que acabei com um bocado de coisas. . . (A Dona Celina aproxima-se e diz:) "Dona Elisa, está me conhecendo não? Dona Elisa, eu sempre fui sua amiga, e ainda sou, eu sou pra sempre!". Mas que eu não respondia nada. Então ela (Dona Celina) disse pra ele (filho) "Você vai dar parte à polícia. Sua mãe tá muito atacada do nervo, pra levar ela pro hospital". . . Ele foi e não teve providência nenhuma. Quando já é de noite, conta eles, a Dona Celina fez uma carta e mandou para o psiquiatra dela, um médico. Então ele veio. . . Aí dizem que não olhava, não falava. Ele (psiquiatra) disse assim: "Vamos para casa de Dona Celina? A senhora vai lá se distrair um pouquinho". Quando foi pegar no meu braço eu estranhei. . . Então diz que ela veio pra ver se conseguia me levar, eu joguei-lhe. Então dizem que as polícias invadiram, e me renderam, botaram dentro do carro e me levaram. (Foi necessário quatro homens para dominá-la). . . Agora eu fiquei com esse desgosto e fui internada três vezes. Porque todas as vezes que eu chegava, ele ainda estava com a mesma amizade. . . (Passa-se o período em que se dão as três internações.) Ele (filho) aproximou-se e reconciliou-se comigo, aquelas maldades que ele tinha, que ele obteve. . . saiu tudo, que aquilo era demônio mesmo. Hoje em dia tá meu filho do mesmo jeito que era. . . . Minha filha dizia assim: "Mamãe, não sei, a senhora soube criar, o fulano se torna assim". Eu dizia: "Minha filha, é a palavra de Deus". Porque quando me achei naquelas amarguras, fui na Bíblia. Onde eu abri falava: "Nação contra nação, reino contra reino, pai contra filho, filho contra pai". Mas quando eu dei com a vista, foi nora contra sogra, sogra contra nora. Quer dizer, já foi no fim. Aí, eu fechei a Bíblia e digo: "Estou satisfeita, é o cumprimento da palavra de Deus".

(Uma informante em Figueiredo, 1979, pp. 7-8; relatando uma *crise de nervos* que a levaria – segundo um relato posterior – à conversão ao pentecostalismo.)

Assim como nos focos anteriores, também este se acrescenta a uma informação dispersa ao longo da obra – e que não pode ter reevocados senão alguns de seus pontos nodais. De uma maneira geral, uma questão de "terapêuticas" se encontra por detrás de cada nódulo e fio do *nervoso,* uma vez que o sofrimento da perturbação ou a sua designação abstrata pressupõem quase inevitavelmente um estado positivo e oposto, assim como os contextos e modos em que se poderia imaginar a transição entre os dois.

A riqueza e ubiqüidade das perturbações físico-morais têm assim uma contrapartida necessária na diversidade e flexibilidade da definição e prática de suas "terapêuticas". Diversidade que significa uma série de recursos ou processos de distinta ordem: física ou moral, médica ou religiosa, mágica ou ética. Flexibilidade que significa a quase absoluta ausência de uma continuada fidelidade a uma ordem ou espécie de recurso ou processo.

Embora seja esse um modo bastante formal de classificação, é meio inevitável dizer que os recursos terapêuticos podem ser de tipo "tradicional-popular", de tipo "religioso" e de tipo "médico-psiquiátrico". Tudo o que se viu até aqui a respeito da história dos saberes físico-morais faz amenizar e relativizar a oposição entre o "tradicional-popular" e o "médico-psiquiátrico", pelo menos na forma como ela costuma ser tematizada pelos observadores. Para os informantes há aí, porém, uma oposição importante e nada unívoca. Não é raro que apesar de seu freqüente uso, o saber "tradicional" seja encarado como *superstição,* como *velharia,* por oposição ao generalizado valor atribuído aos saberes eruditos e aos progressos da ciência. É verdade, também, por outro lado, que esse valor da "ciência moderna" é relativizado na apercepção sobre os seus agentes e sua eficácia prática. O desagrado e desconfiança para com os modos e competência de médicos, enfermeiros, hospitais, laboratórios etc., é generalizado e constante. É freqüente que, nesse caso se os contraste com os agentes dos saberes "tradicional-populares", cuja proficiência e adequação às necessidades é exalçada (isso é particularmente freqüente no tocante às *parteiras-rezadeiras,* comumente merecedoras de incomparável respeito e gratidão).

Os próprios saberes "tradicional-populares" são de muito distinta ordem, aproximando-se freqüentemente do espaço religioso e com ele se confundindo. A distinção entre esses dois espaços é, a meu ver, menos relevante para a cultura examinada; sendo certamente mais importante a distinção entre as diferentes tradições religiosas ou entre nuanças ou variações dentro de cada uma delas.

É extremamente difícil sistematizar os recursos terapêuticos às perturbações físico-morais. Os trabalhos que incluem material de resposta a questionários ou entrevistas sobre a etiologia e a "cura" para *nervoso, loucura,* "doença mental" etc. (cf., por exemplo, Soares, 1980 e Bassitt & Bento, 1980) ou os que tentam sistematizar a informação qualitativamente obtida sobre o mesmo assunto (cf., por exemplo, Loyola *et al.,* 1977; Alves, 1982; Montero, 1983 e Almeida, 1983) se vêem às voltas com um heteróclito e prolixo universo, em que se poderia dizer que há de tudo. Para esmiuçar e compreender um sistema que atribui virtudes terapêuticas à *internação* (psiquiátrica), à *vontade de Deus,* à *força de vontade,* à alimentação abundante, à boa vontade da família, aos *comprimidos* ou *às drogas,* a um *bom chá de alpiste,* aos *banhos frios,* ao *cansaço,* à *oração,* ao *respeito* dos filhos, ao desenvolvimento da *mediunidade,* ao *repouso, à fé,* a duas ou três *simpatias,* ao *bom ambiente,* à *conversa,* ao *suco de lima* ou a *uma boa surra,* só posso oferecer como encaminhamento toda a análise anteriormente desenvolvida, que procurava situar os "nódulos", "prismas" e "planos" em que faz sentido o *nervoso* como mediação geral entre o físico e o moral. Ressalto, sobretudo, o "prisma de situação", cujas características mais abstratas subjazem na verdade a toda minha análise, enfatizando o caráter ao mesmo tempo estrutural, necessário, e não-substantivo, não-linear, da configuração do *nervoso* entre as classes trabalhadoras urbanas.

Um núcleo importante de questões é o das "estratégias múltiplas". É um aspecto da cultura das classes trabalhadoras urbanas que extrapola os limites da terapêutica do *nervoso* e sobre o qual já escrevi um artigo (cf. o último ensaio em Duarte, 1983a).[53] Trata-se, em princípio, do fato de se lançar mão concomitante ou sucessivamente de diferentes recursos de vida ou de "terapêutica" (neste caso) que parecem aos olhos dos observadores relevar de "sub-sistemas de significação" diferentes. É claro que essa não é uma característica etnográfica exclusiva das classes trabalhadoras urbanas, merecendo a atenção dos estudiosos da mudança cultural em geral e até mesmo — sobretudo na tradição antiintelectualista inglesa — dos estudiosos de culturas "tribais" (cf. sobre este último ponto, Bourdillon, 1982).[54]

Sejam quais forem as repercussões comparativas maiores da questão, esse parece ser sem dúvida um traço da cultura examinada que não deixa de se apresentar, inclusive, à consciência de seus membros, que devem freqüentemente tomar sérias decisões a respeito do curso e recursos de suas vidas e não ter nenhuma clareza sobre o que melhor lhes pode servir aos objetivos.

Disponho do relato e observação de diversas situações de *crise de nervos* (ou mesmo perturbações menos graves) em que se procede a uma tentativa de costuramento de múltiplos recursos aparentemente contraditórios. É evidente que esse uso não é aleatório e que nem todas as combinações são possíveis e nem todas as famílias consideram legítimo apelar para qualquer forma "terapêutica" (seja qual for a gravidade do caso). O desencadeamento e curso desse processo depende muito — entre tantos outros fatores — do grau de intervenção pessoal que a "vítima" da perturbação ainda tenha diretamente sobre sua vida. Em situações limites de "inconsciência" ou "irresponsabilidade" as decisões incumbem a núcleos domésticos geralmente amplos, que abarcam pessoas que podem se encontrar aproximadas de "subsistemas de significação" diferentes (religiosos, sobretudo, evidentemente) e que procuram exercer nesse momento uma influência mais ampla sobre a família, atribuindo a seus recursos simbóli-

---

53 Outras contribuições à sua discussão encontram-se em Loyola, 1982; Montero, 1979; Alves, 1979 e Magnani, 1982.

54 Essa questão levanta uma comprida lebre filosófica e tem uma tradição paralela de exame no material relativo às culturas clássicas. Um texto recente caminha sobre os dois eixos: o de Paul Veyne sobre a "crença" grega (cf. Veyne, 1983).

cos próprios a eventual "cura" do parente. Essa "luta" se processa, aliás, mesmo quando a "vítima" é quem toma as decisões sobre si mesma — embora, neste caso, creio, em grau menor de explicitude.

Esse mecanismo de "estratégia múltipla" costuma se alternar com situações de "intensa conversão", quando a tentativa de costuramento se transpõe, por assim dizer, do eixo horizontal para o vertical. A relação entre os dois mecanismos é a meu ver complementar, tanto mais porquanto raramente uma história de vida nesses grupos sociais hoje no Brasil (sobretudo no tocante às mulheres) comporta uma única "intensa conversão". Há um certo paralelo, aliás, entre a continuidade "crônica" do *nervoso* e a "estratégia múltipla" e entre a demanda "aguda" da *crise de nervos* e a "intensa conversão". São comuns nesse sentido as efetivas "conversões" que se processam no período de realocações imediatamente posterior à *crise de nervos.* Grupos religiosos com uma estratégia proselitizante ativa, como os de algumas denominações pentecostais, costumam oferecer seus serviços de *oração,* dirigindo-se coletivamente à residência da vítima, desde que haja o assentimento da família. É fundamental também observar que cada *crise* leva em conta, de alguma forma, uma vasta cópia de "informações" específicas (como as resultantes das *crises* anteriores do mesmo sujeito) e genéricas (resultado do acompanhamento dos numerosos casos ocorridos na rede familiar ou vicinal). Essas informações não recobrem apenas a experiência vivencial dos sujeitos afetados mas também o desempenho comparado das diferentes agências de recursos terapêuticos que — embora múltiplas e tão numerosas — tendem a apresentar um formato mais ou menos limitado para quem habita tal ou qual bairro de classe trabalhadora. É possível portanto, em cada caso, que seja disponível um estoque de apreciações — não tanto genéricas sobre a psiquiatria, a umbanda, o pentecostalismo, o catolicismo etc. — mas específicas sobre tal ou qual *pastor, centro, santuário, ambulatório* ou *simpatia.*

Quando enfatizo uma lógica tão "imediatista" ou "pragmática", não estou porém querendo dizer que uma "pragmática" esteja sobrelevando nestes grupos a uma "lógica". Apenas estou querendo reafirmar (pois já o propus no artigo citado) que não se pode buscar a coerência encompassadora nas filiações a esses "subsistemas de significação" (que já se apresentam *a priori* como fragmentados), mas sim naquela ordem de valores fundamentais que subordenei ao Valor-Família.

É neste último que se deve procurar as chaves dessa lógica aparentemente tão heteróclita: na procura de sua reprodução dentro dos parâmetros de legitimidade cultural antes aqui observados. É claro que o Valor-Família não oferece, porém, em si mesmo uma explicação de mundo que justifique, por exemplo, as ameaças de sua própria falência. São as "religiões" — ou as crenças em geral, pelo menos — que podem fazê-lo. É verdadeiramente exemplar nesse sentido o depoimento transcrito da informante de Ademir Figueiredo. O desencadeamento, transcurso e encerramento da crise se monta fundamentalmente numa "crise familiar", numa ameaça à ordem pressuposta para sua reprodução ideal. O recurso às terapêuticas médicas e a posterior conversão ao pentecostalismo da informante aparecem como recursos – o primeiro mais "instrumental", o segundo aparentemente mais "cognitivo" – de recomposição do Valor articulador fundamental. Veja-se a significativa referência com que se encerra aquele fragmento de discurso: a leitura de um versículo da Bíblia em que se "justifica" (aparentemente porque se "prevê") um período passageiro de conflito familiar – "quer dizer já foi no fim".

A *crise de nervos* tem, aliás, freqüentemente ressaltados – e não apenas para o caso do *encosto* – seus aspectos "funcionais" ou instrumentais. E eles certamente estão presentes, embora não expliquem por que é dessa forma e não de outra que se procura obter uma melhor adequação dos recursos relacionais para os fins da reprodução social. O texto de Figueiredo (1979) explora justamente bastante esse aspecto – que transparece de toda a informação etnográfica disponível[55] –, embora eu creia que ele acentua um tanto demais os aspectos "positivos" ou "vitoriosos" de uma estratégia cheia de ambigüidade. Pode-se dizer nesse sentido que a *crise de nervos* procura propiciar uma "solução" (de modo "agudo") para uma situação vivencial perturbadora, embora ela esteja longe de ser em si mesma uma "terapêutica" sociológica. Que ela se esgote em um ou poucos episódios próprios a um período difícil da trajetória ou que faça parte de uma longa e conturbada carreira moral desviante, há de resultar da confluência de uma série finita mas imprevisível de fatores.

A vertente da oferta "religiosa" de recursos terapêuticos apresenta em si mesma uma complexidade notável, que resulta em propriedades diferenciais bastante nítidas entre as denominações. A primeira grande divisão – já aqui mais uma vez mencionada – é a das religiões que mantêm uma ênfase "positiva" forte na corporalidade (como a umbanda e o pentecostalismo) e dispõem, portanto, de recursos simbólicos imediatos para lidar com as perturbações físico-morais; e a das religiões que enfatizam sua distância "ética" face ao mundo e ao corpo (como o catolicismo oficial e as denominações protestantes "estabelecidas"), abdicando em favor dos recursos laicos – médico-psiquiátricos ou psicológicos – da atenção às perturbações físico-morais (cf., sobre esta questão em geral, Loyola, 1982).

---

55 Uma informante de Simone Soares diz, por exemplo: "quando estou em crise, meu marido tem mais paciência comigo do que quando estou boa" (*apud* Soares, 1980, p. 73). A *crise de nervos* masculina, por ocorrer primordialmente no espaço do *trabalho,* poderia parecer obedecer a uma outra lógica. Se nos lembrarmos porém do que propus a respeito da relação englobada que mantém o Valor-Trabalho face ao Valor-Família, dever-se-ia antes considerar que o mesmo princípio geral está em jogo na crise doméstica feminina e na crise masculina no trabalho. O primeiro dos casos de "crise" envolvendo um processo de emergência de "doença mental" na família, estudados por Rosine Perelberg em Londres (o dos Silver, que pertencem certamente às *lower classes*), tem exatamente as seguintes características ressaltadas pela autora (em contraste com o caso de "classe média"): 1) o aspecto público da crise; 2) a resposta pronta do *newtwork;* 3) a oscilação entre os recursos religiosos e médicos; e 4) o "reforço das regras" (cf. Perelberg, 1981, pp. 108-9).

Essa divisão comporta uma série de considerações paralelas. A primeira é a de que também o primeiro tipo de religião estabelece alguma fronteira entre o tipo de fenômeno físico-moral com que pode ou deve lidar e um outro que — por relevar supostamente apenas da ordem física — deve ser encaminhado aos saberes médicos (cf., sobre isso, Guedes, 1974). Essa relação é diferente na umbanda e no pentecostalismo, além de ser certamente também diferente em cada fração ou grupo da primeira e da segunda denominações.[56]

Por outro lado, apesar das doutrinas oficiais das igrejas desmagicizadas não autorizarem a expectativa de manipulação terapêutica direta dos recursos "espirituais", há sempre alguma margem de intervenção que pode ser esperada e propiciada (o poder da *fé, a graça*, o *milagre* etc.) e essa margem é certamente bastante dilatada na vivência dos fiéis, chegando a tornar abstratamente indistinguíveis muitos desses recursos daqueles propiciados explicitamente pelas igrejas "mágicas".

É preciso, finalmente, a este respeito ressaltar que a referência geral aos recursos "terapêuticos" religiosos guarda geneticamente uma imprecisão. O termo "terapêutica" tem para o nosso senso comum uma conotação física medicalizada ou medicalizante, e o seu emprego para o caso dos recursos religiosos nas perturbações físico-morais faz sugerir uma redução do sentido dessa vivência. O que me parece autorizar o emprego do termo "terapêutica" e exigir estas observações é que o recurso às terapêuticas "não-religiosas" dificilmente poderia ser concebido como isento dessa dimensão simbólica, cognitiva, de que se revestem as experiências religiosas. Isso é tanto mais real no caso das "terapêuticas científicas" voltadas explicitamente para as perturbações físico-morais. Vimos no Capítulo III como as configurações modernas do *nervoso* e o *psicológico* se ordenaram basicamente sobre pressupostos fisicalistas, cientificizantes, racional-laicos, que, levados ou não às suas últimas conseqüências, sempre acabaram por se oferecer aos sujeitos com a densa capacidade ideológica característica de todos os sistemas simbólicos pensados e vividos (cf. também meu primeiro ensaio em Duarte, 1983a).

A vertente dessa oferta "científica" dos recursos "terapêuticos" às perturbações físico-morais apresenta também, por si mesma, algumas características importantes para a compreensão do seu uso. De uma maneira geral apareceram sinais dessa oferta nos Capítulos I e III. Fez-se na ocasião uma divisão mais acentuada entre os saberes ligados à configuração do *nervoso*, divididos em diversas correntes, por um lado, e os saberes ligados à

---

[56] É curiosa a posição assumida a esse respeito por Paula Montero em sua tese *Da Doença à Desordem* (1983), que inverte a ordem lógica e cronológica normalmente considerada adequada para descrever essa relação: "Esse processo de mutação que retira o fenômeno mórbido da esfera da doença, tornando-o desordem (não-doença), tem como conseqüência a sobreposição da explicação religiosa à simples causalidade natural das doenças orgânicas e psíquicas, isto é, a sobreposição, como sendo anterior, e mais fundamental, da cura mágica à cura médica" (Montero, 1983, p. 146).

configuração do *psicológico,* por outro — hoje também certamente divididos em diversas correntes (o que já não mereceu — pelos motivos citados — o mesmo tipo de mapeamento). O que se pode chamar hoje de "psiquiatria" é um vasto campo de luta, que abarca as mais variadas expressões puras ou misturadas de "organicismos", "caracterologias", "humanismos alienistas" (que talvez se chamasse hoje, paradoxalmente, "antialienistas"), propósitos "higienistas" (denunciadores ativos do antigo "higienismo") e "psicologismos" complexamente diferenciados em relação ao espólio freudiano. As marcas dessas lutas se encontram nos planos oficiais de "saúde mental", nas políticas de manutenção do aparelho assistencial e na prática quotidiana de cada ambulatório, clínica, hospital ou agente singular; escapando certamente às possibilidades de análise deste trabalho. Creio que tenda a se tornar politicamente hegemônica (pois parece que já o vem sendo academicamente) a configuração do *psicológico.* Essa própria hegemonização, com o acréscimo acelerado de demanda de intervenção diferenciada que implica, deverá acentuar mais ainda as diferenças entre as suas diversas correntes internas, o que certamente contribuirá para diluir ainda mais o impacto desses novos saberes eruditos sobre os saberes físico-morais das classes trabalhadoras urbanas (dotados daquela capacidade deglutidora e reordenadora sobre que já nos detivemos).

Do ponto de vista das representações dos grupos sociais estudados sobre a organização desse campo, pode-se dizer *grosso modo* que contempla uma divisão mais forte ou nítida entre *médicos* e *psicólogos,* baseada no critério da prescrição ou não de remédios (cf. o relato da entrevista com a *mãe-de-santo,* neste item) ou na oposição entre "os que dão remédio" e "os que conversam". Não tenho certeza porém de que na verdade as duas categorias se oponham dentro de uma mesma categoria maior. Na verdade, creio que os *psicólogos,* por enquanto, constituem uma categoria à parte, inassimilável aos *médicos* ou aos agentes religiosos. É possível que possa ter associações eventuais com os *assistentes sociais* ou com os *professores,* em função de características localizadas do modo como se venha a apresentar sua imagem.

A representação dos "psiquiatras" se encontra incluída na dos *médicos,* do que dão testemunho locuções tais como *médico de cabeça, médico de nervos, hospital de nervos, remédio de nervos* etc. É preciso levar em conta, porém, que estas expressões também recobrem o que os saberes oficiais designaram como próprio da *neurologia* e dos *neurologistas.*

Um artigo de uma psicanalista sobre sua experiência de psicoterapia de grupo para classes populares em um hospital público universitário apresenta uma análise extremamente interessante das representações que a "equipe" de psicoterapeutas detinha sobre o atendimento prestado em tais condições e também sobre as diferentes formas de "demanda" que pareciam ter se configurado nessa experiência (aparentemente pouco frutífera, de um modo geral).

Interessa-nos aqui apenas o segundo ponto. A autora — Kátia de Almeida — divide essa demanda em quatro tipos de representações que suponho ordenados por freqüência decrescente: "representação médica"; "representação psiquiátrica"; "representação pedagógica", e "representação psicológica". A primeira representação corresponderia a uma demanda "clínico-medicamentosa" para uma sintomatologia classificada pelos terapeutas como "psicossomática". Esses pacientes não teriam nenhuma predisposição em reconhecer uma especificidade não-física a seus sofrimentos (pelo menos ali no hospital, eu acrescentaria) e chegariam ao setor psiquiátrico depois de perambulações inúteis pelos setores clínicos.[57] A segunda representação corresponderia a uma demanda "psiquiátrico-medicamentosa" e — nos termos em que a descreve a autora — expressa muito bem o modelo do *nervoso* aqui analisado:

> Como parte do saber médico, esta representação encontra-se estreitamente ligada à anterior. O sintoma é localizado nos nervos, aqui dentro da cabeça, num lugar específico do corpo investido de uma angústia, que para eles era criada pelos pensamentos. Aqui a representação fica mais delimitada e a demanda de tratamento é psiquiátrico-medicamentosa. Estes pacientes já chegavam ao hospital dirigindo-se à psiquiatria. Muitos já haviam recorrido aos seus recursos culturais, como religiões, drogas indicadas por vizinhos com a finalidade de acalmar os nervos. A maioria já ingeria calmantes sistematicamente e se recusara a ser atendida por psicólogos, porque não seriam medicados (Almeida, 1983, p. 20).

A terceira representação não é tão nítida, sendo descrita como presente em pacientes que "procuram um lugar onde possam falar dos seus problemas".

Finalmente, a quarta representação que seria a única compatível com os recursos terapêuticos oferecidos, só ocorreu em quatro das cem entrevistas analisadas pela autora, configurando casos considerados por ela mesma como "atípicos" (*ibid.,* p. 20). Esta quarta representação corresponderia em princípio ao que aqui foi descrito como o configuração do *psicológico.*

Desse material, tão interessante, pode-se confirmar a quase absoluta distância das representações "psicologizadas", embora já se reconheça a figura do *psicólogo* (ou, talvez melhor, o termo apenas; porque seu sentido e valor são completamente diferentes do que pretende ter aquela categoria). As três divisões iniciais me parecem ser um efeito diferencial externo do mesmo modelo básico físico-moral aqui descrito sob a configuração do *nervoso;* correspondendo talvez a três situações diferentes em termos de momento da carreira moral, de gravidade das perturbações ressentidas ou de articulação com outros recursos terapêuticos.[58]

---

[57] A autora faz uma nota a esse respeito, transcrevendo a seguinte e notável frase de uma paciente entrevistada: "Vim ao hospital porque tinha um caroço no seio. Os médicos fizeram uma biópsia nele e deu *neurose*" (*apud* Almeida, 1983, p. 21 — grifo meu).

[58] A questão da "conversa" aparece com bastante freqüência em todos os contextos em que se procura averiguar a representação que as classes trabalhadoras (ou as "classes populares") se fazem da psicanálise. Veja-se, por exemplo, mais uma vez o relato da entrevista da mãe-de-santo em Acari. Também em Moscovici se afirma para as classes operárias francesas uma correlação entre psicanálise e "conversa". Se se levar

O Dr. Brody, psiquiatra americano que aqui realizou uma pesquisa sobre "social forces and mental illness", confundiu completamente os dois níveis claramente distintos por Kátia de Almeida. Para ele o recurso ao atendimento psiquiátrico significava uma aproximação da visão de mundo psicologizada. Isso lhe sugeriu uma comparação um tanto tortuosa com material correspondente colhido na América do Norte:

O número de famílias brasileiras — aproximadamente um terço — que consideram que membros de sua família sofrem de "doença mental" sugere uma considerável diferença mesmo do grupo de classe média de New Haven estudado por Hollingshead & Redlich, que era em sua maioria "incapaz de aceitar uma explicação psicogênica para as dificuldades de seus parentes". As diferenças das Classes IV e V, que seriam socialmente mais comparáveis com esse grupo, são ainda maiores, já que encaram as doenças mentais sobretudo como "doenças somáticas". Não é certo se essas diferenças entre cariocas e os habitantes de New Haven são o resultado dos mais de 10 anos de educação pública que medeiam entre os dois estudos ou, como foi sugerido acima, do deslocamento gradual da atitude dos parentes brasileiros após meses de trabalho insatisfatório com os curadores religiosos, ou, ainda, do seu aspecto mais humanístico, de referências mais personalizadas. Seja como for, o envolvimento pessoal mais intenso desses brasileiros das classes baixas com os seus parentes psiquiatricamente enfermos sugere que uma relação mais personalizada, que enfatize mais o contato afetivo, pode certamente aumentar a sua receptividade às explicações psicológicas do comportamento perturbado (Brody, 1973, pp. 517-8).

A confusão entre o recurso à terapêutica psiquiátrica e uma "psicologização" faz com que Brody estabeleça uma série de pressuposições de extrema inconsistência. Na suposição de que os dados básicos em que fundava a comparação com o caso norte-americano sejam corretos, o que é mais provável de se especular é que o maior individualismo norte-americano produza uma resistência particular à aceitação de uma ordem determinista contrária aos bons ideais da "vontade" e do "livre-arbítrio". A "ordem psiquiátrica" é na verdade passível de ser assim percebida, havendo toda uma tradição "liberal" de luta contra seus modelos mais formais e suas técnicas mais autoritárias.[59] No pólo oposto, as representações holistas das

---

em conta o que nos diz esse autor em diversos outros momentos ("a amostra de operários criou um problema mais delicado, os sujeitos tinham noções muito limitadas que tornavam impossível o estabelecimento de uma série de equivalências com os outros informantes" — Moscovici, 1978, p. 87 — "51% dos operários nunca ouviram falar de psicanálise" — *ibid.*, p. 88), reitera-se a impressão que se me impõe de ser essa uma "representação" artificial, ou seja, o resultado de perguntas dirigidas, de extorsão de uma analogia — significativa sim —, mas feita sob a pressão de uma necessidade externa. É de qualquer modo cheio de significação que Moscovici oponha essa idéia à associação entre psicanálise e confissão vigente entre as "classes superiores". Isso confirma belas análises de Foucault e creio, também as minhas, pois a "confissão" individual não tem a menor importância na religiosidade das classes trabalhadoras urbanas.

59 Joe Loudon, por exemplo, em seu artigo sobre doença mental e ethos religioso numa comunidade inglesa, observa o seguinte a respeito de "doença mental", "doen-

classes trabalhadoras brasileiras permitem-lhes incluir mais um entre os múltiplos determinismos extra-individuais considerados regentes da ordem do mundo, o que não altera fundamentalmente sua estrutura cultural, mas apenas — de certo modo — lhe acrescenta em flexibilidade instrumental. Afinal de contas, as determinações da natureza e da sobrenatureza são ambas englobantes, embora esta última ainda venha a englobar aquela — no último nível das determinações: "Contra a natureza ninguém pode. Contra a natureza, só Deus".

ça nervosa" e "vontade": "On the other hand, people in the parish think of "nervous" illness as a separate entity, not only more transient and much less severe than mental illness, but quite different from it qualitatively. Many regard the nerves as something analogous with, but physically separate from, the brain and the rest of the body, and, most importantly, as something whose functioning can and should be controlled by the will" (Loudon, 1973, p. 89). Algo de semelhante pode ser encontrado no material sobre as classes médias francesas da pesquisa de Moscóvici, no tocante à valorização de uma "personalidade forte" ou da "autocrítica" (cf. Moscovici, 1978, p. 142).

REFERÊNCIAS BIBLIOGRÁFICAS

Abreu Filho, O. (1980) *Sangue, raça e luta: identidade e parentesco em uma cidade do interior.* Rio, PPGAS/MN/UFRJ. (Dissertação de mestrado.)

——— (1981) "O parentesco como sistema de representações: um estudo de caso." *In:* Figueira, S. & Velho, G., orgs. *Família, psicologia e sociedade.* Rio, Campus.

Alexander, F. & Selesnick, Sh. (1968) *História da psiquiatria.* S. Paulo, IBRASA.

Almeida, K. (1983) "Sobre a cura em psicoterapia de grupo." *Cadernos de Psicanálise, 4* (4).

Alves, R. (1979) "A empresa da cura divina: um fenômeno religioso?" *In:* Valle, E. & Queiróz, J., orgs. *A cultura do povo.* S. Paulo, Cortez & Moraes/EDUC.

Alves, S.R.P. (1982) *Do outro lado do muro: estudo sobre representação de doença mental em uma população favelada do Rio de Janeiro.* Rio, Inst. Psiq./UFRJ. (Dissertação de mestrado.)

Alvim, M.R.B. (1979) "Notas sobre a família num grupo de operários têxteis." *In: Mudança social no Nordeste.* Rio, Paz e Terra.

Araújo, R.B. (1980) *Os gênios da pelota.* Rio, PPGAS/MN/UFRJ. (Dissertação de mestrado.)

Ariès, Ph. (1978) *História social da criança e da família.* Rio, Zahar.

Armond, E. (1978) *Passes e radiações: métodos espíritas de cura.* S. Paulo, Aliança.

Assoun, P.L. (1984) "Freud e a mística." *Religião e Sociedade.* Rio, Campus, *11* (2), out.

Austregésilo, A. (1928; 2ª ed.) *A neurastenia sexual e seu tratamento.* Rio, Francisco Alves.

Azevedo, Aloísio de (s./d.; 1884) *Casa de pensão.* Rio, Edições de Ouro.

Barcellos, Aureliano L. (1900) *Neurasthenia.* Rio, Besnard Frères.

Barros, H.L. de & Esquivel, D.M.S. (1983) "Magnetismo em seres vivos. Por que não?." *Ciência e Sociedade.* CBPF, (2).

Barros, M.M.L. de (1981) "Testemunho de vida: um estudo antropológico de mulheres na velhice." *In: Perspectivas Antropológicas da Mulher 2.* Rio, Zahar.

Bassitt, W. & Bento, M.A. (1980) "Os motivos das internações psiquiátricas segundo os pacientes." *Temas: Teoria e Prática do Psiquiatra.* S. Paulo: *10* (18-19): 5-14.

Bastide, R. (1973) "Le principe d'individuation: contribution à une philosophie africaine." *In:* Colloques Internationaux du Centre de la Recherche Scientifique, 544. Paris, 11-17 oct., 1971. *La notion de personne en Afrique Noire.* Paris, CNRS.

Bateson, G. (1967) *Naven.* Stanford, Stanford University Press.

Beltrão, J.P. (1979) *Mulheres da castanha: um estudo sobre trabalho e corpo.* Brasília, UnB.

Bernstein, B. (1980) "Classe social, sistemas de fala e psicoterapia." *In:* Figueira, S., org. *Psicanálise e ciências sociais.* Rio, Francisco Alves.

Berofsky, B. (1973) "Free will and determinism." *In:* Wiener, Philip P. (org.) *Dictionary of the history of ideas.* Nova York, Charles Scribner's Sons.

Bezerra Jr., B. (1982) *A noção de indivíduo: reflexão sobre um implícito pouco pensado.* Rio, IMS/UERJ. (Dissertação de mestrado.)

Bilac, E.D. (1983) *Família e Trabalho Feminino: a ideologia e as práticas familiares de um grupo de "trabalhadores manuais" de uma cidade do interior paulista.* S. Paulo, FFLCH/USP. (Tese de doutorado.)

Birman, J. (1978) *A psiquiatria como discurso da moralidade.* Rio, Graal.

Birman, P. (1980) *Feitiço, carrego e olho grande, os males do Brasil são: estudo de um centro umbandista numa favela do Rio de Janeiro.* Rio, PPGAS/MN/UFRJ. (Dissertação de mestrado.)

——— (1982) *Com o diabo no corpo: notas sobre a construção da identidade social na umbanda.* Rio, PPGAS/MN/UFRJ (datilo.).

Boltanski, L. (1969) *Prime éducation et morale de classe.* Paris, Mouton.

——— (1979) *As classes sociais e o corpo.* Rio, Graal.

Bosi, E. (1977) *Cultura de massas e cultura popular: leituras de operárias.* Petrópolis, Vozes.

Bourdieu, P. (1972) "La maison ou le monde renversé." *In:* ———. *Esquisse d'une théorie de la pratique.* Genebra; Droz.

——— (1974) "Condição de classe e posição de classe." *In:* ———. *A Economia das trocas simbólicas.* S. Paulo, Perspectiva.

——— (1981) "Épreuve scolaire et consécration sociale: les classes préparatoires aux grandes écoles." *Actes de la Recherche en Sciences Sociales.* Paris: (39), set.

Bourdieu, P. & Passeron, J.C. (1975) *A reprodução: elementos para uma teoria do sistema de ensino.* Rio, Francisco Alves.

Bourdillon, M.F.C. (1982) "Pluralism and problems of belief." *Archives des Sciences Sociales de la Religion, 54* (1).

Brandão, C. (1981) *Plantar, comer, colher: um estudo sobre o campesinato goiano.* Rio, Graal.

Brillat-Savarin (1876; 1825) *La physiologie du goût.* Paris, Garnier Frères.

Brody, E. (1973) *The lost ones: social forces and mental illness in Rio de Janeiro.* Nova York, International University Press.

Brook, E. & Finn, D. (1980) "Estudos comunitários e as imagens da classe operária sobre a sociedade." *In: Da ideologia.* Rio, Zahar.

Burton, Robert (1977;1621) *The anatomy of melancholy: what it is, with all the kinds, causes, symptomes, prognostickes & several cures of it.* Nova York, Random House.

Caldeira, Teresa P. do R. (1979) "As imagens do poder no saber popular." *In:* Encontro da Associação Nacional de Pós-Graduação e Pesquisa em Ciências Sociais, 3. *Comunicação. . .*

——— (1981) "O tempo e a vida do dia a dia." *In:* Encontro da Associação Nacional de Pós-Graduação e Pesquisa em Ciências Sociais, *5. Comunicação. . .*

——— (1982a) *Imagens do poder e da sociedade: o mundo cotidiano dos moradores da periferia.* S. Paulo, FFLCH/USP. (Dissertação de mestrado.)

——— (1982b) "A cidade como metáfora." *In:* Encontro da Associação Nacional de Pós-Graduação e Pesquisa em Ciências Sociais, 6. *Comunicação. . .*

Canguilhem, G. (1972) "O que é a psicologia?." *Tempo Brasileiro.* Rio: (30/31).

——— (1978) *O normal e o patológico.* Rio, Forense.

Cardoso, R. (1978) "Sociedade e poder: representações dos favelados de São Paulo." *Ensaios de Opinião.* Rio: *6.*

Carneiro da Cunha, M.M. (1978) *Os mortos e os outros.* S. Paulo, Hucitec.

Carrara, Sérgio (1984a) "Para uma história do manicômio judiciário Heitor Carrilho." Rio, PPGAS/MN/UFRJ (datilo.).

——— (1984b) "A 'ciência e doutrina da identificação no Brasil' ou do controle do Eu no templo da técnica." *Boletim do Museu Nacional.* Rio: (49). (N. Série – Antropologia.)

Castro, Pedro (1981) "Indícios na teia da mobilização popular urbana: o caso de Acari." Rio. (mimeo.)

Châtelet, F. (1978) "La conscience et la morale." *In:* ———. *Histoire des ideologies.* Paris, Hachette.

Chernoviz (1883) *Formulário e guia médico.* Paris.

Cordeiro, H. *et al.* (1978) "A política de medicamentos." *Memórias.* Rio, IMS/UERJ, *2* (1).

Cordeiro, H. (1981) "A qualidade de vida urbana e as condições de saúde: o caso do Rio de Janeiro." *In:* Instituto Universitário de Pesquisas do Rio de Janeiro. *Seminário de Estudos Urbanos.* Rio (mimeo.).

Costa, J. Freire (1980) *Ordem médica e norma familiar.* Rio, Graal.

Cribier, F. (1983) "Itinéraires professionels et usure au travail: une génération de salariés parisiens." *Le Mouvement Social.* Paris, Ouvrières, (124).

Da Matta, R. (1983a) "Le dilemme brésilien: individu, individualisme et personne dans les sociétés semi-traditionnelles." *Esprit,* (79).

——— (1983b) "Casa, rua e outro mundo: reflexões sobre o espaço e a sociedade." Rio, PPGAS/MN/UFRJ (datilo.). (Recém-publicado: *Revista do Patrimônio Histórico e Artístico Nacional,* (19), 1984.)

——— (1983c) "Dona Flor e seus dois maridos: um romance relacional." *Tempo Brasileiro.* Rio: (74).

Delgado, Pedro G.G. (1983) *Mal-estar na indústria: contribuição ao estudo das relações entre saúde mental e condições de trabalho.* Rio, Inst. Psiquiatria/UFRJ. (Dissertação de mestrado.)

Diégues, M.M. (1979) "Mães e professoras." *In: Testemunha ocular: textos de antropologia social do cotidiano.* Rio, Tempo Literário.

Dieterlen, G. (org.) (1973;1971) *La notion de personne en Afrique noire.* Paris, CNRS.

Donzelot (1980) *A polícia das famílias.* Rio, Graal.

Duarte, L.F.D. (1978) *As redes do suor: a reprodução social dos trabalhadores da produção de pescado em Jurujuba.* Rio, PPGAS/MN/UFRJ. (Dissertação de mestrado.)

——— (1980) "A representação sobre o salário na pesca sardinheira do Rio de Janeiro: uma reflexão sobre mudança cultural." *In:* Reunião Associação Brasileira de Antropologia, 12. *Comunicação. . .* Rio (datilo.).

——— (1981a) "Identidade social e padrões de agressividade verbal em um grupo de trabalhadores urbanos." *Boletim do Museu Nacional.* Rio: (36). (N. Série – Antropologia.)

——— (1981b) "Construção social da identidade e hierarquia em um grupo de classe trabalhadora." *In:* Encontro da Associação Nacional de Pós-Graduação e Pesquisa em Ciências Sociais, 5. *Comunicação. . .* Nova Friburgo.

——— (1982) "Doença dos nervos – um estudo de representações e visão de mundo de um grupo de trabalhadores." *In:* Rodrigues *et al. Trabalho e cultura no Brasil.* Brasília, ANPOCS/CNPq. (Série Ciências Sociais Hoje, nº 1.)

——— (1983a) "Três ensaios sobre pessoa e modernidade." *Boletim do Museu Nacional.* Rio: (41). (N. Série – Antropologia.)

Duarte, L.F.D. (1983b) "De Bairros Operários sobre Cemitérios de Escravos: um estudo de construção social da identidade." *Comunicação.* Rio, PPGAS/MN/UFRJ, (7).

——— (1984a) "Grupo e singularidade: uma reflexão antropológica sobre um texto de Freud." *Religião e Sociedade.* Rio, Campus, *11* (2), out.

——— (1984b) "A Pesquisa em ciências sociais e um fantasma psicológico." *Religião e Sociedade.* Rio, Campus, *11* (2), out.

——— (1984c) "Classificação e valor na reflexão sobre identidade social." *In:* Encontro da Associação Nacional de Pós-Graduação e Pesquisa em Ciências Sociais, 8. *Comunicação.*

——— (1984d) "Pouca vergonha, muita vergonha, sexo e moralidade entre as classes trabalhadoras urbanas." *In:* Encontro da Associação Brasileira de Estudos Populacionais, 4. *Comunicação. . .*

——— (1984e) "Direito, psicologia e mudança social: uma perspectiva antropológica." *In:* Miranda Rosa, F.A., org. *Direito e mudança social.* Rio, OAB/UERJ.

Dumont, L. (1952) "Une science en devenir." *L'Arc* (48).

——— (1965) "The modern conception of the individual: notes on its genesis and that of concomitant institutions." *Contributions to Indian Sociology, 8.*

——— (1968) "Préface." *In:* Evans-Pritchard, E.E. *Les Nuer.* Paris, Gallimard.

——— (1970) "The individual as an impediment to sociological comparison and Indian history." *In:* ______ . *Religion, politics, and history in India.* Paris, Mouton.

——— (1971a) "On putative hierarchy and some allergies to it." *Contributions to Indian Sociology, 5,* dec. (Nova série.)

——— (1971b) "Religion, politics and society in the individualistic universe." *In: Proceedings of the Royal Anthropological Institute of Great Britain and Ireland for 1970.*

——— (1972) *Homo Hierarchicus.* Londres, Palladin.

——— (1973) "Absence de l'individu dans les institutions de l'Inde." *In: Problemes de la Personne.* Paris, Mouton.

——— (1975) "On the comparative understanding of non-modern civilizations." *Daedalus,* prim.

——— (1977) *Homo aequalis.* Paris, Gallimard.

——— (1978a) "Ver une théorie de la hierarchie." *In:* ______ . *Homo hierarchicus.* Paris, Mouton.

——— (1978b) "Préface à l'édition tel." *In:* ______ . *Homo hierarchicus.* Paris: Gallimard.

——— (1978c) "La communauté anthropologique et l'idéologie." *L'Homme, 18* (3-4), jul./dez.

——— (1983a) "Introduction." *In:* ______ . *Essais sur l'individualisme* Paris, Seuil.

——— (1983b) "De l'individu-hors-du-monde à l'individu-dans-le-monde." *In:* ______ . *Essais sur l'individualisme.* Paris, Seuil.

——— (1983c) "Une variante nationale: le peuple et la nation chez Herder et Fichte." *In:* ______ . *Essais sur l'individualisme.* Paris, Seuil.

——— (1983d) "La maladie totalitaire. Individualisme et racisme chez Adolf Hitler." *In:* ______ . *Essais sur lindividualisme.* Paris, Seuil.

——— (1983e) "La valeur chez les modernes et chez les autres." *In:* ______ . *Essais sur l'individualisme.* Paris, Seuil.

Durham, E.R. (1980) "A família operária: consciência e ideologia." *Dados.* Rio, Campus, *23* (2).

Durham, E. & Cardoso, R. (1973) "A investigação antropológica em áreas urbanas." *Rev. de Cult. Vozes, 67* (2).

Durkheim, E. (1968) *Les formes elémentaires de la vie religieuse.* Paris, PUF.

——— (1970a) "Le dualisme de la nature humaine et ses conditions sociales." *In:* Filloux, G., org. *La science sociale et l'action.* Paris, PUF.

——— (1970b) "L'individualisme et les intellectuels." *In:* Filloux, G., org. *La science sociale et l'action.* Paris, PUF.

——— (1970c) "L'avenir de la religion." *In:* Filloux, G., org. *La science sociale et l'action.* Paris, PUF.

——— (1970d; 1898) "Representações individuais e representações coletivas." *In:* ——— . *Sociologia e filosofia.* Rio, Forense.

——— (1977) *O suicídio.* Lisboa, Presença.

Durkheim, E. & Mauss, M. (1968) "Les formes primitives de classification." *In:* Mauss, M. *Oeuvres.* Paris, Minuit.

Ellerkamp, M. & Jungman, B. (1983) "Le travail et la santé: la vie des ouvriers d'une usine textile de Brême entre 1888 e 1914." *Le Mouvement Social,* (124).

Evans-Pritchard, E.E. (1978) *Os Nuer.* S. Paulo, Perspectiva.

Fé, N. de M. & Sampaio, J.J.C. (s./d.) "Pesquisa sobre epidemiologia psiquiátrica em Messejana." Secretaria da Saúde do Estado do Ceará.

Ferreira, Alexandre Rodrigues (1983; 1787) *Viagem filosófica ao Rio Negro.* Museu Paraense E. Goeldi/CNPq/Fund. R. Marinho.

Figueira, S. (1978a) "Notas introdutórias ao estudo das terapêuticas I." *In:* ——— . *Sociedade e doença mental.* Rio, Campus.

——— (1978b) "Notas introdutórias ao estudo das terapêuticas II." *In:* ——— . *Sociedade e doença mental.* Rio, Campus.

——— (1981a) *O contexto social da psicanálise.* Rio, Francisco Alves.

——— (1981b) "Psicanálise e antropologia: uma visão do mundo brasileiro." *Jornal do Brasil.* Rio, 20/12/1981.

Figueiredo, A. (1979) "Análise da categoria *sofrer dos nervos.*" Rio, PPGAS/MN/UFRJ (datilo.).

Fink, D. H. (s./d.) *Domine o seu sistema nervoso.* Rio, Ed. Científica.

Foote-Whyte (1973) *Street-corner society: the social structures of an Italian slum.* The University of Chicago Press.

Foster, G. (1953) "Relationships between spanish and spanish-american folk medicine." *Journal of American Foklore, 66.*

Foucault, M. (1965) "Psychologie et philosophie (entretien avec A. Badiou)." *In: Dossiers Pédagogiques de la Radio-Television Scolaire.*

——— (1966) *El nacimiento de la clinica.* México, Siglo XXI.

——— (1967) *As palavras e as coisas.* Lisboa, Portugália.

——— (1975a) *Doença mental e psicologia.* Rio, Tempo Brasileiro.

——— (1975b) *Surveiller et Punir.* Paris, Gallimard.

——— (1977) *História da sexualidade* (I. A vontade do saber). Rio, Graal.

——— (1978) *História da loucura.* S. Paulo, Perspectiva.

(1979) *Microfísica do poder.* Rio, Graal.

Foucault, M. & Sennett, R. (1981) "Sexuality and solitude." *London Review of Books,* 21 mai.-3 jun.

Franchetto *et al.* (1981) "Antropologia e feminismo." *In: Perspectivas Antropológicas da Mulher 1.* Rio, Zahar.

Freire, D. *et al.* (orgs.) (1983) *A gata Vitória caiu na lixeira e acabou-se a estória: estórias da Rocinha.* Rio, Salamandra/SEC/MEC/FNDE.

Fremontier, J. (1980) *La vie en bleu: voyage en culture ouvrière.* Paris, Fayard.

Freud, S. (1977; 1888) "Histeria." *In:* ——— . *Obras psicológicas completas, v. 1.* Rio, Imago.

——— (1977; 1889) "Resenha" de *Hipnotismo*, de A. Forel. *In:* ———. *Obras psicológicas completas, v. 1.* Rio, Imago.

——— (1977;1893) "Alguns pontos para um estudo comparativo das paralisias motoras orgânicas e histéricas." *In:* ———. *Obras psicológicas completas, v. 1.* Rio, Imago.

——— (1977; 1895) "Projeto para uma psicologia científica." *In:* ———. *Obras psicológicas completas, v. 1.* Rio, Imago.

——— (1977; 1908) "Moral sexual 'civilizada' e doença nervosa moderna." *In:* ———. *Obras psicológicas completas, v. 9.* Rio, Imago.

——— (1977;1930) "O mal-estar na civilização." *In:* ———. *Obras psicológicas completas, v. 21.* Rio, Imago.

Fry, P. (1982) *Para inglês ver.* Rio, Zahar.

——— (1983a) "Indivíduos, projetos e a negociação da cultura." *Anuário Antropológico/81.* Rio, Tempo Brasileiro.

——— (1983b) "Carnaval, ou 'na prática a teoria é outra'." *Leia Livros,* fev.

Gans, H. (1962) *The urban villagers.* Free Press.

Gauchet, M. & Swain, G. (1980) *La pratique de l'esprit humain (l'institution asilaire et la révolution démocratique).* Paris, Gallimard.

Geertz, C. (1978) *A interpretação da cultura.* Rio, Zahar.

Goldman, M. (1980) "A antropologia de Louis Dumont: uma reflexão crítica." Rio, PPGAS/MN/UFRJ (mimeo.)

——— (1984) *A possessão e a construção ritual da pessoa no candomblé.* Rio, PPGAS/MN/UFRJ. (Dissertação de mestrado.)

Goldthorpe, J. *et al.* (1969) *The affluent worker in the class structure.* Cambridge University Press.

Gody, J. (1976) "Civilisation de l'écriture et classification (our l'art de joner sur les tableaux)." *Actes de la Recherche en Sciences Sociales.* Paris, (1), fev.

Guedes, S.L. (1974) "Umbanda e loucura." *In:* Velho, G. (org.) *Desvio e divergência: uma crítica da patologia social.* Rio, Zahar [5ª ed., Jorge Zahar Editor, 1985].

Guimarães, A. (frei) & Zanatta, A. (1983) *Almanaque popular Santo Antonio — 1984.* Petrópolis, Vozes.

Haguette, T.M.F. (1982) *O mito das estratégias de sobrevivência.* Fortaleza, UFC.

Heilborn, M.L.A. (1984) *Conversa de portão:* juventude e sociabilidade em um subúrbio

Heilborn, M.L.A. (1984) *Conversa de portão: juventude e sociabilidade em um subúrbio carioca.* Rio, PPGAS/MN/UFRJ. (Dissertação de mestrado.)

Hermógenes [José Hermógenes de Andrade] (1983) *Yoga para nervosos.* Rio, Record.

Herzlich, Cl. (1969) *Santé et maladie: analyse d'une répresentation sociale.* Paris, Mouton.

Hobsbawm, E. (1974) "As classes operárias inglesas e a cultura desde os princípios da revolução industrial." *In: Níveis de Culturas e Grupos Sociais.* Lisboa, Cosmos.

Hoggart, R. (1973) *As utilizações da cultura.* Lisboa, Presença.

Holanda, G. & Sampaio, J.J.C. (1979) "Neurose histérica". *Rádice* (9).

Ibañez-Novión, M.A. (1974) *El cuerpo humano, la enfermedad y su representación: un abordaje antropológico en Sobradinho, Ciudad Satélite de Brasília.* Rio, PPGAS/MN/UFRJ. (Dissertação de mestrado.)

——— (1976) "Anatomo-fisiologia y alimentación en la mujer y en el binomio madre-hijo." Brasília, UnB. (Relatório de Pesquisa — datilo.)

IBGE (Seplan) (1978) *Estudo das informações não-estruturadas do ENDEF e de sua integração com os dados quantificados.* Parte II, V. 1. Rio de Janeiro.

Infante, R.G.G. (1980) "Novas perspectivas na assistência psiquiátrica. A contribuição da psiquiatria social." *J. Bras. Psiq., 29* (4).

Janet, P. (1924) *As nevroses.* Rio, Garnier.

Jesus, Carolina Maria de (1983; 1960) *Quarto de despejo.* Rio, Francisco Alves.

Jones, E. (1970) *Vida e obra de Sigmund Freud.* Rio, Zahar.

Kottak, C. (1966) *The structure of equality in a Brazilian fishing village.* Universidade de Columbia. (Tese de doutorado.)

Lain-Entralgo, P. (1972) *História Universal de la Medicina.* Barcelona, Salvat.

Lanteri-Laura, G. (1982) "As descontinuidades no conhecimento do cérebro entre o fim do século XVIII e o início do século XIX." *Temas:* Teoria e Prática da Psiquiatria. *12* (22).

Lasch, C. (1978) *The culture of narcissism: american life in an age of diminishing expectations.* Nova York, W.W. Norton.

Leeds, A. & Leeds, E. (1970) "Brazil and the myth of urban rurality: urban experience, work and values in "squatments" of Rio de Janeiro and Lima." *In: City and Country in the 3rd. World.* Cambridge, Massach.

Leite Lopes, J.S. (1978) *O vapor do diabo: o trabalho dos operários do açúcar.* Rio, Paz e Terra.

——— (1981) "O 'tradicionalismo camponês'." *Comunicação.* Rio, PPGAS/MN/UFRJ, (6).

Leite, Y.F. (org.) (1979) "A construção da Pessoa nas sociedades indígenas." *Boletim do Museu Nacional.* Rio, (32), (Nova Série – Antropologia).

Lévi-Strauss, C. (1969) *Le totémisme aujord'hui.* Paris, PUF.

——— (1970a) "A noção de estrutura em etnologia." *In:* ——— . *Antropologia estrutural.* Rio, Tempo Brasileiro.

——— (1970b) *O pensamento selvagem.* Rio, Cia. Ed. Nacional.

——— (1970c) "A eficácia simbólica." *In:* ——— . *Antropologia estrutural.* Rio, Tempo Brasileiro.

——— (1971) *L'homme nu.* Paris, Polon.

——— (1973) "Introduction à l'oeuvre de Marcel Mauss." *In:* Mauss, M. *Sociologie et anthropologie.* Paris, PUF.

——— (1977) *L'identité.* Paris, Grasset.

Levrault & Le Normant (1825) *Dictionnaire des sciences naturelles.* Paris.

Lévy-Bruhl, L. (1963) *L'âme primitive.* Paris, PUF.

Lins e Silva, T. (1980) *Os curupiras foram embora.* Rio, PPGAS/MN/UFRJ. (Dissertação de mestrado.)

Lobstein, J.F. (1823) *De nervi sympathetici humani:* Fabrica usu et morbis. Paris, Levrault.

Lockwood, D. (1974) "Fontes de variações das imagens que a classe trabalhadora tem da sociedade." *In: Hierarquias em classes.* Rio, Zahar.

Lopez-Austin, A. (1980) *Cuerpo humano e ideologia: la concepción de los antiguos Nahuas.* México, Univ. Nac. Auton. do México.

Loudun, J. (1973) "Religious order and mental disorder: a study in a South Wales Rural Community." *In: The social anthropology of complex societies.* Tavistock.

Loyola, M.A. (1982) "Cure des corps et cure des âmes: les repports entre les médicines et les religions dans la banlieue de Rio." *Actes de la Recherche en Sciences Sociales.* Paris (43).

Loyola, M.A. *et al.* (1977) *"Medicina popular ou sistema paralelo de saúde.* Rio, IMS/UERJ (Relatório de Projeto de Pesquisa.)

Lukes, S. (1973) "Types of individualism." *In:* Wiener, Ph., org. *Dictionary of the history of ideas.* Nova York, Charles Scribner's Sons.

Lunário Perpétuo (1927) Porto: Lello & Irmão.

Macedo, C.C. (1979) "Algumas observações sobre a questão da cultura do povo." *In:* Valle & Queiroz, orgs. *A cultura do povo.*

Macedo (pastor) (1982) *Orixás, caboclos e guias: deuses ou demônios?* Rio, Universal Produções (3ª ed.).

Machado de Assis, J.M. (1979) *Obra completa.* Rio, Nova Aguilar.

Machado da Silva, L.A. (1969) "O significado do botequim." *América Latina* (3).

Machado, L.Z. (1982) "Identidade e individualismo." *Série Antropologia Social, nº 33.* Brasília, UnB.

——— (1983) "Diálogo sobre a mulher." *Anuário Antropológico/81.* Rio, Tempo Brasileiro.

Machado, R. *et al.* (1978) *Danação da norma: a medicina social e constituição da psiquiatria no Brasil.* Rio, Graal.

Maggie, Y. (1975) *Guerra de orixá: um estudo de ritual e conflito.* Rio, Zahar.

Maggie, Y. & Contins, M. (1980) "Gueto cultural ou a umbanda como modo de vida: notas sobre uma experiência de campo na Baixada Fluminense." *In:* Velho, G., org. *O desafio da cidade: novas perspectivas da antropologia brasileira.* Rio, Campus.

Magnani, José G.C. (1981) "Cultura popular: controvérsias e perspectivas". *BIB.* Rio, (12) : 1-72.

——— (1982) "Os pedaços da cidade". *In:* Encontro da Associação Nacional de Pós-Graduação e Pesquisa em Ciências Sociais, 6. *Comunicação. . .*

Manning, P. & Fabrega Jr., H. (1973) "The experience of self and body: health and illness in the Chiapas Highlands". *In: Phenomenological sociology: issues and applications.* John Wiley & Sons Inc.

Manso, L. (1980) "A coerência da fé: estudo de caso em uma igreja pentecostal, em Niterói". Rio, ICHF/UFF (datilo.).

Marques, Gilberto (s./d.) *Loucura S/A ou a fábrica de doidos e o Dr. Zezinho* (cordel).

Marx, K. (1973) *Le Capital.* Paris, Ed. Sociales.

Maués, R.H. & Maués, M.A.M. (1980) *O folclore da alimentação: tabus alimentares da Amazônia: um estudo de caso numa população de pescadores do litoral paraense.* Belém, Falangola.

Mauss, M. (1973) "Une catégorie de l'esprit humain: la notion de personne, celle de "moi' . *In:* ——— . *Sociologie et anthropologie.* Paris, PUF.

Mauss, M. & Hubert, H. (1973) "Esquisse d'une théorie de la magie". *In:* Mauss. *Sociologie et anthropologie.* Paris, PUF.

McLaren, A. (1981) "A prehistory of the social sciences: phrenology in France". *Comparative Studies in Society and History, 23* (1).

Meyerson, I. (1973; 1960) *Problèmes de la personne.* Paris, Mouton.

Monteiro, D.I. (1979) "Igrejas, seitas e agências: aspectos de um ecumenismo popular". *In:* Valle & Queiroz, orgs. *A cultura do povo.*

Montero, P. (1983) *Da doença à desordem: as práticas mágico-terapêuticas na umbanda.* S. Paulo, FFLCH/USP. (Tese de doutorado.)

——— (1984) "A cura mágica na umbanda". *In:* Encontro da Associação Nacional de Pós-Graduação e Pesquisa em Ciências Sociais, 8. *Comunicação. . .*

Moscovici, S. (1978) *A representação social da psicanálise.* Rio, Zahar.

Motta, R. & Scott, P. (orgs.) (1983) *Sobrevivência e fontes de renda: estratégias das famílias de baixa renda no Recife.* Recife, FJN/SUDENE/Massangana.

Muraro, R.M. (1983) *A sexualidade da mulher brasileira: corpo e classe social no Brasil.* Petrópolis, Vozes.

Neves, D.P. (1977) "Nem um couro de rato para esteira. . . (estudo da carreira dos *biriteiros*)." Rio, PPGAS/MN/UFRJ. (datilo.)

——— (1980) "A matrifocalidade e a reprodução social." Rio, PPGAS/MN/UFRJ. (datilo.)

Oliveira, J.S. de (1980) *A reposição do suor.* Rio, PPGAS/MN/UFRJ. (Dissertação de mestrado.)

Oliveira, R.C. de (1976) *Identidade, etnia e estrutura social.* S. Paulo, Pioneira.

——— (1978) "Identidade e estrutura social." *Anuário Antropológico-78.* Rio, Tempo Brasileiro.

——— (1982) "As 'categorias do entendimento humano' na formação da antropologia." *Série Antropológica, 29.* Brasília, UnB.

Oliven, R.G. (1980) "O Estudo de grupos urbanos." *Pesquisa Antropológica, 23.* Brasília, UnB.

Ortiz, R. (1980) *A consciência fragmentada: ensaios de cultura popular e religião.* Rio, Paz e Terra.

Paoli, M.C. (1984) "Sobre 'classes populares' no pensamento sociológico: notas de leitura sobre acontecimentos recentes." *In:* Encontro da Associação Nacional de Pós-Graduação e Pesquisa em Ciências Sociais, 8. *Comunicação. . .*

Passeron, J. (1970) "Présentation." *In:* Hoggart. *La culture du pauvre.* Paris, Minuit.

Peirano, M. (1975) *Proibições alimentares numa comunidade de pescadores.* Brasília, UnB. (Dissertação de mestrado.)

Pereira, V.M. (1981) "A dupla subordinação da mulher: análise de depoimentos de operárias têxteis." *In:* Rodrigues, L.M. *et al. Trabalho e cultura no Brasil.* Brasília, ANPOCS/CNPq. (Série Ciências Sociais Hoje, 1.)

Perelberg, R. (1981) "Família e doença mental em Londres: dois estudos de caso." *In:* Figueira, S. & Velho, G., orgs. *Família, psicologia e sociedade.* Rio de Janeiro, Campus.

Pessoa, Fernando (1976) *Obras Completas,* Lisboa, Aguilar.

Pigeaud, J. (1981) *La maladie de l'âme: étude sur la relation de l'âme et du corps dans la tradition médico-philosophique antique.* Paris, S.E. Les Belles Lettres.

Queiróz, M. de S. (1978) *Representação de doenças e instituições de cura numa aldeia de pescadores.* Campinas, FCH/UNICAMP. (Dissertação de mestrado.)

Ramalho, J.R. (1979) *O mundo do crime: a ordem pelo avesso.* Rio, Graal.

Renard & Martinet (1848) *Dictionnaire Universel d'Histoire Naturelle.* Paris.

Ribeiro, L. (1981) "Doenças e carências entre os setores populares urbanos." *In:* Encontro da Associação Nacional de Pós-Graduação e Pesquisa em Ciências Sociais, 5. *Comunicação. . .*

Ribot, Th. (1888; 2ª ed.) *Les maladies de la personnalité.* Paris, Alcan.

Rieff, Ph. (1968; 1966) *The triumph of the therapeutic: uses of faith after Freud.* Nova York, Harper & Row.

——— (1979; 1959) *Freud, the mind of the moralist.* The University of Chicago Press.

Ropa, D. (1982) *Análise dos discursos psiquiátricos: o discurso psicológico.* Rio, IMS/UERJ. (Dissertação de mestrado.)

Ropa, D. *et al.* (1983) "Considerações teóricas sobre a questão do atendimento psicológico às classes trabalhadoras." *Cadernos de Psicanálise, 4* (4).

——— (1984) "Família e criança em um grupo de classe trabalhadora: um estudo sobre diferença e legitimidade culturais." *In:* Miranda Rosa, F.A., org. *Direito e mudança social.* Rio, OAB/UERJ.

Rossiter, Frederico, (1935) *Guia prático da saúde.* Santo André, Casa Publicadora Brasileira.

Rotondo, H. (1962) "Problème psychologiques et de santé mentale résultant de l'urbanisation, d'après des cas études au Péron". *In: L'Urbanisation en Amérique Latine.* Paris, UNESCO.

Roxo, H.B. (1916) *Nervosismo...* Rio, Hospício Nacional de Alienados.

Salem, T. (1981) "Mulheres faveladas: com a venda nos olhos." *In: Perspectivas Antropológicas da Mulher, 1.* Rio, Zahar.

Santos Filho, Lycurgo de C. (1977) *História geral da medicina brasileira.* S. Paulo, Hucitec/EDUSP.

Schneider, D. (1974) "Alunos excepcionais: um estudo de caso de desvio." *In:* Velho, G., org. *Desvio e divergência: uma crítica da patologia social.* Rio, Zahar [5ª ed., Jorge Zahar Editor, 1985].

Seeger, A. *et al.* (1979) "A construção da Pessoa nas sociedades indígenas brasileiras." *Boletim do Museu Nacional.* Rio: (32) (Nova Série – Antropologia).

Seiblitz, Z.M. de L. (1979) *Dentro de um ponto riscado: estudo de um centro espírita na Zona Norte do Rio de Janeiro.* Rio, PPGAS/MN/UFRJ. (Dissertação de mestrado.)

Sennett, R. (1978) *The fall of public man.* Nova York, Random House.

Sennett, R. & Cobb, J. (1972) *The hidden injuries of class.* Nova York, Knopf.

Sigaud, L. (1974) "A morte do caboclo: um exercício sobre sistemas classificatórios." *Boletim do Museu Nacional.* Rio: (30) (Nova Série – Antropologia.)

Silva, Francisca S. da (1983) *Ai de vós! diário de uma doméstica.* Rio, Civilização Brasileira.

Simmel, G. (1971) "Freedom and the individual." *In:* Levine, D.N., org. *On individuality and social forms.* The Univ. of Chicago Press.

Singer, P. *et al.* (1978) *Prevenir e curar: o controle social através dos serviços de saúde.* Rio, Forense.

Soares, L.E. (1984) "Subjetividade indeterminada, ceticismo da razão sociológica e o colapso da identidade social." *In:* Reunião Brasileira de Antropologia, 14. *Comunicação...*

Soares, S.S.F. (1980) *Enlouquecer para sobreviver: manipulação de uma identidade estigmatizada como estratégia de sobrevivência.* Brasília, ICH/UnB. (Dissertação de mestrado.)

Solmsen, F. (1961) "Greek philosophy and the discovery of the nerves." *Museum Helveticum, 18* (4).

Sontag, S. (1979) *Illness as metaphor.* Londres, Allen Lane.

Sorj, B. (1981) "O processo de trabalho como dominação." *In:* Rodrigues, L.M. *et al. Trabalho e cultura no Brasil.* Brasília, ANPOCS/CNPq. (Série Ciências Sociais Hoje, 1.)

Swain, G. (1977) "De Kant à Hegel: deux époques de la folie." *Libre.* Paris, Payot, *77* (1).

——— (1983) "L'âme, la femme, le sexe et le corps: les métamorphoses de l'hystérie à la fin du XIXe. siècle." *Le Débat,* (24), mar.

Teixeira, A.R. (1979) "Notas sobre a carteira de trabalho e a cobertura previdenciária." *In:* Leite Lopes, J.S. *et al. Mudança social no Nordeste.* Rio, Paz e Terra.

Thompson, E.P. (1963) *The making of the English working-class.* Harmondsworth, Penguin.

——— (1967) "Time, working-discipline and industrial capitalism." *Past and Present, 38.*

Tuke, H. (1892) *A dictionary of psychological medicine.* Londres.

Vaissman, M. (1983) *Assistência psiquiátrica e previdência social: análise da política de saúde mental nos anos 70.* Rio, I. Psiq./UFRJ. (Dissertação de mestrado.)

Vander, A. (1966) *Nervos fortes e sadios, libertação radical dos distúrbios nervosos.* S. Paulo, Mestre Jou.

Velho, G. (1981a) *Individualismo e cultura: notas para uma antropologia da sociedade contemporânea.* Rio, Zahar.

——— (1981b) "Individualismo e cultura": carta a Roberto da Matta. *Leia Livros, 4* (39).

——— (1984a) "Sistemas cognitivos e sistemas de crenças: problemas de definição e comparação." *Comunicação.* Rio, PPGAS/MN/UFRJ, (8).

——— (1984b) "Indivíduo e religião na cultura brasileira: questões preliminares." *Comunicação...* Rio, PPGAS/MN/UFRJ, (8).

——— (1984c) "A busca da coerência: coexistência e contradições entre códigos em camadas médias urbanas." Rio, PPGAS/MN/UFRJ (datilo.).

Velho, G. & Machado da Silva, L.A. (1977) "Organização social do meio urbano." *Anuário Antropológico/76.* Rio, Tempo Brasileiro.

Velho, G. & Viveiros de Castro, E. (1978) "O conceito de cultura nas sociedades complexas: uma perspectiva antropológica." *Artefato,* (1).

Velho, O. (1984) "As bruxas estão soltas e o fantasma do funcionalismo." *Boletim do Museu Nacional.* Rio: (48) (Nova Série — Antropologia).

Vernant, J.-P. (1965) *Muthe et pensée chez les grecs.* Paris, Maspero.

Varret, M. (1972) "Sur la culture ouvrière." *La Pensée,* (163).

Veyne, P. (1983) *Les grecs ont-ils cru à leurs mythes?* Paris, Seuil.

Viveiros de Castro, E. (1984) *Araweté: uma visão da cosmologia e da pessoa Tupi-Guarani.* Rio, PPGAS/MN/UFRJ. (Tese de doutorado.) [Publicado sob o título *Araweté: Os Deuses Canibais.* Rio, Jorge Zahar Editor, 1986.]

Viveiros de Castro, E. & Araújo, R.B. (1977) "Romeu e Julieta e a origem do Estado." *In:* Velho, G. org. *Arte e Sociedade.* Rio, Zahar.

Willis, P. (1978) "L'école des ouvriers." *Actes de la Recherche en Sciences Sociales.* Paris, (24).

Woortmann, K. (1978) "Hábitos e ideologias alimentares em grupos sociais de baixa renda. Relatório final." *Série Antropológica, 20.* Brasília, UnB.

Zaluar, A. (1983a) *Os homens de Deus: um estudo comparativo sobre o sistema de crença e prática do catolicismo popular em algumas áreas do Brasil rural.* Rio, Zahar.

——— (1983b) "Condomínio do diabo: as classes populares urbanas e a lógica do ferro e do fumo." *In:* Pinheiro, P.S. org. *Crime, violência e poder.* S. Paulo, Brasiliense.

——— (1983c) *A máquina e a revolta.* S. Paulo, FFLCH/USP (Tese de doutorado) [publicada com o mesmo título em 1984, Brasiliense, São Paulo].